财政部规划教材
全国高职高专院校财经类教材

财商素养

邱浩然　主编

中国财经出版传媒集团
中国财政经济出版社

图书在版编目（CIP）数据

财商素养／邱浩然主编．--北京：中国财政经济出版社，2022.12
财政部规划教材　全国高职高专院校财经类教材
ISBN 978-7-5223-1767-0

Ⅰ.①财…　Ⅱ.①邱…　Ⅲ.①财务管理－高等学校－教材　Ⅳ.①F275

中国版本图书馆 CIP 数据核字（2022）第 233717 号

责任编辑：周桂元　　　　责任印制：张　健
封面设计：卜建辰　　　　责任校对：胡永立

中国财政经济出版社 出版
URL：http：//www.cfeph.cn
E-mail：cfeph@cfeph.cn

社址：北京市海淀区阜成路甲 28 号　邮政编码：100142
营销中心电话：010-88191522
天猫网店：中国财政经济出版社旗舰店
网址：https：//zgczjjcbs.tmall.com
北京密兴印刷有限公司印刷　各地新华书店经销
成品尺寸：185mm×260mm　16 开　19.5 印张　426 000 字
2022 年 12 月第 1 版　2022 年 12 月北京第 1 次印刷
定价：55.00 元
ISBN 978-7-5223-1767-0
（图书出现印装问题，本社负责调换，电话：010-88190548）
本社质量投诉电话：010-88190744
打击盗版举报热线：010-88191661　QQ：2242791300

编写说明

习近平总书记在中国共产党第二十次全国代表大会报告中提出，十年来，我们完成脱贫攻坚、全面建成小康社会的历史任务，实现第一个百年奋斗目标，居民人均可支配收入从16500元增加到35100元，到2035年，我国发展的总体目标是：经济实力、科技实力、综合国力大幅跃升，人均国内生产总值迈上新的大台阶，达到中等发达国家水平；人民生活更加幸福美好，居民人均可支配收入再上新台阶，中等收入群体比重明显提高。随着国家经济实力的增强，人民物质财富的增长，财商素养在个人生活、工作的各个岗位都将发挥重要的作用，财商素养教育也越来越受到重视。

2015年末，国务院印发的《推进普惠金融发展规划（2016—2020年）》指出，要建立金融知识教育发展长效机制，推动部分大中小学积极开展金融知识普及教育，鼓励有条件的高校开设金融基础知识相关公共课。

本教材遵循高职院校学生的学习规律，选取适合大学生个人生活和工作的财经知识，旨在使学生通过财商教育、金融教育、消费者教育、财经教育，树立正确的财富观念与人生信念，掌握学生个体应对经济生活所必备的财经知识、理财技能。

教材编写组以“世界视野、中国特色”为思想指导，依循个体参与经济生活的脉络，将财商素养教育划分为三个维度：国家（社会）、企业、个人。从这三个维度出发，确定财商素养教育标准的思路及思考逻辑：维度，基本结构，基础要素，围绕要素应该具有的认知、技能和态度。三维逐步递进，层层升华，为学生搭建清晰的财经知识体系，并引导其在生活中实现财富价值，提升人生境界。

本教材具有以下几个特点：

1. 坚持思政育人。本教材将爱国、敬业、诚实、守信的社会主义核心价值观和财商基础知识相融合，增强学生道路自信、理论自信、制度自信、文化自信。专设思政小课堂，选取结合专业的思政案例引导学生自觉思考，使学生将这些元素转化为学生个人的行为，提升自身的素养。

2. 推行全民财商。本教材的编写打破专业界限，将财商知识渗透到非财会专业中，旨在提高全民财商素养。不同专业的学生从自己专业角度思考财务，不仅提高个人的财商素养，也具备胜任今后工作岗位的财务技能，助力职业发展。

3. 结合在线课程。团队教师在智慧树平台开发在线课程，丰富课程资源，以供学习者自主学习。

本教材由青岛职业技术学院邱浩然教授担任主编，韩澍、王云、朱传霞、袁荣、丁安英参编。具体分工为：邱浩然编写第二章、第三章、第十一章及统稿总撰；韩澍编写第七章、第九章、第十章；王云编写第一章、第六章第二节及教材体系构建；朱传霞编写第四章、第八章；袁荣编写第五章、第十二章；丁安英编写第六章第一节、第三节。另外，本教材在编写过程中，还得到青岛喜海投资控股集团有限公司董效飞总裁的指导与帮助，中国财政经济出版社对本教材的编写也给予了很大的支持和帮助，在此表示衷心的感谢！

本教材为用书学校任课老师提供了参考答案和教学课件，请以电子邮件形式向中国财政经济出版社索取（请注明：学校、全书名、版次），E－mail：caijingjiaocai@163.com，并可登录如下网址下载：http：//jiaocai.cfeph.cn。

限于时间和水平，教材的疏漏之处在所难免，请广大读者、专家给予指正，万分感谢！

编者

2022 年 11 月

目　录

第一篇　国家政策

第二篇　企业需求

第三篇 个人素养

第一篇
国家政策

第一章 经济运行机制

学习目标

【知识目标】

1. 掌握市场经济的含义与特征、社会主义市场经济的基本特征；
2. 掌握宏观调控的必要性、目标与手段；
3. 掌握区域经济一体化的含义与形式。

【技能目标】

1. 能够分析市场经济的优缺点和社会主义市场经济的运行机制；
2. 能够理解市场调节与宏观调控的区别与联系；
3. 能够分析区域经济一体化的积极影响与消极影响。

【思政目标】

1. 理论自信，增强社会主义市场经济的行为自觉；
2. 制度自信，坚定中国色社会主义制度；
3. 文化自信，培养世界眼光和家国情怀。

【名人名言】

制度优势是一个国家的最大优势，制度竞争是国家间最根本的竞争。

——习近平在党的十九届四中全会第二次全体会议上的讲话

第一节 经济制度与体制

引导案例

社会主义市场经济体制是如何上升为基本制度的（节选）

新中国成立后，面对中国经济落后特别是国民经济基础极其薄弱的现状，在社会主义过渡时期，我国选择了高度集中的计划经济体制，集中当时有限的人力、物力、财力资源，加强国家基础设施重点建设，推进国民经济体系建设。

改革开放新时期，党的十一届三中全会对我国原有的高度集中的计划经济体制中存在的权力过于集中的弊端，提出了一系列改革措施。“重视价值规律的作用”，成为党的十一届三中全会提出的改革高度集中的计划经济体制的基本思想。价值规律是以价格机制、供求机制和竞争机制为作用过程的商品经济基本规律，重视价值规律作用内在地包含了重视市场机制和市场调节的作用。

1979年6月，五届全国人大二次会议提出，通过经济改革，要逐步建立起计划调节与市场调节相结合的体制，要以计划调节为主，同时充分重视市场调节的作用。1981年6月，党的十一届六中全会通过的《关于建国以来党的若干历史问题的决议》肯定了这一改革取向，提出“必须在公有制基础上实行计划经济，同时发挥市场调节的辅助作用”，强调“要大力发展社会主义的商品生产和商品交换”。

1982年，党的十二大对我国最初几年经济体制改革成就的总结中，将经济体制的基本构架概括为“计划经济为主、市场调节为辅”。1987年，党的十三大提出建立“计划与市场内在统一的体制”的改革思路，明确提出建立“国家调节市场，市场引导企业”为特征的经济体制的运行模式。1992年，党的十四大提出，需要在经济体制改革中不断实践、艰辛探索，需要社会主义市场经济体制自身的完善和发展。党的十五大提出“使市场在国家宏观调控下对资源配置起基础性作用”，党的十六大提出“在更大程度上发挥市场在资源配置中的基础性作用”，党的十七大提出“从制度上更好发挥市场在资源配置中的基础性作用”，党的十八大提出“更大程度更广范围发挥市场在资源配置中的基础性作用”。

党的十八大以来，习近平总书记把“坚持社会主义市场经济改革方向”确定为中国特色社会主义政治经济学的“重大原则”，从“辩证法、两点论”的方法上对社会主义基本经济制度和市场经济体制关系问题作了多方的阐释，彰显了社会主义市场经济的制度规定性，丰富了社会主义市场经济作为中国特色社会主义政治经济学理论主题的内涵。

（资料来源：顾海良：《社会主义市场经济体制是如何上升为基本制度的》（节选），《红旗文稿》，2020年2月。）

【案例思考】

1. 结合案例材料，谈谈你对社会主义市场经济体制的理解。
2. 社会主义市场经济体制上升为基本制度的意义有哪些？

知识讲解

一、市场经济基本原理

（一）市场经济的含义

市场经济（Market Economy）是指以商品生产和商品交换为基础、以市场为依托的经济形式，是商品经济的高级阶段。市场经济的实质是通过市场机制合理地分配各种经济资源，以满足人们有支付能力的需要。在市场上从事各种交易活动的当事人，称为市场主体。市场主体以买者、卖者的身份参与市场经济活动，活动中不仅有买卖双方的关系，还会有买方之间、卖方之间的关系。

（二）市场经济的特征

从市场经济的实质出发，对市场经济可以概括出以下5个基本特征：

1. 自主性。市场经济是一种自主经济，市场主体具有充分的自主权。

2. 平等性。由于价值规律的作用，商品交换只能在等价的基础上进行。

3. 竞争性。市场经济是平等经济，竞争是市场经济存在和发展的内在动力机制。

4. 开放性。市场经济是开放经济，反对任何形式的边界封锁、部门分割和非关税壁垒。

5. 有序性。市场经济是有序经济，健全的法治是市场经济存在和发展的内在要求。

（三）市场经济的优缺点

1. 市场经济的优点：能够使经济活动遵循价值规律的要求，适应供求关系的变化，通过价值杠杆和竞争机制的功能，把资源配置到效益较好的环节中去；能够给企业以压力和动力，实现优胜劣汰，促进技术和管理进步；能够对各种经济信号反应比较灵敏，能促进生产与需要之间的及时协调。

2. 市场经济的缺点：对经济总量的平衡、宏观经济结构的调整、生态平衡和环境保护等的调节显得无能为力；市场机制的自发作用容易造成经济失衡和出现盲目性，导致资源的浪费；市场规律的作用会引起贫富差距的扩大和出现两极分化等现象；市场竞争会带来环境污染生态问题；忽视长期利益和社会总体利益，对经济总量无力调节；对于大的结构调整，市场机制显得软弱无力。

二、我国社会主义市场经济

社会主义市场经济就是同社会主义基本社会制度结合在一起的市场经济，体现社会主义的根本性质。社会主义市场经济是市场在社会主义国家宏观调控下对资源配置起决定性作用的经济体制。

（一）社会主义市场经济的形成

随着我国生产力的发展，计划经济的弊端逐渐显现，必须选择新的资源配置方式替代计划经济，实行社会主义市场经济成为必然选择，同时，社会经济的快速发展也为我国实行市场经济创造了必要的物质条件，奠定了良好的基础。在中国共产党的领导下，建立社会主义市场经济体制，既是改革开放实践的必然结果，也是十一届三中全会以来理论探索的重要成果。我国经济体制改革的过程，实质上就是社会主义市场经济建立的过程，同时也是社会主义市场经济理论的提出和发展的过程。

（二）社会主义市场经济的基本特征

市场经济是社会生产力发展到一定阶段的资源配置方式。社会主义市场经济既有市场经济的共性，又有自己鲜明的特征。社会主义市场经济的特征主要有：

1. 在所有制结构上以公有制为主体、多种所有制经济并存。这里的“公有制”包括全民所有制和集体所有制。“多种所有制”形式主要包括：社会主义国家所有制（包括全民所有制和集体所有制）、个体所有制、私营企业所有制、外资企业所有制、混合所有制等。所谓公有制为主体，一是指在社会主义所有制结构中公有经济的数量在比例上占绝对的优势，大大超过其他所有制经济；二是指公有制经济在整体国民经济中占主导地位，起决定作用，是我国社会主义经济制度的基础。

2. 在分配制度上以按劳分配为主体、多种分配方式并存。社会主义市场经济要求有多种分配方式，公有制的主体地位决定了按劳分配的主体地位，非公有制经济的存在和发展以及公有制实现形式的多样化决定了分配形式的多样化。按劳分配以外的其他分配方式（即按生产要素分配）包括：按劳分配以外的劳动和经营收入（如个体劳动者的收入）；按劳动力的价值分配获得的收入（如私营企业和外资企业中劳动者的收入）；资产收益和资本的利得（红利、股息、利息、债息、租金等，私营企业主和外资凭资本获得的利润收入等）；因提供技术、信息等所获得的收入（如凭借知识产权、技术转让、入股、信息咨询等方式获得的收入等）。

3. 能够更好地把宏观调控与发挥市场作用结合起来。由于社会主义公有制经济占主体，国有经济控制国民经济命脉，因而能够实行科学的宏观调控。近年来，我国实施简政放权、发挥市场决定作用，坚持科学调控、促进平稳健康运行，推动供给改革、实现供求结构平衡，在完善市场经济体制方面不断取得新的突破。

（三）社会主义市场经济的运行

1. 社会主义市场经济运行的主体是企业。作为经济主体，企业是自主经营、自负盈亏、自我发展、自我约束的商品生产者和经营者，是具有自身独立的经济利益、拥有作为商品生产经营者应有的权利并承担相应责任的经济实体。

2. 价格机制是市场经济运行的基本机制。所谓价格机制，是指在竞争过程中与供求相互联系、相互制约的市场价格形成和运行机制，包括价格形成机制和价格调节机制。价格机制是市场机制中最敏感、最有效的调节机制。

3. 市场经济运行的基本规律是价值规律。所谓价值规律，是指商品的价值量由生产商品的社会必要劳动时间决定，商品交换以商品价值为基础按等价原则进行，是商品生产和商品交换的基本经济规律。

三、科学的宏观调控

宏观调控，是指政府综合运用各种手段对经济运行状态和经济关系进行调节和控制，以保证经济结构平衡和国民经济的持续、快速、协调、健康发展。社会主义市场经济的正常运行与发展，既需要充分发挥市场调节的作用，又需要科学的宏观调控。

（一）宏观调控的目标

1. 促进经济增长。保持一定的经济增长速度，不仅是重大的经济问题，而且是重大的政治问题，它关系到我国综合国力的增强和人民生活水平的提高以及国家的长治久安。因此，促进经济增长是国家宏观调控最主要的任务和目标，是实现国家长远战略的首要条件。

2. 增加就业。就业是民生之本，充分就业是宏观经济政策的目标之一。增加就业既是经济健康发展的标志，也是社会公平和稳定的体现。

3. 稳定物价。稳定物价是通货稳定、经济增长、比例协调的综合反映。为实现物价相对稳定，国家必须把财政赤字、通货增长量、总供需差额控制在一定限度之内，努力避免通货膨胀。同时，也要防止以物价持续下跌为特征的通货紧缩。

（二）宏观调控的手段

国家可以运用经济手段、法律手段和必要的行政手段，实现宏观调控的目标。

1. 经济手段。经济手段是国家运用经济政策、经济发展战略和规划，对经济活动参与者进行引导，以实现国民经济持续健康发展。经济手段具有战略性、宏观性、指导性和间接性的特点，它主要通过调整市场主体的经济利益影响和调节各种经济活动。经济手段的调节比较温和，调节结果带有一定的不确定性。

2. 法律手段。法律手段是国家通过制定和运用经济法规来调节经济活动的手段。法律手段对经济主体具有普遍的约束力和强制性，具有权威性，但不够灵活，有时法律会滞后于经济发展形势，调控因缺乏法律依据而难以实施。

3. 行政手段。行政手段是国家采取具有强制性的行政命令、指示等行政手段，影响和调节宏观经济。行政手段靠国家的强制力量推行，具有直接、迅速和强制性的特点，但必须遵循经济规律，否则会产生消极的后果。

三种手段各有所长、各有特色、相互联系、相互补充，形成科学的宏观调控体系，充分发挥宏观调控手段的总体功能。

▶财经阅读：

让希望的阳光照亮全人类

“面对当前人类面临的严峻挑战，我们要如虎添翼、虎虎生威，勇敢战胜前进道路上各种险阻，全力扫除新冠肺炎疫情阴霾，全力促进经济社会恢复发展，让希望的阳光照亮人类！”

2022 年 1 月 17 日，国家主席习近平出席 2022 年世界经济论坛视频会议并发表重要演讲，这是习近平主席 2022 年出席的第一场重要多边外交活动。习近平主席把握历史大势，破解时代之问，提出了团结战胜疫情的正确方向、推动世界经济稳定复苏的治本之策、弥合发展鸿沟的现实路径、国家之间正确的相处之道，为国际社会注入强大信心，带来强劲力量。

（资料来源：伍岳、成欣、朱超：《让希望的阳光照亮全人类——习近平主席在 2022 年世界经济论坛视频会议的演讲解读（节选）》，《光明日报》，2022 年 1 月19 日。）

【案例分析】

党的十九大要求，全面实施市场准入负面清单制度，清理废除妨碍统一市场和公平竞争的各种规定和做法，支持民营企业发展，激发各类市场主体活力。深化商事制度改革，打破行政性垄断，防止市场垄断，加快要素价格市场化改革，放宽服务业准入限制，完善市场监管体制。创新和完善宏观调控，发挥国家发展规划的战略导向作用，健全财政、货币、产业、区域等经济政策协调机制。完善促进消费的体制机制，增强消费对经济发展的基础性作用。

【案例讨论题】

结合案例内容，说明十九大相关要求的经济意义。

第二节　区域经济一体化

☞ 引导案例

亚太经合组织

亚太经合组织（Asia - Pacific Economic Cooperation，APEC）是亚太地区层级最高、领域最广、最具影响力的经济合作机制。1989 年 11 月 5 日至 7 日，澳大利亚、美国、日本、韩国、新西兰、加拿大及当时的东盟六国在澳大利亚首都堪培拉举行 APEC 首届部长级会议，标志 APEC 正式成立。

APEC 宗旨是支持亚太区域经济可持续增长和繁荣，建设活力和谐的亚太大家庭，捍卫自由开放的贸易和投资，加速区域经济一体化进程，鼓励经济技术合作，保障人民安全，促进建设良好和可持续的商业环境。

APEC 现有 21 个成员，分别是澳大利亚、文莱、加拿大、智利、中国、中国香港、印度尼西亚、日本、韩国、墨西哥、马来西亚、新西兰、巴布亚新几内亚、秘鲁、菲律宾、俄罗斯、新加坡、中国台北、泰国、美国和越南。此外，APEC 还有 3 个观察员，分别是东盟秘书处、太平洋经济合作理事会、太平洋岛国论坛秘书处。

APEC 共有 5 个层次的运作机制：领导人非正式会议、部长级会议、高官会、委员会和工作组、秘书处。作为区域经济合作论坛，APEC 主要讨论与全球和区域经济有关的议题，如贸易和投资自由化便利化、区域经济一体化、互联互通、经济结构改革和创新发展、全球多边贸易体系、经济技术合作和能力建设等。

自成立以来，特别是在领导人非正式会议成为固定机制之后，APEC 在促进区域贸易和投资自由化便利化方面不断取得进展，在推动全球和地区经济增长方面发挥了积极作用。

（资料来源：http：//switzerlandemb. fmprc. gov. cn/wjb _673085/zzjg _673183/gjjjs _674249/gjzzyhygk _674253/ytjh_674269/gk_674271/。）

【案例思考】

1. 为什么要成立亚太经合组织？
2. 分析成立亚太经合组织的意义与影响。

知识讲解

近年，经济全球化已经进入新阶段，特征之一就是新一轮区域经济一体化的推进和创新。

一、区域经济一体化的含义

区域经济一体化（Region Economic Integration）是指两个或两个以上的国家或地区，为实现彼此之间在货物、服务和要素的自由流动，通过签订协议或条约，在经济上形成一个区域性经济贸易联合体，并相应建立起松散的超国家经济联合体或紧密的超国家的组织机构的过程。区域经济一体化的根本特征是对内自由，对外保护。

二、经济一体化的形式

在经济一体化的形式上，不同的学者有不同的分类依据，其形式也各不相同。

（一）按照贸易壁垒强弱的程度划分

1. 特惠贸易协定（Preferential Trade Arrangements），是指在实行特惠贸易安排的成员国或地区之间，通过协定或其他形式，对全部或部分商品规定特别的关税优惠，这是经济一体化最松散和较低级的一种形式。

2. 自由贸易区（Free Trade Area），是指由签订有自由贸易协定的两个或两个以上的国家或地区组成的贸易区。自由贸易区内逐渐减免甚至取消关税与进口数量限制，同时保留区内成员各自原有独立的对区外国家的关税结构和其他贸易保护措施。

3. 关税同盟（Customs Union），是指两个或两个以上的国家或地区通过签订条约或协定取消区域内关税或其他壁垒，并对非同盟国家实行统一的关税率而缔结的同盟。它除了包括自由贸易区的基本内容外，还有成员之间建立统一的关税率，在一体化程度上比自由贸易区进了一步。

4. 共同市场（Common Market），是指除共同市场成员国或地区内完全废除关税与数量限制并建立对非成员国的共同关税外，共同市场成员间技术、资本、劳动力等生产要素也可自由流动。

5. 经济同盟（Economic Union），是指在实行关税、贸易和市场一体化的基础上，制订和执行某些共同的经济政策和社会政策，进一步协调成员国或地区之间的经济政策和社会政策，逐步废除政策方面的差异，使一体化的程度从商品交换扩展到生产、分配乃至整个国民经济，形成一个庞大的经济实体。

6. 完全的经济一体化（Complete Economic Integration），是指区域内各成员国或地区在经济、金融、财政等政策上，完全统一化，这是经济一体化的最高阶段。

（二）按区域经济一体化的范围划分

1. 部门经济一体化。部门经济一体化（Sectoral Economic Integration），是指区域内各成员国的一个或几个部门（或商品，或产业），达成共同的经济联合协定而产生的区域经济一体化组织。

2. 全盘经济一体化。全盘经济一体化（Overall Economic Integration），是指区域内各成员国或地区的所有经济部门加以一体化的形态。

（三）按参加国（地区）的经济发展水平划分

1. 水平经济一体化。水平经济一体化（Horizontal Economic Integration），又称横向经济一体化，指由经济发展水平大致相同或相近的国家或地区所组成的经济一体化组织。

2. 垂直经济一体化。垂直经济一体化（Vertical Economic Integration），又称纵向经济一体化，指由经济发展水平不同的国家或地区所组成的区域经济一体化组织。

三、区域经济一体化的影响

（一）区域经济一体化的积极影响

在实现区域经济一体化之后，各个区域内的国家或地区因为一体化进程而敞开大门，有助于清除贸易壁垒，促进区域内国家或地区的贸易往来，增强区域内企业竞争力和区域内技术合作，提升贸易自由化等；同时，区域内部保护贸易的约束机制对于成员国或地区内部贸易保护主张起到一定的遏制作用。

（二）区域经济一体化的消极影响

区域经济一体化虽然使区域内的国家或地区的合作关系变得紧密，但同时也带来一些消极影响：对内自由贸易、对外保护贸易的贸易政策使得贸易垄断越来越明显，在一定程度上抑制了竞争，个别问题处理不当还会导致区域内外的贸易摩擦和冲突。

区域经济一体化是一把双刃剑，既存在优势也存在劣势，现如今区域经济一体化不断发展，对各个国家来说既是机遇也是挑战。在实现区域经济一体化的同时，要根据市场经济的实际情况和国家的现状，抓住机遇，尽可能地消除经济隐患，以使经济可以稳定快速的发展。

▶财经阅读：

欧洲联盟简称欧盟，由位于欧亚大陆西部的25个国家组成，总部设在比利时首都布鲁塞尔，有自己的盟旗、盟歌、货币及外交政策。

欧盟是当今世界上一体化程度最高的区域政治、经济集团组织，从区域化合作开始到一体化进程，开启和引领了世界区域经济一体化的浪潮，也是当今全世界各种区域经济一体化组织中最成功的典型，在全球事务中的影响正与日俱增。欧盟的合作模式可以归纳为"共同稳定、同步发展的区域化模式"和"可持续发展模式"，将生态与环境保护视为经济长期增长的前提，使"可持续"成为一个经济与社会协调发展的综合性目标。这在全球化不断发展的当今世界，无疑具有十分重要的借鉴意义，这也使欧洲一体化成为世界各国和地区争相仿效的国家间合作的新模式。与世界其他地区众多类似经济区域相比，无论从联合的广度和深度，还是从地位和影响看，欧盟都是最成功的典型。

但是欧洲联盟仅仅是一个国家邦联，但它不是一个联邦国家，在实现经济政治一体化的进程中，也不可避免地存在一些弊端，如：欧盟的决策机制问题、利益分配问题等。

（资料来源：欧盟——区域经济一体化的典型，http：//www.sina.com.cn。）

【案例分析】

英国"脱欧"大事记

自2016年英国全民公投决定"脱欧"以来，英国与欧盟就"分手"协议进行了多轮谈判，"分手"日期也一拖再拖。以下是英国"脱欧"重要时间点：

2016年6月23日，英国举行全民公投，52%的投票者选择"脱欧"。

2017年3月29日，"脱欧"程序正式启动。根据英国与欧盟达成的协议，英国将在2019年3月29日正式"脱欧"。

2017年12月15日，欧盟宣布与英国在"分手费"等核心议题上取得"足够进展"。

2018年11月25日，欧盟正式通过此前与英国达成的退出协议和"英欧未来关系宣言"两份政治文件，统称"脱欧"协议。

2019年1月15日，英国议会下院投票否决了"脱欧"协议。

2019 年 3 月 13 日，英国议会下院投票决定，反对英国在任何情况下“无协议脱欧”。

2019 年 3 月 21 日，欧盟同意英国提出的推迟“脱欧”申请，并为“脱欧”最终期限提供“二选一”时间表：如果英国议会下院能通过“脱欧”协议，将允许“脱欧”期限延至 5 月 22 日；如果英国议会下院未能通过协议，则英国必须在 4 月 12 日前做出新抉择。

2019 年 4 月 8 日，英国议会正式通过一项法案，要求首相特雷莎·梅再度向欧盟寻求推迟“脱欧”，以防止 4 月 12 日出现“无协议脱欧”局面。

2019 年 4 月 10 日，欧盟成员国领导人举行特别峰会讨论英国“脱欧”问题，最终同意将“脱欧”期限延至 10 月 31 日。

2019 年 7 月 24 日，保守党新党首鲍里斯·约翰逊就任首相。他强调，英国一定会在 10 月 31 日前完成“脱欧”。

2019 年 10 月 2 日，英国政府向欧盟递交新“脱欧”方案，内容包括在英国“脱欧”后一定期限内，进入英国北爱尔兰地区的商品需符合欧盟标准，但同时，北爱尔兰将与英国其他地区同步退出欧盟关税同盟。

2019 年 10 月 17 日，欧盟委员会与英国政府就英国“脱欧”达成新协议。

2019 年 10 月 19 日，英国议会下院投票通过一项关键修正案，迫使首相约翰逊致信欧盟、寻求再度推迟“脱欧”。

2019 年 10 月 28 日，欧盟同意英国将“脱欧”期限推迟到 2020 年 1 月 31 日。

2020 年 1 月 23 日，英国女王伊丽莎白二世签署批准英国议会此前通过的“脱欧”协议相关法案，这标志着该法案正式生效成为英国法律。

2020 年 1 月 24 日，欧洲理事会主席米歇尔和欧盟委员会主席冯德莱恩签署英国“脱欧”协议。

2020 年 1 月 29 日，欧洲议会全体会议投票通过“脱欧”协议。

2020 年 1 月 31 日，英国正式退出欧盟。

从 1961 年英国首次申请加入欧洲经济共同体算起，英欧经过了 59 年的一体化进程，英国的突然“脱欧”让我们不得不重新审视区域经济一体化。

（资料来源：英国“脱欧”大事记，https：//baijiahao. baidu. com/s? id = 1657306633069252184&wfr = spider&for = pc。）

【案例思考】

1. 从英国“脱欧”事件看国际贸易中区域经济一体化的利弊。

2. 英国“脱欧”事件给我们哪些启示？

本章小结

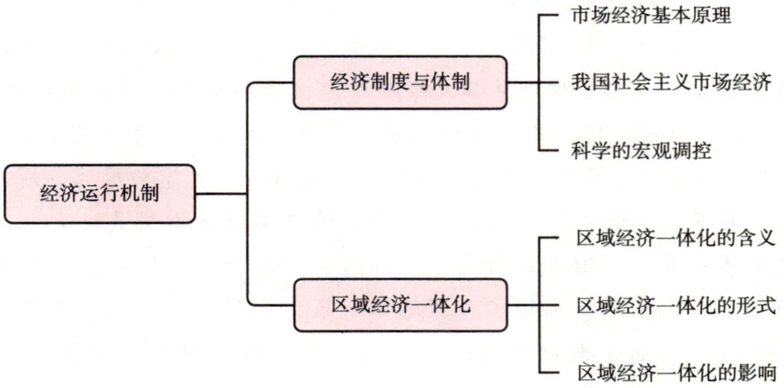

思政小课堂

社会主义市场经济给中国带来的发展奇迹

1978年实施改革开放以后，中国开始在传统社会主义计划经济体制中逐步引入市场机制，最初是在农村实行家庭联产承包责任制，逐步放开一部分农产品价格，重视价值规律作用。这一改革逐渐向城市推进，通过放权让利扩大国有企业生产经营范围，试办经济特区和逐步引入外资。1982年党的十二大提出，要“正确贯彻计划经济为主、市场调节为辅原则”“我国在公有制基础上实行计划经济”。但原有经济体制无法适应社会生产力发展和建设社会主义现代化要求的问题进一步凸显。1992年邓小平同志发表南方谈话后，党的十四大首次明确提出，“我国经济体制改革的目标是建立社会主义市场经济体制”“就是要使市场在社会主义国家宏观调控下对资源配置起基础性作用”。自此，中国市场化进程快速推进，并在20世纪末初步建立起社会主义市场经济体制。2001年以来，伴随着我国加入世界贸易组织，在对外开放上迈出了更加坚定的步伐，社会主义市场经济体制呈现出融入全球化的新开放特征，社会主义市场经济迸发出极大的生机与活力。

党的十六大标志着中国特色社会主义进入新时代，同时也吹响了全面深化改革的号角。党的十八届三中全会指出，“经济体制改革是全面深化改革的重点，核心问题是处理政府和市场的关系，使市场在资源配置中起决定性作用和更好地发挥政府作用”。于是，紧紧围绕市场在资源配置中起决定性作用，我国经济体制改革不断深化，促进了社会主义市场经济体制更加完善。党的十九届四中全会通过的《中共中央关于坚持和完善中国特色社会主义制度、推进国家治理体系和治理能力现代化若干重大问题的决定》，首次将“按劳分配为主体、多种分配方式并存”和“社会主义市场经济体制”上升为基本经济制度，标志着中国共产党开创的社会主义市场经济体制和社会主义基本经济制度更加成熟、更加定型。

社会主义市场经济体制对于解放和发展我国社会生产力具有重要意义，为我国经济高质量发展开辟了广阔的前景。正是由于中国共产党对中国特色社会主义市场经济的积极探索、全面建设和不断完善，极大解放了社会生产力，中国经济发展取得了令世人瞩目的辉煌成就，彰显了中国共产党开创的社会主义市场经济强大的生命力。

一是创造了经济增长奇迹。2020 年中国经济总量占世界经济的比重达到 17.3%，自 2010 年超越日本后，一直稳居世界第二大经济体，被世界誉为“中国经济奇迹”。中国已经成为世界制造业和贸易大国，建立了世界最完整的产业体系，并拥有发达完善的基础设施。这些成就为开启全面建设社会主义现代化国家新征程奠定了雄厚的物质基础。

二是创造了共享发展奇迹。中国共产党开创的市场经济体制是社会主义市场经济体制，其创造的发展成果为全国人民所共享。伴随着中国的经济发展，人民生活水平发生翻天覆地的变化，人民生活从温饱不足到总体小康，再到全面小康，正朝着共同富裕的长远目标扎实迈进。特别是面对贫困这个人类社会顽疾和世界共同挑战，中国在 2020 年完成了消除绝对贫困的艰巨任务，提前 10 年完成联合国 2030 年可持续发展议程的减贫目标。

三是创造了稳定发展奇迹。建党百年来，面对经济社会发展中的各类冲击，中国共产党领导中国人民沉着应对，创造了经济社会稳定和持续发展的奇迹。尤其是面对中美贸易摩擦和新冠肺炎疫情的冲击，中国经济表现出巨大韧性，成为 2020 年唯一一个保持正增长的主要经济体。这充分体现出中国共产党开创的社会主义市场经济体制的优越性。在社会主义市场经济条件下，市场在资源配置中起决定性作用和更好发挥政府作用二者有机统一，“看不见的手”和“看得见的手”高效协调，是中国经济高质量发展的重要保障。

（资料来源：https：//baijiahao. baidu. com/s？ id = 1703862535639259457&wfr = spider&for = pc。）

【案例思考】

1. 为什么说中国共产党开创的社会主义市场经济理论是一个伟大的创举？

2. 回顾中国共产党开创社会主义市场经济体制的历史贡献及其新时代发展变化，谈谈社会主义市场经济体制的优越性。

单元检测

一、单项选择题

1. 社会主义市场经济在所有制结构上以公有制为（　　）。

A. 基础　　B. 主体　　C. 基本　　D. 核心

2. 下列对我国现阶段的非公有制经济地位的认识正确的是（　　）。

A. 资本主义性质的经济　　B. 社会主义经济的补充

C. 社会主义市场经济的重要组成部分　　D. 社会主义经济的主体

3. 社会主义市场经济条件下，市场机制（　　）。

A. 对资源配置起基础性作用　　B. 能确保经济总量的平衡

C. 可实现经济结构的平衡　　D. 可保障社会公平

4. 下列组织属于区域经济一体化组织的是（　　）。

A. 联合国　　B. 奥林匹克委员会

C. 世界银行　　D. 东盟自由贸易区

5. 区域经济一体化程度最高的是（　　）。

A. 欧盟　　B. 亚太经济合作组织

C. 北美自由贸易区　　D. 东盟

6. 关税同盟区别于自由贸易区的主要表现在于（　　）。

A. 成员国或地区之间的工业品全部免税　　B. 对外实行统一的贸易壁垒

C. 成员国或地区之间所有商品不受数量限制　　D. 成员国或地区之间商品自由流通

7. 成员国或地区相互间完全取消关税和其他贸易限制，建立对非成员国的共同关税外，成员国间的资本、劳动力等生产要素也可以自由流动的经济一体化形式是（　　）。

A. 优惠的贸易安排　　B. 自由贸易区

C. 关税同盟　　D. 共同市场

8. 区域经济一体化的根本特征是（　　）。

A. 对内自由，对外保护　　B. 对外自由，对内保护

C. 对内外均自由　　D. 对内外均保护

9. 由经济发展水平大致相同或相近的国家（或地区）所组成的经济一体化组织，被称为（　　）。

A. 部门经济一体化　　B. 全盘经济一体化

C. 水平经济一体化　　D. 垂直经济一体化

10. （　　）是经济一体化的最松散和较低级的一种形式。

A. 特惠贸易协定　　B. 自由贸易区

C. 关税同盟　　D. 共同市场

二、判断题

1. 市场经济的实质是通过市场机制合理的分配各种经济资源，以满足人们有支付能力的需要。（　　）

2. 价格机制是市场经济运行的基本机制。（　　）

3. 封闭性是市场经济发展的本性。（　　）

4. 实行市场经济，能使社会主义经济获得生机，实现持续、稳定和协调发展。（　　）

5. 宏观调控是社会主义市场经济所特有的。（　　）

6. 市场经济运行的基本规律是价值规律。（　　）

7. 水平经济一体化它是指由经济发展水平不同的国家所组成的区域经济一体化组织。（　　）

8. 共同市场是在成员内完全废除关税与数量限制，建立统一的对非成员的关税，并允许生产要素在成员间可以完全自由移动。（　　）

9. 签订自由贸易协定的成员方相互彻底取消商品贸易中的关税和数量限制，使商品在各成员方之间可以自由流动。（　　）

10. 经济同盟是经济一体化的最高级形式。（　　）

三、多项选择题

1. 社会主义市场经济的健康发展，需要实行科学的宏观调控，这是因为（　　）。

A. 市场调节有其固有的弊端

B. 市场经济应该坚持以宏观调控为基础

C. 科学的宏观调控是社会主义市场经济的内在要求

D. 对经济进行宏观调控是社会主义市场经济所特有的

2. 宏观调控的手段有（　　）。

A. 经济手段　　B. 法律手段　　C. 行政手段

3. 区域经济一体化，按照贸易壁垒强弱的程度划分（　　）。

A. 特惠贸易协定　　B. 自由贸易区　　C. 关税同盟　　D. 共同市场

E. 经济同盟

F. 完全的经济一体化

4. 关于区域经济一体化，正确的观点有（　　）。

A. 区域经济一体化有助于清除贸易壁垒，促进区域内国家或地区的贸易往来

B. 区域经济一体化使得贸易垄断越来越明显

C. 区域经济一体化是一把双刃剑，既存在优势也存在劣势

D. 区域经济一体化的根本特征是对内自由，对外保护。

5. 区域经济一体化形式中共同市场的特征是（　　）。

A. 内部实现货物自由流动　　B. 内部实现生产要素自由流动

C. 内部统一财政政策　　D. 内部统一货币政策

E. 对外实行统一关税制度

四、实践应用

2020 年 5 月，中共中央、国务院发布《关于新时代加快完善社会主义市场经济体制的意见》，首次提出了市场经济的三大基础性制度——产权制度、准入制度和公平竞争制度，将深化要素市场化配置改革作为建构市场经济体制的重要突破口，建构更具开放性的市场是我国市场经济体系的基本特色等。结合本章所学内容，谈谈你的理解。

第二章　货币制度

学习目标

【知识目标】

1. 理解货币的含义及职能；
2. 掌握我国货币制度内容；
3. 了解我国货币政策。

【技能目标】

1. 具备识别生活中货币功能的能力；
2. 具备利用货币理论知识分析经济现象的能力；
3. 具备深入分析国家货币政策的能力。

【思政目标】

1. 全局意识，理解货币政策对企业、个人发展的重要作用；
2. 制度自信，感悟我国货币政策对经济发展的突出作用。

【名人名言】

金银天然不是货币，但货币天然是金银。

——马克思

第一节　认识货币

☞ 引导案例

货币政策工具效能

2022年8月12日，中国人民银行发布数据显示，7月末，广义货币（M2）余额257.81万亿元，同比增长12%，增速分别比上月末和上年同期高0.6个和3.7个百分点。1月至7月，人民币贷款累计增加14.35万亿元，同比多增5150亿元；社会融资规模增量累计为21.77万亿元，比上年同期多2.89万亿元。

从数据看，7月M2增速同比继续走高。光大银行金融市场部宏观研究员周茂华认为，这主要是因为财政货币政策持续发力，带动基础货币投放增加，进而使得居民部门和企业部门存款明显增加；狭义货币（M1）余额66.18万亿元，同比增长6.7%，增速分别比上月末和上年同期高0.9个和1.8个百分点。植信投资研究院高级研究员王运金认为，M1达到近15个月最高增速，M2和M1增速剪刀差小幅收窄，说明企业投资扩张的能力和意愿仍在。

与此同时，月度人民币信贷与社会融资规模增长不及预期，引发市场关注。7月人民币贷款增加6790亿元，同比少增4042亿元；社会融资规模增量为7561亿元，比上年同期少3191亿元。王运金认为，新增信贷与社融增量虽然不及市场预期，但二者增速的回落幅度不大。剔除季节性因素影响，7月信贷增长放缓幅度不大，再加上原定于7月融资项目部分提前至6月，也对信贷增长形成了一定干扰。但数据反映出居民消费与企业投资需求偏弱的现状仍需引起重视。

周茂华认为，从未来趋势看，国内疫情防控形势整体向好，经济活动加快恢复，有望带动融资需求增长，再加上各地因城施策稳楼市政策效果逐步显现，将带动房地产市场融资回暖。此外，开发性政策性银行新增的8000亿元信贷额度和新设立的3000亿元金融工具，也将有力支持基础设施项目融资，重点项目落地将有效带动上下游信贷需求增长。

东方金诚首席宏观分析师王青认为，为有效激发实体经济贷款需求，货币政策将围绕以下几方面重点发力：一是在中期借贷便利（MLF）利率保持稳定的背景下，进一步引导贷款市场报价利率（LPR）下调，降低企业和居民融资成本；二是督促政策性开发性银行尽快落实新增8000亿元信贷规模和3000亿元专项金融工具，发挥补位效应，支持基建投资提速；三是充分挖掘各项结构性货币政策工具潜力，加快相关贷款投放，推动信贷总量增长；四是继续引导金融机构增加对实体经济的贷款投放。

中国人民银行日前发布的《2022年第二季度中国货币政策执行报告》指出，综合运用多种货币政策工具，保持流动性合理充裕，保持货币供应量和社会融资规模合理增长。持续缓解银行信贷供给的流动性、资本和利率三大约束，引导金融机构按照市场化、审慎经营原则，加大对实体经济的信贷支持力度。

“财政货币政策要弥补社会需求不足，抓好政策措施落实，推动有效投资和增加消费。”中国民生银行首席经济学家温彬认为，下一步要加强财政、货币、产业、就业等政策的协调配合，稳外贸、扩内需，促消费、扩投资，支持信贷有效需求回升，以巩固经济回升向好趋势。

（资料来源：陈果静：《前7月人民币贷款累计增加14.35万亿元 充分挖掘货币政策工具效能》，《经济日报》，2022年8月13日。）

【案例思考】

1. 何为货币，其职能有哪些？
2. 结合案例思考货币发行量对经济会产生哪些影响？

知识讲解

一、货币的含义

货币（Currency，CCY）是从一般商品中分离出来固定充当一般等价物的商品。货币是度量价格的工具、购买货物的媒介、保存财富的手段，是财产的所有者与市场关于交换权的契约，本质上是所有者之间的约定。

“吾以吾之所有予市场，换吾之所需”，货币是商品经济的必然产物，并伴随着商品经济的发展而发展。在现代社会中，货币在人们的生产生活中扮演中重要的角色，是人们生活中必不可少的。

二、货币的类型

货币源于物物交换。在原始社会初期，劳动产品归属于集体，由集体统一支配，没有商品的概念，也就不存在货币。原始社会末期，生产力的发展产生了剩余产品，出现了私有制和社会分工。不同的劳动者生产不同的产品，为满足自己多方面的需求，出现了交换。人们使用以物易物的方式，交换自己所需要的物资，比如一头牛换十把锄头。随着这种交换的不断发展，交换双方有时候受到用于交换的物资种类的限制，不得不寻找一种为交换双方都能够接受的物品。这种物品就是最原始的货币。牲畜、盐、稀有的贝壳、珍稀鸟类羽毛、宝石、沙金、石头等不容易大量获取的物品都曾经作为货币使用过。货币大致可以分为以下几个阶段：

（一）实物货币

实物货币，又称为商品货币，是指作为非货币用途的价值和作为货币用途的价值相等的实物商品，是货币发展的最早形式。这种货币状态下，作为货币的名义价值和它作为特殊商品的内在价值是一致的，因此实物货币又称为足值货币。充当实物货币的商品必须具有以下特征：

1. 普通接受性；
2. 价值稳定；
3. 价值均值可分性；
4. 轻便和易携带性。

很显然，一般金属都具备这些特征，因此，在实物货币的类型中，金属货币最具代表性。

（二）代用货币

代用货币，是指足值货币的代表物，包括银行券、辅币等执行货币基本职能的货币形态。代用货币作为足值货币的价值符号，其本身的价值低于名义上的价值，但它可以与足值货币等价交换，以此维持其代表地位。实际中更方便。代用货币较实物货币的优越性主要有：

1. 降低印刷纸币的成本，纸币的印刷成本较之铸造金属要低；
2. 避免了金属货币在流通中的磨损，可以节约贵金属货币；
3. 减少了运送货币的成本与风险。

当然代用货币也有一些缺点，比如易损坏、易伪造等。

（三）信用货币

信用货币是以信用作为保证，通过一定的信用程序发行的，充当流通手段和支付手段的货币形态，是货币形式的现代形态。

信用货币产生于20世纪30年代，由于世界性的经济危机，许多国家被迫脱离金本位和银本位，所发行的纸币不再能兑换金属货币，信用货币应运而生。

信用货币作为一般的交换媒介需要有两个条件：一是人们对此货币的信心；二是货币发行的立法保障。二者缺一不可。信用货币又可分为以下几种形态：①辅币。其功能是担任小额或零星交易中的媒介手段，多以贱金属制造。②现金或纸币。主要功能也是担任人们日常生活用品的购买手段，一般为具有流通手段的纸币，其发行权为政府或者金融机构专有。③银行存款。又称债务货币，存款人可借助支票或其他支付指示，将本人的存款交付他人，作为商品交换的媒介。

（四）电子货币

电子货币是信用货币与电脑、现代通信技术相结合的一种最新货币形态，他通过电子计算机运用电子信号对信用货币实施贮存、转账、购买和支付。例如，信用卡，持有这种贮值卡就像持有现金一样，每次消费可以从卡片的存款金额中扣除。电子货币在方便的同时也存在一些问题，如如何防范电子货币被盗，如何对个人资信情况进行保密等。因此，电子货币的全面应用尚需一段科技进步和其他保障措施完善的过程。

▶财经阅读：

近期相关数据显示，截至2022年5月31日，15个省市的试点地区通过数字人民币累计交易笔数大约2.64亿笔，累计交易金额达到830亿元。可以说，从2019年年底开展区域试点以来，数字人民币的应用场景不断丰富、试点范围不断扩大、发展前景越发广阔。数字人民币作为推进数字中国建设的重要内容，其特点和优势，正在经济生活与社会发展中绽放光彩。

（资料来源：施生旭：《发展数字人民币前景广阔》，《光明日报》，2022年8月16日。）

据《北京商报》7月8日消息，日前央行数字货币研究所与滴滴出行正式达成战略合作协议，共同研究探索数字人民币在智慧出行领域的场景创新和应用。双方期望通过建立合作关系，促进数字人民币在多元化出行场景中的平台生态建设。同时，该所近期还对外发布了“数研新星计划”实习就业招聘，在北京、深圳、苏州三地招实习生。

（资料来源：孟凡霞、刘四红：《央行数字货币研究所与滴滴达成战略合作，探索数字货币智慧出行场景应用》，《北京商报》，2020 年 7 月 8 日。）

作为新兴事物，数字货币的试点受到社会各界广泛关注，“十四五”规划也提出了“建设现代中央银行制度，完善货币供应调控机制，稳妥推进数字货币研发，健全市场化利率形成和传导机制”。我国早在 2014 年就开始推进数字货币并成立了数字货币研究小组，目前央行在深圳、苏州、上海、成都、雄安及未来的冬奥场景等地进行数字货币试点，未来将继续通过不断测试优化和完善相应功能。数字货币的优越性究竟体现在哪里？又将怎样改变我们的生活？

与大众媒体上较多出现的比特币相比，数字货币有其特殊性。比特币只是一种数字加密资产，缺乏市场监管。央行的数字货币拥有政府信用背书，是法币并能利用交易留痕大数据来追踪洗钱等金融犯罪活动。我国微信和支付宝等电子支付手段比较发达，但国家仍致力于探索数字货币研发与推广，走在了世界前列。2020 年深圳罗湖发放 1000 万元数字货币红包和苏州“双十二”购物发放 2000 万元数字货币红包，都是很前沿的探索。

在安全性、便捷性、金融稳定性等诸多因素共同作用下，数字货币必要性得到了提升，越来越多的国家开启了数字货币研发工作。2020 年 7 月，七国集团决定就本国中央银行数字货币展开合作。欧洲央行认为欧元区数字货币的准备工作将持续 2—4 年，目前已完成数字欧元公众咨询；美联储认为研发央行数字货币具有很高优先级；日本将逐渐开启央行数字货币一阶段实验，涉及如发行和分配的基本问题；英国央行考虑推出自己的数字货币，大部分研究工作已经完成。国际清算银行（BIS）在 2020 年 1 月发表的一份研究显示，截至 2019 年在全球 66 家央行中，80% 的央行开始研究和测试数字货币，较 2018 年上升 10 个百分点。其中，40% 的央行进入试验阶段，10% 的央行进入数字货币测试阶段。

我国推出数字货币对宏观经济发展、居民日常实际支付需要和反洗钱等有着极大帮助。首先，数字货币对我国经济良好发展起到重要助力作用。作为电子化人民币，数字货币能满足央行随时计算社会流动现金量的需求，有助于更好地制定货币政策、避免货币超发。其次，数字货币更为便捷，能够更好满足居民实际支付需要。一方面，数字货币不同于纸币，更便于存储，使用寿命更长，不用担心假币风险；另一方面，在移动支付当道的今天，一些网络信号较弱的偏远地区和数字弱势群体无法享受智能终端支付的便捷，可见电子支付包容性较低。数字货币则不然，双离线支付手段可以免去对网络的依赖，操作简单，即便不使用智能手机也能完成支付，有很强普惠性。

对于居民来讲，最关心的还是数字货币会给日常生活带来哪些影响。过去，人民币以纸质形式出现在支付交易中，数字人民币则是将人民币电子化，和纸质人民币具有同等效力，在使用时只需要打开数字货币 APP，用扫码、转账、碰一碰等方式就可完成转账支付等交易。很多人问，既然都是移动支付，那么数字人民币和现有支付软件有什么区别呢？从本质上来看，它们处于不同维度。央行曾表示，微信和支付宝是金融基础设施，而数字人民币是支付工具。如果把微信和支付宝比作钱包，那么数字人民币对应的是钱包中的内容。在数字人民币发行后，大家仍然可以用微信和支付宝支付，只不过钱包里增加了央行货币。在日常使用微信、支付宝等APP时，人们往往需要网络和智能手机等硬件设施支持，而数字人民币不依赖网络即可实现双离线支付。数字人民币的第一大特点是便利性，它将省去在各个网络平台绑定个人账户或者线下办理多张银行卡等不必要的麻烦；第二大特点是安全性，它支持匿名支付，大大提高支付安全性，保护个人隐私；第三大特点是降低跨境交易成本，它使跨境支付变得更加方便，将降低过去跨境交易中的手续费，提升跨境交易和支付清算速度。

（资料来源：颜色：《数字货币将如何改变我们的生活》，《光明日报》，2021年1月29日。）

三、货币职能

由于货币属于商品，因此他同所有商品一样也具有使用价值和交换价值。当处在不同形式的价值运动中的时候，货币所表现出来的作用也不尽相同，价值尺度、流通手段、支付手段、贮藏手段和世界货币。其中，价值尺度和流通手段是货币的基本职能。另外三种职能则是在两者的基础上形成的派生职能。

（一）价值尺度

价值尺度是货币用来衡量和表现商品价值的一种职能，是货币的最基本、最重要的职能。货币作为一种尺度，一种单位，其他商品和劳务的价值均可以用它来衡量。衡量商品价值的货币本身也是商品，具有价值；没有价值的东西，可以是观念中的货币，不能充当价值尺度，电子货币除外。

（二）流通手段

流通手段就是指货币在商品流通中充当交换媒介的职能。在货币出现之前，商品交换是物物直接交换，即商品—商品。货币出现后，商品交换就通过货币作为媒介来进行，即商品—货币—商品。在这里，货币在两种商品交换关系中起着媒介物的作用，执行着流通手段的职能。

作为价值尺度，可以是观念上的货币。作为流通手段，则必须是现实的货币，但不一定是足值的货币。这是因为，货币在执行流通手段职能时，每次都只是转瞬即逝的事情，人们关心的是它是否能起到交换媒介的作用，而并不关心它的实足价值是多少。只要社会公认它能代表一定数量的货币，代表一定的价值就行。这就产生了不足值货币代替足值货币，以及纸币代替铸币作为流通手段的可能性。相对地说，纸币本身是没有价值的，只是按照它所代表的金或银的价值，即代表金属货币，执行流通手段的职能。

货币作为流通手段，一方面克服了物物交换中搜寻的困难，另一方面也加深了商品经济的内在矛盾，产生货币危机性。货币危机性是指货币的运动和商品的运动脱节，引起两者数量失衡，从而使物价波动不定。

（三）贮藏手段

货币贮藏手段是指货币退出流通流域当作社会财富的职能。

货币的贮藏手段职能即货币退出流通领域作为社会财富的一般代表被保存起来的职能。货币作为贮藏手段能够自发地调节流通中的货币量。当流通中需要的货币量减少时，多余的货币就退出流通；当流通中需要的货币量增加时，部分被贮存的货币就进入流通。货币作为贮藏手段目的是贮藏财富（财富的象征），不能是观念上的货币，而必须是足值的金银条（如金属条块等），因此，充当贮藏手段的货币，必须是实在的足值的金银货币。只有金银铸币或金银条块才能发挥货币的贮藏手段职能。

纸币不具备贮藏手段的职能。只有当纸币币值长期保持稳定的条件下，人们才会储藏纸币。纸币有储存手段（放在银行）的职能，不具备贮藏手段的职能。

（四）支付手段

支付手段是指货币在清偿债务时所执行的职能。在商品交换中，商品买卖可以不用现款，采用赊账的方式，到一定时期后再付现款。由于先购买，后支付，卖者成为债权人，买者成为债务人。到约定期限后，买者以货币清偿对卖者的债务。在这里，货币就起着支付手段的职能。货币作为支付手段先是在商品流通的范围内，后来扩展到商品流通领域之外。

支付手段是以价值尺度、流通手段、货币贮藏职能的存在为前提，是在价值尺度和流通手段的基础上进一步产生的。由于货币作为价值尺度，才能使商品与货币相交换；由于货币作为流通手段，才能产生商品买和卖的行为；只有在买卖进一步发展的情况下，才会出现买卖商品时的赊销方式，支付手段的职能才会产生。为了到期支付，必须进行货币贮藏。

（五）世界货币

世界货币是指货币在世界市场上执行一般等价物的职能。随着国际贸易的发展，货币流通超出一定范围，在世界市场上发挥作用。作为世界货币，必须有十足的价值，并且是贵金属块，按其实际重量来发挥其职能。实际上，发挥世界货币职能的就是金块、银块。纸币不能充当世界货币。

在世界市场上购买国外商品、支付国际收支差额，需要现实的货币。这是作为社会财富的代表在国与国之间转移时产生的。

▶案例思考：

1. 我们在逛京东网店时，标签上所注明的价格表示了它的价值，可以在心中进行衡量。这时，我们就是运用了货币的第一个职能：价值尺度。商品的价值通过一定量的货币表现了出来。当我们购买《一本书读懂财报》付账的时候，又会运用货币的第二个职能：流通手段。这个过程其实是一个商品交换的过程。

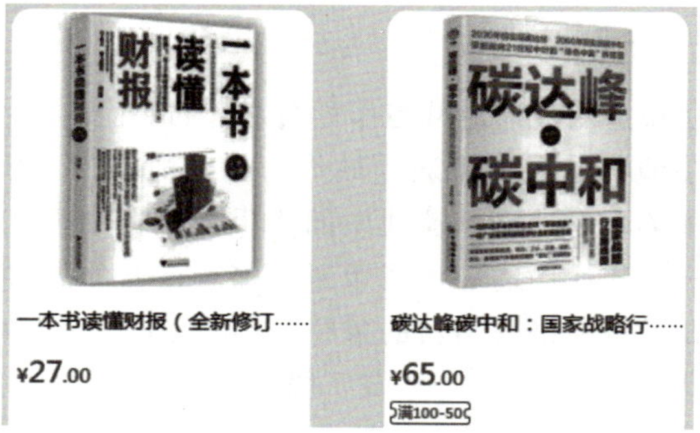

图 2-1 某网站价格标签

2. 大学生小李毕业后采用银行按揭方式购买了一套 80 万元的商品房，首付 25 万元，然后在 20 年内付清银行贷款 55 万元及利息 313866.14 元。其中利息 313866.14 元、房价 80 万元、首付金 25 万元，分别体现了货币的不同职能。313866.14 元利息属于货币执行支付手段的职能，房价 80 万元是用来衡量房子价值大小的，是货币执行价值尺度的职能。首付 25 万元是一手交钱、一手交货属于流通手段的职能。

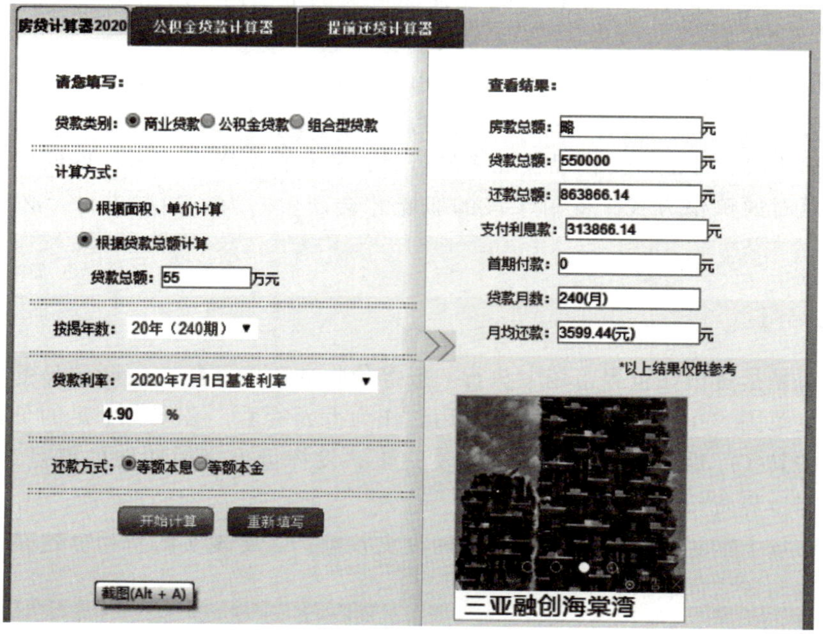

图 2-2 房贷计算器计算结果

第二节　货币制度

☞ 引导案例

全球央行数字货币发展提速

近几年来，各经济体央行纷纷加强数字货币研发与试点。国际清算银行今年5月发布的最新一轮央行数字货币调查显示，在参与调查的81家中央银行中，有90%的央行正在进行数字货币的相关研究，有62%的央行正在进行相关实验或概念验证。在北京冬奥会期间，数字人民币试点覆盖40多万个场景，成为国际盛会上的一大亮点。俄罗斯普列汉诺夫经济大学金融市场教研室主任康斯坦丁·奥尔多夫表示，通过在北京冬奥会期间的测试，数字人民币的功能将更加齐全、性能更加完善，并成为世界范围内拥有广阔前景的数字货币。根据中国人民银行的数据，截至今年5月31日，15个省份的试点地区通过数字人民币累计交易笔数约2.64亿笔，金额约830亿元，支持数字人民币支付的商户门店数量达456.7万个。

管理咨询公司麦肯锡去年发布的一份报告显示，央行数字货币的宏观益处主要体现在四大维度，即降低提供现金的成本、提升金融活动的包容性、降低私营部门数字货币的危险、强化货币政策的传导。分析普遍认为，央行数字货币具有众多优势，将为全球货币金融体系注入新活力。

“数字货币将极大促进国际货币格局的现代化。”普华永道在一份报告中说，随着数字货币在支付和金融基础设施中的整合发展，它们将为企业和金融机构的进一步数字化创造众多机会。

（资料来源：俞懿春、邹松 、郑彬、毕梦瀛：《全球央行数字货币发展提速（国际视点）》，《人民日报》，2022年7月29日。）

【案例思考】

1. 何为数字货币？
2. 数字货币和目前的网上支付有什么区别？
3. 设想一下数字货币对国家货币制度有什么影响？

知识讲解

一、国家货币制度的内容

货币制度是一个国家以法律形式确定的货币流通的结构与组织形式。完善的货币制度能够保证货币和货币流通的稳定，保障货币正常发挥各项职能。货币制度一般包括以下内容：

（一）确定货币材料

货币材料简称“币材”，是指用来充当货币的物质，确定不同的货币材料就构成不同的货币本位，因而也就确定了整个货币制度和货币流通的基础。如确定用黄金充当货币材料就构成金本位制，以白银作币制，就构成银本位制。

（二）规定货币单位

货币单位是指货币制度中规定的货币计量单位。货币单位的规定主要有两个方面：一是规定货币单位的名称，货币单位的名称就是对货币单位的定名，例如英国货币单位定名为“镑”，法国货币单位定名为“法郎”；二是确定货币单位的“值”，货币单位的“值”是指货币单位所包含的货币金属的重量和成色。

（三）规定流通中的货币种类

规定流通中的货币种类，主要是指规定主币和辅币。主币就是本位币，是一个国家流通中的基本货币。辅币是以本位货币单位以下的小面额的货币，它是本位币的等份。

（四）对货币法定支付偿还能力的规定

对货币法定支付偿还能力，是指通过法律对货币的支付偿还能力做出规定，即规定货币是无限法偿还是有限法偿。所谓无限法偿，是指无论支付数额多大，无论属于任何形式的支付，对方都不能拒绝接受。本位币一般都具有无限法偿能力。所谓有限法偿，是指在一次支付中若超过规定的数额，收款人有权拒收。有限法偿主要是针对辅币而言的。

（五）规定货币铸造发行的流通程序

在金属货币流通条件下，辅币都是国家铸造发行的，但本位币即金属货币基本上实行自由铸造；信用货币出现以后，各国逐渐通过法律把银行券的发行权收归中央银行。

（六）货币发行准备制度的规定

货币发行准备制度的规定是指中央银行在货币发行时候以某几种形式的资产作为其发行货币的准备，从而使货币的发行与某种金属或某几种资产建立起联系和制约关系。

二、我国的货币制度

（一）我国的基本货币制度

1948 年 12 月 1 日，华北银行、北海银行和西北农民银行合并成立了中国人民银行，同时正式发行人民币作为全国统一的货币。人民币发行后，在通过逐步收兑、统一解放区货币的基础上，又迅速收兑了原国民党政府发行的伪法币、金圆券乃至银行券，并排除了当时尚有流通的金银外币等，从而建立了以人民币为唯一合法货币的、统一的货币制度。

人民币是我国的法定货币，以人民币支付我国境内各种交易的货款和劳务费用以及一切公私债务，任何单位和个人不得拒收。

人民币的单位为“元”，元是主币，辅币单位是“角”和“分”。人民币符号为“￥”，是取“元”字汉语拼音“Yuan”的首个字母加两横线而成。人民币由中国人民银行统一印制、发行，人民币是不兑现的信用货币，并以现金和存款货币两种形式存在，现金由中国人民银行统一发行，存款货币由银行体系通过业务活动进入流通。

人民币汇率由国家外汇管理局制定并公布。人民币汇率实施以市场供求为基础的单一的、有管理的浮动汇率制。中国人民银行对人民币发行与流通的管理，主要体现在发行基金计划的编制、发行基金的运送管理、反假币及票样管理和人民币出入境管理等方面。

人民币不能自由兑换黄金，但是中国人民银行发行的纸币是由其黄金储备和外汇储备保障的，这些储备主要用于平衡国际收支，同时对人民币的币值起着保值作用。

（二）“一国三币”的地区性货币制度

1997 年、1999 年香港和澳门先后回归祖国后，出现了人民币、港币和澳元“一国三币”的特殊货币制度，即在内地实行人民币制度，而在香港、澳门、台湾实行不同的货币制度。表现为不同地区各有自己的法定货币，各种货币各限于本地区流通，各种货币之间可以兑换，人民币与港元、澳门元之间按以市场供求为基础决定的汇价进行兑换，澳门元与港元直接挂钩。

▶财经阅读：

人民币国际化十年历程！

2019 年，人民币国际化走过十年历程。十年来，人民币国际化秉承“促进跨境经贸投资便利化”宗旨，不断提升服务实体经济。

2020 年 4 月 7 日，中国银行发布的 2019 年度《人民币国际化白皮书》显示，境内外市场主体对人民币的国际货币地位预期向好；超过八成受访境内外工商企业认为，未来十年人民币国际地位将媲美日元和英镑。

这是中国银行连续第七年调研并公布人民币国际化产品和服务情况。调研对象包括五大洲 28 个国家和地区 3000 多家工商企业和金融机构。

值得注意的是，在历年的《人民币国际化白皮书》调研中，均考察了境内外市场主体对人民币的使用情况。2019 年度调研结果显示，境外被调研对象使用人民币结算的比例明显提升。约有 69% 受访境外工商企业打算使用人民币或进一步提升人民币使用比例，这一占比为 2016 年来最高，接近历史最好水平。

需要看到，人民币跨境使用在规避汇率风险、节省汇兑成本方面的实效随着中国对外经贸规模不断扩大获得了境内外市场主体越来越广泛的认同。以此为基础，人民币在国际贸易计价结算、投融资、国际官方储备等领域不断取得新进展，2019 年人民币跨境使用规模接近 20 万亿元，是 2009 年的 5000 多倍。跻身国际舞台的人民币，正日益成为中国与其他国家共谋发展、互利共赢的重要桥梁和纽带。

白皮书同时指出，“走出去”企业使用人民币意愿强烈但实际使用率有待提升。此次调研重点关注了“走出去”企业的金融需求。结果显示，超过七成“走出去”企业优先考虑使用人民币对外直接投资，但受汇率、原材料采购、销售市场、资金来源等因素影响，实际使用人民币比例不足两成。随着中国“走出去”企业更紧密地参与国际供应链，离岸人民币市场深化，预计人民币的使用率将稳步提升。

（资料来源：钱箐旎：《人民币国际化十年历程！吸引力提升了多少?》，《经济日报》，2020 年 4 月 7 日。）

三、货币国际化

（一）货币国际化的含义

国际货币基金组织（IMF）指出，货币国际化是指某国货币越过该国国界，在世界范围内自由兑换、交易和流通，最终成为国际货币的过程。货币国际化，是货币的一部分或者全部职能，从一国或原使用区域扩展到周边国家、区域乃至全球，最终演化为区域货币乃至全球通用货币的动态过程。

国际货币是在价值尺度、交易媒介和储藏手段三个职能上的延伸。国别货币要成为国际货币，其货币职能必须国际化：一是价值尺度职能，即个人交易中作为记账单位，用于账面资产的标价，在国际贸易中作为计价货币，用于商品劳务和金融资产的标价；在官方机构中执行货币锚或基准货币，供政府在制定货币平价或外汇交换时所使用。货币对内、对外价值的稳定是影响该职能的主要因素，其中对内价值一般指国内的物价水平，对外价值则一般指实际有效汇率水平。二是交易媒介职能，即在个人商品与劳务交换中作为交易货币；被官方机构作为干预货币，用于政府对外汇市场进行干预和为国际收支逆差进行融资。此时影响该职能的主要因素就是交易的规模，包括实物贸易规模和金融交易规模。三是价值储藏职能，在个人交易中作为资产货币，即个人在持有对外资产时使用的货币；在官方机构中作为储备货币，是政府在持有官方对外资产时使用的货币。该种货币价值的稳定性和收益性是影响价值储藏职能的主要因素。

▶财经阅读：

英镑、美元、欧元和日元是全球主要国际货币，它们的货币国际化均有其个性化发展模式。

1. 英镑的国际化，归功于以机器代替手工为主要特征的第一次工业革命为英国奠定的坚实政治经济基础以及英国通过殖民扩张的方式开展的对外贸易、投资和金融合作。英国强大的经济综合实力作支撑，维持币值长期稳定是英镑成为国际货币的基础。两次世界大战后英国经济实力大幅下降，直接导致英镑国际化走向衰落，但凭借其发达的金融市场和长期形成的交易习惯，英镑仍是重要的国际计价结算货币。

2. 美元成为国际货币有其特殊的历史背景，布雷顿森林体系确立了以美元为中心的国际货币体系运行机制，核心内容是“双挂钩”，即美元与黄金挂钩，其他货币与美元挂钩。在此国际货币体系下，美元成为全球贸易唯一的国际计价单位，垄断了国际支付结算和国际储备。布雷顿森林体系解体后，美元依赖前期积累的存量优势，继续充当国际货币。

3. 欧元的国际化实际上是区域货币一体化的结果，欧元的诞生便是天然的国际货币。在区域货币的形成过程中，欧元区经济体放弃了独立自主的货币政策，让渡了各自货币的使用权，形成区域共同体，核心货币（德国马克）起主导作用。

4. 日元国际化起步于援助贷款，借助金融市场积极发行日元债券，推进日元的全面国际化，但受制于国内经济衰退、产业结构升级转型不成功以及金融市场发展不足等因素，日元国际化进程出现倒退。

（资料来源：温彬：《货币国际化的理论和实践》，金融界网站，2019 年 11 月 25 日。）

（二）货币国际化的进程的共性特征

1. 经济实力是货币国际化的基础。英镑和美元走出国门走向世界，正是英国和美国独霸世界之时，GDP 占全球比重之高、经济实力之强令其他所有经济体都无法企及。第二次世界大战后日本经济迅猛发展，快速积累的经济实力使其得以跻身世界前列，日元的国际地位也不断上升，成为主要国际货币。欧元是国际经贸合作的新产物，欧元区各国强强联合让其迅速在国际货币体系中拥有一席之地。

2. 对外贸易快速发展是货币国际化的重要推动力。纵观历史，一国货币国际化快速推进往往也是其对外贸易快速发展的阶段。英国在 19 世纪 80 年代至第一次世界大战前夕其贸易额占全球贸易总额的比重持续高于 22%；第二次世界大战期间美国在全球贸易中的份额快速上升，所占的比重由 1938 年的 14.1% 上升到 1945 年的 32.5%，并持续保持第一大贸易国地位；日本在全球贸易中的比重则由 1949 年的 1% 上升到 1980 年的 7%；欧元区国家对外贸易与 GDP 的比值长期位于国际平均水平之上，特别是自 1974 年以来，这一比值持续超过 50%。

3. 货币国际化需要发达金融市场的配合，并保持离岸和在岸金融市场协同发展。发达的金融市场可以为各市场参与主体提供安全性高、流动性强的以本币计价的金融工具，有利于降低金融交易成本，丰富企业外汇风险管理手段。美国、欧洲和日本都具有体量大、流动性高的资本市场，纽约、伦敦、法兰克福和东京等也都是全球性的金融中心，对实现本国货币国际化起到了积极作用。但日本由于金融自由化起步较晚，国内金融市场发展相对滞后，国内外金融市场分割，严重制约了日元国际化进程。

4. 货币国际化需要准确把握机遇，适时推进。英国在 18 世纪早期用武力打开多国国门后，就鼓励甚至强迫其殖民地和附属国使用英镑，英镑在全球范围得到快速推广，即使是在英国经济实力衰退的当前情况下，一部分地区仍然具有较强的英镑使用黏性；美国乘第二次世界大战后其他主要国家经济实力削弱之机，迅速推动建立布雷顿森林体系，使美元成为黄金的“等价物”，确定了美元在战后国际货币体系中的核心地位；布雷顿森林体系崩溃后，美元一家独大的地位受到挑战，日本、德国等纷纷于 20 世纪 80 年代开始积极推进本币国际化。

（三）我国货币国际化进程

2009 年，为顺应国际市场需求，我国开启人民币国际化进程。十多年来，人民币国际化发展程度整体上呈现螺旋式提升态势，人民币在全球货币体系中的地位持续巩固、愈加稳定。但同时也要看到，人民币的国际地位仍低于中国在世界经济和贸易中所占份额，定价和价值储藏功能十分有限，金融制度改革仍有待持续推进。

人民币国际化更多是国家综合实力的体现，其未来取决于中国经济、金融发展、债务可持续的情况，取决于金融市场的开放、金融市场的深度和广度以及资本账户可兑换，还有更加灵活的汇率机制的建立等，是各方面的综合反映。随着中国经济进一步发展，中国综合国力的不断增强，尽管人民币国际化的过程会时快时慢，但是前景广阔，国际化的趋势明确。

（四）货币国际化的意义

货币国际化随着世界市场的形成和国际贸易的发展而形成。在国际贸易中，商品的价值突破了地方的、国家的界限，普遍地形成国际价值。与此相应，货币一越出国内流通领域，便失去了在这领域内获得的价格标准、铸币、辅币和价值符号等地方形式，又恢复原来的贵金属块的形式。货币国际化有利于世界市场和国际贸易的发展。一国货币国际化对于本国也具有重要意义。

1. 享受国际铸币税。每一个发行法币的政府都可以不需任何补偿地用纸制货币向自己的居民换取实际经济资源，从中攫取发行货币所产生的特定收益。这部分由货币发行主体垄断性地享受“通货币面价值超出生产成本”的收益，就被定义为铸币税。而当一种货币成为国际储备货币以后，货币当局所获得的铸币税收益不仅来自居民的货币持有额，也包括非居民货币持有部分。货币发行国的通货膨胀越高，这一国际铸币税的收益就越高。人民币成为国际化货币，就意味着中国可以从国外储备国获得无息贷款。

2. 拥有在国际金融体系中的话语权。拥有了国际货币发行权，可提高本国货币政策的独立性，甚至可利用发行权来影响储备国的金融经济，并提升发行国自身抵御金融冲击的能力。最重要的是，国际货币发行国在国际金融体系中具有较大的话语权。这种话语权意味着制定或修改国际事务处理规则方面巨大的经济利益和政治利益。

3. 为外贸和对外投资活动提供便利。当本币成为国际货币以后，对外经济贸易活动受汇率风险的影响就将大大减少，国际资本流动也会因交易成本降低而更加顺畅和便捷，因此货币国际化也将给发行国居民和企业的对外交往创造方便条件，不同程度地提高实体经济和金融经济的运作效率。

4. 改善贸易条件。IMF 的研究曾指出，当越来越多的外国人接受某一国际货币，每一单位的该货币能购买的商品数量也随之上升，使得国际货币发行国的贸易条件得到实质改善。

5. 为本国金融机构带来新业务收入。国际货币所执行的交易媒介等职能，必然通过发行国银行体系所提供的结算和支付服务来完成，这也为本国相关金融机构带来了佣金收入。

6. 为该国建设国际金融中心起到推动作用。无论是 19 世纪的伦敦、20 世纪 20 年代的纽约，还是 80 年代的东京，在其货币国际化的过程中，本国股票等金融产品市场规模迅速扩大，进而树立了该城市作为国际金融中心的地位。人民币国际化的推进，将极大推动上海建设国际金融中心的努力，也会巩固香港的国际金融中心地位。

►财经阅读：

布雷顿森林体系

布雷顿森林体系是指第二次世界大战后以美元为中心的国际货币体系。1944 年 7 月 1 日，在美国新罕布什尔州的布雷顿森林召开国际货币与金融会议（正式称联合国货币金融会议），有美、英、苏、法等 44 个国家的代表参加。会议通过了《联合国货币金融会议最后决议书》以及《国际货币基金组织协定》《国际复兴开发银行协定》两个附件，总称为布雷顿森林协定。此协定的核心内容包括：其一，确立以美元为中心的“双挂钩”的国际货币体系，即可按照 35 美元一盎司的官价向美国兑换黄金。其二，实行可调整的钉住汇率制，即各国货币对美元的汇率只能在法定汇率上下 1% 的幅度波动，若市场汇率超过此波动幅度，则各国应通过干预市场来维持汇率稳定。其三，建立美国为主导的国际金融机构，即国际货币基金组织和国际复兴开发银行（世界银行）。会议还建议成立一个旨在削减关税、促进贸易自由化的国际贸易组织（于 1947 年成立关税和贸易总协定）。

（资料来源：贾凤兰：《布雷顿森林体系》，《求是》，2009 年第 1 期。）

【案例分析】

马克思在《资本论》中写道：“金银天然不是货币，但货币天然是金银。”

为什么世界这么多国家、这么多种族几万年的漫长时间里彼此互不相认但是不约而同地选择金银作为货币？黄金目前所拥有的地位是其自身独特的魅力和价值所决定的，1000 年后的它也能依旧完好无损，一如当初黄金作为货币的另一个秘密就是英国伦敦大学学院的化学家安德里亚·塞拉（Andrea Sella）从化学元素分析说：“它（黄金）美得令人难以置信。”

【案例思考】

1. 谈谈你对“金银天然不是货币，但货币天然是金银”的理解。

2. 塞拉（Andrea Sella）说："它（黄金）美得令人难以置信"，你的看法呢？

3. 在我国"货币天然是金银"吗？请结合我国货币的发展史给出你的看法。

第三节 货币政策

☞ 引导案例

精准货币政策传递稳的信号

我国货币政策坚持以我为主，兼顾内外均衡。疫情发生以来，在统筹疫情防控和经济社会发展过程中，我国根据实际情况实施货币政策，充分兼顾短期和长期、逆周期和跨周期调控、内部和外部均衡，保持了货币政策的连续性、稳定性和可持续性，为后续货币政策实施留下了空间，也为科学精准调控积累了更多经验。就外部环境而言，2022 年欧美国家为应对高通货膨胀，快速收紧货币政策，为经济恢复增长带来压力。市场预计 2023 年全球经济增速下降，部分国家甚至面临经济衰退风险，美联储继续快速加息或将不可持续。这些将从外围对我国货币政策实施产生一定影响。

货币政策更加精准有力，需要充分考虑总量和结构。在总量方面，需要采用多种方式投放流动性，保持流动性合理充裕。在 2022 年两次合计降准 0.5 个百分点的情况下，目前银行法定存款准备金率总体不到 8%，虽然有进一步下降的空间，但也要珍惜政策空间，根据实际情况释放长期流动性，推动降低实体经济融资成本。

在结构方面，人民银行近年来创新推出多种结构性货币政策工具，在精准引导贷款流向上发挥了积极作用，也充分利用有限的资源起到了更好的调控效果。后续需要继续用好结构性货币政策工具，在必要时创新政策工具，引导信贷资金更多流向"三农"、小微企业、科技创新、绿色发展、普惠养老等领域。

（资料来源：娄飞鹏：《精准货币政策传递稳的信号》（节选），《经济日报》，2023 年 1 月 4 日。）

【案例思考】

1. 结合案例思考我国的货币政策在经济发展中的作用。

2. 结合内外部环境，思考 2022 年欧美国家为应对高通货膨胀，快速收紧货币政策的影响有哪些？

知识讲解

一、货币政策含义

货币政策也就是金融政策，是指中央银行为实现其特定的经济目标而采用的各种控制和调节货币供应量和信用量的方针、政策和措施的总称。货币政策的实质是国家对货币的供应根据不同时期的经济发展情况而采取“紧”“松”或“适度”等不同的政策趋向。运用各种工具调节货币供应量来调节市场利率，通过市场利率的变化来影响民间的资本投资，影响总需求来影响宏观经济运行的各种方针措施。

二、货币政策目标

货币政策目标是一国中央银行或货币当局采取的货币政策希望达到的最终目的。包括：经济增长、价格水平稳定、充分就业、利率稳定、汇率稳定、国际收支平衡。尽管央行不能直接带来这些状况，却能针对它可以影响的变量制定不同的政策。货币政策的诸多两标之间常常有冲突，政策可以达到一个目标，但却也使另一个目标变得更加难以实现。

稳定物价是指将一般物价水平的变动控制在一个比较小的区间内，在短期内不发生显著的或急剧的波动。

充分就业是指将失业率降到一个社会能够承受的水平。

经济增长是指经济在一个较长的时期内始终处于稳定增长的状态中，一个时期比另一个时期更好一些，不出现大起大落，不出现衰退。

对于任何一个国家，上述各种目标往往不能同时兼顾。最明显的是稳定物价与充分就业之间、经济增长与平衡国际收支之间存在着相当大的矛盾。如何在这些相互冲突的目标中做出适当的选择，是各国中央银行制定货币政策时所面临的最大难题。

我国货币政策的目标是：保持币值稳定并以此促进经济发展。根据《中国人民银行法》第三条规定，中国货币政策最终目标为“保持货币币值的稳定，并以此促进经济的增长。”

三、货币政策工具

货币政策工具是中央银行为达到货币政策目标而采取的手段，分为一般性工具和选择性工具。一般性货币政策工具包括公开市场操作、存款准备金和再贴现；选择性货币政策工具包括贷款规模控制、特种存款、对金融企业窗口指导等。一般性货币政策工具多属于间接调控工具，选择性货币政策工具多属于直接调控工具。在过去较长时期内，中国货币政策以直接调控为主，即采取信贷规模、现金计划等工具。1998 年以后，取消了贷款规模控制，主要采取间接货币政策工具调控货币供应总量。现阶段，中国的货币政策工具主要有公开市场操作、存款准备金、再贷款与再贴现、常备借贷便利、利率政策、汇率政策、道义劝告和窗口指导等。

《中国人民银行法》第二十三条规定了货币政策工具：

“中国人民银行为执行货币政策，可以运用下列货币政策工具：

（一）要求银行业金融机构按照规定的比例交存存款准备金；

（二）确定中央银行基准利率；

（三）为在中国人民银行开立账户的银行业金融机构办理再贴现；

（四）向商业银行提供贷款；

（五）在公开市场上买卖国债、其他政府债券和金融债券及外汇；

（六）国务院确定的其他货币政策工具。

中国人民银行为执行货币政策，运用前款所列货币政策工具时，可以规定具体的条件和程序。”

（一）按照规定的比例交存存款准备金

存款准备金政策是指中央银行依据法律所赋予的权力，要求商业银行和其他金融机构按规定的比例在其吸收的存款总额中提取一定的金额缴存中央银行，并借以间接地对社会货币供应量进行控制的制度。提取的金额被称为存款准备金，准备金占存款总额的比例称为存款准备率或存款准备金率。

（二）确定中央银行基准利率

所谓利息，是指货币所有者因贷出货币资金而从借款人处获得的报酬。而利率是利息率的简称，是指一定时期内利息的金额与存入或贷出金额的比率，由资金的供求关系决定。我国的利率分三种：

第一，中国人民银行对商业银行及其他金融机构的存、贷款利率，即基准利率，又称法定利率；

第二，商业银行对企业和个人的存、贷款利率，称为商业银行利率；

第三，金融市场的利率，称为市场利率。

其中，基准利率是核心，它在整个金融市场和利率体系中处于关键地位，起决定作用，它的变化决定了其他各种利率的变化。中央银行通过提高或降低贷款利率影响商业银行借入中央银行资金成本，以达到抑制或刺激对信贷资金的需求，导致信贷总量或货币供应量的收缩或扩张。

基准利率是我国中央银行实现货币政策目标的重要手段之一，制定基准利率的依据只能是货币政策目标。当政策目标重点发生变化时，利率作为政策工具也应随之变化。不同的利率水平体现不同的政策要求，当政策重点放在稳定货币时，中央银行贷款利率就应该适时调高，以抑制过热的需求；相反，则应该适时调低。

（三）为银行业金融机构办理再贴现

贴现是指票据持有人在票据到期日前，为融通资金而向银行或其他金融机构贴付一定利息的票据转让行为。通过贴现，持票人得到低于票面金额的资金，贴现银行及其他金融机构获得票据的所有权。再贴现是商业银行及其他金融机构将买入的未到期的贴现票据向中央银行办理的再次贴现。从形式上看，再贴现与贴现并无区别，都是一种票据和信用相结合的融资方式，但从职能上看，再贴现是中央银行执行货币政策的重要手段之一。

所谓再贴现政策，就是中央银行通过制定或调整再贴现利率来干预和影响市场利率及货币市场的供应和需求，从而调节市场货币供应量的一种金融政策。再贴现政策分为两种。一种是长期的再贴现政策，这又包括两种：一是“抑制政策”，即中央银行较长期地采取再贴现率高于市场利率的政策，提高再贴现成本，从而抑制资金需求，收缩银根，减少市场的货币供应量；二是“扶持政策”，即中央银行较长期地采取再贴现率低于市场利率的政策，以放宽贴现条件，降低再贴现成本，从而刺激资金需求，放松银根，增加市场的货币供应量。另一种是短期的再贴现政策，即中央银行根据市场的资金供求状况，随时制定高于或低地市场利率的再贴现率，以影响商业银行借入资金的成本和超额准备金，影响市场利率，从而调节市场的资金供求。

（四）向商业银行提供贷款

再贷款是指中央银行向商业银行的贷款。再贷款是中央银行主要资产业务之一。在中央银行的资产负债表中，尤其是在原来实行计划经济的国家里，贷款是一个大项目，它充分体现了中央银行作为“最后贷款人”的职能作用。中央银行的贷款对维护金融体系的安全、执行货币政策、抑制通货膨胀、平衡财政收支、促进经济发展都具有十分重要的意义。

具体来说，再贷款的作用主要体现为：第一，中央银行通过调整再贷款利率，影响商业银行从中央银行取得信贷资金的成本和可使用额度，使货币供应量和市场利率发生变化。例如，当中央银行要收缩银根实行紧缩政策时，它可以提高再贷款利率，减少基础货币的投放量，增加商业银行向中央银行的贷款成本，抑制商业银行向中央银行的贷款；第二，再贷款利率的调整是中央银行向商业银行和社会宣传货币政策变动的一种有效方法，它能产生预告效果，从而在某种程度上影响人们的预期。当中央银行提高再贷款利率时，表明中央银行对通货膨胀的进展发出了警告，使厂商慎重从事进一步的投资扩张；当中央银行降低再贷款利率时，则表示在中央银行看来通货膨胀已经缓和，这样就会刺激投资和经济增长，在一定程度上起到调整产业结构和产品结构的作用。

（五）买卖国债、债券和金融债券及外汇

公开市场操作是指中央银行在金融市场上买卖有价证券和外汇的活动。它是中央银行的一项主要业务，是货币政策的一种基本工具。中央银行买进或卖出有价证券或外汇意味着进行基础货币的吞吐，可以达到增加或减少货币供应量的目的。当金融市场上资金缺乏时，中央银行就通过公开市场业务买进有价证券，向社会投入一笔基础货币。这些基础货币如果是流入社会大众手中，则会直接地增加社会的货币供应量，如果是流入商业银行，则会引起信用的扩张和货币供应量的多倍增加。相反，当金融市场上游资泛滥、货币过多时，中央银行就可以通过公开市场业务卖出有价证券，无论这些证券是由商业银行购买，

不定期是由其他部门购买，总会有相应数量的基础货币流回，引起信用规模的收缩和货币供应量的减少。中央银行就是通过公开市场上的证券买卖活动，以达到扩张或收缩信用、调节货币供应量的目的。

（六）国务院确定的其他货币政策工具

本款为一弹性条款。由于我国的经济体制正处于计划经济体制向社会主义市场经济体制转变的过程中，金融体制的改革也正处于深刻的变动之中，在这种环境下，经济、金融形势往往容易发生难以预料的变化。对于这种情况，中央银行应该采取灵活多样的货币政策工具，而不能仅限于法定的几种类型。所以，本条在此作了灵活规定，但为了设定了一个限制性条件，即除本条规定的五项货币政策工具以外的货币政策工具应由国务院确定。这样规定的主要目的在于保证人民银行根据经济、金融形势的实际变化，采取及时、灵活、有效、形式多样的货币政策工具，确保货币政策目标的实现。

从人民银行实际操作和外国中央银行的长期实践来看，国务院确定的其他货币政策工具可以有如下几种：贷款限额、信贷收支计划、现金收支计划、特别存款账户、窗口指导以及货币发行等。

综上所述，上面分析的六个方面的货币政策工具是本条规定的中国人民银行为实现货币政策目标，在执行货币政策中可以运用的。同时还规定，中国人民银行在运用这些货币政策工具时，可以规定具体的条件和程序。

▶财经阅读：

稳健的货币政策灵活精准有效

作为宏观调控的重要工具，今年以来，稳健的货币政策灵活精准、合理适度，货币信贷和社会融资规模合理增长，综合融资成本稳中有降。

（一）支持实体力度增强

11 月末，广义货币（M2）同比增长 8.5%，11 月人民币贷款增加 1.27 万亿元，社会融资规模增量为 2.61 万亿元，比上年同期多 4786 亿元。“当前金融运行总体平稳，金融总量平稳增长，货币供应量和社会融资规模的增速同名义经济增速基本匹配。”中国人民银行调查统计司司长阮健弘表示。

今年以来，金融支持实体经济呈现量增价减的特征。9 月，贷款加权平均利率为 5%。其中，一般贷款加权平均利率为 5.30%，同比下降 0.01 个百分点。企业贷款加权平均利率为 4.59%，同比下降 0.04 个百分点。

近期，1 年期 LPR 下调 5 个基点。兴业银行首席经济学家鲁政委表示，LPR 降低可直接带动新发生贷款利率降低，明年需重新定价的存量贷款利率也将同步下行，可为金融系统向实体经济让利提供有利环境。

金融机构还进一步加大减费让利，年内出台了 12 条降低小微企业和个体工商户支付手续费等措施，再加上降低自动取款机跨行取现手续费等措施，预计每年为市场主体、社会公众减少手续费支出240亿元。

（二）直达小微更精准

今年以来，央行继续加大对小微企业、制造业等实体经济薄弱环节支持力度。为引导资金活水精准滴灌小微、民营企业、“三农”、扶贫等国民经济的重点领域和薄弱环节，两个直达实体经济的货币政策工具发挥了良好支持效果。自2020年6月政策出台以来至2021年9月末，银行业金融机构共对13.5万亿元贷款本息实施延期，累计发放普惠小微信用贷款8.6万亿元。

“稳健货币政策的灵活适度和结构性特征更加凸显。”交通银行金融研究中心首席研究员唐建伟表示，一方面，货币政策的稳健取向没有改变，同时强调“灵活适度”，近期央行全面降准、下调支农支小再贷款利率等措施就是灵活适度的体现；另一方面，货币政策结构性特征也未改变，依然强调加大对小微企业、科技创新、绿色发展的支持。

近期召开的国务院常务会议明确，将普惠小微企业贷款延期还本付息支持工具转换为普惠小微贷款支持工具，将普惠小微信用贷款纳入支农支小再贷款支持计划管理等。

招联金融首席研究员董希淼表示，普惠小微贷款支持工具主要突出对增量贷款的支持，将普惠小微信用贷款纳入支农支小再贷款支持计划管理主要是降低投放信用贷款的资金成本，两种方式“量价并举”，契合小微企业实际需求，引导银行持续增加小微企业贷款并提高信用贷款比例，助力小微企业走出困境。

（三）继续保持“稳”的基调

中央经济工作会议强调，宏观政策要稳健有效。稳健的货币政策要灵活适度，保持流动性合理充裕。

12月16日，中国人民银行行长易纲表示，坚持稳字当头、稳中求进，实施好稳健的货币政策。要加大跨周期调节力度，统筹考虑今明两年衔接，保持流动性合理充裕，保持货币供应量和社会融资规模增速同名义经济增速基本匹配，增强信贷总量增长的稳定性，稳步优化信贷结构，保持企业综合融资成本稳中有降态势，增强服务实体经济能力。

对于未来货币政策走向，中国民生银行首席研究员温彬认为，预计通胀水平整体可控，对货币政策掣肘有限，但政策在实施过程中需要协调和平衡的因素将会增多。随着经济下行压力加大，稳增长的重要性和紧迫性提升。货币政策将保持“稳”的基调，但考虑到我国经济面临新的下行压力以及美联储货币政策转向，不稳定不确定因素增多，货币政策将提升前瞻性和自主性。

光大银行金融市场部研究员周茂华表示，从今年国内经济表现看，内需复苏偏缓，不平衡问题依然存在，海外防疫与经济复苏路径仍不够清晰。在这种情况下，国内政策需要适度加大内需支持力度，确保经济运行在合理区间。货币政策将延续稳健基调，但更强调灵活适度与结构优化，并根据宏观经济环境变化预调微调。

（资料来源：陈果静：《稳健的货币政策灵活精准有效》，《经济日报》，2021年12月24日。）

本章小结

- 货币制度
  - 认识货币
    - 货币含义
    - 货币类型
    - 货币职能
  - 货币制度
    - 货币制度基本内容
    - 我国货币制度
    - 货币国际化
  - 货币政策
    - 货币政策含义
    - 货币政策目标
    - 货币政策工具

思政小课堂

1. 疫情影响下的经济增速下滑，今年的货币和财政政策会更加宽松。新一轮社会财富悄然在再分配和转移。从2018年来，央行12次下调存款准备金率，共释放长期资金8万亿元。

2018年4次降准释放资金3.65万亿元，

2019年5次降准释放资金2.7万亿元，

2020年初至5月3次降准释放资金1.75万亿元。

按照2020年4月的货币乘数6.55，8万亿元的资金，在货币乘数的作用下理论相当于52.4万亿元！

2. 中国货币政策灵活精准、合理适度

财联社2022年2月18日讯，央行行长易纲线上出席二十国集团财长和央行行长会议，易纲介绍了中国经济金融形势，表示中国通胀总体温和，货币政策灵活精准、合理适度，服务实体经济的质量和效率不断提升，人民银行将保持稳健的货币政策灵活适度，加大跨周期调节力度，推动经济高质量发展。人民银行作为G20可持续金融工作组联合主席，将与各方共同制定转型金融框架，落实好《G20可持续金融路线图》。

【案例思考】

1. 依据案例，结合你所学知识，阐述几种货币政策工具；
2. 对中国精准的货币政策，助力中国经济的发展，谈谈你的感想。

单元检测

一、单项选择题

1. 货币具有普通商品的共性是（　　）。

A. 使用价值　　B. 价值　　C. 使用价值和价值　　D. 无形资产

2. 一件上衣标价 1500 元人民币，这体现了货币的（　　）职能。

A. 价值尺度　　B. 支付手段　　C. 贮藏手段　　D. 流通手段

3. 今年 6 月，李叔叔从公司领取了 5500 元工资，并到税务局交了 200 元税金，这体现了货币的（　　）职能。

A. 价值尺度　　B. 支付手段　　C. 贮藏手段　　D. 流通手段

4. 货币在执行价值尺度时，需要（　　）货币。

A. 现实的　　B. 具体的　　C. 足值的　　D. 观念上的

5.（　　）职能是最后发展起来的一个职能，因为这一职能要以货币的其他职能在国内的存在和充分发挥作用为前提。

A. 价值尺度　　B. 流通手段　　C. 支付手段　　D. 世界货币

6. 下面关于黄金的特点说法不正确的是（　　）。

A. 体积小　　B. 价值大　　C. 易于分割　　D. 不便于携带

7. 货币首要的基本职能是（　　）。

A. 价值尺度　　B. 支付手段　　C. 贮藏手段　　D. 世界货币

8. 张大妈保存了祖传的五根金条，这体现了货币的（　　）职能。

A. 价值尺度　　B. 支付手段　　C. 贮藏手段　　D. 流通手段

9. 不但反映交换双方之间的买卖关系，而且也反映他们之间债权债务关系，这属于货币的（　　）职能。

A. 价值尺度　　B. 支付手段　　C. 贮藏手段　　D. 流通手段

10. 由政府和银行发行的纸币或银行券，它属于（　　）。

A. 实物货币　　B. 金属货币

C. 可兑换的信用货币　　D. 不可兑换的信用货币

二、判断题

1. 货币的产生不是某个人的发明创造，也不是人们协议的结果，而是政权的产物。（　　）

2. 执行流通手段职能，是货币首要的职能。（　　）

3. 商品的价格与商品的价值正向变化，与货币的价值反向变化。（　　）

4. 货币发挥支付手段职能，包含着引发经济危机的可能性。（　　）

5. 货币在执行流通手段时，必须是现实的而且是足值的货币。（　　）

6. 当货币作为价值的独立形态进行单方面转移时，执行流通手段职能。（　　）

7. 赊账买卖的商业信用就是货币支付手段产生的起源。（　　）

8. 现代经济中的信用货币是纸制的货币符号，不具有典型意义上的储藏货币职能。（　　）

9. 在金属货币流通条件下，不会产生通货膨胀。（　　）

10. 金币本位制是最早的金本位制。（　　）

三、多项选择题

1. 下列属于信用货币形态的是（　　）。

A. 纸币　　B. 辅币　　C. 电子货币　　D. “交子”

2. 货币制度的内容有（　　）。

A. 货币材料　　B. 货币单位　　C. 货币职能　　D. 货币发行准备制度

3. 下列属于货币基本职能的是（　　）。

A. 价值尺度　　B. 流通手段　　C. 储藏手段　　D. 世界货币

4. 属于信用货币的是（　　）。

A. 辅币　　B. 金铸币　　C. 银铸币　　D. 支票存款

4. 下列属于货币发挥支付手段职能表现的是（　　）。

A. 交纳税款　　B. 发放工资　　C. 捐赠善款　　D. 偿还借款

5. 货币的智能有（　　）。

A. 价值尺度职能　　B. 流通手段职能　　C. 支付手段职能　　D. 世界货币职能

四、实践应用

大学生王蒙暑假到黄果树瀑布旅游，气势宏大的水声震撼了他，他用手机录制了瀑布声，一路上又录制了山泉、小溪和各种鸟儿美妙的叫声。回校后，他制作了各种手机铃声，供大家有偿下载，生意十分兴隆。请思考一下：

（1）声音是否属于商品，说明理由；

（2）如果下载一条王蒙制作的铃声需要 3 元，那么这 3 元执行了货币的何种职能。

第三章　政府预算

学习目标

【知识目标】

1. 了解财政的含义；
2. 掌握财政在市场经济中作用；
3. 了解政府预算的内容。

【技能目标】

1. 具备分析政府与市场经济关系的能力；
2. 具备解读政府财政预算、决算的能力。

【思政目标】

1. 制度自信，感悟政府经济政策的优越性；
2. 诚信守法，遵守市场秩序与政府宏观调控；
3. 自强爱国，坚定为国奉献的信念。

【名人名言】

财政困难，只有从切切实实的有效的经济发展上才能解决。忘记发展经济，忘记开辟财源，而企图从收缩必不可少的财政开支去解决财政困难的保守观点，是不能解决任何问题的。

——毛泽东：《抗日时期的经济问题和财政问题》

第一节　国家财政

☞ 引导案例

山东财政收入迈上 7000 亿元新台阶

记者 2 日从省财政厅获悉，2021 年，全省各级财政部门坚决贯彻落实中央决策部署和省委、省政府工作要求，坚持积极的财政政策，提质增效、更可持续，大力推动经济社会高质量发展，全省财政运行稳中向好、进中提质，全年财政收支目标圆满完成。

快报统计，2021 年，全省一般公共预算收入 7284 亿元，迈上 7000 亿元新台阶，比上年增长11%。其中，税收收入完成5476亿元，增长15.1%，税收占财政收入的比重达到75.2%，为近年来最好水平。各项减税降费政策得到较好落实，全年为市场主体新增减负超过700亿元。

财政支出保持较高强度，全省一般公共预算支出11709亿元，同比增长9.5%。其中，民生支出9243亿元，占一般公共预算支出的比重达到79%，教育、科学技术、社会保障和就业、农林水、住房保障等支出分别增长9.6%、28.3%、14.8%、10.2%、29.4%，各项民生政策得到较好保障。

（资料来源：中华人民共和国财政部新闻报道，2022年1月14日。）

【案例思考】

1. 结合案例，理解什么是财政资金？
2. 财政资金的使用者是谁？其主要来源有哪些？
3. 财政资金的主要作用有哪些？

知识讲解

一、财政含义

人类的需要分为两类，私人需要和公共需要。公共需要，指满足社会公共利益的需要，诸如社会公共秩序的维护、防治水旱灾害、环境保护、国防建设等等。这种需要不是个别需要的总和，而是共同利益，具有不可分割性。

私人需要形成私人需求，是私人购买力的形成和使用构成私人财务活动或公司财务活动；公共需要形成政府需求，是政府购买力的形成和使用，就是政府收支活动，形成财政分配活动。这种分配活动不会通过个人和集体自发实现，而必须通过社会公共权力机构——国家来实现。

财政作为分配活动，具体表现在收支活动上。财政收入，是指政府为履行其职能、实施公共政策和提供公共物品与服务需要而筹集的一切资金的总和。财政收入表现为政府部门在一定时期内（一般为一个财政年度）所取得的货币收入。财政支出通常是指国家为实现其各种职能，由财政部门按照预算计划，将国家集中的财政资金向有关部门和方面进行支付的活动，因此也称预算支出。在我国，由于存在预算外资金，所以财政支出的概念也就有狭义与广义之分：狭义的财政支出仅指预算内支出；广义的财政支出则包括预算内支出和预算外支出。

二、财政职能

（一）资源配置职能

资源配置职能是国家通过财政分配，对社会资源在不同用途和不同收益者之间的分配。

在市场经济体制下，经济社会资源的配置有两种方式来实现，即市场机制和政府机制。市场对资源的配置起决定性作用，但由于存在着公共品、垄断、信息不对称、经济活动的外在性等情况，仅仅依靠市场机制并不能实现资源配置的最优化，还需要政府在市场失灵领域发挥资源配置作用。

财政作为政府调控经济社会运行的主要杠杆，是政府配置资源的主体。因为，在经济体系中，市场提供的商品和服务数量有时是过度的，有时是不足的，整个社会的资源配置缺乏效率。财政的资源配置职能就表现在对市场提供过度的商品和劳务数量进行校正，而对市场提供不足的产品和服务进行补充，以实现社会资源的有效配置。资源配置职能的主要内容表现在以下三方面：

1. 财政可通过采取转移支付制度和区域性的税收优惠政策、加强制度建设、消除地方封锁和地方保护、完善基础设施、提供信息服务等方法，促进要素市场的建设和发展，推动生产要素在区域间的合理流动，实现资源配置的优化。

2. 财政通过调整投资结构，形成新的生产能力，实现优化产业结构的目标。如交通、能源等基础产业项目的资金和技术“门槛”高，政府就可通过产业政策指导和集中性资金支持，防止规模不经济的产生。除了政府直接投资外，还可利用财政税收政策引导企业投资方向，以及补贴等方式调节资源在国民经济各部门之间的配置，形成合理的产业结构。

3. 市场无法有效提供公共商品，提供公共商品是政府的基本职责。政府一般以税收等形式筹措资金，以不损害市场机制和秩序为原则，提供公共商品。

（二）收入调节职能

财政的收入分配职能是政府为了实现公平分配的目标，对市场经济形成的收入分配格局予以调整的职责和功能。在各种不同的财政手段中，实现再分配的最直接的手段有：

1. 税收转移支付，即对高收入家庭课征累进所得税并对低收入家庭给予补助二者相结合的方法。

2. 用累进所得税的收入，为使低收入家庭获益的公共服务提供资金。

3. 对主要由高收入消费者购买的产品进行征税，并同时对主要为低收入消费者使用的其他产品给予补贴二者相结合的方法。

4. 完善社会福利制度，使低收入者实际收入增加，个人收入差距缩小。

5. 建立统一的劳动力市场，促进城乡之间和地区之间人口的合理流动，这是调动劳动者劳动积极性，遏制城乡差距和地区差距进一步扩大的有效途径。充分发挥财政职能作用，大力支持文化、教育、体育事业发展。

（三）经济稳定职能

在市场经济中，实现充分就业、稳定物价水平、平衡国际收支是财政的经济稳定职能的三个方面。要保证社会经济的正常运转，保持经济稳定发展，就必须采取相应抉择政策，即根据经济形势的变化，即时变动财政收入政策。如积极的财政政策、消极的财政政策、稳健的财政政策以及扩张的财政政策。同时采用“自动”稳定装置，以不变应万变，减缓经济的波动。在政府税收方面，主要体现在累进的所得税上。当经济处于高峰期时，可抑制需求；当经济处于低谷时，刺激需求，促使经济复苏。在政府支出方面，主要体现在社会保障支出上，用以控制在不同经济发展时期失业人口的数量。同时还有政府的农产品价格支持制度。这些都是促进经济发展，实现经济稳定发展的重要措施和手段。

（四）经济发展职能

发展是人类永恒的主题。特别是中国，作为发展中的大国，市场欠发达，经济结构亟待调整，资本相对匮乏，企业家阶层尚未形成，促进经济发展是财政无法推卸的责任。而在社会主义市场经济体制下，政府完全可以利用有效的财政政策，加快经济增长，促进经济结构调整，实现经济发展。

▶财经阅读：

政府与市场的关系

“经过改革实践，我们认识到，决不能不克服市场的盲目性，也不能回到计划经济的老路上去。要努力将市场的作用和政府的作用结合得更好一些，这是一个止于至善的过程。”在5月23日上午的全国政协经济界联组会上，习近平总书记在听取委员发言后这样说道。

党的十八届三中全会强调，让市场在资源配置中起决定性作用，同时要更好发挥政府作用。改革开放40多年来，中国的改革开放事业波澜壮阔，取得了巨大成就。总结成功经验，关键一条就是我们坚持在社会主义制度下发展市场经济，不断理顺政府和市场的关系。

更好地发挥市场在资源配置中的决定性作用。市场决定资源配置是市场经济的一般规律，是价值规律发挥作用的基本要求。市场能够有效处理和传递经济信息，自动协调利益关系，有效校正供求失衡，是配置资源最有效率的形式，有着其他机制无法比拟的优势。因此，完善社会主义市场经济体制的一个核心问题就是增强市场主体活力，市场主体有活力则中国经济有活力。换言之，在市场能够起资源配置决定性作用的领域，政府尽量指明方向，不进行过细的干预和要求，这有利于激发我国市场经济体制的潜能。

更好地发挥政府在社会主义市场经济中的优势作用。尽管我国已在市场决定资源配置方面取得历史性进展和变革，但也要清醒地看到，一方面，市场经济存在局部失灵问题以及盲目性、自发性和滞后性的弊端，容易产生贫富分化和经济波动等问题；另一方面，我国经济结构存在市场激励不足、要素流动不畅、资源配置效率不高等问题，制约了我国经济迈向高质量发展。因此，更好地发挥政府作用，就是要着力解决好不平衡不充分的发展问题，健全要素市场化配置机制，大幅度提高要素配置效率。这既是推动高质量发展的根本条件，也是更好满足人民日益增长美好生活需要的题中之义。

更好地发挥市场和政府的双重调节作用。后疫情时代，外部环境严峻复杂，各类挑战层出不穷，我们更要充分发挥市场配置资源的决定性作用，更好发挥政府作用，始终以改革破题，不断增强经济内生动力。2020 年 5 月 18 日，中共中央、国务院发布《关于新时代加快完善社会主义市场经济体制的意见》，对当前和今后一个时期深化经济体制改革、加快完善社会主义市场经济体制进行顶层设计和系统擘画。此外，在今年的两会上，“推进要素市场化配置改革”“激活各类要素潜能”等写入政府工作报告，进一步彰显出中央持续深化改革的决心和定力，必将更大激发市场主体活力，实现经济新突破。

实践发展永无止境，理论创新永不停歇。只要保持“乱云飞渡仍从容”的战略定力，进一步处理好政府和市场的关系，做好“六稳”，落实“六保”任务，我们就一定能够稳住经济基本盘，完成决战决胜脱贫攻坚任务，在疫情防控常态化条件下推动经济高质量发展。

（资料来源：安子州：《理顺市场与政府关系，推动经济高质量发展》，南方网，2020 年 5 月 28 日。https：//opinion. southcn. com/node_d57062ea18/a3cd28c886. shtml。）

▶财经阅读：

4000 万元财政资金“专用”扶贫助困

2020 年 7 月 17 日，天津港保税区与张家川回族自治县签署 2020 年东西部扶贫协作框架协议，通过科学编制帮扶规划和年度计划完善扶贫协作机制，努力形成东西部扶贫协作合力，携手奔小康。

记者在采访中了解到，今年东西部扶贫协作框架协议主要内容包括人才交流、资金支持、产业合作、劳务协作、携手奔小康共五大方面内容。保税区计划安排财政资金 4000 万元专项用于东西部扶贫协作工作，在注重激发贫困群众内生动力、注重特色产业开发、注重县域经济发展的同时，实现贫困群众稳定脱贫、县域经济快速发展。此外，双方在立足自身优势的同时，将不断扩大区域合作，推动资源、产业、要素优化配置，最终实现优势互补、互利共赢。

自 2017 年签署东西部扶贫协作框架协议至今，保税区围绕“六大任务”，紧扣张家川县实际需求，强化对口支援帮扶，为张家川县坚决夺取脱贫攻坚战全面胜利提供了有力支撑。据悉，三年间，保税区投入本级资金超 1 亿元，张家川县全县建档立卡贫困户“两不愁三保障”已基本全覆盖，贫困发生率降低到国家标准线以下，劳务协作成效显著，消费扶贫取得突破性成果，该县已于今年年初成功退出贫困县序列。

（资料来源：朱绍祥、战旗：《4000 万财政资金“专用”扶贫助困》，《滨海时报》，2020 年 07 月 17 日。）

【案例分析】

市场失灵

徐峥的电影《我不是药神》中真实的案受到了人们的关注，徐峥不仅还原了真实，而且引发了人们的思考，是什么将药企和患者逐步推向了对立面？药企投入巨资研究抗癌药品，打击盗版无可厚非，患者为了活命，偷买仿制药续命也是情有可原。这时候大家就会陷入困境，为什么会这样呢，这就是市场失灵。这不仅仅会在中国出现，这是整个市场经济都会出现的死结。资源具有稀缺性和多用性，而需求具有无限性和层次性，那么有限的资源必须按照某种规则分配到不同产品的生产中，以满足不同的需求，市场经济则是通过价格体制来解决资源配置的问题。

【案例思考】

1. 电影的最后，当徐峥出狱的时候，小舅子跟他说不要再卖药了，现在抗癌药纳入医保了。分析这句话背后的理论含义。

2. 从电影中分析政府在市场失灵的时候，如何利用这只看不见的手进行调节。

3. 结合电影和所学理论知识分析在市场经济中政府和市场的关系。

第二节 政府预算

☞ 引导案例

财政部：前7月一般公共预算收入114725亿元，同比降8.7%

根据中国财政部网站消息：财政部近日发布今年7月财政收支情况，2020年1—7月累计，全国一般公共预算收入114725亿元。去年同期1—7月累计，全国一般公共预算收入125657亿元，相比去年同期，今年减少了10932亿元、同比下降8.7%。

再看中央和地方：中央一般公共预算收入53575亿元，同比下降11.3%；地方一般公共预算本级收入61150亿元，同比下降6.2%。

中央下降11.3%，地方下降6.2%，前者下降更多，这也好理解，因为抗击疫情，中央支出远比地方多，同样预算收入受影响程度，也是中央比地方更受影响。

再看看预算支出：教育支出19133亿元，同比下降4.6%；科学技术支出4240亿元，同比下降9%；文化旅游体育与传媒支出1802亿元，同比下降5.3%；社会保障和就业支出20959亿元，同比增长8.9%。卫生健康支出11307亿元，同比增长3.8%；节能环保支出3030亿元，同比下降11.8%；城乡社区支出10962亿元，同比下降25.9%；交通运输支出6584亿元，同比下降14.8%。

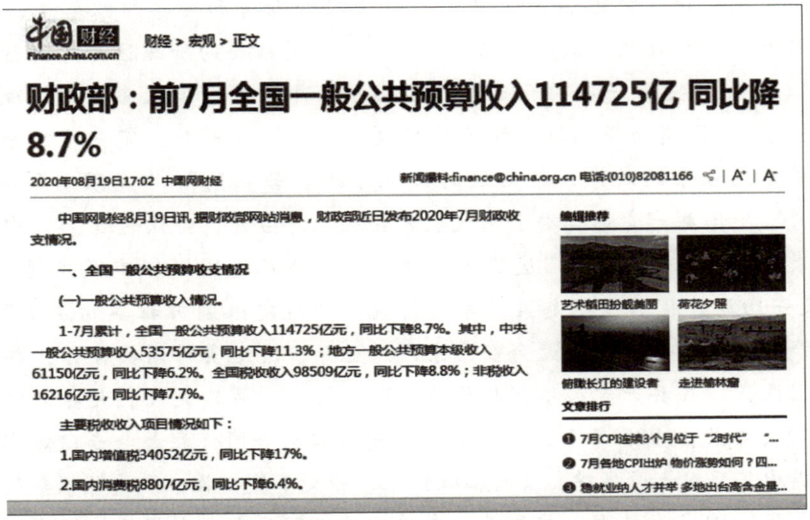

中国财经 Finance.china.com.cn　财经 > 宏观 > 正文

财政部：前7月全国一般公共预算收入114725亿 同比降8.7%

2020年08月19日17:02　中国网财经　新闻爆料:finance@china.org.cn 电话:(010)82081166

中国网财经8月19日讯 据财政部网站消息，财政部近日发布2020年7月财政收支情况。

一、全国一般公共预算收支情况

(一)一般公共预算收入情况。

1-7月累计，全国一般公共预算收入114725亿元，同比下降8.7%。其中，中央一般公共预算收入53575亿元，同比下降11.3%；地方一般公共预算本级收入61150亿元，同比下降6.2%。全国税收收入98509亿元，同比下降8.8%；非税收入16216亿元，同比下降7.7%。

主要税收收入项目情况如下：

1.国内增值税34052亿元，同比下降17%。

2.国内消费税8807亿元，同比下降6.4%。

编辑推荐

艺术稻田扮靓美丽　荷花夕照

俯瞰长江的建设者　走进榆林窟

文章排行

❶ 7月CPI连续3个月位于“2时代” “...

❷ 7月各地CPI出炉 物价涨势如何？四...

❸ 稳就业纳人才并举 多地出台高含金量...

图 3-1　财经新闻截图

【案例思考】

1. 我国的财政预算包括哪些内容？
2. 我国财政预算的作用有哪些？
3. 从 2020 年 1—7 月的财政预算状况，如何看我国经济的发展。

知识讲解

一、政府预算的含义

国家预算也称政府预算，是政府的基本财政收支计划，即经法定程序批准的国家年度财政收支计划。国家预算是实现财政职能的基本手段，反映国家的施政方针和社会经济政策，规定政府活动的范围和方向。政府预算分为中央预算和地方预算。

▶财经阅读：

中国共产党百年财政思想的演变发展

2021 年是中国共产党成立 100 周年。100 年来，中国共产党领导全国各族人民进行了艰苦卓绝的奋斗，实现了从站起来、富起来到强起来的伟大飞跃，创造了举世瞩目的经济奇迹。100 年来，中国共产党领导的财政工作在夺取革命胜利、经济建设、社会进步和人民幸福等各方面都发挥了积极作用，创造了人类财政史上的伟大奇迹。

一、中国共产党的创建和早期财政思想的形成

1921 年 7 月 23 日，中国共产党第一次全国代表大会在上海召开，宣告了中国共产党的成立。在一大纲领中，中国共产党提出了把工农劳动者和士兵组织起来，实行社会革命，推翻资本家阶级的政权，消灭资本家私有制，消灭社会的阶级区分等主张。1922 年 6 月，发表了《中共中央第一次对于时局的主张》，明确提出了反帝反封建的财政主张，“改正协定关税制，取消列强在华各种治外特权，清偿铁路借款，完全收回管理权”“肃清军阀，没收军阀官僚的财产，将他们的田地分给贫苦农民”“定限制租课率的法律”等。同年 7 月，中国共产党第二次全国代表大会在上海召开，会议通过了《中国共产党第二次全国代表大会宣言》，提出“废除丁漕等重税，规定全国（城市及乡村）土地税则”“废除厘金及一切额外税则，规定累进率所得税”“规定限制田租率的法律”。1923 年 6 月，中国共产党第三次全国代表大会在广东广州召开，决定实行国共合作，共产党员以个人身份加入国民党。在共产党人参加起草的国民党第一、第二次代表大会文件也吸纳了不少共产党的财政主张。1925 年 1 月，中国共产党第四次全国代表大会专门做出关于农民运动的决议，提出了反对土豪劣绅，反对征收钱粮，拒交不法征收，取消苛捐杂税，加征殷富捐所得税等主张。1927 年 4 月，中国共产党第五次全国代表大会召开，提出争取无产阶级对革命的领导权，建立革命民主政权和实行土地革命的目标，从减租、抗税发展到了推翻土豪乡绅政权、耕地农有、平均耕地。1928 年 6 月，中国共产党第六次全国代表大会提出了推翻军阀国民党的政府，建立工农兵代表会议（苏维埃）政府，取消一切政府军阀地方的税捐，实行统一的累进税。共产党人在建党伊始就把追求民族解放和人民幸福的奋斗目标体现在财政政策上，鲜明地提出自己的财政主张。

早期共产党领袖们都十分重视财政问题研究，有着很好的财经理论基础。李大钊曾留学日本学习政治经济学并接触了马克思主义，毛泽东在年轻时已经研读过《国富论》，瞿秋白曾在莫斯科东方大学讲授过政治经济学。邓中夏、恽代英、张闻天等也都对财政深有研究，发表了大量文章。他们一边深入研读马克思主义著作，学习苏俄经验；一边深入工厂农村进行社会调研，在革命斗争中不断深化认识。正是基于马克思主义原理、中国基本国情和广大劳苦工农的呼声，他们从主张财税改良到领导人民反抗，再到提出建立革命政权重定新的财税制度，初步形成了新民主主义财政思想。

二、革命根据地建设中财政思想的发展

随着革命根据地的建立，中国共产党将自己的财政思想直接在根据地实践。1931 年中国共产党在江西瑞金成立了中华苏维埃共和国临时中央政府，先后颁布了《暂行财政条例》《暂行税则》《国库暂行条例》等财政法规，提出了统一财政等财政思想。

1934 年，毛泽东在第二次全国苏维埃代表大会上做报告，提出“共产党财政为什么能”的问题。他指出根据地普遍都处在全国比较落后的地方，但财政却做得很好；而国民党政府占据着全国广大的富裕区域，大量地搜刮民脂民膏，为什么反而弄到破产？根据地财政的成功经验是我们党、我们国家宝贵的财富。就是共产党关心“一切群众的实际生活问题”“满足了群众的需要”“真正成了群众生活的组织者”“得到了群众热烈的拥护”。在这个报告中，毛泽东对中国共产党的财政思想进行了系统论述，提出苏维埃的财政来源有三个：一是向一切封建剥削者进行没收或征发；二是税收；三是国民经济事业的发展。

税收实行统一的累进税，把重担放在剥削者身上。强调要通过发展国民经济来增加财政收入，财政支出应坚持节省的方针。1934 年 3 月 25 日，邓小平在《红星》报第 34 期刊发《节省经费充裕战费》，提出了 7 种节省经费的办法。

1942 年，在陕甘宁边区财政最艰难的时刻，毛泽东进行了广泛调研，系统研究了财政经济问题，发表了《经济问题与财政问题》，在提出“发展经济，保障供给”的总方针的同时，也特别强调“一切空话都是无用的，必须给人民以看得见的物质福利”，系统论述了以人民为中心的理念，他指出财政工作第一位的是予，第二位才是取。他说：“我们的第一个方面的工作并不是向人民要东西，而是给人民以东西。我们有什么东西可以给予人民呢？就目前陕甘宁边区的条件说来，就是组织人民、领导人民、帮助人民发展生产，增加他们的物质福利。”在这个报告中，毛泽东进一步论述了财政与经济的关系，论述了经济与财政的关系，指出决定财政的是经济，没有经济不发展而可以使财政充裕的；论述了“大仁政”和“小仁政”的关系，指出只有保障了供给，支持了抗战，只有打败敌人，人民才有好日子，这才是“大仁政”；论述了税收限度的思想，指出要兼顾人民的困难，控制赋税的限度，使负担虽重而民不伤，并通过发展公营经济，加大自给能力，从而减轻人民负担，以休养民力；论述了精兵简政与治理的关系，指出通过精兵简政，一举达到精简、统一、效能、节约和反对官僚主义五项目的。

1945 年 4 月，中国共产党第七次全国代表大会在延安召开，毛泽东作了《论联合政府》的报告，系统论述了新民主主义国家在政治、经济、文化方面的纲领，提出了推动工业化及支持人民文教卫事业发展的财政政策。1947 年 3 月和 1948 年 5 月，中共中央召开了华北财经会议和华北金融贸易会议，开启了统一财经工作，为建立新中国财政作准备。

三、社会主义革命和建设时期财政思想的探索

1949 年，中华人民共和国成立，中国共产党的财政理想开始变为现实。新中国废除了一切不平等条约，实现了中国近代以来第一次财经自主，使中国人民从根本上摆脱了帝国主义的掠夺和压榨；统一了全国财经工作，实现了中国近代以来第一次财政统一，从中央到地方建构了统一、完整、高效的财政体系；废除了各种苛捐杂税，将在国民党苛捐杂税中苦苦挣扎的民族工业和广大人民解放出来。

新中国建设是在经济文化十分落后的起点上开始的，再加上帝国主义的封锁，财政经济极为困难。当时财政的任务就是一要吃饭，二要建设，必须兼顾和平衡经济建设和人民生活，而人民生活水平只能在发展生产的基础上逐步提高。周恩来指出由新民主主义向社会主义过渡时期财政的任务，必须是合理地从增加生产、扩大物资交流方面培养财源、厉行节约，积累资金，保证国家重点建设，加强国防，不断提高劳动人民的物质和文化生活水平的需要。提高人民的生活水平是满足人民的当前利益，提高积累率发展生产是为了人民的长远利益。如何解决人民长期利益与当前利益的矛盾、如何处理好国民收入分配中积累与消费的比例关系，成了当时财政理论的重要问题。毛泽东指出：“在我国的国民经济中，积累和消费的比例怎样才算恰当，这是一个关系我国经济发展速度的大问题。”周恩来提出经济建设从根本上是为了人民福利，在建设过程中要考虑人民的长远利益和当前利

益，集体利益和个人利益之间的关系，他指出“我们的一切工作都是为了人民的。我们的经济工作和财政工作直接地或者间接地都是为着人民的物质生活和文化生活的改善”。

中国共产党在经济建设探索中，逐步形成“二三四”比例、综合平衡等财政思想。“二三四”比例就是在预算编制中积累占国民收入的比例保持在20%左右，国家预算收入占国民收入的比重保持在30%左右、国家预算支出中基本建设支出的比重保持在40%左右。毛泽东在八届二中全会时提出积累率可以搞得更低一些，“竭泽而渔”不好，“藏富于民”要好一些。综合平衡就是要按照社会主义基本经济规律，调节好国民经济各方面的平衡。陈云指出，“所谓综合平衡，就是按比例；按比例就平衡了”。最开始强调的是财政、信贷、物资三大平衡，其中最关键的是财政平衡。

这一时期虽然基本建立起相对完整的工业体系，而且在国防尖端技术方面取得了巨大成就，极大增强了我国综合国力和国防防御能力，但是因为采取了“高积累，低消费”的政策，特别是一些时期片面追求发展的高速度出现了“重积累，挤消费”，影响了人民生活。

四、改革开放和社会主义现代化建设新时期财政思想的新阶段

党的十一届三中全会明确提出把全党的工作重点转移到社会主义现代化建设上来，揭开了中国改革开放的序幕。在此前召开的中央工作会议闭幕式上邓小平发表了题为《解放思想，实事求是，团结一致向前看》的讲话，被称作开辟新时期新道路、开创建设有中国特色社会主义新道路的宣言书。在这篇讲话中，邓小平提出：“现在我国的经济管理体制权力过于集中，应该有计划地大胆下放，否则不利于充分发挥国家、地方、企业和劳动者个人四个方面的积极性，也不利于实行现代化的经济管理和提高劳动生产率。应该让地方和企业、生产队有更多的经营管理的自主权。”财政作为改革的突破口，通过放权让利激发了地方、企业和个人的积极性，重塑了国家、集体与个人利益关系，让个人、企业和地方政府都成为真正的利益主体，通过竞争机制的引入改善了资源配置，提高了经济效率，做大了经济蛋糕。

1992年初，邓小平南方谈话阐发了计划和市场的关系，突破了长期以来的思想上的束缚，奠定了把改革开放和现代化建设推向新阶段的思想基础。1992年10月，党的十四大确定我国经济体制改革的目标是建立社会主义市场经济体制。1993年11月，党的十四届三中全会通过《中共中央关于建立社会主义市场经济体制若干问题的决定》，提出了多领域整体性改革任务，并将分税制财政体制改革作为改革重点突破的中心环节。1994年分税制改革规范了国家、企业、个人以及中央与地方的分配关系，建立了财政收入稳定增长的机制，提高了中央宏观调控的能力。

邓小平在南方谈话时指出，社会主义的本质是解放生产力，发展生产力，消灭剥削，消除两极分化，最终达到共同富裕。随着市场经济体制的确立，各种关系逐步理顺，我国财政开始由建设财政转向公共财政，改革的重点由收入领域转向支出领域。财政支出开始向基础设施建设、农业、教育、医疗卫生、社会保障、环境保护等领域倾斜，用于社会性、公共性支出的比重不断提高。

2005 年 10 月，党的十六届五中全会要求“健全扶持机制，按照公共服务均等化原则，加大国家对欠发达地区的支持力度”。2006 年，党的十六届六中全会提出“完善公共财政制度，逐步实现基本公共服务均等化”。2007 年 10 月，党的十七大提出“深化财税、金融等体制改革，完善宏观调控体系。围绕推进基本公共服务均等化和主体功能区建设，完善公共财政体系”。党的一系列重要会议、重要文件不断丰富和发展了中国共产党理财为民的理念。财政部门陆续出台了一系列以保障人民群众生活需要和提高人民综合福利水平为目标的财税政策措施，不断取得标志性成就。2006 年 1 月 1 日起废止《农业税条例》，标志着农村财政从取到予的转型。2008 年，全国有 31 个省、自治区、直辖市实现了新型农村合作医疗制度全覆盖。2012 年，实现了财政性教育经费占 GDP 比例达到 4% 的历史性目标。

五、中国特色社会主义新时代财政思想的新高度

2013 年 11 月，党的十八届三中全会通过的《中共中央关于全面深化改革若干重大问题的决定》，提出了深化财税体制改革的要求。将财政定位提高到了“国家治理的基础和重要支柱”历史新高度，指出“科学的财税体制是优化资源配置、维护市场统一、促进社会公平、实现国家长治久安的制度保障”，提出建立“完善立法、明确事权、改革税制、稳定税负、透明预算、提高效率”的现代财政制度的目标。2014 年 6 月 30 日，中共中央政治局会议通过了《深化财税体制改革总体方案》，明确了财税体制改革工作部署，启动了全方位、多层次、纵向化的财政改革。

这一时期，也是我国全面建成小康社会的关键时期。财政在有序推动税收、预算、财政事权与支出责任划分等各项改革，推进现代财政制度建设的同时，加大了民生领域的投入，着力保障民生领域的重大改革，增进人民福祉。2012 年 11 月 15 日，习近平总书记代表新一届中央领导集体庄严承诺：“人民对美好生活的向往，就是我们的奋斗目标。”党中央将消除贫困作为重大政治任务。财政部门不断加大投入力度，持续推动制度创新，逐步构建了针对贫困地区和贫困人口的财政综合扶贫政策体系。2020 年 11 月 23 日，中国所有贫困县全部脱贫摘帽，创造了人类减贫史上的奇迹。财政在民生领域的投入也在不断扩大，基本实现了幼有所育、学有所教、劳有所得、病有所医、老有所养、住有所居、弱有所扶，人民群众的幸福感、获得感不断增强，共同富裕迈出了坚实步伐。

财政是国家治理的基础与重要支柱，是利益调节的总枢纽，连接着社会的方方面面。我们党历来高度重视财政工作，在不同历史时期围绕人民的根本利益对财政工作都提出了明确要求。中国共产党百年历史雄辩地证明了，只要坚持以人民为中心，财政就能不断发展壮大，国家就能繁荣昌盛。如今，在中国共产党的坚强领导下，我们正向第二个百年奋斗目标迈进。财政工作必须始终坚持党的领导，更好地发挥职能作用，更好地推动人的全面发展、社会全面进步，为全国人民创造美好生活、实现共同富裕贡献更大力量。

（资料来源：闫坤、史卫：《中国共产党百年财政思想与实践》，“学习强国”学习平台，2021 年 7 月 2 日。）

二、政府预算的特征

（一）预测性

在编制预算时，要根据对社会经济发展的预计，预测能收取到多少收入，根据社会管理和发展的需要安排支出。当客观经济形势发生意想不到的变化时，原来预计能取得的收入和安排的支出已不可能实现时，就要及时对预算进行调整。

（二）法定性

国家预算不同于一般意义上的预算。一般意义上的预算由当事人自行决定即可，国家预算的编制和确定都必须依照一定的法律程序进行。一般情况下，都是由政府编制，由国家权力机关批准。政府编制的预算只能称草案，只有经过权力机关批准后，预算才得以成立。预算一经权力机关批准，即成为具有法律效力的文件，执行机关必须照此执行，非经法定程序，不得改变。

（三）完整性

国家预算是政府的基本财政收支计划，一般地说，政府所有的收入和支出都必须纳入进来。我国由于历史的原因和管理的需要，目前还有相当一部分政府收支没有纳入预算。

（四）时段性

政府预算必须是未来一段时期内的计划，不能三天两头向权力机关报批。只要国家存续，就需要不停地进行收支活动，以维持其正常运转，实现其职能。但为了方便核算和管理，人们往往要设定一定的时段，这种时段一般以一年为界。这种时段在企业为会计年度，在国家预算上称为预算年度。预算年度的起讫时间各国不一，有的采取日历年度即从每年的 1 月 1 日起至 12 月 31 日止，有的是从每年的 4 月 1 日起至第二年的 3 月 31 日止，有的是从每年的 7 月 1 日起至第二年的 6 月 30 日止。我国采取的是日历年度。

（五）公开性

由于国家预算的收入和支出都与人民群众的关系极为密切，因此一般要求其公开透明。无论是权力机关的审查批准过程，还是批准以后的预算，以及预算的执行情况都应当向社会公开。

（六）责任性

政府对预算的执行负责，预算的执行结果必须向权力机关报告并得到权力机关的认可。

三、政府预算的作用

国家预算作为财政分配和宏观调控的主要手段，具有分配、调控和监督职能。

（一）财力保证作用

国家预算既是保障国家机器运转的物质条件，又是政府实施各项社会经济政策的有效保证。

通过预算的编制，事先进行预测，使我们能掌握一年内能筹集到多少收入，并根据财力的多少和支出的需要确定支出，也就是我们常说的要量入为出。

（二）调节制约作用

国家预算作为国家的基本财政计划，是国家财政实行宏观控制的主要依据和主要手段。国家预算的收支规模可调节社会总供给和总需求的平衡，预算支出的结构可调节国民经济结构，因而国家预算的编制和执行情况对国民经济和社会发展都有直接的制约作用。

预算上的一收一支，决不仅仅是数字的排列，它必然要反映在政府的各项活动上。从预算收入安排上看，每一笔收入都必须落实到项目上，在某一个收入项目上征多少收入，减多少收入，能反映出政府的政策取向。从支出安排上看，国家对哪些方面增加投入，反映出国家鼓励哪些方面的发展。如近些年来，国家每年都加大对教育、农业、科技的投入，就反映出国家重视农业、重视科教兴国。

2020 年国家税收收入面临挑战，但是通过提升赤字率、发行专项债、发行地方债等方式提升政府支出，支出主要给地方，用在民生上，中央大幅缩减不必要开支，而地方相对来说增加了 3.4 万亿元的资金（赤字 8000 亿元，抗疫债 1 万亿元，地方特别债较去年增了 1.6 万亿元），相当于增加近 20% 的支出。支出主要用在卫健和抗疫、支持补短板、惠民生、促消费、扩内需等上面。

（三）反映监督作用

通过国家预算的编制和执行便于掌握国民经济的运行状况、发展趋势以及出现的问题，从而采取对策措施，促进国民经济稳定协调发展。

对预算的讨论决定和对预算执行的监督是人民参与国家事务管理的重要体现。预算草案编出后要送由人民代表组成的权力机关进行审查，经其批准后预算才能成立。倘若预算草案不符合人民的意愿，权力机关有权进行修改，有权不予批准。国家权力机关对预算的批准，实质上是对政府工作安排的批准，体现权力机关授权政府可以干哪些事。当预算经国家权力机关批准后，其执行还要受到权力机关的监督。政府在年度终了要向权力机关报告执行结果，权力机关对执行结果还要进行审查，并决定是否批准。

由于预算对政府一年要做哪些事、做某件事要给多少钱都事先做出了安排，在新的年度开始后，征收部门按法律规定组织收入，财政部门按预算拨付资金，相关职能部门得到资金后按事先安排开展工作。这样就能有利于政府及其部门对所要干的事情能早作准备，按计划开展工作，避免工作的盲目性。

四、政府预算的组成

我国的国家预算由中央预算和地方预算组成。地方预算分为省、自治区、直辖市，设区的市、自治州，县、自治县、不设区的市、市辖区，乡、民族乡、镇四级。中央预算由中央各部门预算组成，包括地方向中央上解的收入数额和中央对地方返还和补助支出的数额。地方预算由本级政府各部门预算和所属的下级政府总预算组成。部门预算是反映一个部门全部收入和支出的预算，反映各部门为履行职责使用财政资金的情况。部门收入包括财政预算拨款、行政单位预算外资金、事业收入、事业单位经营收入及其他收入；部门支出包括用以上收入安排的各项支出。部门预算的编制单位除了政府组成部门和政府各直属部门外，还包括其他与财政部门直接发生缴拨款关系的一级预算单位。详见图 3－2。

- 国家预算
  - 中央预算（中央各部门预算）
  - 地方预算
    - 省级总预算
      - 省本级预算（省本级部门预算）
      - 下一级总预算
    - 市级总预算
      - 市本级预算（市本级部门预算）
      - 下一级总预算
    - 县级总预算
      - 县本级预算（县本级部门预算）
      - 下一级总预算
    - 乡镇预算

图 3－2　国家预算结构示意图

（一）中央预算

中央预算由中央各部门预算组成，包括地方向中央上解的收入数额和中央对地方返还和补助支出的数额。

中国国家预算的编制除了力求体现完整性、可靠性和公开性等一般原则外，还根据社会主义国家的特点坚持以下原则：

1. 贯彻中国共产党和国家的路线、方针、政策的原则。国家预算规定年度国家财政收支的来源和规模，反映社会主义客观经济规律，代表全国人民的根本利益。

2. 正确处理国家预算与国民经济和社会发展计划关系的原则。国民经济和社会发展计划是社会主义国家有计划地组织、管理国民经济和社会事业的重要手段，它规定着国家经济建设和社会事业发展的规模和速度以及国民经济各部门之间的比例关系。

（二）地方预算

地方预算是各级地方政府财政收支计划的统称。从省、自治区、直辖市级到乡、民族乡、镇级所建立起的预算都属地方预算，地方各级政府预算由本级各部门（含直属单位）的预算组成。地方各级政府预算包括下级政府向上级政府上解的收入数额和上级政府对下级政府返还或者给予补助的数额。地方预算担负着保证地方行政管理支出，发展地方经济、文化建设事业等重要任务，它是国家预算的组成部分，在国家预算体系中占有重要地位，国家预算收入的一部分由地方预算组织实现，国家预算支出的相当部分通过地方预算分配。

地方预算支出根据地方政府的职能划分。主要包括：地方行政管理费，公检法支出，地方统筹的基本建设投资，支农支出，地方文教卫生事业费支出，地方上解支出等。地方预算收入主要有地方固定收入，共享收入的地方收入部分，中央对地方的返还收入、补助收入等。

▶财经阅读：

粤海关承办政府公债

1894 年，中日甲午战争爆发。对于这场突如其来的战争，清廷只寄希望于列强调停，战争准备却远远不足。直到炮声打响，清廷军费告急，光绪皇帝急忙谕令户部转饬各省筹集军费，名为“息借商款”，这是中国第一次发行现代意义上的国家公债。

图 3-3　甲午海战场景（北洋水师损失惨重，退守威海卫基地）

为了防止地方政府在筹款过程中滥施摊派，李鸿章长兄，时任两广总督的李翰章建议此项工作必须选取“偿还有准，收效无弊，取信于民者为之”，而“税务司经办洋税，乡民素所尊重”。皇帝采纳其建议，广东借款交由粤海关承办，同时按惯例传令省内三大善堂广为劝办，有的善堂则设商务公所召集商家筹办。

本来这种向民间筹款办法在国外属于很平常的“公债”性质，但对国人尚属新生事物，一时不太习惯。加上省内令善堂劝办的告示，更促使群众误将“借款”当作“捐输”“报效”的性质，借出的钱并不企望政府返还，以致政府筹款初期，认购行动并不积极。

粤海关自接办任务后，即由粤海关监督德生和广东省布政使罗成联合公示，奉命借款500万两的理由及还款办法，并会同粤海关税务司杜德维布告借款合同条款、“借款期票”样本，阐明期票不记名，认票不认人，每票250两，按六年十一期分批偿还，月息7厘，闰月照计；第一年期票只计息，不还本，以后每半年连本带息一体偿还。

为消除借款中经办人克扣勒索的弊病，这次借款的行政开支是由税务司杜德维亲自核算后，由广东政府从山西票号的借款账户按月拨付，担保的关税也由广东政府按时从海关银号提取存入山西票号的借款账户，还款的借款人持经粤海关税务司签字盖章的“借款期票”，按期票注明的时间和金额到粤海关银号领取等额支票，再到山西票号提取现银；如持票人到期不提取，也可凭该票充抵粤海关税款。

由于合同阐明“由粤海六口新关税厘项内偿还本息”，似有担保含义，广东群众稍有触动。加之经过后续宣传，群众了解到此项借款系为抵御外侮，爱国热情有所激发。至1895年5月奉户部令停止筹款为止，广东已发出借款期票271万余两，虽未达到500万两的指标，但也居于全国各省首位，超过第二名江苏省近50万两。

发行初期，仍有群众半信半疑，在急需钱用或有人提出收购时曾以低于票面价格转让出手。嗣后因见粤海关均能按期偿还本息，“期票”身价高涨，市面上已很难按票面价格买到。

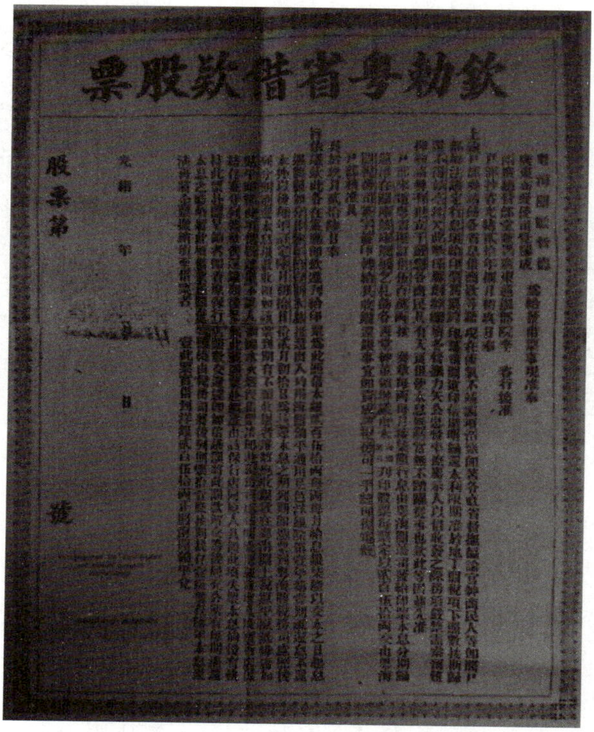
钦勅粤省借款股票

股票第 號

光緒 年 月 日

图3-4 粤海关监督与广东布政使颁发的“借款股票”公告

1901年，所有借款在税务司杜德维的指导下均偿清本息，圆满完成任务。在此之前，粤海关税务司除办理税务、港务，兼办邮政、检疫外，从不过问地方经济事宜。这一次“息借商款”不仅开创了外籍税务司办理地方经济事务的先例，也开创政府举办公债由海关税款担保并具体承办的先例。

此后，清政府还多次发行以关税为担保的公债，它突破了落后的“捐输”“报效”等传统政府筹款方式，是清政府在财政管理方面的重要进步。

（资料来源：中国海关博物馆、粤海关博物馆，海关发布公众号，2019年11月2日。）

五、政府决算

政府决算是国家经济活动在财政上的集中反映，它反映年度政府预算收支的最终结果，是政府预算执行的总结。政府决算包括中央级决算和地方总决算两部分，中央级决算，由中央各主管部门的行政事业单位决算、企业财务决算、基本建设决算和金库年报、税收年报等汇总组成。

政府决算由决算报表和文字说明两部分构成，通常按照我国统一的决算体系汇编而成，包括中央级决算和地方总决算。根据预算法规定，各级政府、各部门、各单位在每一预算年度后，应按国务院规定的时间编制决算，以便及时对预算执行情况进行总结。

政府决算与政府预算体系构成一样，都是按照国家的政权结构和行政区域来划分的。根据我国宪法和国家预算管理体系的具体规定，一级政权建立一级预算，凡是编制预算的地区、部门和单位都要编制决算。行政单位由执行单位预算的国家机关编制；事业单位决算由执行单位预算的事业单位编制。参加组合组织预算、经办预算资金收纳和拨款的机构，如国库、税务部门、国有企业利润监缴机关登也要编制年报和决算。

▶财经阅读：

1. 2020年两会政府报告

阅读关于李克强总理在2022年3月5日，第十三届全国人民代表大会第五次会议上政府工作报告，阅读网址：http：//www. gov. cn/premier/2022 –03/12/content_5678750. htm。

2. 据中央广播电视总台经济之声《天下财经》报道，今年积极的财政政策更加积极有为，不断释放新信号、推出新举措，以更大的政策力度对冲疫情影响，成为稳住经济基本盘的关键力量。

面对今年财政收支平衡压力有所加大的挑战，各级政府纷纷亮出实招过“紧日子”，把宝贵的资金用在“刀刃”上。

对于重庆市高级人民法院的不少工作人员来说，今年政府过“紧日子”的一个切身的感受就是，视频会议和在线培训明显变多了，能不出差就尽量不出差；参加非正式性会议，大家就自带水杯；提倡无纸化办公，既节约纸张，又提高电子化水平。

重庆市高级人民法院副院长孙启福还告诉记者："比方说我们对民法典的学习和掌握，我们减少了纸质书的购买数量，采用电子版的方式去学习，效果不错，也省钱。"

在湖南省平江县三阳乡，建于20世纪70年代的乡政府办公楼今年因为屋顶坍塌被迫拆除，但是为了省下修建办公楼的财政资金，在不影响老百姓办事的前提下，乡政府的工作人员分散在三个地方的三座老楼里办公。

政府要过好"紧日子"，重在精打细算，这是今年政府工作报告提出的要求。具体如何精打细算？

首先要盘活存量，把"沉睡"的钱收回来。深圳市龙华区财政局局长费晓愈给记者举了一个例子："今年上半年，我们对全部预算单位的银行账户进行了全面清理，清理的单位银行账户有44个，收回在银行账户上的沉淀资金有2亿元，收回的资金全部用于今年的疫情防控和经济稳增长等方面。"

既要盘活存量，也要严控增量。怎么控？绩效评价结果是一把"标尺"。

重庆市财政局预算处副处长唐语说："比如去年，我们对100多个市级重点专项开展绩效自评，涉及资金370亿元；实施重点评价项目的资金达到220亿元，力度是很大的。今年，我们将加强绩效评价结果的运用，建立绩效评价结果与预算安排挂钩机制。你的资金用得不好，那我们就要在预算安排当中进行相应的扣减。通过这些制度建设，真正建立起过'紧日子'的长效机制。"

严控增量还要坚持零基预算的理念。今年以来，财政部已释放明确信号，打破基数概念和支出固化格局。因为要触及部门支出形成的既得利益，这也被认为是一项硬碰硬、动真格的任务。

湖南省财政厅预算处处长胡云归告诉记者："我们把所有省直部门的支出，包括专项资金进行一个全面梳理。这些资金用到哪些地方去了，这些地方是不是当前紧要的、必需的支出，如果不是当前紧要的、必需的支出，就按比例收回来，相当于部门的支出没有一个基数概念，大家都是从零起步。这中间肯定会产生一些矛盾，我们也跟各个部门做好宣传和解释工作，大家形成一种共同过'紧日子'的氛围。从推进的结果来说，比我们想象的好。"

政府过"紧日子"，为的是让老百姓过"好日子"。记者在多地调研发现，压减出来的财政资金被优先用于基层"三保"以及与"三大攻坚战"相关方面的支出。

在深圳市市场监管局副局长黄生文看来，政府过"紧日子"不仅是短期的应对举措，更是长期的方针政策。"这几年我们看到，从上到下，整个财政的管理，包括预算管理、支出管理、绩效管理等，越来越制度化和规范化。过'紧日子'的理念实际上并不是到疫情发生了才有的，这些年都是这种状态。想办法节约政府开支、把政府有限的财政资金用好，实际上是我们一直秉承的理念。"

（资料来源：刘柏煊：《财政政策看实效：过好"紧日子"政府支出如何精打细算》，公众号央广网，2020年8月19日。）

第三节　财政收入

☞ 引导案例

2021 年财政收支质效双升

财政部最新数据显示，前三季度，全国一般公共预算收入 16.4 万亿元，同比增长 16.3%；全国一般公共预算支出 17.93 万亿元，同比增长 2.3%。总体来看，收入延续稳定增长，重点领域支出给力，积极财政政策提质增效，折射出我国经济持续稳定恢复、长期向好。

“同比增速符合预期，财政收入恢复性增长态势总体平稳。”财政部国库支付中心主任刘金云表示。前三季度，全国税收收入 14.07 万亿元，同比增长 18.4%，比 2019 年同期增长 10.8%。

“整体来看，前三季度财政收入同比上升，中央和地方的一般公共预算收入均呈现较大幅度的上升，反映出我国国民经济整体运行态势良好，经济发展强劲，带动了财政收入增长。”北京国家会计学院财税政策与应用研究所所长李旭红表示，企业所得税、个人所得税等直接税的增幅较大，反映出我国直接税的发展壮大，有利于强化税收的分配调节作用，促进税制公平。

财政收入稳定增长，为保障和改善民生提供了有力支撑。前三季度累计，全国一般公共预算支出 17.93 万亿元，同比增长 2.3%。分中央和地方看，中央支出同比下降 1.6%，地方支出同比增长 3%。

“整体上，前三季度财政支出呈现增长趋势，在中央一般公共预算支出同比下降的情况下，主要是由地方一般公共预算支出增长拉动的。”李旭红表示，这一方面体现了中央贯彻落实“过紧日子”要求，大力压缩非急需非刚性支出；另一方面则是得益于财政资金直达常态化，基层财力得到夯实，有力保障了基层民生。

从财政支出领域看，重点支出得到保障，全国财政“三保”等支出增长较快，教育、社会保障和就业、卫生健康支出分别增长 5.2%、2.4%、2.3%。

“财政部始终把基层‘三保’作为预算安排的重中之重。”财政部预算司副司长李大伟表示，今年继续加大对地方转移支付力度，下达县级基本财力保障机制奖补资金共 3379 亿元，同比增长 13.4%。同时，要求各省级财政部门合理使用中央奖补资金，加大财力下沉力度，进一步增加对基层“三保”的转移支付，确保国家制定的基本民生、工资政策落实到位。

为帮助市场主体恢复元气、增强活力，今年以来财政部会同有关部门进一步优化减税降费政策，提升实施效果。“今年出台实施的减税降费政策，预计全年为市场主体减负将超过 7000 亿元。”财政部税政司一级巡视员谭龙表示。

今年我国建立实施常态化财政资金直达机制，将27项转移支付整体纳入直达范围，资金总量达到2.8万亿元。

“从前三季度看，资金下达、使用情况总体良好，‘快、准、严’特征突出，强基层、惠民生、促发展效果明显，体现了直达机制的制度优势，为市县基层提供及时有力的财力支持。”刘金云表示。

数据显示，整体上超过97%的直达资金已下达到基层及使用单位，具备条件的资金已全部下达。截至9月底，2.8万亿元直达资金中，中央财政已下达2.723万亿元，下达比例达到97.3%，尚未下达的均为据实结算项目资金。各地区形成支出2.132万亿元，支出进度达到78.3%，持续保持较高支出强度。

（资料来源：李华林、武亚东：《前三季度全国一般公共预算收入同比增长16.3%——财政收支质效双升》，《经济日报》，2021年10月24日。）

【案例思考】

1. 国家财政收入来源有哪些？
2. 财政收支质效双升的原因是什么？

知识讲解

一、财政收入的含义

财政收入是指一国政府为履行其职能、实施公共政策和提供公共物品与服务需要而筹集的一切资金的总和。财政收入表现为政府在一定时期内（一般为一个财政年度）所取得的货币收入。财政收入是衡量一国政府财力的重要指标，政府在社会经济活动中提供公共物品和服务的范围和数量，在很大程度上取决于财政收入的充裕状况。国家本身不直接从事生产活动，而是凭借其自身拥有的政治权力，强制性征收的。财政收入的过程是国家处理其与各方面物质利益关系的过程，也是政府宏观经济调控的重要手段。另外，财政收入是实现财政支出的前提条件，也是国家为行使职能、满足社会公共需求的财力保障。

二、财政收入的原则

（一）发展经济、广开财源原则

一个国家可供分配的财政收入取决于这个国家的经济发展水平，是制约财政收入规模的根本性因素。在市场经济体制下，只有加快经济发展速度，提高经济效益，才会有充裕的可供分配的财政收入。所以，发展经济、广开财源是组织财政收入的首要原则。

（二）兼顾“国家、集体、个人”三者和“中央、地方”两级利益原则

兼顾“国家、集体、个人”三者利益原则是指财政在处理国民收入分配时相应取得

自身收入，这一过程中不能只顾财政收入的取得，还应将必要的财力留给集体和个人，以调动和发挥它们的积极性。兼顾“中央与地方两级利益”是指国家财政在处理国民收入分配并相应取得自身收入的过程中，要同时兼顾中央级财政和地方级财政的利益关系。按财政管理体制，国家财政是分别由中央预算和地方总预算构成的两级财政。两级财政有各自具体职能，也形成各自的利益关系，因此在组织财政收入时应兼顾两级利益关系。

（三）“合理负担”原则

“合理负担”原则主要体现在税收中，指在组织财政收入时，按纳税人收入的多少，采取不同的征收比例，实行负担能力强的多负担，负担能力弱的少负担。它通常采取不同的征税范围，不同的税率，减免税等方式来实现。实行合理负担，是实现企业公平竞争的需要，也是保证国家财力的需要。

三、财政收入的来源途径

一个国家的财政收入主要来源于以下几部分：税收收入、国有资产收益、国债收入和收费收入以及其他收入等。

（一）税收收入

税收收入是财政收入大家庭的骨干成员，是政府为实现其职能的需要，凭借其政治权力，并按照特定的标准，强制、无偿取得财政收入的一种形式。它是各国财政收入中最重要的收入形式和最主要的收入来源。企业经营要交税，个人生活也要交税，“依法纳税是每个公民的基本义务”。只有这样才能保证国家有充足的款项用于各项公共设施的建设，才能真正体现税收取之于民、用之于民的思想。现阶段，我国的税收主要包括增值税、消费税、土地增值税、城市维护建设税、资源税、城市土地使用税、企业所得税、个人所得税、关税、耕地占用税、契税、教育费附加、车船使用税、房产税等。

（二）国有资产收入

国有资产收入是指国家凭借国有资产所有权获得的利润、租金、股息，红利、资金使用费等收入的总称。国有资产收入是现代国家财政收入的重要组成部分，只要存在国有经济，就会存在国有资产收入。例如石油、电力、烟草等资源性国有企业每年都要按照利润的一定比例上缴国家。国有资产收入包括：

1. 经营性国有资产收入。

（1）利润。利润是国有资产收入的一般上缴形式，主要适用于国家直接经营和实行承包经营的国有企业。

（2）租金。租金是出租方将资产出租给承租人进行经营活动所得的一种收益。它适用于实行租赁经营方式的国有企业，在资产实行租赁方式下，国家在一定时期内让渡了国有资产的使用权和经营权，要求承租者对国家的这种让渡行为承担的经济补偿。

（3）股利。股利是指国有资产所有者凭借其股权在股份制企业中所有的份额取得的利润。股利分为股息和红利两部分。股息是股份资产的利息，红利是股票持有者参与股份公司管理而分得的利润。

2. 国有产权转让收入。

（1）国家通过国有资产产权转让、出售、拍卖、兼并等方式将取得的收入的一部分作为财政收入。

（2）国家通过国有资产使用权转让而取得的收入。包括：国有土地的使用权转让收益，资源开采权转让收益，山林草地、河流开发权使用收益，森林采伐权收益以及其他产权使用权转让收益等。

（3）国家投资借款归还收入，即收回以前年度的国家投资贷款的本金和利息而取得的收入。

在国有资产收入中，国家通过国有企业获得的利润收入一直是国有资产收入最主要的部分。国有企业利润是指企业纯收入扣除相关税费后的利润总额或实现利润。国有企业利润实现后，还要通过各种形式进行分配和再分配。国家首先以社会行政管理者身份对企业利润征收所得税，然后还要以资产所有者身份取得企业利润的一部分，即投资回报。

（三）国债收入

国债通俗一些说就是国家向你借钱，约定一定时期后还给你本金和利息而开出的一张借条。国债收入就是国家发行国债而取得的收入了，它是国家以发行国债的方式向社会募集的资金。国债收入是社会公众以投资、自愿作为基础的，具有自愿性和有偿性的特点，这也是它与其他财政收入尤其是税收收入的最大区别。国债收入的利率往往高于储蓄存款利率，再加上国债由国家发行，有国家信用为保证，因此购买国债的风险相对较低，这就使其成为人们投资的重要选择。

▶财经阅读：

恢复发行 40 年，国债利国利民

今年是中国国债恢复发行 40 周年。自 1981 年国务院决定恢复国债发行并颁布《中华人民共和国国库券条例》以来，中国国债在 40 年间不断发展壮大、稳步走向全球。中国国债是如何筹集财政资金、丰富个人投资渠道的？发挥了哪些利国利民的重要作用。

收益高风险低，居民青睐的投资渠道

对于国债，许多上了年纪的人更爱用“国库券”这个词。“为了买国库券，老街坊们不惧寒暑，可以凌晨四五点钟就守在银行外面，有些身体好的老年人，甚至可以整宿不睡觉。”回忆起当年排队抢购储蓄国债的火热场面，81 岁的北京市民王奶奶记忆犹新。

为何购买热情高？“大家都知道国库券安全，利息比定期存款高。而且，当年国家资金不像现在这么充裕，居民买国库券也是支持国家建设。”王奶奶表示。

对投资者而言，国债与其他投资标的相比，的确具有多项优势：储蓄国债由财政部代表中央政府发行，信用等级高，安全性好；发行利率固定，利息免税，收益稳定；以100元为认购起点，承销银行均可办理，认购前无须风险测评，发行期次多，认购业务办理方便；可提前兑取，也可作为质押物于原购买银行进行质押贷款，变现灵活。

国债恢复发行40余年来，发行品种日趋丰富，产品结构不断优化，极大丰富了个人投资渠道。

《中华人民共和国国库券条例》颁布后，国库券发行对象1982年从国有企业和单位扩大到个人；1987年，财政部发行重点建设债券；1988年，国库券流通转让试点开始实施；1989年，国家发行保值公债和特种国债；1992年，财政部发行非实物国库券，后于1995年改称记账式国债；1994年，财政部、人民银行发行凭证式国债，后于2017年改称储蓄国债（凭证式）；2006年，财政部首次发行储蓄国债（电子式）。如今，年轻投资者大多选择购买储蓄国债（电子式）。而许多老年人不善使用智能手机和互联网，仍选择购买储蓄国债（凭证式）。“电子式我怕买了容易忘，我还是买凭证式的，看得见、摸得着，攥在手里，心里踏实！”王奶奶说。

随着网上银行、手机银行等认购渠道不断拓展，国债认购日益便利。今年5月发行的2021年第三期、第四期储蓄国债（电子式）推出了手机银行代销渠道，39家承销团成员中的28家同时通过网上银行代销，中国工商银行等4家还可通过手机银行代销，中国国债迈入“掌上购买”时代。

中国财政科学研究院研究员张立承在接受本报记者采访时表示，国债恢复发行40年来，在我国社会主义现代化建设过程中实现了国家筹资“利国”与社会投资“利民”的“双赢”。

“从‘利民’角度看，在迈向中等收入国家进程中，日益增长的家庭财富和社会资本都需要寻求低风险投资渠道。”张立承表示，国债投资是市场化改革进程中完善投资市场体系的基础。目前，中国的国债市场已经成为具有较大容量、能够充分满足财政筹资和投资者投资的重要场所。

筹集财政资金，促进国家经济发展

从“利国”角度看，政府依靠国家信用，通过发行国债实现了低成本融资。

发行国债所筹集的资金有哪些用途？张立承介绍，在中国经济起飞过程中，发行国债所筹集资金用于适度超前建设大型基础设施，或在特殊时期为解决关键问题提供资金保障，在补齐国民经济发展短板、推动高质量发展等方面起到了无法替代的重要作用。例如，2020 年，为筹集财政资金、统筹推进疫情防控和经济社会发展，中国发行 1 万亿元抗疫特别国债，所筹集资金通过特殊转移支付机制直达市县基层，直接惠企利民，主要用于保就业、保基本民生、保市场主体，包括支持减税降费、减租降息、扩大消费和投资等。

同时，国债收益率反映了债券市场供求关系，成为机构发行债券时参考的“锚”。

中央国债登记结算有限责任公司副总经理刘凡介绍，当前国债收益率曲线应用十分广泛，如国际货币经济组织（IMF）将 3 月期中债国债收益率作为人民币代表性利率纳入特别提款权（SDR）利率篮子；银保监会推荐采用中债国债收益率和中债估值作为保险业保险准备金计量和商业银行债券投资计量参考基准；在中债国债收益率曲线基础上形成的中债估值是证券基金的债券估值基准，也是贷款转让、保险资管产品和理财产品的定价参考基准。“在市场基准定价方面，国债收益率曲线发挥着重要的基础性作用。”张立承说。

“40 年来，无论年度发行规模、存量规模还是期限结构品种，中国国债早已今非昔比。”张立承说。

从发行与存量规模看，1981 年发行国库券不到 50 亿元，2020 年中国国债余额达 20.89 万亿元；2020 年中国国债发行 7.17 万亿元，是 1981 年的近 1800 倍，占当年全国债券发行量的 12.2%。从期限结构看，恢复发行之初，国库券期限结构基本为 5—9 年的中期债券，1994 年引入半年和 1 年短期国债，1996 年引入 3 个月的短期国债。“目前，中国国债发行期限覆盖短、中、长期，能够通过丰富的债券期限结构选择，有效平滑未来年度偿债压力。”张立承说。

国债的市场流动性持续改善，市场深度不断提升。“2020 年，中国国债换手率达 2.4 倍，在世界主要经济体中处于较高水平，已超过日本、接近德国国债年度换手交易程度。”张立承介绍，国库券从最初不能上市流通，到 1988 年允许国库券转让市场正式开放，国库券的投资属性逐步建立。目前，银行间债券市场、交易所债券市场以及商业银行债券柜台市场多层次的国债交易市场体系已经形成。

张立承分析，中国国债发行在过去 40 年间取得长足进步，一方面得益于中国经济总量快速增长，国债需求体量与社会承接能力推动国债跨越式发展。另一方面得益于国债改革发展顺应了市场化取向，监管制度不断完善，监管能力不断提升，为国债行稳致远提供了制度保障。

（资料来源：汪文正：《1981 年中国发行国库券不到 50 亿元，2020 年国债余额达 20.89 万亿元——恢复发行 40 年，国债利国利民》，《人民日报·海外版》，2021 年 10 月 20 日。）

（四）收费收入

收费收入是指国家政府机关或事业单位在提供公共服务、实施行政管理或提供特定公共设施的使用时收取一定费用的收入。例如，我们通过高速公路、海底隧道要交的过路过桥费，办理结婚登记、出生登记等的费用，这些都属于收费收入。

以上四种是财政收入的主要来源，除此之外还有其他的一些收入来源，国家通过上述途径获取收入，这样，国库充实了，也就能更好地满足人民安居乐业、民族发展壮大的需要了。

▶财经阅读：

山东下达127亿元财政资金支持交通基础设施重点工程复工

2020年2月26日，山东省财政下达127亿元支持交通基础设施重点工程复工。一是下达铁路建设资金36亿元。通过发行政府专项债券方式，并吸引社会资本投入，支持鲁南高铁曲阜至兰考段、济莱、济郑等铁路项目建设，力争高铁建成和在建里程达到3900公里。二是下达普通国省道建设资金73亿元。对16市、121个普通国省道大中修、新改建及危桥维修、安防工程、防洪桥梁、应急物资储备中心等项目给予支持，建设养护里程2333公里、改造桥梁11座，提升国省道通行能力和服务水平。三是下达一般公路建设资金18亿元。按照每公里6万—20万元不等标准，对农村公路窄路基路面、安防工程、撤并建制村通硬化路等给予补助，并支持乡镇运输服务站、国省道干线服务区建设改造，提高交通基础设施普遍服务能力。

（资料来源：窦效磊：《山东下达127亿财政资金支持交通基础设施重点工程复工》，央视新闻客户端，2020年2月26日，http：//m. news. cctv. com/2020/02/26/ARTIilPw9RO8l73xmLo3nJF3200226. shtml。）

第四节　财政支出

☞ 引导案例

财政部：2021年持续推进减税降费　坚持“三保”支出在财政支出中优先地位

2020年12月31日财政部明确，2021年，我国将会精准有效实施积极的财政政策，并且持续推进减税降费。

财政部部长刘昆介绍，2021年，我国将精准有效实施积极的财政政策，推动经济运行保持在合理区间，并且要持续推进减税降费，保持政策的连续性。

同时，要推动创新发展和产业升级，坚持把科技作为财政支出重点领域；支持加快科技自立自强；推动产业链供应链优化升级。在民生方面，坚持尽力而为、量力而行，加强基本民生保障。

此外，2021 年，还要抓实化解地方政府隐性债务风险工作，坚持“三保”（即：保工资、保运转、保基本民生）支出在财政支出中的优先地位，坚决防范基层“三保”风险。

数据显示，“十三五”期间，我国财政实力进一步增强，五年收入总量达到 88.6 万亿元，比上一个五年增长 38%。在收入增长的同时，财政支出也保持了较高强度，五年支出总量达到 109.8 万亿元，比上一个五年增长 56%，重点领域支出得到有效保障。

2020 年，面对疫情冲击，我国财政系统统筹疫情防控和经济社会发展，圆满完成各项工作任务，有力推动了经济恢复和社会大局稳定。

（资料来源：杨书杰：《财政部：2021 年持续推进减税降费 坚持“三保”支出在财政支出中优先地位》，央视网，2021 年 1 月 1 日，https://news.cctv.com/2021/01/01/ARTIOZHRNmlYVvUPnyh85ZtD210101.shtml。）

【案例思考】

1. 国家财政支出的途径有哪些？

2. 请结合案例搜集相关资料，谈谈财政支出在统筹疫情防控和经济社会发展中的重要作用。

知识讲解

一、财政支出的含义

财政支出是国家各级政府的一种经济行为，是国家对集中起来的财力进行再分配的活动，它要解决的是由国家支配的那部分社会财富的价值如何安排使用的问题。国家财政支出通常是指国家为实现其各种职能，由财政部门按照预算计划，将国家集中的财政资金向有关部门和方面进行支付的活动，因此也称预算支出。财政支出是政府分配活动的一个重要方面，是以政府为主体，以政府的事权为依据进行的一种货币资金的支出活动，财政对社会经济的影响作用主要是通过财政支出来实现的。

二、财政支出的原则

在财政支出过程中，要遵循以下原则：

（一）量入为出原则

所谓量入为出原则，就是根据财政有多少收入安排多少支出，坚持收支平衡，不搞赤字。如果确有必要的支出项目不得不安排，而要满足这些支出可能导致收不抵支时，就要对支出项目进行重新审查，根据轻重缓急砍掉一些尽管是必要的但不是急需的项目，力求不出现赤字或少出现赤字。简言之，量入为出就是有多少钱办多少事。

（二）统筹兼顾原则

该原则着重分析如何安排各项财政投资支出的比例关系问题。财政投资的安排如何，直接关系到国民经济结构是否合比例的问题。要让国民经济各部门、各行业有计划、按比例协调发展，就必须在安排政府预算时做到统筹兼顾、全面安排，而不能畸轻畸重，产生“瓶颈”制约。

（三）讲求效益原则

财政支出的讲求效益原则，是以市场机制发挥基础性作用为基点的，遵循市场效率准则来安排财政支出，优化资源配置，以最小的社会成本取得最大的社会效益。这个原则包括宏观和微观两个含义：从宏观上看，要实现社会均衡。达到这一均衡的标准是政府支出给社会带来的利益应大于由政府课税或用其他方式取得收入所付出的代价。从微观上看，要进行成本—效益分析。

三、财政支出途径

按照不同的标准，可以对财政支出进行不同的分类。财政支出不同的分类形成了不同的财政支出结构，不同的财政支出结构对经济运行产生的影响存在着极大差异。目前我国财政支出按功能可以分为一般公共服务、外交、国防、公共安全、教育、科学技术、文化体育与传媒、社会保障和就业、医疗卫生、环境保护、城乡社区事务、农林水事务、交通运输、工业商业金融等事务、政府间转移支出等。根据政府活动的经济性质不同又可以把财政支出分为经常性支出和资本性支出。我们以此分类来看看财政支出具体包括哪些内容。

（一）经常性支出

经常性支出是指财政预算用于维持国家政权活动，发展科、教、文、卫、体等社会事业和社会保障等方面的支出。它是国家以社会管理者的身份出现所发生的各项支出，这些支出属于社会的公共性消费，不直接创造社会财富，资金拨付后也不再收回（采用无偿分配的形式）。在安排支出时必须优先保证、节约使用。经常性支出的收入来源主要是税收收入，还有罚没收入、事业单位的缴款等。具体包括国家政权建设支出、事业发展支出、社会保障支出、财政补贴支出。

1. 国家政权建设支出。国家政权建设支出主要包括行政管理费支出和国防支出。

(1) 行政管理费支出。行政管理费支出是政府用于国家各级立法机构、司法机构和行政机构行使其职能所发生的费用支出。它是政府机构正常、有效运转的财力保证。随着社会进步和经济发展，用于管理社会经济文化生活、保障社会稳定与秩序的财政支出（行政管理费支出）显得越来越重要。它主要包括行政支出、公安支出、国家安全支出、司法检察支出和外交支出。其中，行政支出包括党政机关经费、行政业务费、干部训练费、各种党派团体补助费及其他行政费用支出。公安支出包括各级公安机关经费、公安业务费、警察学校和公安干部训练学校及其他公安经费。国家安全支出包括国家安全机关经费和安全业务费等。司法检察支出包括国家司法检察机关经费、司法检察业务费、司法学校和司法检察干部训练经费及其他司法检察费等。外交支出包括驻外机构经费、出国费、外宾招待费、国际组织会费和其他外事费用等。行政管理费支出最终用于人员经费和办公经费两个方面，在管理上要规范支出范围，简化支出内容，厉行节约，讲求效益。

（2）国防支出。国防支出是国家财政用于国防建设和军队方面的支出，是国家生存与发展的安全保障，也是为满足全体社会成员安全需要的军费开支。国防支出的目的在于加强国防建设，维护国家独立，保障领土完整、安全和主权不受侵犯。其内容主要包括：国防费、国防科研事业费、民兵建设费中的民兵装备购置费、专项工程和其他支出等，由中央预算安排。国防支出主要用于陆、海、空各军兵种、各集团军的经常性费用，以及各项国防建设和国防科研费，还包括战时的作战费用开支。

2. 事业发展支出。事业发展支出主要包括农林水等部门的事业费和科教文卫体支出两部分。

（1）农林水等部门的事业费是国家财政用于农林水等事业单位开展各项事业的资金。具体包括农业水利事业费、农垦事业费、农业事业费、畜牧业事业费、林业事业费、水利事业费、水产事业费、气象事业费、农机事业费、其他农业事业费等。

（2）科教文卫体支出是国家财政用于履行国家的社会公共职能，满足人民日益增长的物质文化需要，发展科学、教育、文化、卫生、体育等事业，改善国民经济发展的社会条件的支出总称，主要包括科学事业费、教育事业费、文化事业费、卫生事业费和体育事业费等。

3. 社会保障支出。社会保障支出是国家向丧失劳动能力、失去就业机会以及遇到其他事故而面临经济困难的社会成员提供资金和物质援助的支出。主要包括财政用于社会保险、社会救济、社会优抚和社会福利等方面的支出。

▶财经阅读：

收入增长较快 支出保障重点——详解上半年财政收支运行“成绩单”

财政收支运行的最新“成绩单”出炉。财政部20日发布数据显示，上半年，全国一般公共预算收入117116亿元，同比增长21.8%，增速较快、符合预期；全国一般公共预算支出121676亿元，同比增长4.5%，重点领域支出得到有力保障。

收入方面具体来看，上半年，中央一般公共预算收入54624亿元，同比增长23.2%；地方一般公共预算本级收入62492亿元，同比增长20.6%。全国税收收入100461亿元，同比增长22.5%；非税收入16655亿元，同比增长17.4%。

“上半年财政收入同比增速较高，主要是因为去年同期收入基数较低和当前工业生产者价格上涨较快，同时反映了我国经济恢复取得明显成效。”在财政部当日举行的新闻发布会上，财政部国库支付中心主任刘金云如是说。

上半年，受企业利润持续稳定增长影响，企业所得税同比增长17.7%；工业、服务业稳步增长以及工业生产者出厂价格上涨，推动国内增值税同比增长22.5%……我国经济稳中加固、稳中向好的态势在主要税收收入项目上明显体现。

财政支出方面，上半年，全国一般公共预算支出121676亿元，同比增长4.5%。

“其中，中央支出同比下降6.9%，扣除部分支出拨付时间比去年有所延后因素影响后同比下降2.4%，非急需非刚性支出持续压减。”刘金云说。

教育支出18433亿元，同比增长10.1%；文化旅游体育与传媒支出1686亿元，同比增长10.5%；社会保障和就业支出19504亿元，同比增长8.2%……上半年，全国财政“三保”等重点支出增长较快。

“财政部坚持将政府过紧日子作为预算编制和执行的基本方针，下大力气优化支出结构，把严把紧预算支出关口，削减或取消低效无效支出，优化财政资源配置，切实保障好重点领域支出。”财政部预算司副司长项中新说。

与此同时，财政资金常态化直达机制有序推进。截至6月底，今年2.8万亿元直达资金中，中央财政已下达2.59万亿元，各地区形成支出1.635万亿元，资金快速落到基层和单位，重点领域支出得到有效保障。

前瞻下半年财政收支运行，刘金云表示，从后期走势看，全球疫情形势依然严峻，国内经济恢复不均衡等问题依然存在，加之去年下半年基数抬高，减税政策带来的减收效应将在今年下半年更加显著体现，预计今年下半年全国财政收入增幅将比上半年明显回落。

“然而，考虑到今年上半年收入完成进度较快，经过努力，预计能够完成全年预算收入目标。”刘金云说。

（资料来源：申铖：《收入增长较快 支出保障重点——详解上半年财政收支运行“成绩单”》，新华网，2021年7月20日，http://www.xinhuanet.com/2021-07/20/c_1127676165.htm。）

4. 财政补贴支出。财政补贴支出是国家为了实现特定的政治、经济和社会目标，通过财政资金的再分配，给予某些行业、企业及居民个人一定的财政性特定补助。财政补贴最能体现国家财政活动的方向和意图。国家为了促进社会经济发展和改变国民收入分配状况，往往配合价格政策采取财政补贴和调整税收收入两种措施，以调节国民收入在不同人们之间的分配。财政补贴支出具有很强的政策性，是国家调节经济的一种经济杠杆。

▶财经阅读：

从源头上解决“卡出多行”“人卡分离”等问题，惠民惠农——
财政补贴资金“一卡”领取（政策解读）

最低生活保障金、困难残疾人生活补助、农机购置补贴……近年来，随着国家惠民惠农政策力度不断加大，大量财政补贴资金通过直接汇入受益群众银行卡（含社会保障卡银行账户）、存折等（以下统称“一卡通”）方式发放，对方便服务群众起到了积极作用。

但同时也存在补贴项目零碎交叉、补贴资金管理不规范、补贴发放不及时不精准等问题，影响了政策实施效果。2019年，国务院有关部门深入开展专项治理活动，在严肃查处相关突出问题的同时，探索形成了一批可复制可推广的治理措施。

为深化治理成效，经国务院同意，财政部、农业农村部、民政部、人力资源社会保障部、审计署、国务院扶贫办、银保监会日前联合下发《关于进一步加强惠民惠农财政补贴资金“一卡通”管理的指导意见》。

2023年实现一个平台管发放

根据意见，到2023年，实现所有直接兑付到人到户的惠民惠农财政补贴资金原则上均通过“一卡通”方式发放；实现中央统筹、省负总责、市县抓落实的监管格局基本建成；实现“一张清单管制度”“一个平台管发放”，补贴政策的科学性和资金绩效明显提高。

“一卡通”资金的发放使用在以下五个方面开展创新：一是向社会公布补贴政策清单，以公开促改革，加快补贴政策和项目资金清理整合进度。各省份最迟不晚于2021年6月底，向社会集中统一公开补贴政策清单，并在以后年度动态调整，及时向社会公布。二是规范代发金融机构，从源头上解决“卡出多行”“一人多卡”“人卡分离”等问题。三是规范补贴资金发放流程，堵塞漏洞，实现管理规章制度化、程序流程规范化、操作权限明确化。四是搭建集中统一管理平台，实现有关数据的集中采集和管理，为信息公开和加强监管提供保障。五是依法依规公开补贴信息，主动接受群众监督和舆论监督。

农业补贴政策是国家强农惠农政策的重要组成部分。农业农村部相关负责人表示，将进一步加强与相关部门的协调配合，做好以下主要工作：一是大力推进农业补贴数据信息化管理，建立健全补贴精准到户的核查监管机制，推动惠农补贴统一集中发放，做到“应统尽统”，杜绝“一策一卡”，严禁“卡外发卡”“层层转拨”；不断优化完善农业补贴管理机制，完善农业相关转移支付“大专项＋任务清单”管理模式，抓住任务清单和绩效目标制定、资金分配、任务下达、绩效考核等关键环节，让“一卡通”真正成为农民群众的“明白卡”“幸福卡”“实惠卡”；持续加大对违规问题的检查惩治力度。

最低生活保障、特困人员救助供养、临时救助等社会救助资金是困难群众的“救命钱”，关系困难群众切身利益。民政部相关负责人表示，残疾人两项补贴资金将采取社会化发放，通过金融机构转账存入残疾人账户。同时将做好信息共享和数据对接，加强补贴信息的监测、对比和动态管理，促进补贴资金的公开透明和规范管理。

推行以社会保障卡为载体发放资金

意见明确，鼓励推行以社会保障卡为载体发放补贴资金。相关部门负责人表示，习近平总书记在扎实推进长三角一体化发展座谈会上提出，要探索以社会保障卡为载体建立居民服务“一卡通”。社保卡具有较好的群众基础，持卡人数已达13.29亿人，覆盖约95%的人口，广泛应用于社保缴费、待遇发放、就医购药等民生服务领域。通过社保卡发放惠民惠农财政补贴资金，有利于持续优化政府基本公共服务。以四川省为例，该省自2018年开展“一卡通”专项治理以来，将惠民惠农财政补贴资金，全部归集到社保卡进行集中统一发放，取得较好实践效果。

以社会保障卡为载体发放补贴资金，对于享受补贴的群众来说，不用重复办理银行卡、重复登记银行账号；对于基层工作人员来说，通过联网核验，可提高审核效率，缩短发放周期；对于政府部门来说，通过社保卡“一卡通”发放补贴，可实现各类发放信息的集中采集和管理，有利于加强资金监管，让每一分钱都安全及时地发到群众手中。

强化专项资金监管

意见要求国务院有关部门进一步加强沟通协调，建立健全跨部门联合工作机制，持续加强日常管理和监督检查；地方各级有关部门要进一步强化管理，及时发现并纠正补贴发放中存在的问题，有效形成监管合力，确保补贴政策落地见效。

国务院扶贫办有关负责人表示，根据中央相关安排部署，脱贫攻坚完成后，要严格落实“四个不摘”的要求，相关政策总体保持稳定。下一步，结合意见实施，扶贫部门要持续完善公告公示，落实“中央、省、市、县财政专项扶贫资金分配结果一律公开，乡村两级扶贫项目安排和资金使用情况一律公告公示”要求，充分发挥12317扶贫监督举报电话、驻村工作队及第一书记监督作用；同时将优化发放流程，与有关部门建立定期数据交换机制，将防贫监测帮扶数据嵌入动态监控平台；此外还将加强常态化监管，配合有关部门强化对扶贫资金使用和项目的监督、检查和绩效评价，对扶贫领域的违纪违规问题，督促地方及时整改，积极配合纪检监察机构开展扶贫领域腐败和作风问题专项治理。

银保监会有关负责人表示，银保监会将督促代发金融机构严格执行代发协议，提高补贴资金发放的及时性、准确性，鼓励其提供免费、及时、逐项的补贴信息告知服务；督促代发金融机构向补贴群众提供便捷查询、取款途径，按规定向有关部门及时提供发放信息；对工作中未严格执行实名制，存在违规代办、冒领补贴等风险的金融机构，组织开展排查、检查和严肃问责。

（资料来源：庄红韬、史雅乔：《从源头上解决“卡出多行”“人卡分离”等问题，惠民惠农——财政补贴资金“一卡”领取（政策解读）》，《人民日报》，2020年12月13日。）

（二）资本性支出

资本性支出是指以政府为投资主体、以财政资金为主要投资来源的政府投资活动，是社会总投资的重要组成部分。资本性支出是国家对宏观经济进行调控的物质基础，是国家经济管理职能的重要体现，它对于发展经济和提高人民的物质文化生活水平具有极其重要的意义。具体包括基本建设投资支出和农业投资支出。

1. 基本建设投资支出。基本建设投资支出是指国家预算内用于固定资产扩大再生产和一部分简单再生产的投资支出。它不包括国家预算外自筹的各种基本建设资金。基本建设投资按其所形成的固定资产的经济用途进行分类，可分为公益性项目投资、基础性项目投资和竞争性项目投资三大类。随着政府职能的转变，财政将逐步退出竞争性和生产性领域，因此，财政用于竞争性项目投资支出也将越来越少。

2. 农业投资支出。农业投资支出是指财政直接用于支援农村集体经济和个体户的各项生产支出和对农村水利、道路等项目的投资。农业是国民经济的基础，大力发展农业是我国经济建设中的战略重点。农业在国民经济中的基础产业地位及其特有的弱质性行业特征，决定了政府必须对农业的发展提供支持。

▶财经阅读：

农业农村投资建设大有可为

近日，中央农办、农业农村部等7部门联合印发《关于扩大农业农村有效投资 加快补上“三农”领域突出短板的意见》（以下简称《意见》）。为何要扩大农业农村有效投资，哪些重点领域亟待补短板，有哪些支持政策？记者采访了中央农办、农业农村部有关负责人和专家。

● 引导资源要素向农业农村流动

受宏观环境变化等多种因素影响，2015年以来第一产业固定资产投资增速逐年下滑。特别是去年以来，出现了连续8个月的负增长，全年增速明显低于第二三产业。今年，突发的新冠肺炎疫情对农业农村投资造成了较大冲击，一季度第一产业固定资产投资降幅13.8%，其中占比最大的民间投资同比下降16.9%，后续跌幅虽然逐步收窄，但下降趋势仍未得到根本遏制。

“补上全面小康‘三农’领域突出短板，克服疫情带来的不利影响，确保粮食安全和重要副食品供给、稳住农业基本盘，必须切实扩大农业农村有效投资。”中央农办、农业农村部有关负责人强调。

《意见》提出，对标实施乡村振兴战略，立足当前、着眼长远，围绕加强农业农村基础设施和防灾减灾能力建设，实施一批牵引性强、有利于生产消费“双升级”的现代农业农村重大工程项目，千方百计扩大农业农村有效投资规模。

“对标我国未来发展的三阶段目标，当前农业农村发展滞后于工业和城市，要在这个滞后的起点上实现追赶。在整个经济发展理念里，包括公共资源的分配、领导力量的配备等，都要真正做到农业农村的优先发展。”国务院发展研究中心农村经济研究部部长叶兴庆说。《意见》正是通过创新体制机制、引导资源要素向农业农村流动，推动农业优结构、增后劲，为维护经济发展和社会稳定大局提供坚实支撑。

●瞄准突出短板，加快11个方面重大工程项目建设

对标全面建成小康社会和乡村振兴战略实施，我国农业农村建设还存在明显的薄弱环节。比如，农业生产基础支撑还不牢固，低产田还有4亿亩、占耕地面积的22%；农产品加工转化率还不高，农产品加工业与农业产值之比例仅为2.3∶1，分拣、仓储、烘干、保鲜、包装等设施明显不足，水果、蔬菜等产后损耗率达20%；农村公共基础设施建设较为薄弱，82.6%的村生活污水未得到集中处理，30%以上的农户没有普及卫生厕所。

这也意味着农业农村投资建设领域大有可为。《意见》着重提出要加快高标准农田、农产品仓储保鲜冷链物流设施、现代农业园区、动植物保护、沿海现代渔港、农村人居环

境整治、农村供水保障、乡镇污水处理、智慧农业和数字乡村、农村公路、农村电网等11个方面的农业农村重大工程项目建设。

“这些工程的落地，有利于提升粮食、生猪等重要农产品稳产保供和抗灾减灾能力，推进农业向集约高效、绿色安全方向转变，促进农业可持续发展，帮助缩小城乡居民基本生活条件方面的差距等。同时，还将推动农业农村信息化、智能化、融合化发展，给农业农村赋能，提升现代化生产水平，形成更多新的增长点、增长极。”中央农办、农业农村部有关负责人说，当前和今后一段时间，扩大农业农村有效投资就要围绕这些重大领域，谋划重大工程项目，真金白银地投、实打实地干。

● 中央和地方财政加强“三农”投入保障

《意见》要求，健全投入机制，拓宽投资渠道，优化投资环境，加快形成财政优先保障、金融重点倾斜、社会积极参与的多元投入格局，并从扩大地方政府债券用于农业农村规模、保障财政支农投入、增强投资者信心等方面提出了相关政策措施。

扩大地方政府债券用于农业农村规模。今年，中央大幅增加地方政府债券发行额度，并明确支持现代农业设施、饮水安全工程和人居环境整治建设。上半年，安徽、四川、江西等27个省份发行用于农业农村的专项债865亿元。

保障财政支农投入。近年来，中央财政用于农林水的支出稳定增长。此次《意见》进一步强调，中央和地方财政要加强“三农”投入保障，中央预算内投资继续向“三农”补短板重大工程项目倾斜，提高土地出让收入用于农业农村比例，扩大以工代赈规模。

民间资本常年占第一产业固定资产投资的约80%，是农业农村投资的主力军。如何提振民间资本投资农业农村的信心？

叶兴庆说，《意见》要求加大金融服务“三农”力度，抓紧出台普惠金融支持新型农业经营主体发展的政策举措，创新金融产品与服务，全面推行温室大棚、大型农机、土地经营权抵押融资等。

（资料来源：郁静娴：《财政优先保障 金融重点倾斜 社会积极参与农业农村投资建设大有可为》，《人民日报》，2020年7月26日。）

▶财经阅读：

收支平衡压力加大，财政如何保运转、促民生？

财政部2020年4月20日发布数据显示，一季度，全国一般公共预算收入达45984亿元，同比下降14.3%。

减“收”增“支”之间，财政收支平衡压力进一步加大。一方面，受疫情影响，财政收入呈下降态势；另一方面，为对冲疫情影响，财政政策还需加大力度，基层运转、民生发展等都需要真金白银的保障。

中部一些县级财政干部说，为积极应对疫情，设置隔离点、购买防疫物资、购置医院急救设备等支出都不是“小数目”，加之财政收入减少，“保基本民生、保工资、保运转压力进一步加大”。

专家和业内人士建议，要格外关注地方政府尤其是基层财政运行情况，加大支持力度，保障基层政府正常运转、各项民生支出“不打折扣”。

及时下达转移支付资金，强化对地方的督促指导，阶段性提高地方财政资金留用比例，强化地方库款运行监测督导……为支持地方切实做好保基本民生、保工资、保运转，中央财政快速行动，已经综合采取了一系列措施。

“在去年（2019年）四季度已提前下达转移支付6.1万亿元的基础上，今年以来预拨均衡性转移支付700亿元、县级基本财力保障机制奖补资金406亿元，增强地方财政经费保障能力。”财政部预算司一级巡视员王克冰说，此外，下达部分中央基建投资、促进企业复工复产等方面的资金，促进经济社会平稳发展。

与此同时，各地各级财政部门因地制宜出台举措，“开源”与“节流”并举，积极应对收支压力，着力保障基层运转、民生发展等重点支出：

围绕完善保障机制、强化库款管理、编实编细预算等，山西出台20条具体措施，确保基层财政平稳运行。

在广西，自治区本级各部门一般公共预算安排的会议费、培训费和因公出国（境）经费在年初预算基础上再压减20%，其他非重点、非刚性项目支出再压减5%，坚持政府过“紧日子”。

在广东东莞，市镇财政、集体经济、社保、医保、残保、人防、体彩、福彩、慈善、国企民企资本等“十笔钱”被统筹使用，着力办好教育、医疗、就业、社会保障等民生“万家事”。

王克冰表示，财政部将密切跟踪地方财政运行情况，督促地方加快资金拨付和使用，切实加大对疫情较重地区和困难地区的支持力度。

财政收支压力如何化解？

在不少业内人士看来，由于近年我国实施了大规模减税降费措施，在大幅减轻企业负担的同时，也带来财政减收。新冠肺炎疫情突如其来、经济下行压力加大等多重因素叠加，“财政收支矛盾问题在今年尤为突出”。

“一方面，财政收入呈下降态势；另一方面，为对冲疫情影响，财政政策还需进一步加大力度，仅仅依靠平常的财政收入，已经不太够。”杨志勇说。

提高赤字率，发行抗疫特别国债，增加地方政府专项债券……日前召开的中央政治局会议已明确下一步财政政策发力方向。

“提高财政赤字率、发行特别国债，可直接有效补充财政资金‘弹药’。”杨志勇说，这些政策资金规模有望达数万亿元级别，可有效化解收支矛盾，补充地方财力，帮助受疫情影响较大的行业和地区渡过难关，促进经济恢复和社会发展。

王克冰透露，中央财政将按照中央政治局会议的要求，研究适当提高财政赤字率，集中使用部分中央存量资金，统筹加大地方转移支付力度。

此外，专家表示，财政收入和经济运行高度相关。随着复工复产有序推进，经济运行逐渐恢复，财政收入状况有望得到改善。

"收入降幅会逐步收窄。"刘金云说。在王克冰看来，疫情的影响是阶段性的。随着疫情得到有效控制，企业加快复工复产，经济社会发展各项工作走上正轨，财政收入将回归正常，收支压力也将逐步减轻。

（资料来源：申铖、汪奥娜、侯文坤：《收支平衡压力加大，财政如何保运转、促民生?》，新华网，2020－04－20，http：//www. xinhuanet. com/fortune/2020－04/20/c_1125882305. htm。）

▶财经阅读：

把政府过紧日子作为预算安排的长期指导思想

谈及深化预算管理制度改革，财政部部长助理欧文汉2021年4月7日表示，将规范预算支出管理，把政府过紧日子作为预算安排的长期指导思想，不折不扣落实过紧日子要求，严控一般性支出。完善财政直达机制。

7日下午，国新办就贯彻落实"十四五"规划纲要，加快建立现代财税体制有关情况举行发布会。会上，有记者问：党的十九届五中全会对深化预算管理制度改革做出了部署，请问，下一步预算管理制度改革将如何进一步深化?

欧文汉回应称，为了加快建立现代财税体制、进一步完善预算管理制度，我们按照党的十九届五中全会精神，明确了下一步深化预算管理制度改革的总体思路、基本原则和主要措施，主要在以下几个方面重点突破：

一是加强重大决策部署财力保障。各级预算安排要将落实党中央、国务院重大决策部署作为首要任务，增强对国家重大战略任务、国家发展规划的财力保障，完善预算、决策机制和程序，各级预算、决算草案应当按照程序报本级党委和政府审议，各部门预算草案应当报本部门党组或党委审议。

二是加强财政资源统筹。加大收入统筹力度，充分挖掘各种闲置资源潜力。加强政府性资源综合管理，将依托行政权力、国有资源（资产）获取的收入以及特许经营权拍卖收入等按规定全部纳入预算，强化部门和单位收入统筹管理，要求部门和单位依法依规将取得的各类收入纳入部门或单位预算，未纳入预算的收入不得安排支出。

三是规范预算支出管理。合理安排支出预算规模，充分发挥财政政策逆周期调节作用。优化财政支出结构，推进支出标准体系建设，将支出标准作为预算编制的基本依据。把政府过紧日子作为预算安排的长期指导思想，不折不扣落实过紧日子要求，严控一般性支出。完善财政直达机制。

四是加强预算控制约束和风险防控。实施项目全生命周期管理，预算支出全部以项目形式纳入预算项目库，未入库项目一律不得安排预算。强化中期财政规划对年度预算的约束，加强财政运行风险防控，加强重大政策、重大政府投资项目等财政承受能力评估。健全地方政府依法适度举债机制。

五是提高预算管理信息化水平。将制度规范与信息系统建设紧密结合，以省级财政为主体建设覆盖本地区的预算管理一体化系统并与中央财政对接，动态反映各级预算安排和执行情况。建立完善全覆盖、全链条的转移支付资金监控机制。积极推动跨部门基础信息共享共用。

（资料来源：张魏桔：《财政部：把政府过紧日子作为预算安排的长期指导思想》，中国新闻网，2021 年 4 月 7 日，https：//m. gmw. cn/2021 – 04/07/content_1302216282. htm？ source = sohu。）

本章小结

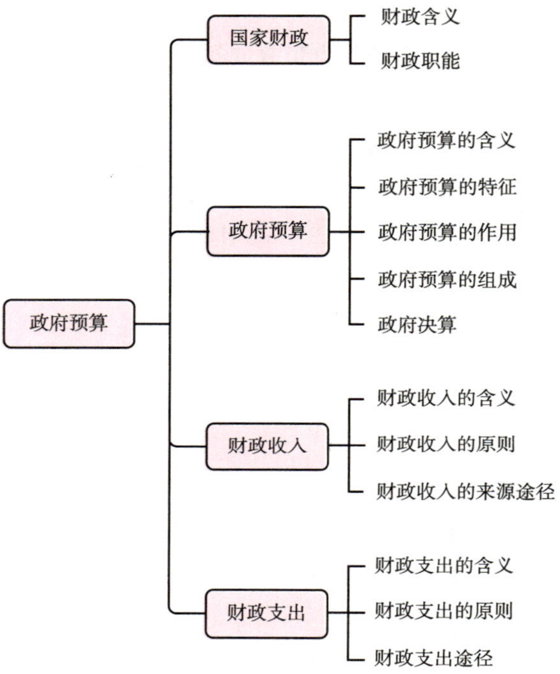

思政小课堂

财政资金，抗击疫情的坚强后盾

2020 年 2 月 17 日财政部发布《关于加强新冠肺炎疫情防控财税政策落实和财政资金监管工作的通知》（以下简称《通知》）。《通知》要求：各级财政部门要认真学习针对疫情防控出台的有关经费保障、财政补助、税收优惠、金融支持、政府采购等相关政策措施，理解领会吃透政策精神。加强政策宣传解释和辅导，确保患者、参与疫情防控的医务及相关人员、有关医疗卫生机构“应享尽享”救助补助或经费保障政策，确保疫情防控重点保障企业和个人尽享财税支持政策，及时获得资金支持。地方各级财政部门要加强中央转移支付以及地方一般公共预算、政府性基金预算、社会捐赠等各项资金的统筹，按照“特事特办、急事急办”原则，加快预算执行，及时、足额拨付各项疫情防控资金。

（资料来源：财政部：《关于加强新冠肺炎疫情防控财税政策落实和财政资金监管工作的通知》财办

〔2020〕11号，财政部网站，2020年2月17日，http：//www. gov. cn/zhengce/zhengceku/2020 - 02/19/content_5480912. htm。）

截至2020年3月21日，中央财政已累计安排有关防控资金257.5亿元，支持地方做好患者救治、医护人员补贴发放，以及建立疫情防控短缺物资储备、开展药品和疫苗研发等工作。与疫情防控直接相关的卫生健康支出2716亿元，同比增长22.7%。

（资料来源：曲哲涵：《中央财政累计安排有关防控资金257.5亿元》，人民网，2020年3月25日，https：//baijiahao. baidu. com/s？id = 1662079283514919868&wfr = spider&for = pc。）

财政部部长刘昆在全国财政工作会议上表示，2020年，全国财政系统把疫情防控作为最重要、最紧迫的工作来抓，优先保障疫情防控经费，加快资金拨付使用。截至2020年11月底，各级财政疫情防控资金支出超过4000亿元，确保人民群众不因担心费用问题而不敢就诊，确保各地不因资金问题而影响医疗救治和疫情防控。

（资料来源：申铖：《各级财政疫情防控资金支出超4000亿元》，光明网，2021年1月20日，https：//m. gmw. cn/baijia/2021 - 01/20/1302057032. html。）

【思考】

1. 根据上述新闻思考财政资金在我国疫情防控期间起到的作用。

2. 结合新闻，谈谈你对“国家富强民族振兴是人民幸福的基础和保障”这句话的理解。

单元检测

一、单项选择题

1. 预算管理的主体是（　　）。

A. 国家　　B. 银行　　C. 事业单位　　D. 财政部

2. 我国预算年度采用（　　）。

A. 跨年职　　B. 农历制　　C. 历年制　　D. 财政部

3. 国家预算既是保障国家机器运转的物质条件，又是政府实施各项社会经济政策的有效保证，体现的是国家预算的（　　）。

A. 制约作用　　B. 反映监督作用　　C. 财力保证作用　　D. 调节作用

4. 预算收入反映国民经济发展规模和经济效益水平，预算支出反映各项建设事业发展的基本情况。这体现的国家预算的（　　）。

A. 资金保护作用　　B. 反映监督作用　　C. 财力保证作用　　D. 调节制约作用

5. 下列对中央和地方预算、决算进行监督的机关是（　　）。

A. 地方各级人大及其常委会　　B. 财政部

C. 全国人大及其常委会　　D. 国有资产监督管理机构

6. 从财政收支的内容上看，（　　）是国家财政的核心。

A. 政府预算　　B. 政府债务　　C. 国家主权　　D. 政府补贴

7. 预算外资金的所有权属于（　　）。

A. 国家　　B. 各部门　　C. 各单位　　D. 各地区

8. 我国反映总预算执行情况及结果的会计结账基础采用（　　）。

A. 收付实现制　　B. 权责发生制　　C. 先进先出　　D. 后进先出

9. 政府预算发展的决定性原因是（　　）。

A. 资本主义生产方式　　B. 财政管理的需要

C. 商品经济的发展　　D. 生产力的发展

10.（　　）是审查、批准预决算的权力机关。

A. 各级政府　　B. 各级人民代表大会

C. 财政部门　　D. 国务院

二、判断题

1. 对财政性支出项目进行可行性分析时，可以像私人投资项目的评估一样运用显性的成本——效益方法进行评估和取舍。（　　）

2. 国家总决算（即国家决算）以单位和部门决算为基础，由国务院汇编。（　　）

3. 年终清理是搞好年度决算编制工作的重要条件。（　　）

4. 决算编制是整个预算工作程序的总结和终结。（　　）

5. 由于预算外资金未纳入财政预算管理，所以不属于财政性资金。（　　）

6. 明确预算管理职权是预算法的核心内容。（　　）

7. 国家总决算（即国家决算）以单位和部门决算为基础，由国务院汇编。（　　）

8. 年终清理是搞好年度决算编制工作的重要条件。（　　）

9. 预算编制是整个预算工作程序的总结和终结。（　　）

10. 政府预算收入缴库后，即成为政府预算资金。政府预算资金属于国家所有，由税务部门统一支配使用，任何地区、部门、单位和个人都不得随意退库。（　　）

三、多项选择题

1. 下列属于政府在市场经济中的职能的是（　　）。

A. 收入调节职能　　B. 资源配置职能　　C. 经济稳定职能　　D. 经济发展职能

2. 国家预算的作用有（　　）。

A. 财力保证作用　　B. 调节制约作用　　C. 反映监督作用　　D. 平衡收支作用

3. 下列属于政府预算特征的是（　　）。

A. 预测性　　B. 法定性　　C. 完整性　　D. 公开性

4. 决算是对年度预算收支执行结果的会计报告，它包括（　　）。

A. 决算报表　　B. 执行计划　　C. 文字说明　　D. 图表说明

5. 下列关于决算的说法中，正确的有（　　）。

A. 决算是预算执行的总结

B. 决算是对年度预算收支执行结果的会计报告

C. 决算是国家管理预算活动的第一道程序

D. 决算草案由各级政府、各部门、各单位，在每一预算年度终了后按照国务院规定的时间编制

四、实践应用

山东省财政近日安排资金 1400 余万元，统筹用于支持冰雪运动项目发展和全民健身活动开展。其

中：安排资金 800 万元，支持重大体育赛事冰雪项目备战参赛；安排资金 500 万元支持开展冰雪惠民消费活动，通过发放惠民消费券，预计直接拉动冰雪经济增长突破 3000 万元。

请结合如火如荼的冰雪运动，谈谈你对财政资金的了解。

（资料来源：杨玉金：《山东省财政投入 1400 余万支持冰雪运动推广普及》，山东广播电视台《财看闪电》栏目，2022 年 2 月 20 日。）

第四章　税收政策

学习目标

【知识目标】

1. 了解税收基本知识和税收的意义；
2. 掌握我国的税收政策及税收体系；
3. 理解税收作用。

【技能目标】

1. 具备利用税收知识分析经济的能力；
2. 具备利用税收政策服务企业的能力。

【思政目标】

1. 遵纪守法，树立依法纳税的法律意识；
2. 成本节约，具备合理纳税的专业能力。

【名人名言】

税收取之于民，而用之于民。

——税收宣传语

☞ 引导案例

2022年8月26日，国家税务总局公告，大规模留抵退税存量留抵税额集中退还任务圆满完成，纾困稳企效果持续显现。统计显示，从4月1日大规模增值税留抵退税政策实施至8月15日，已有20131亿元退税款退到纳税人账上，再加上一季度继续实施此前出台的留抵退税老政策1233亿元，已累计有21364亿元退税款退到纳税人账户。

（资料来源：曾金华：《超2.1万亿元“落袋”市场主体——留抵退税有效纾困稳企》，《经济日报》，2022年8月27日。）

【案例思考】

1. 税收的作用有哪些？
2. 国家为何要进行留抵退税？

知识讲解

第一节 认识税收

一、税收含义

税收是指国家凭借政治权力，按照法律的规定，参与社会产品分配，强制、无偿取得财政收入的一种分配形式。

税收，历史上又称租税、捐税或赋税，是人类社会发展到一定阶段，伴随着国家起源而起源，随着经济的发展而发展。夏王朝是我国出现最早的奴隶制国家，从夏朝开始就有了税收的雏形。国家不从事物质资料生产，为了执行其社会职能提供物质基础，凭借政治权力参与社会剩余产品分配，这就产生了税收。税收与国家的关系，马克思曾指出："捐税体现着表现在经济上的国家存在。赋税是政府机器的经济基础，而不是其他任何东西。"恩格斯对此也有阐述："为了维持这种公共权力，就要公民交纳费用——捐税。

国家向社会提供公共产品、满足社会共同需要。税收为国家的运转提供一定的物质基础。

▶财经阅读：

"税"与"赋"

说文解字"税""赋"。"税"字，左边是"禾"，右边是"兑"。税收起源于农耕文明时期，农民重种地，有了收成，强制性地上缴一部分粮食给国家。"禾"代表农业，"兑"就是给付、上缴的款项。

"赋"字，左边是"贝"，右边是"武"。从贝从武，以征而收。"贝"指钱财。"武"指"用兵""国防""军事"。"贝"与"武"联合起来表示"与用兵有关的钱财"。百姓交钱，军队保卫百姓的安全，这就是最初的"国防税"。

（资料来源：依据网络资料整理。）

▶财经阅读：

古今中外的奇葩税

1. 胡须税

俄国、法国、英国等国的历史上曾开征过胡须税。俄国彼得大帝时期，当时俄国男子普遍蓄留长胡须，并以此为美。彼得大帝则对此极为反感，认为胡须是一种多余的无用的装饰品，不利清洁，借以征税禁止胡须。人们对此一时接受不了，于是彼得大帝便下了一道命令：同意人们留胡子，但要纳税。他所实施的胡须税与胡须的长短成比例，按留胡须者的社会地位累进征收。对每一缴税后的纳税者，发予证照，并规定挂于门前易见之处。如果某个男子拒绝这样做，那么，随身携带剪刀的检查人员，可将其胡须付之无情的一剪。

法国国王法兰西一世（公元1515—1547年在位）有一次和御林军一起喝酒，酒后大玩血球之仗，不小心打伤了嘴唇，为了掩饰伤口，不得不蓄留胡须。因为国王留了胡子全国就上行下效起来了，不行！胡子岂是人人可以留的，于是只准贵族留胡须，一般老百姓想留胡须的就必须交胡须税，1553年便颁布了法令，规定凡没有资格留胡须而留胡须又不缴胡须税的人，罚劳役，真是巧立名目。英国早在1558年也曾开征过胡须税。

2. 单身税

刘邦建立西汉王朝以后，因为数十年的战乱纷争，汉朝初期的人口锐减。由于古时候是农耕社会，那个时候的农业发展至关重要，所以作为第一生产力，人口基数是一个国家强大的象征。所以刘邦迫切地要快速增长国家人口，于是便出台了“单身税”的政策．政策要求，凡是年满15周岁还没有出嫁的女子每年都要上交120钱的税款，直到出嫁可以停止缴纳。

3. 数字税

数字税指的是国家对一国境内的跨国公司通过境外子公司所销售的数字服务征税。这种新税种与许多公司已经缴纳的企业所得税不同，被广泛称为数字税，有时也被称为“数字服务税”。目前已有三十多个国家通过不同形式征收数字税。

英国政府已经确认于2020年4月1日开征数字税，该税将适用于全球销售额超过5亿英镑且至少有2500万英镑来自英国用户的企业，税基为英国用户的收入，税率为2%。英国税务海关总署（HMRC）认为，到2025财年结束时，这项税收可能会带来高达5.15亿英镑（约合6.65亿美元）的额外年收入。

（资料来源：依据网络资料整理。）

二、税收的特征

税收与其他分配方式相比，具有强制性、无偿性和固定性的特征，习惯上称为税收的“三性”。

（一）强制性

税收的强制性是国家以社会管理者的身份，凭借政治权力，通过颁布法律或政令来进行强制征收。负有纳税义务的社会集团和社会成员，都必须遵守国家强制性的税收法令，依法纳税，否则就要受到法律的制裁，这是税收法律地位的体现。

强制性特征体现在两个方面：一方面税收分配关系的建立具有强制性，即税收征收完全是凭借国家拥有的政治权力，借助税法形式来保证税收收入的实现的。法律规范是国家征税权力的后盾；另一方面是税收的征收过程具有强制性，即如果出现了税务违法行为，国家可以依法进行处罚。

（二）无偿性

税收的无偿性是指通过征税，纳税人的一部分收入转归国家所有，国家既不需要归还给纳税人，也不需要向纳税人支付任何报酬或代价。

税收的无偿性是由社会费用补偿的性质决定的。由于公共需要的设施和服务大多是共享的，社会成员从中得到的利益无法直接计量，这就决定了国家对社会成员提供的公共服务只能是无偿的。相应地，国家要筹集满足公共需要的社会费用也只能采取无偿的形式。

税收无偿性是税收的本质体现，它反映的是一种社会产品所有权、支配权的单方面转移关系，而不是等价交换关系。税收的无偿性是区分税收收入和其他财政收入形式的重要特征。

（三）固定性

税收的固定性是指国家通过法律形式，预先规定了征税对象、纳税人和征税标准等征纳行为规则，征纳双方都必须遵守，不能随意改变。

税收的固定性包含两层含义：一是税法具有相对稳定性。税法一经公布实施，征纳双方都要共同遵守。纳税人只要取得了应税收入，发生了应税行为或者拥有了应税财产，就必须按照预定标准如数缴纳税款。同样，国家对纳税人也只能按预定的标准征税，不能任意降低或提高预定的征收标准。并且，作为征税主体的国家有义务保证税法在一定时期内相对稳定，不能朝令夕改。二是税收征收数量具有有限性。国家税款不能随意征收，征税对象和税款数额之间的数量关系是有一定限度的。在无偿性、强制性存在的前提下，税收只能按照事先规定的、国家与纳税人在经济上都能接受的标准有限度地征收。

▶案例分析：

2018 年 1 月 1 日起，我国首部“绿色税法”——《中华人民共和国环境保护税法》开始实施，对大气污染物、水污染物、固体废物和噪声四类污染物，过去由环保部门征收排污费，现在改为由税务部门征收环保税。

【案例思考】

1. 为何要将排污费改成环保税？
2. 排污费与环保税的区别与联系是什么？

三、税收的作用

（一）税收是国家组织财政收入的主要形式

保障财政收入是税收的基本作用，也是税收产生时既有的作用。由于税收具有强制性、无偿性和固定性，因而能保证收入的稳定；同时，税收的征收十分广泛，能从多方筹集财政收入。

2019 年全国一般公共预算收入 190382 亿元，其中税收收入 157992 亿元，占一般公共预算收入 82.97%。详见图 4－1、图 4－2。

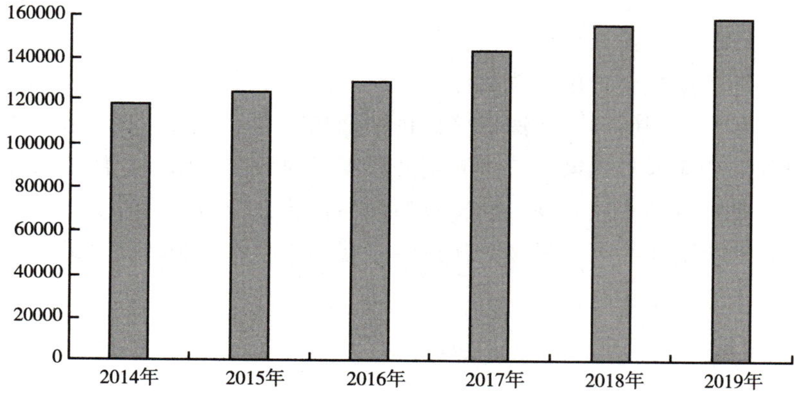

图 4－1　近年来全国税收收入（单位：亿元）

（数据来源：财政部。）

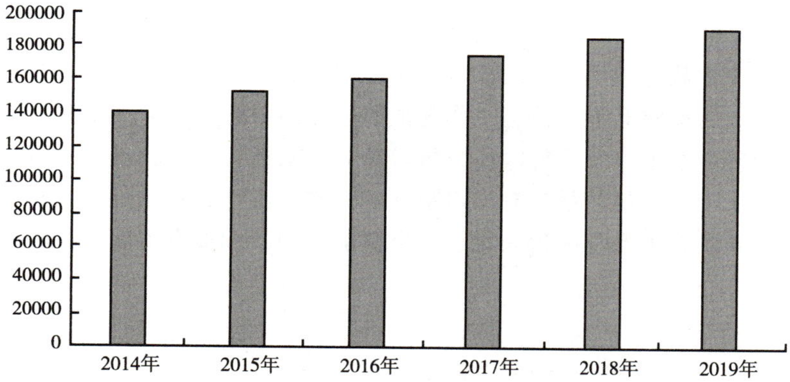

图 4－2　近年来全国一般公共预算支出（单位：亿元）

（数据来源：财政部。）

（二）税收是国家调控经济的重要杠杆

国家通过税种的设置以及对税目、税率、加成征收或减免税等税法要素的规定，调节社会生产、交换、分配和消费，促进社会经济的健康发展。

（三）税收具有维护国家政权的作用

国家政权是税收产生和存在的必要条件，而国家政权的存在又依赖于税收的存在。税收维护国家主权的作用还体现在维护国家权力的主权性，即国家对内统治的全权性和对外的自主性地位和相应权力行使方面的作用。①

税收维护国家主权的作用主要体现在以下几个方面：

1. 一切外国人进入中国境内，必须执行中国的法律，依法纳税；
2. 一切外国商品，进入中国国境，必须依我国的税法，由货物的所有者纳税；
3. 一切在中国境内产生的收入，都要依法纳税；
4. 处理国与国之间税收关系，要以维护我国的国家主权为根本。

（四）税收具有监督经济活动的作用

从宏观方面：税收可以反映国家经济的运行状况，据此，国家可以采取相应的对策。例如，从各地个人所得税的缴纳状况，可以大致了解地区之间收入水平的差距，从而采取必要的调节政策和措施，防止地区之间的收入过于悬殊。

从微观方面：国家各级税务部门通过征管工作，对企业的经营活动进行监督，及时发现纳税人在生产经营过程中，或是在缴纳税款过程中存在的问题。国家税务机关对征税过程中发现的问题，可以采取措施纠正，也可以通知纳税人或政府有关部门及时解决，促进企业正常的生产经营活动。

▶案例分析：

税收助力“小构树”成长为“大产业”

2020 年是脱贫攻坚决战决胜年，随着脱贫攻坚工作的持续深入推进，华亭市嘉禾公司依托当地特色优势资源、因地制宜发展起来的农民合作社，华亭税务人的脚步踏过田间山头，精准高效地把各类减税降费的税收优惠政策带给企业，通过心贴心服务、面对面指导，帮助企业“算好账”“开好票”“报好税”，积极促进企业平稳健康发展壮大，为当地贫困户早日脱贫致富贡献税务力量。

（资料来源：王建建：《税收助力“小构树”成长为“大产业”》，平凉税务公众号，2020 年 5 月 15 日。）

【案例思考】

结合材料阐述税收的作用有哪些？

第二节 我国税收法律制度

☞ 引导案例

王梦、袁浩两位大学生 2017 年毕业后，各出资 25 万元，共同创建铭佳贸易有限公司。2019 年第一季度各月实现销售收入分别为 112000 元、70000 元、98000 元，第一季度实现利润总额 80000 元。

---

① 王美涵：《税收大辞典》，辽宁人民出版社 1991 年版。

【案例思考】

1. 分析铭佳贸易有限公司经营过程中所涉及的税种有哪些？
2. 分享目前铭佳贸易有限公司可以享受到哪些税收优惠？
3. 如果你也有创业的想法，分析如何最大限度地利用税收优惠政策。

知识讲解

一、我国现行生态税收体系

（一）我国现行主要税种

中国现行的税种共18个（2016年5月1日起，全面推行“营改增”；2018年1月1日起施行环保税），分别是增值税、消费税、企业所得税、个人所得税、资源税、城市维护建设税、房产税、印花税、城镇土地使用税、土地增值税、车来船使用税、船舶吨税、车辆购置税、关税、耕地占用税、契税、烟叶税、环保税。

党的十九大报告提出：必须树立和践行绿水青山就是金山银山的理念，坚持节约资源和环境保护的基本国策，推进绿色发展，建设美丽中国。在生态文明思想的指导下，为充分发挥税收职能作用，国家税务机关致力构建生态税收体系，助力打赢污染防治攻坚战。

（二）我国已构建涵盖五大环节生态税收体系

我国已构建起以环境保护税为主体，以资源税、耕地占用税为重点，以车船税、车辆购置税、增值税、消费税、企业所得税等税种为辅助，涵盖资源开采、生产、流通、消费、排放5大环节18个税种的生态税收体系。

▶财经阅读：

双向发力促进转型升级

自2018年1月1日《环境保护税法》实施以来，环保税的开征有效发挥了“多排多缴、少排少缴、不排不缴”的反向约束和正向激励机制作用，促进了绿色发展。

国家税务总局财产和行为税司相关负责人介绍，环保税开征以来，各级税务机关不断加大与生态环境、财政、工业信息等部门的合作力度，构建起了“税务征管、企业申报、环保监测、信息共享、协作共治”的征管机制。同时，各级税务机关建立了纳税服务和问题收集处理机制，及时优化金税三期征管系统，提高了纳税人享受优惠的便利度。

环保税的开征，倒逼企业进行节能减污技术改造。安徽黄山神剑新材料有限公司管理层认真研究环保税有关规定后，立即对生产设备进行技术改造。该公司财务负责人孙优琼表示，2019年上半年，公司缴纳的环保税比去年下半年少了400余万元，但产能却同比提升了50%。

在环保税正向引导和反向倒逼作用下，企业顺势而为，从被动减排到主动环保，不仅享受到更多税制改革的红利，还促进了转型升级。浙江湖州协鑫环保热电有限公司就是典型，作为火力发电厂，该公司陆续投入近200万元实施环保搬迁、技术改造。该公司财务负责人武立军说："加大环保投入不仅体现在税负的降低，也换来了更强大的核心竞争力，今年公司销售收入预计同比增长近8%。"

财税专家认为，征收环保税不仅有利于实现对重点污染物减排的目标，还可以促进经济结构优化和发展方式转变，丰富政府对于环境治理和保护的手段。

减税降费撬动绿色发展

为进一步促进经济高质量发展，国家陆续出台一系列税收优惠政策，我国已构建起以环境保护税为主体，以资源税、耕地占用税为重点，以车船税、车辆购置税、增值税、消费税、企业所得税等税种为辅助，涵盖资源开采、生产、流通、消费、排放5大环节8个税种的生态税收体系。

走进位于内蒙古鄂尔多斯市的内蒙古广纳煤业集团，开采出的煤炭统一堆放在煤棚里，一辆辆喷雾水车正在厂区来回穿梭，消除作业时扬起的煤尘。该集团董事长王全才说："为建设'绿色矿山'，集团在无尘作业项目上共计投入1.2亿元，同时减税降费政策为集团缓解了资金压力，增强了投入的底气。今年增值税税率由16%降到13%，预计为企业减税3800万元。"

今年4月，税务总局会同财政部、发展改革委、生态环境部联合下发《关于从事污染防治的第三方企业所得税政策问题的公告》，对符合条件从事污染防治的第三方企业减按15%税率征收企业所得税，鼓励相关企业加大投入，增强污染防治效能。

传统的高能耗企业也在这次的减税降费"春风"中迎来绿色转型。江苏省南京汽轮电机（集团）有限责任公司正在从煤电、火电领域逐步向天然气等清洁、高效能源领域转型。公司负责人沈群表示，今年增值税税率下调、"六税两费"减征新政都给予了企业实打实的税收优惠，促使企业加大了核心零部件的研发和环保设备的投入。"目前我们生产汽轮机组所消耗的煤炭占比不断减少。"

不同于传统高能耗企业，青海依托得天独厚的资源禀赋，大力发展具有生态、环保、绿色、安全效能的新能源。国家税务总局海南藏族自治州税务局局长扈添顺说，国家关于清洁能源所得税"三免三减半"、增值税即征即退及西部大开发优惠政策的扶持，有效促进了新能源行业的发展，仅海南州新能源在册企业就达60余家。以黄河水电龙羊峡水光互补发电有限公司为例，该公司项目开工投产以来累计抵扣进项税7.59亿元，减免企业所得税3.61亿元。同样受益的还有公共交通领域。今年7月1日起正式实施的《中华人民共和国车辆购置税法》，将城市公交企业购置的公共汽电车辆免征车购税政策写进法条，体现了国家对公共交通发展和民生的高度重视。

新疆库尔勒市公共交通有限责任公司纯电动公交车负责人赵荣军说："车购税法实施

后，公司今年购买的300辆电动公交车能享受减税3000余万元，公司发展信心倍增。”

精准服务守护绿水青山

近年来，各地税务部门积极推动建立健全环境保护征管协作机制，组建申报辅导团队，开设环保税纳税申报专窗和咨询服务专岗，采用集中培训、上门辅导、模拟申报等多种形式，确保纳税服务“无死角”。

对此，厦门特房建设工程集团有限公司财务负责人黄雅丽深有感触。她介绍，公司在建工地项目较多，财务人员对如何申报建筑扬尘环境保护税不太了解。国家税务总局厦门市税务局及时派专人上门指导计算税款和网上申报，帮助该公司顺利申报。

如何让办事速度更快、服务体验更优？国家税务总局湖北省税务局深入企业了解情况，根据问题清单建立数据分析模型，开展“一对一”精准辅导，确保每一户环保税纳税人懂政策、会计算、能申报。

“税务局手把手地教、实打实地帮，引导企业既算经济账又算环境账，帮助大家掌握环保税政策，尽享改革红利。”湖北省麻城石材经济循环产业园建设指挥部副指挥长汪先启介绍说，在税务部门的指导下，该园区在引进一条年处理100万吨尾矿生产线之后，又着手引进了一条200万吨级的生产线，园区企业尾矿处理问题迎刃而解。

资金紧、研发力度不足是很多中小企业在绿色转型发展中面临的难题。安徽善孚新材料科技股份有限公司在企业整体搬迁后，资金十分紧张。税务部门获悉后，结合其纳税信用纪录，不到一周时间就帮助企业申请到“税融通”贷款1000万元。“税务部门的精准辅导，解了我们燃眉之急！”善孚新材料董事长包秀群介绍，黄山市税务部门事前介入、按需服务，鼓励企业引进节能减排专用设备，帮助企业在转型升级的绿色“竞赛”中早起步、跑得快。

国家税务总局有关人士表示，税务部门将继续坚持“绿水青山就是金山银山”的发展理念，履职尽责，主动作为，发挥税收杠杆作用，推动完善绿色税制，支持绿色发展，助力打赢污染防治攻坚战。

（资料来源：《我国已构建涵盖五大环节生态税收体系》，国家税务总局公众号，2019年8月19日。）

二、我国税收分类

每一个税种都有自身的特点，在经济发展中都发挥中不同的作用。从某一个特定的标准去衡量，有些税种又有共同的性质和功能，将特点和功能相同或者相近的税种划分为一类，有助于了解税收，更好地安排企业、个人的各项经济活动。

（一）以课税对象为标准

1. 流转税：增值税、消费税、关税等；
2. 所得税：企业所得税、个人所得税等；
3. 财产税：车船税、契税、房产税；

4. 行为税：印花税、车辆购置税、耕地占用税、城镇土地使用税；
5. 特定目的税：城市维护建设税、教育费附加、地方教育附加；

（二）以税收和价格的组成关系为标准

1. 价内税。价内税是指包含在产品价格内的流转税，例如消费税。价外税是由购买方承担税款，销售方取得的货款包括销售款和税款两部分。价内税有利于国家积累资金，调节产品利润水平，且是缓解价格矛盾的重要工具。

2. 价外税。价外税是指税金作为价格之外附加的税，一般认为价外税比价内税容易转嫁。税款不包含在商品价格内的税，例如增值税。

价外税是由购买方承担税款，销售方取得的货款包括销售款和税款两部分。由于税款等于销售款乘以税率，而这里的销售款等于货款（即含税价格）减去税款，即不含税价格，因此，计算公式为：税款 = 货款/(1 + 税率) × 税率。价外税有利于发挥价格和税收各自的独特作用，便于消费者对价格和税收进行监督，同时也便于企业根据市场情况确定价格。

（三）以计税依据为标准

1. 从价税。从价税是指按照货物的价格为标准征收的税种，其税率表现为货物价格的一定百分比。应纳税额等于货物或者劳务的价格乘以比例税率。从价税额与货物的价格的高低成正比例关系。从价税的征收比较简单，税收负担较为公平。

2. 从量税。从量税是以货物的数量、体积、重量等计量单位为计税标准的一种关税计征方法。其税率表现为定额。从量税额的应纳税额 = 商品的数量 × 每单位从量税。从量税可以避免物价变动对税收的影响，保持税收的稳定性，有助于宏观部门利用税收杠杆调节资源环境和进出口。缺点是在物价上涨时期，税收不能和商品销售额同步增加。

三、我国的征税机关

现阶段，我国税收征收管理机关主要是税务机关和海关（见表 4－1）。

表 4－1　税种及征收机关

征收机关	征收税种
税务机关	（1）国内增值税（2）国内消费税（3）企业所得税（4）个人所得税（5）资源税（6）城市维护建设税（7）房产税（8）印花税（9）城镇土地使用税（10）土地增值税（11）车船税（12）车辆购置税（13）耕地占用税（14）契税（15）烟叶税（16）环境保护税
海关	（1）关税（2）船舶吨税（3）进口环节的增值税和消费税由海关代征

本章小结

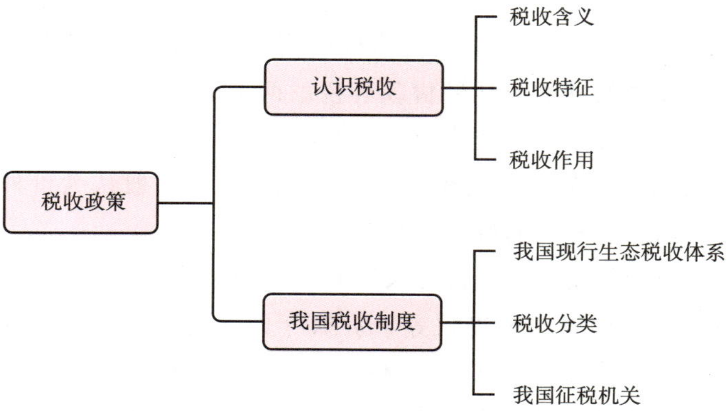

思政小课堂

“明星逃税”之思考

2018年6月初，群众举报范冰冰“阴阳合同”涉税问题后，国家税务总局高度重视，即责成江苏等地税务机关依法开展调查核实。

从调查核实情况看，范冰冰在电影《大轰炸》剧组拍摄过程中实际取得片酬3000万元，其中1000万元已经申报纳税，其余2000万元以拆分合同方式偷逃个人所得税618万元，少缴营业税及附加112万元，合计730万元。此外，还查出范冰冰及其担任法定代表人的企业少缴税款2.48亿元，其中偷逃税款1.34亿元。对于上述违法行为，根据国家税务总局指定管辖，江苏省税务局依据《中华人民共和国税收征管法》第三十二、五十二条的规定，对范冰冰及其担任法定代表人的企业追缴税款2.55亿元，加收滞纳金0.33亿元；依据《中华人民共和国税收征管法》第六十三条的规定，对范冰冰采取拆分合同手段隐瞒真实收入偷逃税款处4倍罚款计2.4亿元，对其利用工作室账户隐匿个人报酬的真实性质偷逃税款处3倍罚款计2.39亿元；对其担任法定代表人的企业少计收入偷逃税款处1倍罚款计94.6万元；依据《中华人民共和国税收征管法》第六十九条和《中华人民共和国税收征管法实施细则》第九十三条的规定，对其担任法定代表人的两户企业未代扣代缴个人所得税和非法提供便利协助少缴税款各处0.5倍罚款，分别计0.51亿元、0.65亿元。

（资料来源：依据税务局网站信息整理。）

【案例思考】

1. 分析案例中范冰冰偷逃的税款有哪些；

2. 分析案例中范冰冰为何没有承担刑事责任；

3. 结合该事件以及税收的相关知识谈谈你对“依法纳税是每个公民应尽的义务”的理解。

单元检测

一、单项选择题

1. 税收的根本特性是（　　）。

A. 强制性　　B. 相关性　　C. 固定性　　D. 无偿性

2. 税收的根本特性是（　　）。

A. 强制性　　B. 相关性　　C. 固定性　　D. 无偿性

3. 税收原生的最基本职能是（　　）。

A. 组织财政收入　　B. 调节经济　　C. 监督经济　　D. 体现国家主权

4. 纳税人的一部分收入转归国家所有，国家既不需接归还给纳税人，也不需要向纳税人支付任何报酬或代价。体现的税收特性是（　　）。

A. 强制性　　B. 无偿性　　C. 固定性　　D. 相关性

5. 下列属于流转税的是（　　）。

A. 消费税　　B. 个人所得税　　C. 房产税　　D. 印花税

6. 国家通过法律形式，预先规定了征税对象、纳税人和征税标准等征纳行为规则，征纳双方都必须遵守，不能随意改变。体现的税收特性是（　　）。

A. 强制性　　B. 无偿性　　C. 固定性　　D. 相关性

7. 下列属于价外税的是（　　）。

A. 消费税　　B. 增值税　　C. 车船税　　D. 环境保护税

8. 按照货物的价格为标准征收，其税率表现为货物价格的一定百分比，该税种属于（　　）。

A. 价内税　　B. 价外税　　C. 从价税　　D. 从量税

9. 我国税收征收管理机关主要是（　　）。

A. 财政部门　　B. 审计部门　　C. 监察机关　　D. 税务机关

10. 下列税种由海关征收的是（　　）。

A. 房产税　　B. 土地增值税　　C. 关税　　D. 环境保护税

二、判断题

1. 税收为国家实现其职能提供财力支持。（　　）

2. 税收收入是财政收入的主要组成部分。（　　）

3. 提高成品油消费税税率，体现了国家通过税收监督经济的职能。（　　）

4. 通过税收的缴纳过程，税务机关可以监纳税人是否依法纳税，同违反税收法令的行为进行斗争。（　　）

5. 纳税是一种义务，也是一种责任。（　　）

6. 依法纳税是关于有收入的企业和个人的一种行为，和未成年人无关，因此，无须对学生进行普法宣传。（　　）

7. 国家向社会提供公共产品、满足社会共同需要。（　　）

8. 数字税与许多公司已经缴纳的企业所得税是相同的含义。（　　）

9. 国家征收的税款需要直接归还给纳税人。（　　）

10. 印花税是一种财产税。（　　）

三、多项选择题

1. 下列属于税收的特征的是（　　）。

A. 强制性　　B. 相关性　　C. 固定性　　D. 无偿性

2. 下列属于税收职能的是（　　）。

A. 组织财政收入　　B. 对市场进行行政干预

C. 监督经济　　D. 调节经济

3. 下列内容体现了税收强制性的是（　　）。

A. 税收不需要向纳税人支付任何报酬或代价

B. 税收征收数量具有有限性

C. 税收借助税法形式来保证税收收入的实现的

D. 对税务违法行为，国家可以依法进行处罚

4. 下列内容体现税收维护国家主权的是（　　）。

A. 一切外国人进入中国境内，必须执行中国的法律，依法纳税

B. 一切外国商品，进入中国国境，必须依我国的税法，由货物的所有者纳税

C. 一切在中国境内产生的收入，都要依法纳税

D. 国与国之间税收关系，要维护我国的国家主权等

5. 流转税主要包括（　　）。

A. 增值税　　B. 消费税　　C. 关税　　D. 房产税

四、实践应用

毕业季，带着税收优惠去创业！

我们今天是桃李芬芳，

明天是社会的栋梁；

我们今天弦歌在一堂，

明天要掀起民族自救的巨浪！

这首著名的毕业歌，鼓舞了千千万万的毕业生投入民族救亡的运动中。现在的毕业生，不再需要抛头颅，洒热血，只要有梦想，有技能，运用自己的知识除了找一份满意的工作，还可以选择创业！

假如你是一名即将走入社会的大学生，准备投身于创业大军，请盘点一下国家为你准备了哪些创业优惠政策。

第二篇

企业需求

第五章　创新与财富

学习目标

【知识目标】

1. 了解熊彼特的创新理论；
2. 掌握创新的特征和类型；
3. 理解创新对经济的驱动作用。

【技能目标】

1. 具备运用理论分析创新经济决策的能力；
2. 具备借鉴优秀创新案例，开展创新活动的能力。

【思政目标】

1. 创新进取，具备打破陈规，勇于创新的勇气；
2. 学习精神，坚持学习，持续创新；
3. 制度自信，理解政府在制度创新方面所做的努力和成果。

【名人名言】

创新决胜未来，改革关乎国运。

——习近平在中国科学院第十九次院士大会上的讲话

第一节　创新经济理论的演进

☞ 引导案例

以色列：让小创意变成走向世界的大智慧

以色列是一个缺水的国家，农业灌溉者观察到，一根水管上有一个洞，水从洞口流出，周边植物竟然加速生长。通过这种观察，灌溉者继续研究发现，这种滴灌技术会提高沙漠谷物生产率。以色列经济和工业部会对此进行资助，让其成为解决缺水难题的重要创新之一。

其实，作为中东的发达国家，以色列的高新技术产业和极强的科技创新与技术转化的做法着实世界闻名。以色列创新署主席阿米·阿贝尔鲍姆在接受中国《科技日报》社记者专访时讲述了这样一个故事。

结合经济与技术，以色列创新署旨在加速创新

“每个国家的政府体系不尽相同。”阿米介绍，以色列为了推动科学研究，除了在经济与技术部设立专门的科技创新署，教育部也有专门负责推进科学、基础研究和大学教育的部门。这些机构拥有独立的经费预算，共同为以色列培训高素质公民和高技能劳动力。

以色列创新署旨在搭建公共部门和私营部门之间的桥梁，通过鼓励技术创新，提高行业生产力和全球竞争力，推动创新生态系统升级和综合经济可持续发展。

阿米继续解释道：“具体来说，创新署有两个目标。一是，为了保证以色列技术始终处于世界领先地位，它需要通过推动科学研究和技术开发来实现；二是，它还要帮助以色列扩大研发规模，对以色列经济和公民日常生活产生更大的影响。”

在以色列，人们希望企业家大胆实现他们心中所想。从政府层面，官员们不会告诉企业家开发具体技术，“因为创新不是自上而下推动产生的。以色列创新署的工作，就是让这些想法变成产品，然后让它们走向世界。”

促进行业快速成长，政府制订支持政策与奖励计划

阿米表示，以色列需要私有企业助推以色列创新发展。私有企业提升了市场自由度，更容易在水质净化，空气控制，精准农业和医疗等具体领域大显身手。当然，作为私营企业，仍然需要经济和工业部予以政府层面的协助。

他举了一个具体案例：某创新型医疗企业开发出适合市场需求的新产品后，经济和工业部批准其作为试点项目，将新产品引入以色列医疗系统，并组织卫生部专家对其进行效果评估，促进新产品快速上市。此举能帮助创新企业在行业内迅速打开局面并获取利润。

阿米解释道：“创新署与政府的其他部门建立了广泛联系，推广这些需要‘一臂之力’的技术，使它们规模化进而实现商业化，提升以色列的经济发展水平和人们的生活质量。与此同时，创新署也在努力将这些优秀产业推向世界各地，在全球范围内产生更大的影响。这就是创新企业需要我们的原因。”

事实上，在以色列，为了推动企业发展和技术产业孵化，政府会根据公司的情况为创新企业提供50%的经费预算，另外50%则需要企业通过资助或募集等途径获取。如果项目取得商业化成功，政府会要求该企业每年返还项目收入的3%—5%。

“此举与风险投资不同，政府资助的经费，不会要求占有公司股权，而且，即便项目失败了，政府也会很宽容失败，不会追究。”阿米认为，以色列政府对创新失败的宽容，在这里有直接的体现。

侧重技术转化和应用，以色列寻求扩大全球影响力

阿米工作经历丰富，横跨科学家、企业家、政府人员等，在他就任创新署主席和首席科学家后，工作重心更多地放在了应用研究及其发展上。他表示：“我希望，我作为科学家的经历，对推动以色列的经济和工业发展有所裨益。”

阿米是材料科学博士，曾在美国贝尔实验室从事研发工作。他回到以色列后，就职于一家美国的半导体设备开发公司。他曾经成功说服这家公司在以色列扩大生产规模，为以色列带去丰厚的经济利益。“现在，我的身份变为政府一员，希望在创新署，完成同样的目标——促使经济和工业部在多方领域进行投资，进而帮助以色列在科技方面保持世界领先地位”。

“我希望，以色列在农业、医疗和环境保护等方面，培育一系列高科技产业，创造更多高附加值的产品，并诞生价值十亿美元以上的多家公司。”现在，阿米有机会在全球范围内，代表以色列政府向世界分享先进的理念和方法，“这是为了世界各国人类的利益。如果我们可以为非洲等地送去更精准的医学教学内容；如果我们有技术为其他地区提供医学援助和医学分析；如果我们有能力将最好的医生送到需要交流先进医学技术的地方，世界都会因此变得更美好。”

以色列被誉为“创新国度”可以说没有丝毫夸张。

在独立71年间，这里发生了令人称奇的变化：滴灌等技术让往日的荒漠变成农业生产基地、城里绿树成荫鲜花盛开；海水淡化技术让来自大海的“水”占据自来水供应的70%；农业害虫生物防治技术减少杀虫剂使用、让食品更加安全……

创新，让人少地小的以色列成为中东地区的农业、科技、经济和军事等领域的强国；与此同时，以色列创新技术已广泛应用于全球多个国家，帮助那里的人们改善生活水平，提高生命质量，维护社会稳定。

（资料来源：余昊原、房琳琳、毛黎：《以色列：让小创意变成走向世界的大智慧》，《科技日报》，2019年12月12日。）

【案例思考】

1. 以色列成为“创新国度”的原因。
2. 分析影响一国创新发展的因素有哪些。

知识讲解

一、熊彼特的创新理论

最早在经济上使用“创新”概念的是熊彼特，他被公认为现代创新理论的奠基者。

（一）熊彼特关于“创新的五种情况”的描述

在《经济发展理论——对于利润、资本、信贷、利息和经济周期的探究》一书中，熊彼特明确指出创新有以下五种情况。

1. 引进一种新的产品，即消费者还不熟悉的产品，或一种产品的某创新特性。
2. 采用一种新的生产方法，即制造部门中尚未通过经验检验的方法，这种新的方法不需要以科学上新的发现为基础，且可以在商业上以一种新的产品的方式存在。

3. 开辟一个新的市场，即这个产品从来未曾进入的市场，不管这个市场以前是否存在。

4. 掠取或控制原材料或半制成品的一种新的供应来源，不管这种供应来源是已经存在的还是首次创造出来的。

5. 实现某种工业的新的组织形式，比如形成一种垄断地位（如“托拉斯化”），或打破一种垄断地位。

熊彼特有关“创新的五种情况”被后人归纳为五种创新，依次为产品创新、技术创新、市场创新、资源配置创新和组织创新，这里的“组织创新”也可以看成部分的制度创新，当然仅仅是初期的狭义的制度创新。

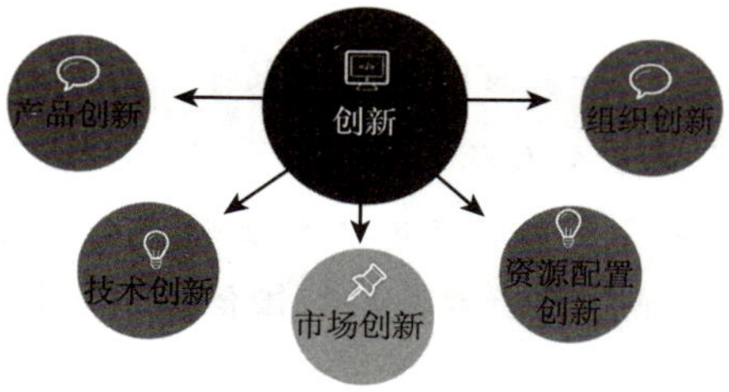

图 5-1 熊彼特的“创新”的五种情况示意图

（二）熊彼特创新理论的主要观点

1. 创新是生产过程中内生的。熊彼特说：“我们所指的‘发展’只是经济生活中并非从外部强加于它的，而是从内部自行发生的变化。”尽管投入的资本和劳动力数量的变化，能够导致经济生活的变化，但这并不是唯一的经济变化；还有另一种经济变化，它是不能用从外部加于数据的影响来说明的，它是从体系内部发生的。这种变化是那么多的重要经济现象的原因，所以，为它建立一种理论似乎是值得的。这种另一种经济变化就是“创新”。

2. 创新是一种“革命性”变化。熊彼特曾做过这样一个形象的比喻：你不管把多大数量的驿路马车或邮车连续相加，也决不能得到一条铁路。“而恰恰就是这种‘革命性’变化的发生，才是我们要涉及的问题，也就是在一种非常狭窄和正式的意义上的经济发展的问题。”这就充分强调创新的突发性和间断性的特点，主张对经济发展进行“动态”性分析研究。

3. 创新是创造性毁灭。熊彼特认为，创新就是不断地从内部革新经济结构，即不断破坏旧的，创造新的结构。一般说来，“新组合并不一定要由控制创新过程所代替的生产或商业过程的同一批人去执行”，即并不是驿路马车的所有者去建筑铁路，而恰恰相反，铁路的建筑意味着对驿路马车的否定。所以，在竞争性的经济生活中，新组合意味着对旧组织通过竞争而加以消灭，尽管消灭的方式不同。如在完全竞争状态下的创新和毁灭往往发生在两个不同的经济实体之间；而随着经济的发展，经济实体的扩大，创新更多地转化为一种经济实体内部的自我更新。

4. 创新必须能够创造出新的价值。熊彼特认为，先有发明，后有创新；发明是新工具或新方法的发现，而创新是新工具或新方法的应用。“只要发明还没有得到实际上的应用，那么在经济上就是不起作用的。”因为新工具或新方法的使用在经济发展中起到作用，最重要的含义就是能够创造出新的价值。把发明与创新割裂开来，有其理论自身的缺陷，但强调创新是新工具或新方法的应用，必须产生出新的经济价值，这对于创新理论的研究具有重要的意义。所以，这个思想为此后诸多研究创新理论的学者所继承。

5. 创新是经济发展的本质规定。熊彼特力图引入创新概念，以便从机制上解释经济发展。他认为，可以把经济区分为“增长”与“发展”两种情况。所谓经济增长，如果是由人口和资本的增长所导致的，并不能称作发展。“因为它没有产生在质上是新的现象，而只有同一种适应过程，像在自然数据中的变化一样。”“我们所意指的发展是一种特殊的现象，同我们在循环流转中或走向均衡的趋势中可能观察到的完全不同。它是流转渠道中的自发的和间断的变化，是对均衡的干扰，它永远在改变和代替以前存在的均衡状态。我们的发展理论，只不过是对这种现象和伴随它的过程的论述。”所以，“我们所说的发展，可以定义为执行新的组合。”这就是说，发展是经济循环流转过程的中断，也就是实现了创新，创新是发展的本质规定。

6. 创新的主体是“企业家”。熊彼特把“新组合”的实现称为“企业”，那么以实现这种“新组合”为职业的人们便是“企业家”。因此，企业家的核心职能不是经营或管理，而是看其是否能够执行这种“新组合”。这个核心职能又把真正的企业家活动与其他活动区别开来。每个企业家只有当其实际上实现了某种“新组合”时才是一个名副其实的企业家。这就使“充当一个企业家并不是一种职业，一般说也不是一种持久的状况，所以企业家并不形成一个从专门意义上讲的社会阶级”。熊彼特对企业家的这种独特的界定，其目的在于突出创新的特殊性，说明创新活动的特殊价值。

▶财经阅读：

创新是价值创造驱动力

经济学家熊彼特认为，企业家的工作是创造性的破坏，创新是企业家精神的核心。经验表明，创新型企业家精神是推动经济高质量发展的关键要素，也是引领改革发展的主要动力。

在中国，一部改革开放史就是一部企业家搏击市场的发展史，也是激发企业家创新精神的生动实践史。一大批企业家大胆探索、锐意改革、不断创新，为积累创造就业岗位、促进经济社会发展做出了重要贡献。

当前，新冠肺炎疫情和国际严峻形势给经济社会发展带来前所未有的冲击。企业家要勇于创新，当创新发展的探索者、组织者、引领者，勇于推动生产组织创新、技术创新、市场创新，重视技术研发和人力资本投入，有效调动员工创造力，努力把企业打造成为强大的创新主体。

只有最大限度释放全社会的创新、创业、创造动能，才能不断增强中国在世界大变局中的影响力、竞争力。为此，要依法保护企业家拓展创新空间，持续推进产品创新、技术创新、商业模式创新、管理创新、制度创新；要优化创新发展的政策环境、市场环境、政务环境和法治环境，为孕育企业家创新精神培植沃土；要营造崇尚创新、鼓励创新、宽容失败、激励干事创业的社会文化氛围。

（资料来源：施祖留：《把握企业家精神五大要点》，《解放日报》，2020 年 8 月 12 日。）

二、创新理论的发展

熊彼特提出创新概念之后，学术界在熊彼特创新理论的基础上开展了进一步的研究，创新理论也随着科技进步和经济发展而逐渐演化。

索洛在 20 世纪 50 年代提出的经济增长模型包含了技术进步的作用。根据他对增长原因测度的结果，促进人均收入增长的主要因素是资本投资和技术进步。在这两者之间技术进步的影响更为显著。根据他的统计分析，美国经济增长大约有 80% 源于技术创新，仅 20% 源于资本积累。这意味着带来更多产出的原因是“技术的进步以及工人技能的提高”。可见技术创新在现代经济增长中的作用十分显著。

最早将创新驱动作为一个发展阶段提出来的是波特，他把经济发展划分为四个阶段：第一阶段是要素驱动阶段，第二阶段是投资驱动阶段，第三阶段是创新驱动阶段，第四阶段是财富驱动阶段。其中，企业具有消化吸收和创新改造先进技术的能力，是一国产业达到创新驱动阶段的关键，也是创新驱动与投资驱动的根本区别。

20 世纪 90 年代，针对发达国家进入知识经济时代的趋势，国际经济合作与发展组织（简称 OECD）发表名为《以知识为基础的经济》的报告，明确提出国家创新体系的概念，不仅区分了知识创新和技术创新，还揭示了两者在国家创新体系中的相互关系。

2016 年 G20 杭州峰会通过的《二十国集团创新增长蓝图》对创新含义有了完整的阐述：创新是指在技术、产品或流程中体现的新的和能创造价值的理念。创新包括推出新的或明显改进的产品、商品或服务，源自创意和技术进步的工艺流程，在商业实践、生产方式或对外关系中采用的新的营销或组织方式。创新涵盖了以科技创新为核心的广泛领域，是推动全球可持续发展的主要动力之一，在诸多领域发挥着重要作用，包括促进经济增长、就业、创业和结构性改革，提高生产力和竞争力，为民众提供更好的服务并应对全球性挑战。

现在，无论是推进经济改革，还是推进经济发展，都要把创新摆在发展全局的核心位置。

▶财经阅读：

北斗 + 农业：让庄稼地有更多“高科技”

随着北斗三号全球卫星导航系统的建成及开通，如何让北斗卫星“天上好用，地上用好”成为各界关心的话题。创新“北斗 +”，结果令人期待。

我国从事海洋渔业的渔船与渔民众多，随着北斗应用的深入发展，在渔业方面北斗可提供渔船出海导航、渔政监管、渔船出入港管理、海洋灾害预警、渔民短报文通信等多种应用。

特别是在没有移动通信信号的海域，北斗系统具有通信导航一体的特点，不仅具有被动定位方式，还有主动定位手段。使用北斗系统短报文功能，渔民能够通过北斗终端向家人报平安，不光能知道“你在哪儿”，还能告诉你“我在哪儿”。

在传统农耕领域，北斗也让庄稼地里有了更多“高科技”。每年春播期间，在黑龙江北大荒农垦集团总公司九三分公司嫩江农场，基于北斗系统的无人驾驶技术，大型农机精准地进行起垄、播种等作业，极大地提高了作业精度和作业效率。

（资料来源：胡喆：《创新“北斗 +”让生活更美好》，新华社，2020 年 8 月 6 日。）

第二节 创新的特征及类型

☞ 引导案例

“创新月饼”给传统文化注入新的生机

中秋佳节临近，一年一度的“月饼大战”再次打响。国潮文创月饼、减糖无油月饼、异形月饼、螺蛳粉月饼……不少商家在创意、健康、造型、口味上下足功夫，试图撕掉传统月饼重油重糖、款式陈旧、口味单一等标签，多元创新以触达“Z 世代”。

图源 三星堆文创工作室

近年来，文创月饼、各互联网企业月饼等在网络社交圈中赚足眼球，说明月饼不仅是单纯的应节食品，其文化属性越来越强，通过创新激活消费欲望，符合年轻消费者自我表达的价值诉求。“创新月饼”打破了传统月饼的固有印象，通过增添多种创意设计，赋予了潮玩元素，给传统文化注入了新的生机，自然会赢得“Z 世代”的青睐。

月有阴晴圆缺，人有悲欢离合。在各大传统节日里，中秋节的文化韵味十分深厚，蕴含着几千年来中国人的离愁别绪，以及人们期盼团圆的浓烈情感。无论人在天涯海角，只要到了中秋节，吃上一块月饼，欣赏天上的圆月，都会产生强烈的思念之情，这就是传统文化的力量。月饼作为中秋节的应节食品，已成为不可或缺的传统文化符号。在市场经济的浪潮推动下，月饼亦走向商品化道路，由传统到潮玩，由单一到多元，这也是市场发展的必然趋势。

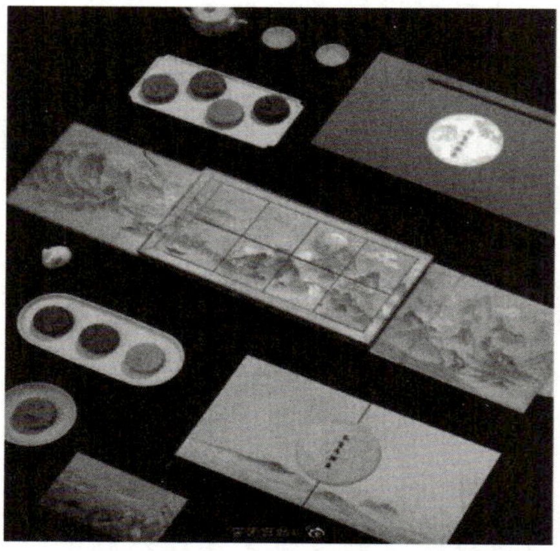

图源 “故宫淘宝”微博

传统月饼流传千年之久，有一批忠实的拥趸。在市场上，传统月饼每年的销量都很大，说明其基础稳固。不过，传统文化需要由一代代来传承，要不断吸引年轻人，来主动接受和传承传统文化，方可延续文化血脉。而传统月饼对年轻人来讲，显得过于落伍，重油重糖、款式陈旧、口味单一等标签，早已不适应“Z 世代”的新潮品味了。

显然，要吸引“Z 世代”消费者，中秋月饼需要改变，重新打造新的标签。如今，各地推出的“创新月饼”大获成功，用料、外形、口味、包装设计等都有了全新的变化，月饼被赋予更多文化价值属性。可见，这样的创新符合时代发展潮流，赋予了月饼更长久的生命力，让年轻人主动接受，愿意去触摸、品读传统文化，进而喜爱传统文化。

“创新月饼”的内核没有改变，创新的是其他外在元素，这就使得传统文化得以凝聚。

时代在变化，传统文化也会不断体现时代内涵。近年来，月饼、汉服等均出现了创新变化的趋势，表明商家没有停滞不前，而是积极拥抱时代变革潮流，主动了解年轻人的消费需求，开发出更适应新时代的品类。

（资料来源：江德斌：《“创新月饼”给传统文化注入新的生机》，《中国旅游报》，2021 年 9 月 8 日。）

【案例思考】

1. 案例中“创新月饼”属于哪种类型的创新？
2. 结合案例分析创新对企业发展的意义。

一、创新的特征

（一）创新的不确定性

创新的不确定性是指当用于创新的资金、技术、人员投入创新过程之后，创新的结果是不确定的。这也是人们常说的创新的风险。创新的不确定性主要体现在两方面：技术不确定性和市场不确定性。

1. 技术不确定性。技术不确定性主要是指能否设计并制造出可以满足市场需要或设计目标要求的产品。从产品原型到规模生产，每一步都是一个相当大的跨越。设计是否优越、制造成本能否达到商业化的要求，进一步改进的潜力如何。有不少产品构思，按其设计的产品无法制造或制造成本太高，这种构思和产品就没有什么商业价值。这些，都体现了技术的不确定性，也决定了技术创新的风险。

2. 市场不确定性。创新的市场不确定性，主要是指市场需求的基本特征不明显，而且对如何将这些特征融入创新过程中不易实现。这可能导致当创新出现时，却找不到明确的市场方向。另外，市场不确定性也有可能是在确定了基本需求特征以后，不能肯定该需求将以何种方式变化，还可能是不知道如何将潜在的需求融入创新产品的设计中去，或者不知道未来如何改进产品以适应用户需求的变化。市场的不确定性还包括：当一种创新产品推向市场时，能否最大程度满足顾客需求。用户是否接受创新产品，用户如何才能更快地接受产品，以及创新如何才能向其他领域扩散等。当存在创新竞争者时，市场的不确定性还指创新企业能否在市场竞争中战胜对手。这主要是指那些重大创新，相对来说，源于市场需要或生产需要的小的创新，其市场不确定性要小得多。

（二）技术创新收益的非独占性

技术创新收益的非独占性体现在，当某人或某企业产生了一个好的创意，将之变成新产品并推向市场后，但他/它很难阻止其他人或其他企业通过各种途径向他/它“学习”且不付费，之后市场上同类产品层出不穷，导致该人或企业的收益大受影响。这种“学习”行为给创新者可能带来一定的伤害，但却没有人向他补偿，这种负溢出效应的存在是很多企业不愿意从事创新活动的原因之一。

▶财经阅读：

以知识产权保护激发创新活力

当前，我国知识产权发展态势稳中有进、质量提升。最新统计数据显示，今年上半年，我国发明专利授权39.3万件。截至6月底，国内拥有有效发明专利的企业达到32.5万家，同比增长20.3%。以发明专利为代表的知识产权，不仅是企业实现更大发展的重要支撑，而且正成为国民经济实现高质量发展的标配。

习近平总书记指出："创新是引领发展的第一动力，保护知识产权就是保护创新。"党的十八大以来，以习近平同志为核心的党中央把知识产权保护工作摆在更加突出的位置，推动我国知识产权事业走出了一条中国特色知识产权发展之路，在激励创新、打造品牌、规范市场秩序、扩大对外开放方面发挥了重要作用。推动高质量发展，满足人民美好生活需要，必须更加注重提升知识产权质量效益，从国家战略高度和进入新发展阶段要求出发，全面加强知识产权保护工作，不断激发全社会创新活力。

一方面，要加速专利转化运用，发挥知识产权提升企业发展能力、培育壮大经济新动能的重要作用。去年年底发布的《2020 年全国专利密集型产业增加值数据公告》显示，2020 年全国专利密集型产业增加值达到 12.13 万亿元，占 GDP 的比重为 11.97%。今年上半年数据显示，全国专利商标质押融资金额为 1626.5 亿元，同比增长 51.5%，惠及企业 9760 家，同比增长 68%。不难发现，知识产权作为发展要素、发展资源的价值日渐凸显。只有继续拓宽专利技术供给渠道、推进专利技术供需对接、促进专利技术转化实施，才能不断激活专利等知识产权的经济价值，为保市场主体、稳经济大盘和持续激发市场活力提供有力保障。

另一方面，围绕发展需要和产业链条，有必要继续厘清知识产权保护重点，细化知识产权保护措施，形成知识产权保护合力。随着数字经济与实体经济深度融合，知识产权侵权违法行为呈现新型化、复杂化、高技术化等特点，增加了知识产权保护的难度。为此，要加强顶层设计，健全行政确权、行政执法、司法保护、仲裁调解、行业自律、公民诚信等环节的衔接机制，做好源头保护、协同保护等工作，为创新活动营造良好的发展环境。只有紧盯经济社会发展需要和市场主体需求，不断完善现有法规制度体系和保护体系，才能确保知识产权保护工作抓牢重点、解好难题。

知识产权保护关键在法治、关键在落实。全国法院受理各类知识产权一审案件从 2013 年的 10.1 万件增长到 2021 年的 57.7 万件，年均增长超过 20%。我国已经成为审理知识产权案件尤其是专利案件最多的国家，也是审理周期最短的国家之一。更加严格的知识产权保护，有力维护了市场秩序。下一步，必须结合新兴领域知识产权保护重点和难点，采取更有针对性的保护举措，加大刑事打击力度和行政执法力度，对群众反映强烈、社会舆论关注、侵权假冒多发的重点领域和区域，重拳出击、整治到底、震慑到位。

知识产权是保护和激励创新的制度基石。当前，以数字经济为代表的新产业新业态新模式加速发展，科技创新在现代化经济体系中扮演着越来越重要的角色，对知识产权保护提出了新的更高要求。相信随着实践探索的不断深入，知识产权作为创新发展的关键要素，将为我国经济社会发展不断注入新动能。

（资料来源：凌锋：《保护知识产权就是保护创新》，《法治日报》，2022 年 3 月 7 日。）

（三）创新的市场性

创新的市场性是指创新不仅停留在技术层面，还要经过市场的检验。但是，并非技术上获得成功的产品，一定可以获得市场上的成功。

创新的市场性关键要点就在于，创新者必须准确把握市场需求及消费者偏好变化的趋势，或者找准市场细分的路径，运用正确的市场营销方式，将产品推送给消费者，这对于企业的经营者来说是个极大的挑战。

（四）创新的系统性

创新的系统性有两层含义，一层含义是指在企业内部，创新不仅是技术部门的事情，而且与公司各个部门都有联系。举例说明，一个生产新能源汽车的企业，其产品创新与研发部门有关，也与生产部门、销售部门、售后服务部门、财务部门、人事部门等有着直接的关系。另一层含义，是指在企业外部，要形成区域甚至国家层面的大系统，这就是所谓的区域创新系统和国家创新系统了。因为企业和个人不可能脱离区域或国家的政策和制度而进行自己的创新活动，区域或国家的产权制度、财政税收、金融信贷等各种激励、导向、限制都与企业创新活动紧密相连。从大的方面来说，技术创新与制度创新一直都是创新发展的两条路径，不能只选择一条路径而忽视另外一条。

二、创新的类型

（一）产品创新与工艺创新

根据创新对象和创新内容，可将创新分为产品创新和工艺创新。产品创新是指在产品技术上所出现的具有新价值的发展和变化，包括新产品的开发和现有产品的改进。例如，涂料生产企业首次推出绿色环保的无机功能性涂料，就是产品创新。工艺创新是指工艺技术上所出现的具有新价值的发展和变化，包括生产工艺流程、加工技术、操作方法、生产技术装备等方面的生产技术的开发和改进。例如，涂料弹涂，就是一种工艺创新。产品创新与工艺创新经常是交替出现的。新产品的推出会使新工艺的开发得以实现。同时，新工艺的开发又会促进新产品的生产。

（二）根本性创新和渐进性创新

根本性创新是指首创的与现有产品和工艺完全不同的创新，这类创新以技术上的重大突破为特征，伴随着一系列的渐进性产品创新和过程创新。

渐进性创新是指对现有技术的改进和完善引起的渐进性、连续性的创新。如手机外观的变化，或者推进一项新的服务计划使用户可以低价通话，都属于渐进性创新。渐进性技术创新在其所依据的技术原理上并没有质的变化和发展。根本性创新对原有技术表现出一种替代性和破坏性，而渐进性创新对原有技术表现出一种继承性和提高性。同样一项技术变革引起的创新，对于有的企业而言是根本性创新，而对于另一些企业而言则是渐进性创新。如柯达公司与索尼公司几乎同时推出数码相机，但它们的创新路径不同。柯达的历史和声誉是建立在其化学感光的专业技术上的，因此转变到数字摄影和录像就要求企业做出重大的方向转变：而索尼从一开始就是一家电子企业，在生产数码相机之前在数字录音和图形技术方面就已经有了坚实基础，因此推出数码相机只是对现有技术能力的拓展。

（三）自主创新、模仿创新和合作创新

从创新战略和创新技术源的角度可将创新分为自主创新、模仿创新和合作创新。自主创新是企业通过自身努力，探索产业技术突破，攻克技术难关，并完成技术的商品化，获取商业利润。模仿创新是企业通过学习模仿率先创新者的创新思路和创新行为，引进或购买率先创新者的技术，进而改进完善产品的性能和质量，获取商业利润。合作创新是指企业间，或企业、高校、科研机构间的联合创新行为，也就是产学研合作。在现代经济中，全球性的技术竞争不断加剧，企业技术创新活动中面对的技术问题越来越复杂，技术的综合性和集群性越来越强，即使是技术实力雄厚的大企业也会面临技术资源短缺的问题，单个企业依靠自身能力取得技术进展越来越难。因此，多个单位进行合作创新，可以充分发挥各自优势，实现资源互补，从而缩短创新周期，降低创新风险，提高创新成功的可能性。借助合作创新，也能把有激烈竞争关系和利益冲突的企业联合起来，使各方都从合作中获得更大的利益。

▶财经阅读：

颠覆性创新

如果把科技创新的过程比作“发现之旅”，那么对于颠覆性创新而言，探寻的就是“奇伟、瑰怪、非常之观”。

与渐进式、累积性创新不同，颠覆性创新需要彻底突破，往往体现为突破常规思维的异想天开、跳出传统模式的另辟蹊径、超越既有领域的开疆拓土。中国历史上的“四大发明”，西方近代的蒸汽机技术和电气技术，都可谓“从 0 到 1”的创新。这样的创新，不仅改变了生产生活模式，甚至加速了人类文明发展进程，其意义和影响都是颠覆性的。

然而，颠覆性创新的“非常规”特性，使其在刚刚出现时难以被理解和认可。新事物从“遭冷遇”到“受热捧”，往往存在一定延迟，而颠覆性创新更是如此。另一方面，创新很多时候九死一生，颠覆性创新作为“创新的顶峰”，成功的概率更是微乎其微。既面临外界的压力，又存在失败的风险，进行颠覆性创新的挑战之大、困难之大，不难想见。总之，要想推动颠覆性创新，就必须培育鼓励创新、宽容失败的良好生态。

（资料节选自：魏寅：《培厚创新的土壤》，《人民日报》，2020 年 8 月 13 日。）

第三节　创新驱动经济发展

☞ 引导案例

共享经济如何才能走得更稳、行得更远？

冬天是共享单车使用的淡季，但共享单车涨价的新闻却引发热议。最近，有用户发现，共享单车的起步价悄然提高到 1.5 元，一次骑行往往要花费 2 元到 3 元。共享单车“不约而同”调整计价规则，让许多用户感慨，“这个价格还不如去坐公交车”。

对于共享单车涨价，许多人是有心理预期的。近年来，外卖行业、网约车出行领域抢占市场的比拼，让人们认识到这样一种市场策略：通过补贴和低价策略吸引用户、培养消费习惯，再通过提价来获取可观利润。共享单车兴起的初衷是解决出行最后一公里的问题，当拥有巨大用户规模的共享单车也加入涨价行列，势必会增加部分用户日常生活的成本。作为共享经济的标杆，共享单车涨价也促使人们思考，共享经济如何才能走得更稳、行得更远？

（资料来源：桂从路：《靠创新力量支撑共享经济更好发展》，《人民日报》，2020 年 1 月 13 日。）

【案例思考】

1. 分析共享经济的作用。
2. 分享如何依靠创新力量支撑共享经济更好发展？

一、创新驱动经济发展方式转变

我国长期依靠物质要素投入推动的经济增长方式，属于由投资带动的要素驱动阶段。这种增长方式不可避免而且正在遇到资源和环境不可持续供给的极限。随着物质资源和低成本劳动力的供给正在接近极限，要求经济发展由要素和投资驱动阶段转向创新驱动阶段。

所谓创新驱动，就是利用知识、技术、企业组织制度和商业模式等创新要素对现有的资本、劳动力、物质资源等有形要素进行新组合，以创新的知识和技术改造物质资本、提高劳动者素质和科学管理。各种物质要素经过新知识和新发明的介入与组合提高了创新能力，就形成内生性增长。

二、创新引领经济新常态

根据习近平总书记的表述，新常态有三个表现，一是速度变化：增长速度要从高速转向中高速，发展方式要从规模速度型转向质量效率型。二是结构优化：经济结构调整要从增量扩能为主转向调整存量、做优增量并举。三是动力转换：发展动力要从主要依靠资源和低成本劳动力等要素投入转向创新驱动。

创新发展对新常态的引领作用在于，依靠创新发展，实现质量效率型中高速增长，创新驱动经济结构优化升级。特别是当前推进的供给侧结构性改革，无论是增加有效供给，还是提高全要素生产率，都要依靠创新。

三、创新促进绿色发展

在现实中，发达国家与发展中国家所处的发展阶段不同。发达国家当年的工业化是在全球资源、环境供给宽松的条件下推进的。现在包括我国在内的发展中国家也进入了工业化阶段，面对的是全球资源严重供给不足，生态和环境压力更为严重。对发展中国家来说，不仅需要继续推进工业化，还要承担保护生态和环境的义务。我国需要利用自然资源的制造业占国内生产总值的一半以上，自然资源出口或者以自然资源为主要原材料的工业品出口占很大比重。长期以来过度依赖粗放式的经济增长模式，经济的快速增长基本上是建立在增加资源投入和环境投入的基础之上的。这种发展状况持续到现在，令土壤、水资源、大气、能源供给等方面的生态压力非常严重。与此同时，我国作为人口大国，城市化所导致的城市中人口拥挤、交通拥堵等现象令城市生态也遭到破坏。这意味着由环境和生态所造成的增长的极限已经到来。

重视资源和环境的承载能力，不仅要求新的项目不能破坏生态，还要求治理因过去发展对生态所造成的破坏。其基本路径是以在产业、技术、消费三个层面的创新来实现绿色发展。

▶**财经阅读：**

创新是从根本上打开增长之锁的钥匙

“创新是从根本上打开增长之锁的钥匙。”例如，新冠肺炎疫情对传统行业造成了很大冲击，但疫情防控期间，智能化浪潮由线上向线下奔涌，5G、大数据、云计算、人工智能等数字技术与传统产业加快融合，孕育着经济发展的新动能。这其中，既有对新的增长模式的探索，也有对新的发展机遇的创造。面向未来，只要我们主动作为、努力求变，勇于创造机遇，善于捕捉机遇，让新事物健康发展，不仅能最大限度化解疫情造成的影响，还能为产业转型升级提供新路径，有力推动经济高质量发展。

（资料节选自：向贤彪：《锐意进取 拥抱创新》，《人民日报》，2020 年 8 月 19 日。）

本章小结

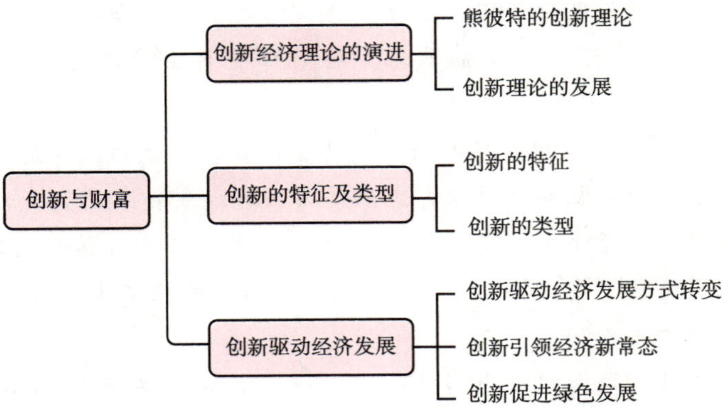

思政小课堂

供给侧结构性改革对经济学的创新性贡献

党的十九届四中全会审议通过的《中共中央关于坚持和完善中国特色社会主义制度、推进国家治理体系和治理能力现代化若干重大问题的决定》（以下简称《决定》）强调，坚持以供给侧结构性改革为主线，加快建设现代化经济体系。当前，稳定经济增长的重点是解决结构问题，解决结构问题必须从供给侧发力，从供给侧解决结构问题要坚持用改革的办法。供给侧结构性改革不仅是推动中国经济高质量发展的方案，也是推动全球经济高质量发展的方案，对经济学理论的发展具有原创性贡献。

稳定经济增长的重点是解决结构问题

一个国家要稳定经济增长，前提是供求总量与供求结构都要保持均衡。然而，以往大多数经济学家只关注总量均衡却忽视了结构均衡。

法国经济学家萨伊在 1803 年出版的《政治经济学概论》中首次提出了供给自动创造需求的原理，即萨伊定律，其论证逻辑是：人们卖出自己的商品，目的是为了购买别人的商品，既然大家都为买而卖，有供给就一定会有需求，供求可以自动均衡。显然，萨伊所说的供求均衡，指的是总量均衡。

20 世纪 30 年代，西方世界发生了经济大萧条，普遍的生产过剩和失业令萨伊定律不攻自破。1936 年凯恩斯出版《就业、利息和货币通论》（简称《通论》），提出国家应该干预经济，用扩张性财政政策刺激投资与消费，掀起了一场凯恩斯革命。凯恩斯虽全盘否定萨伊定律，但他所关注的同样也是总量均衡。

《通论》一度被西方国家奉为国策。可惜好景不长，20 世纪 70 年代西方国家先后陷入“滞胀”，于是人们又纷纷批评凯恩斯开错了药方，以拉弗为代表的供给学派受到了关注。供给学派提出政府应重点减税而不是增加公共支出，这一主张与凯恩斯并无实质性不同，两者皆主张刺激投资，区别在于前者主张扩大私人投资，后者主张增加公共投资。

从萨伊到凯恩斯再到供给学派，关注的都是总量均衡。在他们看来，市场均衡的关键在总量而非结构。

与以往经济学家的看法明显不同，习近平总书记提出的供给侧结构性改革，强调关注和解决结构性问题。这一论断既坚持了马克思的社会再生产理论，又创新了市场均衡理论。

马克思在《资本论》中曾对市场均衡作过严密论证，得出的结论是：总量均衡并不代表结构均衡。马克思指出，社会总资本再生产要顺利进行，条件是要同时实现价值补偿与实物补偿。价值补偿指总量平衡，实物补偿指结构平衡。若只有总量均衡没有结构均衡，最终仍会导致供求总量的失衡。20 世纪 30 年代西方国家的经济大萧条虽然表现为总量失衡，深层原因却是结构失衡。

何谓总量均衡与结构均衡？举个例子：假定一定时期总供给为 1000 万元，总需求也是 1000 万元，此时供求总量（价值补偿）是平衡的；但从实物补偿看，假定市场供给 1000 吨钢材、2500 吨粮食，而市场需要的却是 800 吨钢材、3000 吨粮食，于是钢材过剩 200 吨，粮食却短缺 500 吨，供求结构并不平衡。

如果结构失衡不解决，社会再生产便无法进行，长此以往总量也会失衡。在市场经济条件下，总量均衡是由无数个局部均衡加总起来的均衡，一个经济体内部市场要出清，前提是人们想卖的商品都能卖得出，而想买的商品也都能买得到，否则就会导致两种结果：库存增加或者需求外溢。无论出现哪种结果，总量都会失衡。一旦结构失衡造成了总量失衡，若不解决结构问题，刺激需求只会适得其反。凯恩斯当年主张政府通过增加赤字刺激投资，目的是实现总量均衡，然而这种办法只在短期管用，长期却是饮鸩止渴。道理很简单，如果某种产品库存增加，说明生产已经过剩，此时应减少生产才对，但在政府刺激政策下企业会继续生产，这对结构失衡无异于雪上加霜。供给学派提出的全面减税也解决不了结构性问题，1981 年里根入主白宫，起手就按供给学派的主张削减政府开支，全面调减个人所得税和公司利润税，此举虽一度带动了美国经济的复苏，但并未解决结构性问题，所以里根执政后期又迫不得已开始加税。

解决结构问题应从供给侧发力

《通论》出版之前，经济学家一直是重视供给管理的。19 世纪初萨伊提出供给自动创造需求，着力点明显在供给侧。1890 年马歇尔出版《经济学原理》，将供给与需求结合起来研究局部均衡，重点也不在需求侧。凯恩斯为何要将市场均衡的重点从供给侧转向需求侧呢？笔者认为有以下两个原因：其一，1929—1933 年西方国家发生经济大萧条，萨伊定律无能为力，为救资本主义于水火，凯恩斯另起炉灶创立了需求管理理论，在短期内产生了刺激增长和增加就业的效果；其二，供给难以调控，需求则易于调控，因而需求管理政策更容易被政府采纳。理论上讲，生产出现过剩时，要恢复供求均衡，既可减少供给，也可增加需求。可在凯恩斯看来，减少供给就得限制生产，进而增加失业，扩大需求不仅可以增加就业，而且政府用扩张性政策刺激需求易于操作。

凯恩斯理论后来导致西方经济陷入了滞胀。究其原因，是因为时代的变化动摇了凯恩斯理论的根基。凯恩斯认为，一个国家出现生产过剩是因为有效需求不足，他用边际消费倾向递减、预期资本边际收益递减、流动性偏好三大心理规律对有效需求不足作了论证。笔者认为，在凯恩斯所处的时代，他的分析没有错，但随着经济和科技的发展，上述三大规律已有两个不成立。

先看边际消费倾向递减规律。凯恩斯认为，由于人们的消费增长赶不上收入增长，随着新增消费在新增收入中的比例下降，人们会增加储蓄，消费需求会不足。可事实上，近30年消费信贷悄然兴起，储蓄率不升反降。1940—1980年，美国居民储蓄率保持在7%—11%；2001年降至-0.2%；2005年又降至-2.7%。

再看流动性偏好。凯恩斯认为，人们通常有持有现金的偏好，因此银行利率不能太低；由于投资的边际收益递减，当投资收益率低于银行利率时，企业便不会贷款投资，导致投资需求下降。然而现在，信用卡结算和移动支付风靡全球，用现金支付的行为锐减，人们持有现金的偏好已大大改变。

凯恩斯的追随者曾对其理论作过修正，但最终皆于事无补。凯恩斯本人提出：从居民与企业两部门看，供给侧国民收入=储蓄+消费；需求侧国民收入=投资+消费，只要将储蓄转化为投资，总供求便可实现平衡。有学者对此提出质疑：假若生产已经过剩，将储蓄转化为投资，生产岂不是更加过剩。凯恩斯追随者解释说，若将两部门扩展为政府、企业、居民三部门，便可通过扩大政府采购消化过剩供给。此解释并不正确：政府扩大采购需增加收入，政府增加收入无非是加税或发债；无论加税还是发债，都势必挤占企业投资；政府投资增加而企业投资减少，社会总需求未必会增加。凯恩斯追随者又解释说，可通过扩大出口转移过剩供给。这一解释也不成立：一国出口是为了进口，并以此分享国际分工收益，若只出口不进口，不仅不能分享国际分工收益，还会引起贸易摩擦；若进出口保持平衡，则不可能转移过剩供给。

可见，从需求侧不可能解决结构性矛盾。

习近平总书记指出，当前我国"结构性问题最突出，矛盾的主要方面在供给侧"。就是说，我国虽然也存在内需不足问题，但主要矛盾是结构性矛盾，结构性矛盾必须从供给侧发力才能解决。从经济学角度看，改善供给也是扩大需求：改善供给结构可以更好满足需求；改进供给服务可以引导内需；创造新的供给可以派生出新的需求。

一个国家的经济发展，根本上要靠供给侧来推动。一次次科技和产业革命，带来一次次生产力的提升，并不断创造新的供给能力。社会化大生产的突出特点，就是供给侧一旦实现了成功的颠覆性创新，市场就会以波澜壮阔的交易进行回应。比如，过去人们出行坐马车，今天可以坐火车、飞机；30年前人们对手机并无需求，自从"大哥大"出现以来，新的需求和产业链不断被创造出来，现在智能手机用户已越来越多。这都是在供给侧推动经济发展的案例。

从供给侧解决结构性矛盾要用改革的办法

我国经济面临的突出问题是结构性矛盾，那么，应该怎样调结构？结构调整的过程其实也是资源配置的过程。亚当·斯密曾说配置资源有两只手，即看得见的政府有形之手与看不见的市场无形之手。调结构应选哪只手？或者说调结构应由政府主导还是市场主导？我国推动供给侧结构性改革，强调要用改革的办法调结构。用“改革的办法”，当然不是用传统计划经济的办法，而是要由市场主导调结构。

调结构为何要由市场主导？政府主导调结构要有三个前提：第一，政府要事先知道未来怎样的结构是好结构；第二，政府人员要比企业家更懂市场；第三，行政调节要比市场调节更有效率。在真实世界里，以上三个前提很难成立。企业家也没有未卜先知的本领，也不可能知道未来怎样的结构是好结构，但企业家能根据市场价格的变化随时调整投资，这样所生产的产品才能更大限度地符合市场需求，由此形成的供给结构当然是好的结构。可见，所谓企业家调结构，实质是市场价格引导企业家调结构。

由市场主导调结构，并不是说政府可以置身事外。相反，政府要更好地发挥作用。政府的作用主要有三方面：一是明确界定产权并依法保护产权，营造公平竞争的市场环境；二是进一步放宽价格管制，推动形成供求决定价格的市场机制；三是打破市场壁垒与行业准入限制，让生产要素充分流动。

（资料来源：王东京：《供给侧结构性改革对经济学的创新性贡献》，《光明日报》，2019 年 12 月 3 日。）

【思考】

1. 结合案例资料分析我国供给侧结构性改革，属于哪种创新？
2. 概括供给侧结构性改革如何驱动经济发展。

单元检测

一、单项选择题

1. （　　）是企业通过自身努力和探索产业技术突破，攻克技术难关，并完成技术的商品化，获取商业利润。

A. 自主创新　　B. 模仿创新　　C. 根本性创新　　D. 渐进性创新

2. 创新市场性的关键要点就在于（　　）。

A. 必须是首创的与现有产品和工艺完全不同的创新

B. 创新者必须准确把握市场需求及消费者偏好变化的趋势

C. 研发成本低

D. 销售利润高

3. 引进一种新的产品，即消费者还不熟悉的产品，或一种产品的某创新特性，属于（　　）。

A. 产品创新　　B. 技术创新　　C. 市场创新　　D. 组织创新

4. 掠取或控制原材料或半制成品的一种新的供应来源，不管这种供应来源是已经存在的还是首次创造出来的，属于（　　）。

A. 技术创新　　B. 资源配置创新　　C. 市场创新　　D. 组织创新

5. (　　) 是指开辟一个新的市场，即这个产品从来未曾进入的市场，不管这个市场以前是否存在。

A. 组织创新　　B. 资源配置创新　　C. 市场创新　　D. 技术创新

6. 技术创新包括产品创新和 (　　)。

A. 组织创新　　B. 金融创新　　C. 工艺创新　　D. 技术创新

7. 电视外观形状的变化，属于 (　　)。

A. 组织创新　　B. 根本性创新　　C. 工艺创新　　D. 渐进性创新

8. (　　) 不可避免会遇到资源和环境不可持续供给的极限。

A. 要素驱动阶段　　B. 投资驱动阶段　　C. 创新驱动阶段　　D. 财富驱动阶段

9. 根据习近平总书记的表述，新常态有三个表现，分别是速度变化、(　　)、动力转换。

A. 制度创新　　B. 稳定增长　　C. 效率提升　　D. 结构优化

10. 创新是一种 "革命性" 变化，强调创新的 (　　) 和间断性的特点。

A. 突发性　　B. 持续性　　C. 跳跃性　　D. 艰苦性

二、判断题

1. 熊彼特认为创新需要外力驱动。(　　)

2. 最早将创新驱动作为一个发展阶段提出来的是索洛。(　　)

3. 创新的不确定性是指用于创新的资金、技术、人员投入等是不确定的，但创新的结果是确定的。(　　)

4. 组织创新是指实现某种工业的新的组织形式，比如形成一种垄断地位 (如 "托拉斯化")，或打破一种垄断地位。(　　)

5. 创新是新工具或新方法的发现，而发明是新工具或新方法的应用。(　　)

6. 由人口和资本的增长所导致的经济增长，称作发展。(　　)

7. 熊彼特认为企业家的核心职能是管理。(　　)

8. 企业具有消化吸收和创新改造先进技术的能力是创新驱动与投资驱动的根本区别。(　　)

9. 技术的不确定性就决定着技术创新的收益。(　　)

10. 创新市场性的关键点在于，创新者必须准确把握市场需求及消费者偏好变化的趋势。(　　)

三、多项选择题

1. 熊彼特提出的五种创新情况，包括 (　　)。

A. 产品创新　　B. 技术创新　　C. 市场创新　　D. 文案创新

2. 创新的特征是 (　　)。

A. 创新的不确定性　　B. 创新收益的独占性

C. 创新的市场性　　D. 创新的系统性

3. 波特，他把经济发展划分为四个阶段，分别是：(　　)。

A. 要素驱动阶段　　B. 投资驱动阶段　　C. 创新驱动阶段　　D. 财富驱动阶段

E. 技术驱动阶段　　F. 政策驱动阶段

4. 创新的不确定性主要体现在两方面 (　　)。

A. 技术不确定性　　B. 创意不确定性　　C. 工艺不确定性　　D. 市场不确定性

5. 从创新战略和创新技术源的角度可将创新分为 (　　)。

A. 自主创新　　B. 模仿创新　　C. 合作创新　　D. 学习创新

四、实践应用

选择一个你认可的企业创新或项目创新案例，完成一个分享演说策划。

1. 分析创新案例的特征；

2. 完成创新案例分享演说策划书。

第六章　商业道德与企业社会责任

学习目标

【知识目标】

1. 学习商业道德的含义；
2. 掌握企业社会责任的含义、内容；
3. 了解儒商精神。

【技能目标】

1. 分析商业道德与市场经济的关系；
2. 理解企业社会责任的四个层次的区别；
3. 理解儒商精神的主要内涵。

【思政目标】

1. 遵纪守法，恪守商业道德；
2. 合作共赢，履行社会责任；
3. 爱国敬业，弘扬儒商精神；
4. 诚信经营，遵循市场经济规则。

【名人名言】

想赢两三个回合，赢三年五年，有点智商就行；要想一辈子赢，没有德商绝对不行。

——牛根生（蒙牛乳业集团创始人）

第一节　商业道德

引导案例

公　　告

某白酒交易所股份有限公司近期的某品牌酒营销行为，对该品牌形象造成了严重不良影响。我公司根据《某品牌酒（特约）经销合同》约定，决定取消其控股子公司某电子商务有限责任公司的本品牌酒经销权并解除经销合同。

××酒销售有限公司

2020 年 3 月 27 日

（资料来源：《公告》，某集团官网，2020 年 3 月 27 日，china－moutai. com。）

【案例思考】

1. 某白酒交易所为什么被某品牌白酒解约？
2. 某白酒交易所在疫情期间的行为遭质疑的原因是什么？

知识讲解

一、商业道德的含义

商业道德又叫商业伦理或企业伦理，属于职业道德领域。西方伦理学家多认为，商业伦理是商品交换的基本准则或行为规范。

伦理学（ethics）是亚里士多德在公元前 4 世纪提出的，此后，伦理就成了与道德品行有关的概念。

美国学者劳拉·纳什将商业道德定义为：“研究如何将个人道德规范运用到商业企业的行为和目标之中。它不是单一的道德标准，而是研究企业如何影响代表企业的个人针对特定问题的立场。”

对于商业伦理在学校的教育可行性问题，有多种看法。第一类看法是，有学者认为，伦理问题属于人的内在价值层面，学校无法传授。第二类看法是，虽然伦理不能教育或传授，但却可以通过分析的方式，让学生掌握其中的规则。第三类看法是，学校可以通过讲授，加强学生的商业道德教育。

1915 年，哈佛商学院首次开设商业伦理课，哈佛商学院给 CEO 们上的第一课，不是讲经营技巧，而是讲商业伦理。目前，美国主流社会树立了“道德能传授，也应该被传授”的理念。

二、社会主义商业道德的境界

社会主义商业伦理学主要依据人民在利益关系上的倾向和态度，把商业道德境界分为以下四种：

（一）自私自利的境界

处于这一种道德境界的商人，一切以是否有利于自己的私利为转移，他们处处唯利是图、损害别人，为达到个人目的不惜一切代价。这类商人秉承“人不为己，天诛地灭”的道德法则，进行利益争夺，力图将他人、社会的利益都据为己有。当然，这类商人有时也会做出一些对他人、社会有益的事，但这些事是建立在对他们个人有利的基础上，凡事先考虑自身，是这类商人的共性。

▶财经阅读：

（1）某公司月饼事件，百度文库

https：//wenku. baidu. com/view/eee3bf7bf424ccbff121dd36a32d7375a517c688. html

（2）某品牌奶制品污染事件，百度百科

https：//baike. baidu. com/item/% E4% B8% AD% E5% 9B% BD% E5% A5% B6% E5% 88% B6% E5% 93% 81% E6% B1% A1% E6% 9F% 93% E4% BA% 8B% E4% BB% B6/86604？ fr = aladdin

（二）合法追求个人正当利益的境界

处于这一道德境界的商人，在当前社会主义初级阶段具有普遍性。这类商人以追求个人正当利益为目的，同时也不违反国家法律和商业法规。他们不损害他人，不对抗社会，恪尽职守，勤奋工作，积极进取，尊重他人的利益，但这类商人还没有达到同时兼具个人利益和集体利益、社会利益的程度。

▶财经阅读：

“子贡赎人”和“子路受牛”的故事，个人图书馆

http：//www. 360doc. com/content/16/0621/06/33790378_569419971. shtml

（三）先公后私先人后己的境界

处于这一道德境界的商人，把集体利益、社会利益放在第一位，把自身利益置于第二位，凡事先考虑他人、集体、社会、国家利益，在追逐利益的过程中，将个人正当利益的追求包含于先人后己、先公后私的境界中。当个人利益与集体利益、社会利益、国家利益发生冲突时，这类商人会放弃个人利益，尽全力去维护集体利益、社会利益、国家利益不受损害。

▶财经阅读：

某电商企业首批捐赠物资已送抵河南救灾现场，该企业库房灾难期间掌握自主捐献物资权限，《人民资讯》，2021 年 7 月 21 日。

https：//baijiahao. baidu. com/s？ id = 1705868128197050418&wfr = spider&for = pc

（四）大公无私的境界

这一道德境界是从先人后己、先公后私的境界发展而来，是社会主义商业道德的最高境界。处于这一道德境界的商人，个人利益已完全融入集体利益、社会利益、国家利益之

中，一切行为都以集体利益、社会利益、国家利益为重。在社会主义初级阶段，这一境界并不是多数人能达到的。随着经济的不断发展，社会物质文明和精神文明的不断提升，这一境界的范围和内容也将随之改变。

三、商业道德和市场经济

市场经济与商业道德密不可分。市场经济应是建立在商业道德基础上的法制经济，所有经济活动都离不开商业道德的支撑。2020 年 5 月 11 日，中共中央、国务院印发的《关于新时代加快完善社会主义市场经济体制的意见》（以下简称《意见》），对新时代在更高起点、更高层次、更高目标上推进经济体制改革、构建高水平的社会主义市场经济体制做出全面部署。其中，商业道德中的信用制度建设是一项重要内容。

商业道德与市场经济的关系主要表现在以下三个方面：

（一）商业道德是市场经济的客观要求

商业道德是市场经济运行机制的重要组成部分，如果商业道德缺失，那么市场机制就不可能顺利运行。但是，在市场经济活动中，作为商人，在经营过程中，会在各种可能的状况下寻求最佳方案，以获取最大利益。如果在此过程中遵循商业道德能够实现利益最大化，他们就会选择遵守商业道德；反之他们可能会选择违反商业道德规范。

当前，随着市场经济的发展，市场化程度不断提高，市场规模不断扩大，市场机制正逐步成为整个国民经济运行的基础性机制，在此情形下，商业道德成为维系各个市场主体间经济关系的重要纽带。在经济全球化的今天，如果商业主体不重视商业道德，冒险投机，极有可能引发全国甚至世界性的经济危机，从而带来灾难性的后果，因此，商业道德建设已成为一项非常重要而紧迫的任务。

（二）商业道德是市场经济运行的基础

现代市场经济是一种法制化的经济，市场法制化就是把市场经济中的各种经济主体利益关系和行为准则用法律形式固定下来，使市场运行和管理规范化和制度化，这是市场主体行为的平等性和竞争性的内在要求。同时，现代市场经济又都是以相应的道德意识、道德习惯和价值观念为前提的。这种观念形态规范着人们的行为和价值取向，对保证市场运作起着十分重要的作用。因此，建立良好的商业道德是健全市场经济运行的重要保障。

在经商过程中，不同商业主体之间的经济往来行为存在一种契约关系，如果哪一方不按照契约行事，那就是违背契约，将会受到社会舆论的谴责，同时也会受到法律制裁。从整个社会层面来看，大力弘扬商业道德，反映了一个社会的道德水平。

（三）市场经济对商业道德的影响

1. 市场经济强化了商业经营者的主体地位和独立性。由于市场经济竞争机制的引入，经营者拥有生产资料支配权与使用权，同时具有管理自主权，各种制约和运行层次明显减少，在此情况下，企业的适应能力及应变能力大大加强，企业经济责任制也由此逐步确立。

2. 市场经济促使商业经营者以义统利，提升商业道德水平。随着市场经济的快速发展，一方面要求企业加强经营管理，创新营销策略，提升服务质量和水平，追求企业效益的利益最大化，使企业得以奠定雄厚的经济基础，助推企业进一步发展扩大，提高市场占有率。另一方面，企业在逐利的过程中还要注意塑造企业形象，强化商业道德，营造优良企业形象，这是企业赢利的根基。

3. 市场经济推动商业经营者与时俱进，更新观念，勇于探索，按照市场需求组织生产经营，树立企业经营目标，注重挖掘企业员工的潜能，发挥他们的聪明才智与创造力，树立"顾客至上、质量第一、信誉为本"的理念。

四、商业道德和企业竞争力

（一）企业竞争力

竞争一词最早出自《庄子·齐物论》："夫道未始有封，言未始有常，为是而有畛也。请言其畛：有左，有右，有伦，有义，有分，有辩，有竞，有争，此之谓八德。"这里的竞争指的是学术派别或政治派别之间的辩论，还不是一般意义上的竞争。一般意义上的竞争，是指人类在利益方面的斗争。

在现代市场经济条件下，企业是自主经营、自负盈亏的生产者与经营者，具有相对独立的经济利益，在此情况下，不同企业之间为了吸引客户、维护自身利益而展开了不同形式的竞争。

所谓企业竞争力，即在竞争性市场条件下，企业通过培育自身资源和能力，获取外部资源，并综合加以利用，在为顾客创造价值的基础上，实现自身价值的综合性能力。一般而言，不同企业之间的竞争主要围绕市场、人才、信息、物资等方面展开。

（二）商业道德在企业竞争中的必要性

1. 企业竞争注重商业道德是市场经济的必然要求。市场经济一方面具有法律约束性，另一个方面又具有道德约束性。市场经济倡导公平竞争，任何参与竞争的主体，都应一视同仁，竞争者处于同一起跑线，通过市场的公平竞争，优胜劣汰。在平等竞争机制中，竞争性越强，越需要竞争规则的和谐有序。市场经济的竞争原则，加强了对非法竞争或不正当竞争的约束和制约，也为建立公平的道德规范提供了有力的保障。

随着市场经济的不断完善，商业道德对企业发展的影响也随之加强。企业经营者应把商业道德提高到一个新高度，将其融入企业竞争之中，明确商业道德是塑造企业形象、提升企业素质的重要基础。

2. 企业竞争注重商业道德是社会、企业发展的要求。企业在竞争过程中，只有坚持商业道德，才能获得持久发展和竞争优势。首先，企业竞争使参与竞争的各方相互制约、相互依存，通过有序竞争，企业能保持活力，没有竞争的企业将不可避免地停滞，乃至破产。其次，在企业内部强化竞争意识，有利于形成良好的工作风气，员工的战斗力也会逐渐增强，形成一股合力，使企业在竞争活动中居于优势。最后，在竞争过程中遵循商业道德，有助于为企业营造积极的外部形象，从而赢得更多客户，助推企业成功。

从长远发展看，无序和不正当竞争则会扰乱社会经济秩序，使社会陷入混乱状态，影响整个社会的道德风气，进而阻碍社会进步。

思政小课堂

“某电商公司被罚 182.28 亿”之思考

2015 年以来，某电商集团为阻碍其他竞争性平台发展，维持、巩固自身市场地位，获取竞争优势，实施“二选一”垄断行为，限定商家只能与其进行交易。

2020 年 12 月 24 日，针对市场举报情况，国家市场监管总局调查组执法人员进驻该集团开展调查。

2021 年 4 月 10 日，市场监管总局依法对该集团作出行政处罚，责令其停止违法行为，并处以其 2019 年销售额 4% 计 182.28 亿元罚款。

（资料来源：段九惠：《重大突发！某电商集团被罚 182.28 亿，祸起实施“二选一”垄断行为！刚刚，最新回应：诚恳接受》，《券商中国》，2021 年 4 月 10 日。https://baijiahao.baidu.com/s?id=1696617276036207577&wfr=spider&for=pc。）

【思考】

1. 从商业道德境界角度简介你对该集团涉嫌垄断案件的认识。
2. 假如你以后从事微商行业，如何处理商业道德与市场经济的关系？

第二节　企业社会责任

☞ 引导案例

抗击疫情　共克时艰

自全国打响防疫攻坚战以来，隔离衣、防护衣、口罩一直是各地紧缺的重要防控物资。

某企业本来是生产西服的。为积极响应国家应对疫情防治要求，缓解部分医疗器械产品的供给紧缺压力，在 2020 年新冠肺炎疫情期间，将西服生产线“秒改”为防护服生产线。2月1日晚间，企业决定停工西服的生产，连夜争分夺秒，开始协调生产线的改造，统筹面料的采购，紧急调动员工。同时，还要兼顾各种体温检测、环境监控等防护工作。2月3日下午5点多，首套防护服成功下线，仅仅用了两天时间，2月10日日产已超过3万件。2月5日企业运动装公司迅速成立隔离衣、口罩生产项目指挥部，并得到药监局专家现场指导，制定相关标准，项目组火速筹备，仅用2天时间将运动装生产线改成隔离衣生产线，并在取得项目获批后开始投产，隔离衣日产1万件，月产30万件。

疫情期间，口罩作为疫情防控的重要物资，需求大、消耗大，导致各大口罩厂生产供不应求。但口罩生产关键受制于生产设备，项目组迅速在国内寻找口罩生产设备。厂家以最快速度向企业提供了生产设备。从立项到买设备、安装调试、配料生产，虽然前后只花了4天时间，但企业严格按照日常防护型口罩技术规范GB/T32610－2016生产，确保每只口罩都符合行业要求。2月11日，企业首批10万只日常防护型口罩顺利下线。这是继企业日夜突击转产防护服、隔离衣后，再为助力打赢疫情防控攻坚战做出的又一贡献。

而且，据了解，企业并不是第一次临危受命。早在17年前，企业就曾将服装生产线改造为医用口罩生产线，组织900名工人加班加点突击生产，日产量20多万只。

（资料来源：抗击疫情 共克时艰。）

【案例思考】

疫情期间，这家企业的做法给我们哪些启示？

知识讲解

企业社会责任问题的提出源于全球企业社会责任运动。“企业社会责任运动”（Corporate Social Responsibility）（又称“企业伦理运动”），是当代西方国家的一种企业哲学伦理学，主要代表人物有美国D. J. 投资公司总裁大卫·施沃伦博士，迈克·雷，约翰·勒内舍，杰·康杰，马修·福克斯和马丽·斯考特等，其中不少是企业家。企业社会责任运动的倡导者不满传统企业不顾一切地追逐利润的短视做法，试图使企业的决策与雇员及他们的家庭、客户、环境和雇主的健康发展保持和谐。

一、企业社会责任的含义

企业社会责任（Corporate social responsibility，CSR）是指企业在商业运作过程中对利益相关者应负的责任。这里的利益相关者，包括所有可能被企业的决策和行动影响的个体或群体，包括股东、员工、消费者、供应商、合作伙伴、社区团体、环境等。

企业社会责任的概念是基于商业运作必须符合可持续发展的想法，企业除了考虑自身盈利和经营状况外，也要考虑企业行为对社会和自然环境所造成的影响。通俗地说，企业社会责任要求企业必须超越把利润作为唯一目标的传统理念，强调在商业运作过程中对人的价值的关注，要求企业在创造利润、对股东和员工承担法律责任的同时，还要承担对消费者、社区、环境等利益相关方的责任。

二、企业社会责任的内容

企业社会责任的内容非常广泛，企业在追求经济效益的同时，应该承担对政府、股东、员工、消费者、环境、社区等方面的责任。具体而言，主要包括以下内容：

（一）企业对政府的责任

企业对政府的责任，主要是指企业要扮演好社会公民的角色，自觉遵守政府有关法律、法规，合法经营、照章纳税，承担政府规定的其他责任和义务，并接受政府的监督和依法干预。

（二）企业对股东的责任

企业对股东的责任，主要包括两个方面：一是企业应该严格遵守法律法规，对股东的资金安全和收益负责，创造利润，力争给股东以丰厚的投资回报；二是企业有责任向股东提供真实、可靠的经营和投资方面的信息。

（三）企业对员工的责任

企业对员工的责任，主要包括三个方面：一是保障员工的生命安全与健康，这是企业尊重和保障人权的首要责任；二是关注员工的地位、待遇，重视员工的幸福感；三是要培养培养员工的“就业能力”，减少员工失业等。

（四）企业对消费者的责任

企业对消费者的责任，主要包括三个方面：一是提供物美价廉、安全、舒适、耐用的商品和服务，满足消费者的物质和精神需求；二是对提供的产品质量和服务质量承担责任，不得欺诈消费者和牟取暴利，履行质量承诺，在产品质量和服务质量方面自觉接受政府和公众的监督。

（五）企业对环境的责任

企业对环境的责任，主要包括两个方面：一是输出导向的环境保护：限制有害垃圾；二是输入导向的环境保护：合理使用资源，减少自然资源的消耗，提高资源利用率。

（六）企业对社区的责任

企业对社区的责任主要包括三个方面：一是为社区提供就业机会；二是通过适当的方

式把利润中的一部分回报给所在社区，比如为社区的公益事业提供慈善捐助等；三是发挥企业优势，解决社区问题，为社区提供多方面的服务等。

三、企业社会责任的层次

企业社会责任金字塔（Pyramid of Corporate Social Responsibility）由阿奇·卡罗尔 1991 年提出，他把企业社会责任看作一个结构成分，关系到企业与社会关系的四个不同层面，即“企业社会责任包含了在特定时期内，社会对经济组织经济上的、法律上的、伦理上的和慈善上的期望”。

（一）经济责任

经济责任（Economic responsibilities）是指企业要尽可能扩大销售，降低成本，正确决策，保证利益；直白地讲，就是盈利。米尔顿·弗里德曼有一个很经典的阐述“企业唯一的且仅有的社会责任，就是在遵守社会基本原则的同时，尽可能地赚更多的钱。”这里说的就是企业的经济责任。企业的经济责任是企业的责任底线，如果一个企业、一个组织无法为社会创造利润，那么无论它的愿景多么伟大，理想多么崇高，失败都已经是注定的事。对于企业而言，经济责任是最基本也是最重要的社会责任，但并不是唯一责任。

（二）法律责任

法律责任（Legal responsibilities）作为社会的一个组成部分，社会赋予并支持企业承担生产性任务、为社会提供产品和服务的权力，同时也要求企业在法律框架内实现经济目标。因此，企业要遵守法律的、社会的、行业的各种准则和条款，包括环境保护法、消费者权益法和劳动保护法；完成所有的合同义务，带头诚信经营，合法经营，承兑保修允诺；带动企业的雇员、企业所在的社区等共同遵纪守法，共建法治社会。违背了这些条款，企业就没有履行他的法律责任，就会受到处罚或者谴责。

（三）伦理责任

伦理责任（Ethical responsibilities）虽然社会的经济和法律责任中都隐含着一定的伦理规范，公众社会仍期企业遵循那些尚未成为法律的社会公众的伦理规范。相比于法律责任，伦理责任是更高层次的要求，企业并没有义务一定要履行，但是根据企业的规模和社会影响力的不同，伦理层面的要求也会转化为社会大众的普遍压力，迫使企业去履行相应义务。

（四）企业自愿执行的责任

企业自愿执行的责任（Discretionary responsibilities），也有学者翻译为自决责任或慈善责任。社会通常还对企业寄予了一些没有或无法明确表达的期望，是否承担或应承担什么样的责任完全由个人或企业自行判断和选择，这是一类完全自愿的行为。相比于前三个责任，自决责任是企业社会责任的最高体现，这种责任并非社会公众的明确期望，是由企业自行判断或者确定是否承担的社会责任，比如：支援社区教育、支持健康、人文关怀、文化与艺术、城市建设等项目的发展，帮助社区改善公共环境，自愿为社区工作等。

从企业考虑的先后次序及重要性而言，卡罗尔认为这是金字塔形结构，经济责任是基础也占最大比例，法律的、伦理的以及慈善的责任依次向上递减（见图6－1）。

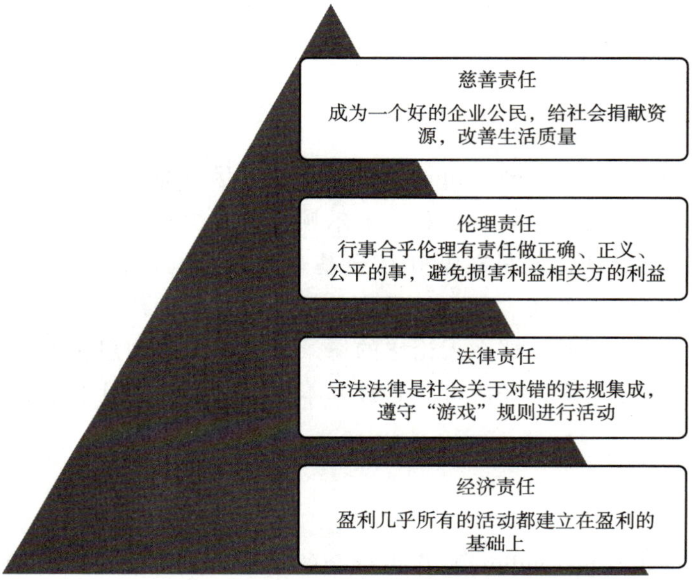

图6－1　企业社会责任层次

什么样的企业才算是有社会责任呢？这取决于企业所处的行业、所处的阶段、企业的规模等等因素。对于一家初创企业，能够合法生存下去，能够合法纳税、给员工发工资，那就是一个有社会责任的企业。对于一家行业巨头，需要引领和推动行业更好的发展，因此需要履行更高的社会责任。

▶原理应用：

原理应用1：产业创新·效率提升

产业创新主要是科学技术的优化升级所带来的产业进步的表现，实现效率方面的提升。如某企业每日超亿次的路径规划，减少城市本身拥堵时间20%—40%；某企业的公路货运人工智能调度系统，平均找货时间从2.27天降低为0.38天，实现了降本增效经济效益和节能减排社会效益的双丰收；某企业建模机器人，使原本需1—2个月的建模缩至1天内自动建模等，这些企业都是通过科技创新完成的效率提升。

原理应用 2：社会公益·形形色色

提到社会公益，最容易让人联想到的词应该是捐赠，而与常见的捐赠形式不同，部分企业公益活动更多依托企业自身的优势，更好地发挥作用。例如，某企业公益开展多年的“大地美容”活动，深入社区拾取绿地和路边垃圾，回收可重复利用的废物，美化社区环境，相比以往捐助馈赠的形式，公益做得更贴近百姓，使公益行动更加落地且高效；再如某企业依靠本身企业属性，2017 年在北上广深等 180 多个城市里发起公益骑行“爱的抱抱”骑行接力，关爱重症儿童等公益活动，让更多的人参与公益接力。

原理应用 3：企业履行社会责任的新形式——精准扶贫

精准扶贫不仅是国家政策的号召，也成为企业履行企业社会责任的新形式。俗话说，授人以鱼不如授人以渔，帮助贫困地区提升自身“造血”能力成为最普遍的扶贫方式，如某企业除了地区扶贫外，在用工、金融、创业、产业四大方面都开展了不同的扶贫方式；某企业帮助沽源县、康保县发展符合区域特色畜牧业、种植业业务；某企业帮扶多家企业就业签约，发挥就业“蓄水池”和社会“稳定器”的作用；某企业与友成扶贫基金启动乡村火种计划，为扶贫对象提供小额低息贷款；某企业采购甘肃靖远县 10 万斤大枣，帮助农户解决滞销问题，等等。

第三节 儒商精神

☞ 引导案例

自古以来，人们对商人的看法多限于赚钱、敛财。“羊群逐草，商人趋利”，就是对商人最好的写照。历代读书之人，仕途之士对商人多有睥睨。而我国著名民族旗袍品牌“瑞蚨祥”老板孟洛川却呈现了一个崭新的商人形象——虽身在商界，身上却处处闪烁着圣贤之光，把孔孟儒家思想贯通于商业活动之中，给后人留下了宝贵的儒商之道。

孟洛川作为儒家亚圣孟子的后代，并没有恪守祖训“重农轻商”的教导，他深受儒家和为贵、仁爱、礼教等道德规范的影响，清楚只有靠诚信才能创出自己的牌子。他给自己定下了经商的原则，那就是：以礼待客，才能以名得利；以德盛金，方能雄踞天下。

孟洛川执掌企业大权长达 70 多年，期间，他对内部各层人员的管理都是严格有序、铁面无私的。他要求店员，规规矩矩做人，诚诚恳恳相待。一旦发现有违背店规的，一律从严处置。为此，店员们给他起了个外号：孟四阎王。

在济南商埠的瑞蚨祥老店，一进门就有专为顾客设立的茶座，顾客可以在这里休息、聊天，还享用着免费的茶水。在价格不稳定的时候，如果当天有顾客以 8 分一尺的价格买回了绸布，第二天又回来买同样的布，但此时价格已涨到了 8 分 5，那么瑞蚨祥宁肯赔本，仍按 8 分的价格卖给这位顾客，让顾客满意。

瑞蚨祥天津绸布店建于 1905 年，虽然历经百年沧桑，但在主店门面上，仍有“童叟无欺，货真价实”八个大字。

八国联军侵略中国时，一把大火让瑞蚨祥店内的所有账目化为灰烬。但是，孟洛川却向顾客做出惊人承诺：凡瑞蚨祥所欠客户的款项一律奉还；凡客户所欠瑞蚨祥的钱物一笔勾销。这一举措在当时引起了巨大震动并被传为佳话，正是这种信誉使瑞蚨祥在短短一年内就重新崛起。

（资料来源：“孟洛川——东方巨贾，一代儒商”，https：//www. sohu. com/a/118492394_488237。）

【案例思考】

1. 孟洛川非常看重哪一点品质？
2. 瑞蚨祥在遭遇战乱后重新崛起的原因是什么？

知识讲解

一、儒商的含义

（一）对儒、商的理解

1. 儒。儒最早是在奴隶主贵族中掌管道德教化、音乐礼仪的官员。后来，这些人在社会变化中也逐渐分化，流落到民间，有为诸侯执掌礼仪的，成为君子儒，也有的是替人办理丧葬礼仪的，这就是小人儒。这些人熟悉诗书礼乐，性格温和，但是，由于这种职业地位低微，收入也少，既没有固定的财产和收入，做事时还要仰人鼻息。所以形成比较柔弱的性格，这就是儒的本意，即柔。

孔子出现以后，儒就成了孔门弟子的专称，由孔子创立的学说，称为儒学。后来人们对儒的理解，一般指有文化有道德的知识分子。儒属于文化领域。

2. 商。商指商务，包含实业活动，属于经贸领域。春秋时期著名政治家、军事家、经济学家管子，也就是管仲，写过一本《管子》，里面有这样一句话：“士农工商四民者，国之石民也。”① 可见，商业在中国也是一个极为古老的行业，春秋时期就已经出现。

（二）什么是儒商

儒商作为一种社会经济文化现象，在春秋、战国之际就已出现，如孔子的弟子子贡，就是一个典型的儒商。

所谓“儒商”，绝不是“儒”与“商”的简单叠加，不是用儒家思想“指导”经商，也不是商人机械地按照儒家思想规范职业行为，“儒商”有其特定的指代，经过长期的积淀，其精神内涵已约定俗成，形成了大致稳定的群体特征，特指传统商人中具有儒家气质、认同并实践儒家价值的那部分人。

---

① 《管子·小匡》。

二、儒商代表人物简介

（一）子贡

旧时，中国商人常常在自己的店铺内悬挂八个大字：陶朱事业，端木生涯。其中，陶朱指的是春秋时期的范蠡，端木指的是端木赐，也就是子贡。子贡是孔子的优秀弟子，比孔子小 31 岁，卫国人，出身于商人家庭，20 余岁继承祖业开始经商，被誉为儒商鼻祖。

子贡能言善辩，非常有才。一次，子贡问孔子："我是怎样的人呢？"孔子说：你是器皿。子贡说：什么器皿？孔子说：宗庙里盛黍稷的瑚琏。（子贡问曰："赐也何如？"子曰："女，器也。"曰："何器也？"曰："瑚琏也。"①）

在这里，孔子把子贡比作"瑚琏之器"，比喻人特别有才能，可以担当大任。

尽管有才，子贡却很谦虚，一次，孔子问子贡："你和颜回哪一个强些？"子贡回答说："我怎么敢和颜回相比呢？颜回听说一件事就可以类推出十件事，我听说一件事不过类推出两件事罢了。"孔子说："是不如他，我赞同你的观点，是不如他啊！"

子贡非常尊敬老师。孔子死后，弟子们自发为老师守孝三年，三年过后所有弟子都渐渐离去，只有子贡守着茅庐一直为老师守灵，风餐露宿，坚持了六年。他还在老师墓旁种下了一棵树，后来这棵树在明代枯死，现仅存树桩。

当然，子贡非常有名的才华是经商，《论语》中记载孔子说子贡做生意，经常能准确地猜测行情。西汉史学家司马迁在《史记》中也写过子贡致富的原因，就是根据市场行情的变化，贱买贵卖从中获利，以成巨富。从这些评价中我们可以看出子贡的经商才华。

子曰："回也其庶乎，屡空。赐不受命而货殖焉，亿则屡中。"② 子贡好废举，与时转货资……家累千金。③

（二）乔致庸

乔致庸（1818—1907），山西祁县人，著名晋商，人称"亮财主"，清朝末年山西晋商的代表人物。在家族生意生死存亡的关键时刻，弃文从商接手生意。在他的不断努力下，生意日渐兴隆，至清末，乔氏家族已经在中国各地有票号、钱庄、当铺、粮店 200 多处，资产达到数千万两白银。

乔致庸一生嗜好读书，案头常常摆着《大学》《中庸》《史记》等书，每天按时起居，按时读书，数十年如一日，许多书要数十次上百次地阅读，对书中好的段落还要用红笔勾

---

① 《论语·公冶长》。

② 《论语·先进》。

③ 司马迁《史记·仲尼弟子列传》。

画出来。

在经商方面，乔致庸讲究诚信，他的经商原则是：人弃我取，薄利广销，维护信誉，不弄虚伪。正因如此，乔家产业得以大规模扩张，建立了很多商号，乔致庸也迅速成长为山西最富有的商人。

（三）胡雪岩

胡雪岩（1823—1885），出生于安徽徽州绩溪，13 岁起便移居浙江杭州。中国近代著名红顶商人，政治家，徽商代表人物，被称为“江南药王”。

胡雪岩在杭州创办了胡庆余堂，与北京的同仁堂享有同样的声誉。胡庆余堂里面的招牌、匾额很多，“真不二价”是其中之一。“真不二价”倒过来读就是“价二不真”，指同一件商品，如果其价格不尽相同，质量也就值得怀疑。这一牌匾主要强调药品的质优价实。

在胡庆余堂里，有一块牌匾朝里悬挂，一般人难以发现，那就是面向耕心草堂悬挂的“戒欺”横匾，这两个大字是胡雪岩亲自所写，是他对胡庆余堂经营者的谆谆告诫，即质优价实，童叟无欺。这也是胡庆余堂称雄制药界的原因所在。

胡庆余堂门楼上还保留着胡雪岩所立“是乃仁术”四个大字，它表达了胡庆余堂创办药业是为了济世、广济于人。这四个字出自《孟子·梁惠王上》。“医者是仁术”，反映了难能可贵的诚实守信和治病救人的仁义。数百年来胡庆余堂一直铭记这一祖训。

（四）陈嘉庚

陈嘉庚（1874—1961），爱国华侨领袖、企业家、教育家、慈善家、社会活动家，福建省同安县集美社（今福建厦门集美区）人。

1913 年，陈嘉庚回家乡集美先后创办了集美小学、集美中学、师范、水产、航海、商科、农林等校（统称集美学校）和厦门大学。1949 年，他应毛泽东主席的邀请回国参加政协筹备会。曾任中国人民政治协商会议全国委员会副主席、全国人民代表大会常务委员会委员、中华全国归国华侨联合会主席等职，被毛泽东称誉为“华侨旗帜、民族光辉”。

陈嘉庚倾巨资办学，但他本人却生活朴素。后人用“忠公、诚毅、勤俭、创新”八个字来概括陈嘉庚留下的精神财富，并命名为“嘉庚精神”。这种精神非常突出的特点有三：第一，爱国主义精神；第二，崇尚教育的精神；第三，严格自律的精神。

（资料来源：“习近平总书记给厦门市集美校友总会回信”，中国共产党新闻网，2014 年 10 月 22 日，http：//cpc. people. com. cn/n/2014/1022/c64094 - 25886092. html？ from = singlemessage。）

（五）曾宪梓

曾宪梓（1934—2019），广东梅州人，1961 年毕业于中山大学生物系。香港金利来集团有限公司创办人、董事局原主席，被誉为“领带大王”。

曾宪梓身世坎坷，上到小学就因家里贫困无法继续了，是国家供应他上完了中学及大学，所以他牢记国家对他的恩情，终其一生都在回报。他的创业是从做领带开始，人们说他是用一把剪刀闯出了金利来王国，同时也用一把剪刀闯到了香港。他将自己创业挣来的第一桶金奉献给家乡父老，捐资办学，为党和政府分忧解难，圆了更多孩子的读书梦。曾宪梓从他1978年第一次为家乡捐资助学开始，捐资支持国家教育、航天、体育、科技、医疗与社会公益事业，捐资逾1400项次，累计金额超过12亿港元。他还积极为祖国的改革开放、统一大业多方奔走、献计献策，为祖国的建设发展做出了突出贡献，不愧为伟大的爱国者、慈善家。

三、儒商精神的主要内涵

儒商精神主要包含以下几点内容：

（一）注重修身

以儒学为核心的中国哲学是一种深具现实关怀意识与担当感的人生哲学，提倡自强不息、刚健进取的精神。“天行健，君子以自强不息；地势坤，君子以厚德载物。”企业经营者也应该具备这种胸襟开阔、自强不息、顽强拼搏、不怕吃苦、不轻言放弃的品性，只有这样，才能带领员工克服工作过程中的各种困难，不断向前。同时，儒家思想倡导“仁、义、礼、智、信”的道德规范，注重修身，倡导按规则行事，加强学习，最终实现企业目标。

（二）以义统利

在企业经营活动中，追逐利润是每家企业的根本目的。儒家学派并不反对谋利，但前提是谋取恪守道德的正当利益，对于那些不义之财，孔子说：“不义而富且贵，于我如浮云。”①可见，儒家强调以义为重、先义后利，这里的“利”指属于个人的私利，所提倡的“义”指的是整体的公利，即一种大义。孟子在此基础上，提出“舍生取义”的观点，更加突出了义。新形势下的商业活动形式多样，线上线下皆有，当企业经营者面临义与利的矛盾冲突时，应克制个人的私利和物欲，不能见小利而忘大义，唯利是图，只有这样，才能实现企业家的价值理想和人生追求。

▶财经阅读：

张帮俊，乔致庸“掺假”，百度文库

https：//wenku. baidu. com/view/ce0db10c4493daef5ef7ba0d4a7302768f996ff7. html？ fr = income1 – wk _ app_search_ctr – search

---

① 《论语·述而》。

（三）诚信经营

中国自古以来就非常重视诚信。孔子曰："人而无信，不知其可也。"[①] 在他看来，一个人如果不具备"信"的品质，那么就很难在社会上立足。《中庸》第二十五章指出："君子诚之以贵"，指一个人要想成为君子，诚信是最重要的品质。荀子说："君子养心，莫善于诚"，[②] 认为君子如果要培养自己的品德，居于首位的就是诚。东汉思想家王充说过："精诚所至，金石为开。"[③] 唐代的魏征也强调："君子所保，惟在于诚信"。[④] 上述言论都说明了诚信的重要。

诚信的思想也深刻影响着商业领域，市场经济要求重诚守信、为商以德。作为企业经营者，守信是一个很重要的品质。

在企业与客户开展交易的过程中，普遍存在着信息不对称现象。企业拥有更多的有关产品质量、特性等方面的信息，顾客对产品各方面的特性则较难把我。在此情形下，客户是否敢购买企业的产品，很大程度上取决于社会公众对企业所形成的既有口碑，企业的口碑越好，客户就越容易选择其产品。由此可见，建立在诚信基础上的社会资本能减少交易费用，提高交易效率。

▶财经阅读：

每日诚信故事：用诚信演绎发展"传奇"

https：//baijiahao. baidu. com/s? id = 1655845031729138996&wfr = spider&for = pc

（四）经世济民

儒商不仅是运用儒家文化从事经营管理的企业家，同时也是怀抱经世济民理想的企业家或商人。"经邦济世，强国富民"是历代中国有志向、有作为的爱国知识分子的思想境界，充分体现了在经济发展过程中要有厚生、惠民的人文主义思想。"经世济民"是以探求经济运行规律和市场规律为己任的经营管理者不懈追求的目标，促使企业家将个人的知识、能力、智慧奉献给社会，为百姓谋福利，推动社会的繁荣进步。

▶财经阅读：

张謇作为企业家丰富、领先的精神文化世界，江海明珠网，2020 年 7 月 31 日

https：//www. ntjoy. com/html/renwennantong/2020/0731/211469. shtml

---

① 《论语·为政》。

② 《荀子·修身》。

③ 《论衡·感虚篇》。

④ 《贞观政要·论诚信》。

四、传承儒商精神的必要性

当前，高职院校应注重儒商精神的传承，这一举措具有历史必然性，主要体现在以下几个方面。

（一）社会经济形势的需要

改革开放后，企业价值观也受到冲击，出现了许多因利益驱动所造成的义利矛盾，功利主义与利己主义在一些企业经营活动中盛行，乃至引发阴阳合同、偷税漏税、假冒伪劣商品、虚假广告、转基因产品、公司老板携款跑路、校园套路贷等现象，这些现象都背离了诚信、仁爱等儒商精神，给当今社会带来了严重的不良后果，直接影响到教育环境，甚至影响到经济发展和社会稳定。可见，传承优秀传统文化，弘扬中华智慧，加强道德文化教化，弘扬民族精神时不我待。

（二）职业院校育人任务的需要

作为高等教育不能缺少的半壁江山，职业院校肩负着培养并输送生产、建设、管理、服务一线高素质技术应用型人才的重任，在此基础上，坚持"立德树人和文化育人"，践行"三全育人"理念，培养新时代满足社会需求的社会主义建设者和接班人。因此，在确保人才培养的正确政治方向的基础上，职业院校应坚持儒商精神的传承与创新，实施立德树人、文化育人，培养德才兼备，具有文化自觉和文化自信、实践能力扎实的创新型人才。

（三）企业发展的需要

由于新冠肺炎疫情的发生，不少企业都不同程度地受到了冲击，经济形势严峻。基于这一背景，企业更应传承儒商注重修身的精神，在员工中弘扬敬业务实、自强不息、慎言笃行的工作作风。只有这样，企业员工才能在日常烦琐重复的工作中埋头苦干、实干巧干、干出新意、不轻言放弃、勇往直前，为企业的发展谋求新思路、探寻新空间。

思政小课堂

儒商曾宪梓的爱国情怀

2019 年 9 月 20 日下午，原全国人大常委、香港金利来集团创办人曾宪梓因病去世，享年 85 岁。

相比商业成就而言，曾宪梓更为人所知，更令人敬仰的，也是他对国家至死不渝的赤诚和贡献。正如金利来集团发出的讣告所形容，他是一位伟大的爱国者。

谈到自己的童年、少年和青年，曾宪梓都会哭。别人是长大的，他是苦大的。

曾宪梓1934年2月2日生于广东梅州扶大镇珊全村，到他4岁时，父亲就去世了，他也开始了“每天稀饭都吃不到”，“有难关，自己过”，“你瞧不起我，我做给你看”的苦成长。幸运的是，母亲有难得的远见。她咬紧牙关，磕着响头把曾宪梓和哥哥送进了全村唯一的小学，避免了他们成为文盲的命运。但只念完小学，母亲就实在无法供孩子们上学了。16岁的哥哥去了泰国，11岁的曾宪梓则放牛砍柴，翻地种田。“有难关，都是自己过”。

几年的小学，给曾宪梓的不只是知识，也包括志气。靠着国家给的每月3块钱的助学金，曾宪梓从梅县重点中学——东山中学开始，一直读到中山大学生物系毕业。

在东山中学，曾宪梓含着泪学会了唱《没有共产党就没有新中国》，也在同学们的嘲讽中咬着牙“夸下一个海口”：将来要给学校捐一座更漂亮、更高级的大楼。

1961年，曾宪梓被分配到广州农业科学院生物化学研究所工作。

就在他努力工作，立志报效国家时，人生轨迹却被改变：已去泰国的哥哥，因与叔父就父亲当年在泰国的遗产发生了争执，要他前往助阵。曾宪梓舍不得走，但却不得不走。

解决完争产的问题，国内形势巨变。想要回国的曾宪梓获悉，国暂时是回不去了。他只能往返于香港和泰国之间，做一些小买卖。1968年春节前，一心想要回国的曾宪梓回到香港。他原计划找好房子后再与家人团聚，但房子还没着落，已不想在泰国多留一日的母亲和妻儿也跟随到了香港。

走投无路之际，叔父辗转汇来一万港元。靠着这笔钱，春节还没过，曾宪梓就已找到一个60平方米、既可住、又可做工的房子，办起了一个名叫金狮领带公司的小作坊。多年后，他还清楚地记得：开工时，手中已只有6000港元：房租花了1000多港元；感谢姑姑当年的收留花了2000港元；购置生活和开工必需品花费近1000港元。“这6000港元可以花多久呢？一天生活50港元，一个月就1500港元。4个月吧。”

必须马不停蹄地工作，才能让一家人活下去。别无选择，他只能拼了。那期间，曾宪梓的汗水洒遍香港每个角落，马路上的地摊小贩，也都咬牙舍本请人吃饭，拜托他们帮忙代销。

而另一边，已是六口之家的家庭，每天的菜钱只有1港元。轮到他买菜，还要更节省：“只买8角钱的，觉得不能一下子将这1元钱全部用完。”勤俭，这也是从负债开始创业的曾宪梓，很重要的一个创业经验。

当时，法国、意大利等外国名牌领带霸占着香港主流市场，几百家本地服饰服装厂，生产的领带却只能在街边店铺售卖。

已经给自己的领带取名为“金狮”的曾宪梓觉得这里面有机会：生产高质、高价、高档的领带，把香港的领带市场从洋人手里夺过来。

第一步是到大百货公司买回最流行、最高档的四款国外名牌领带，将其拆到不能拆，对其内外用料、剪裁、缝合、图案、颜色、商标进行深入的解剖式研究。

第二步是把这些拆得七零八落的外国领带，按照原有的缝合方式恢复原状。一遍又一遍地剪裁、一遍又一遍地缝合，直到掌握这些技术。

第三步是自行生产。

初战告捷，曾宪梓决定打入更多百货公司，但其他公司一听是香港货，直接拒之门外："不是名牌，卖不出价钱。"

不平之下，曾宪梓决定自己做一个名牌出来！旅行中，曾宪梓想出了新名字"金利来"。再过几个月，香港主流市场的门，也被他打开了。这个过程，也是他在回忆自己的创业故事时，尤其自豪的一段经历。

一轮轮强势猛攻下，质量可靠、品牌也足够响亮的"金利来"领带，走进香港各大百货公司，生意滔滔不绝。香港，迅速成了金利来领带的世界。

1973 年，香港遭遇经济萧条的冲击，百货公司纷纷限额购货，很多以百货公司为渠道的工厂或公司受此牵连，经营不济，甚至关门破产。危机之下，曾宪梓的生意却逆势上扬。他逼自己想了一个办法——一个可以载入商业史的新办法、大办法。

曾宪梓找到百货公司："你借个领带架子给我，借个台子给我，我自己供货，自己找人来卖。卖好了，我七你三，卖不好，我兜底。"

老板们觉得这种不拿本钱备货，不出人力，还能保证一定效益的方法十分可行。曾宪梓就一个公司、一个柜台的攻城略地。

专柜模式让曾宪梓化解了危机，也开启了金利来更快速的规模化成长。至 20 世纪 80 年代初，金利来已由单一的领带迅速扩展至皮具、男士配饰，并将业务拓展到中国内地及东南亚。

1992 年 6 月，金利来在香港上市。此后，金利来迅速火遍神州大地，"金利来，男人的世界"，成为一代人共同的记忆。

曾宪梓说，离开内地时，他曾回头望着海关楼上的五星红旗暗地发誓："一定要努力创造财富，将来有机会，在不同社会环境里，用不同的方式来回报祖国。"

1978 年，内地可以回了。曾宪梓第一时间回到家乡，兑现他在东山中学、港英桥头的誓言。

虽然资金并不宽裕，他依然毫不犹豫给母校东山中学，捐赠了大量教育设备设施，以及崭新的教学楼，还送给当地政府两部汽车。

乡亲们依然极其落后与贫穷的景象，深深刺痛了曾宪梓的心。回到香港后，他给自己立下一个规定，无论多发达，都要坚持省吃俭用，节约出每一分钱，每年为家乡解决一些难题。

于是，500 万港元、1000 万港元、3000 万港元、5000 万港元……一笔一笔在当时堪称巨资的捐款地被他送到家乡，送到整个内地。

1992 年，捐资 1 亿港元设立曾宪梓教育基金；2003 年中国首次载人航天飞行成功，捐资 1 亿港元设立曾宪梓载人航天基金；2008 年捐资 1 亿港元成立"曾宪梓体育基金"……

2012 年、2016 年夏季奥运会结束后，两度追加 1 亿港元捐给体育基金，最终单是为体育基金就捐资 3 亿港元。

2018 年 11 月，即便家族生意早已不同往昔，家乡梅州市梅县宪梓中学成立 25 周年之际，又再捐赠2000万港元……

同时，他也是“水立方”的大额捐赠人。

从20世纪70年代末开始，捐资支持国家教育、航天、体育、科技、医疗与社会公益事业，历年捐资逾1400项次，累计金额超过12亿港元。

“只要生意不破产，只要曾宪梓还活着，我对祖国的回报，就一天也不中断。”

与之对应的是，他每天的生活开支长期不超过30元的抠门和节俭，后来物价上涨实在太厉害，才上调改成50元。

“去了香港几十年，我还没有到过夜总会，还没有到过舞厅，还没有到过卡拉OK。我不喝酒、不赌博、不抽烟，没有这些嗜好。我只有艰苦努力地创造财富，因为我要回报祖国，我的终生理想就是终生要报效祖国。”

但捐款，只是曾宪梓报效祖国的一部分。

20世纪80年代开始，曾宪梓的主要精力都用在了社会公共服务之上。

他先后担任香港事务顾问、香港基本法咨询委员会委员、香港特别行政区筹委会委员、香港特别行政区筹委会预备工作委员会委员、香港特别行政区政府推选委员会委员等职务，为香港回归和回归后的发展奉献至今。

他还做了10年广东省政协委员，7年广东省政协常委，后来又是第八、九、十届全国人大常委，也是香港回归后多年唯一一位全国人大常委。

此外，曾宪梓还身兼中华全国工商业联合会名誉副主席、中华海外联谊会名誉副会长、香港中华总商会永远荣誉会长、香港客属总会荣誉主席、北京大学工商管理学院教授、北京师范大学名誉教授、中国人民大学名誉副董事长等职。

在这几十年的时间里，曾宪梓不仅是企业家，而是一面爱国爱港的旗帜，一位伟大的爱国者。

“不论谁损害我们国家，伤害香港，我都不会允许的，据理力争。”

香港回归祖国的第二天，刚刚成立的香港特别行政区政府授予曾宪梓特区政府最高荣誉：大紫荆勋章。授勋当天，他组织了一个1000多人的宴会。在会场挂着五星红旗，他特意让人准备了一张唱片，整个晚上一直播着歌唱共产党的歌曲。

他还第一个站起来唱歌，唱的就是《没有共产党就没有新中国》。

曾宪梓说，只有中国共产党，才能够有这个力量，团结中国人，建设富强的国家。他到哪里都这样讲，到哪里都把共产党歌唱。

“我唱歌唱到加拿大，唱到欧洲，《没有共产党就没有新中国》。党在我心目中的地位是至高无上的。因为我是共产党栽培成长的一个穷苦人。”

【思考】

1. 试分析一下曾宪梓先生所具有的儒商精神。

2. 你对这篇材料的哪部分内容印象深刻？试说明原因。

（资料来源：“金利来集团创办人曾宪梓逝世，其爱国情怀相比商业成就更令人敬仰”，http://finance.sina.com.cn/stock/relnews/hk/2020-06-08/doc-iircuyvi7432740.shtml。）

本章小结

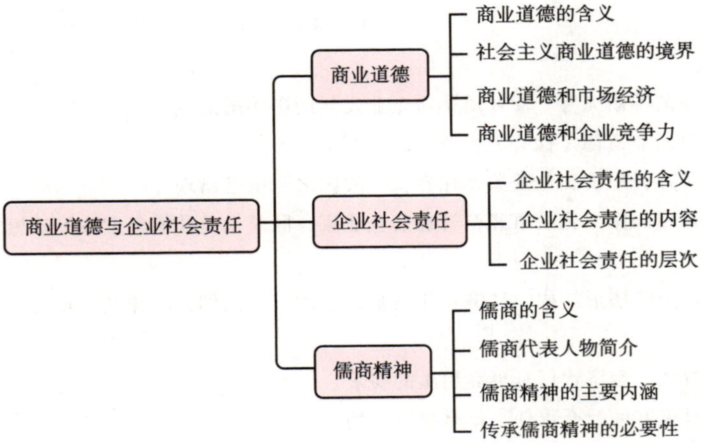

单元检测

一、单项选择题

1. 儒最早是在奴隶主贵族中掌管什么的官员？（　　）

A. 道德教化、音乐礼仪　　B. 诗歌

C. 战争　　D. 编辑文献

2. 商业最早是在什么时期出现的？（　　）

A. 战国　　B. 秦朝　　C. 春秋　　D. 汉代

3. 伦理学由哪位哲学家提出？（　　）

A. 柏拉图　　B. 苏格拉底　　C. 亚里士多德　　D. 第欧根尼

4. 企业竞争力最早出自哪本书？（　　）

A. 《论语》　　B. 《孟子》　　C. 《老子》　　D. 《庄子》

5. 企业社会责任的英文缩写是（　　）。

A. CSR　　B. CRP　　C. CSP　　D. CRS

6. 1991 年，（　　）提出了企业社会责任金字塔模型。

A. 阿奇 · 卡罗尔　　B. 米尔顿 · 弗里德曼

C. 谢尔顿　　D. 伯文

7. 企业的（　　）是企业的责任底线。

A. 经济责任　　B. 法律责任　　C. 伦理责任　　D. 慈善责任

8. （　　）是企业社会责任的最高体现。

A. 经济责任　　B. 法律责任　　C. 伦理责任　　D. 慈善责任

9. 社会通常对企业寄予了一些没有或无法明确表达的期望，是否承担或应承担什么样的责任完全由个人或企业自行判断和选择，这种责任称为（　　）。

A. 经济责任　　B. 法律责任　　C. 伦理责任　　D. 慈善责任

10. 儒家思想倡导（　　）的道德规范，注重修身，倡导按规则行事，加强学习，最终实现企业目标。

A. 仁、义、礼、智、信　　B. 兼爱、非攻

C. 道法自然　　D. 以法治国

二、判断题

1. 随着市场经济的不断完善，商业道德对企业发展的影响随之减弱。（　　）

2. 企业竞争注重商业道德是社会、企业发展的要求。（　　）

3. 儒商作为一种社会经济文化现象，在春秋、战国之际虽已出现。（　　）

4. 儒商不仅是运用儒家文化从事经营管理的企业家，同时也是怀抱经世济民理想的企业家或商人。（　　）

5. 企业社会责任金字塔形结构，经济责任是基础也占最大比例，法律的、伦理的以及慈善的责任依次向上递减。（　　）

6. 相比于法律责任，经济责任是更高层次的要求。（　　）

7. 企业唯一的且仅有的社会责任，就是赚更多的钱。（　　）

8. 从经济责任到慈善责任，企业的四种社会责任都同等重要。（　　）

9. 成功的企业离不开和谐的社会，反之亦然。（　　）

10. 履行企业社会责任等同于做慈善。（　　）

三、多项选择题

1. 儒商的主要内涵包括（　　）。

A. 注重修身　　B. 以义统利　　C. 诚信经营　　D. 经世济民

2. 在高职院校，儒商精神的传承具有历史必然性，主要体现在（　　）。

A. 社会经济形势的需要　　B. 职业院校育人任务的需要

C. 企业发展的需要　　D. 强身健体的需要

3. 社会主义商业道德的境界主要包括（　　）。

A. 合法追求个人正当利益的境界　　B. 自私自利的境界

C. 先公后私先人后己的境界　　D. 大公无私的境界

4. 下列有关商业道德的认识，正确的是（　　）。

A. 商业道德不是市场经济运行的基础

B. 商业道德是市场经济的客观要求

C. 市场经济促使商业经营者提高道德水平

D. 企业竞争注重商业道德有助于社会稳定

5. 卡罗尔在“企业社会表现的三维概念模型”中提出企业社会责任包括（　　）。

A. 经济责任　　B. 法律责任　　C. 文化责任　　D. 环境责任

E. 伦理责任　　F. 慈善责任

四、实践应用

选择一位当代儒商代表人物，了解其生平及经营理念，结合本章所学内容，从儒商代表人物的个人品质、企业经营理念、企业社会责任履行等方面进行分析。

第七章　企业收入、费用与利润

学习目标

【知识目标】

1. 明确企业收入的含义和分类；
2. 明确企业费用的含义和分类；
3. 明确企业利润的形成；
4. 熟悉收入、费用和利润的核算。

【技能目标】

1. 具备利用相关企业收入与费用的相关知识分析企业经济事项的能力；
2. 具备正确核算企业收入与费用的能力；
3. 具备正确核算企业利润的能力。

【思政目标】

1. 诚信为本，树立诚信经营的理念；
2. 开源节流，增强节约成本的意识。

【名人名言】

欲贵者以贱为本，欲高者以低为机。

——老子

第一节　收　入

引导案例

胜利家超市为增值税一般纳税人企业，2022 年春节来临之际为抢抓商机，增加销量，2022 年 1 月开展节前促销活动，粮油副食柜开展“折扣销售”方式出售“大华牌面粉”，售（标）价 26 元/袋（5KG），成本为 24 元/袋。规定在促销期内凡在本柜消费者一次购买 5 袋的，按七折优惠价格成交，并将折扣部分与销售额开具在同一张发票上。月末结账前，经核算 1 月消费者一次购买 5 袋的有 200 次，共出售了 1000 袋，比其他月份销售量翻了一番。

（资料来源：自编案例。）

【案例思考】

1. 结合案例思考促销方式对企业扩大收入的意义。

2. 如果你是超市的销售人员，你还可能采取什么样的促销手段增加企业收入？

知识讲解

一、收入概述

（一）收入的定义

收入是指企业在日常活动中形成的、会导致所有者权益增加的、与所有者投入资本无关的经济利益的总流入。“日常活动”是指企业为完成其经营目标所从事的经常性活动以及与之相关的其他活动。工业企业制造并销售产品、商品流通企业销售商品、咨询公司提供咨询服务、软件公司为客户开发软件、安装公司为客户提供安装服务、建筑公司提供建造服务等等，都属于企业的日常活动。

▶财经阅读：

关于修订印发《企业会计准则第 14 号—收入》的通知

2017 年 7 月 5 日，中华人民共和国财政部颁布了《关于修订印发〈企业会计准则第 14 号——收入〉的通知》（财会〔2017〕22 号）。新收入准则要求在境内外同时上市的企业以及在境外上市并采用国际财务报告准则或企业会计准则编制财务报表的企业，自 2018 年 1 月 1 日起施行；其他境内上市企业，自 2020 年 1 月 1 日起施行。

为什么要对收入准则进行修订呢？首先，国内经济持续快速发展，新行业和新业务也纷纷涌现。新业务模型对旧收入准则提出巨大挑战。如何合理、规范、准确地计算收入，已经成为许多新兴行业和企业的一大难题。从国际上来看，国际会计准则理事会和美国财务会计准则委员会已于 2014 年 5 月 28 日联合发布新的收入准则，二者在收入确定等方面的规定和我国现行的会计准则存在很大差异。新的收入准则会产生什么样的影响呢？此次修订合并了原收入准则和建造合同准则，统一了收入确认模型，因此业内普遍认为房地产行业、工程建筑行业等与“建造”二字相关的行业受新准则波及最大。另外，新准则要求按照所提供的每一商品和服务的相对独立售价之间的比例来分配收入，那么手机和电信服务的收入确认金额会出现重大变化，电信行业、信息技术、软件等科技行业会因此受到波及。对制造行业而言，新准则取消了过去按照生长周期长短确认收入原则的判断方法。

收入只有在经济利益很可能流入从而导致企业资产增加或者负债减少且经济利益的流入额能够可靠计量时才能确认为企业的收入。只有符合收入定义和收入确认条件的项目，才可以列入企业利润表中。

（资料来源：中华人民共和国财政部：《关于修订印发〈企业会计准则第 14 号——收入〉的通知》，财会〔2017〕22 号，2017 年 7 月 5 日。）

（二）收入的特征

收入具有以下特征：

1. 收入是从企业日常经营活动中产生的，而不是从偶发的交易和事项中产生的。

2. 收入可能表现为企业资产的增加，也可能表现为企业负债的减少，或者二者兼而有之。

3. 收入能引起企业所有者权益的增加。

4. 收入只包括本企业经济利益的流入，不包括为第三方或客户代收的款项。

二、收入的分类

收入按不同的标准可以有不同的分类。收入按性质不同可以分为销售商品的收入、提供劳务的收入和让渡资产使用权的收入。

（一）销售商品收入

销售商品收入是指企业在商品交易中所取得的收入，是企业收入的主要来源。这里的商品包括企业为销售而生产的商品，如制造业企业生产的产成品、自制半成品等；还包括企业为销售而购进的商品，如商品流通企业（批发、零售）的各种为销售而购进的商品。

销售商品收入同时满足下列五个条件的，才能加以确认：

1. 企业已将商品所有权上的主要风险和报酬转移给购货方；

2. 企业既没有保留通常与所有权相联系的继续管理权，也没有对已售出的商品实施有效控制；

3. 收入的金额能够可靠地计量；

4. 相关的经济利益很可能流入企业；

5. 相关的已发生或将发生的成本能够可靠地计量。

（二）提供劳务收入

提供劳务收入是指企业由于提供劳务而取得的收入，常见的提供劳务收入有提供旅游、运输、餐饮、广告、咨询、代理、培训、产品安装等所取得的收入。

劳务收入只有同时满足以下几个条件才能够加以确认：

1. 劳务总收入和总成本能够可靠地计量。劳务总收入一般根据双方签订的合同或协议注明的交易总金额确定。随着劳务的不断提供，可能会根据实际情况增加或减少交易总金额，企业应及时调整劳务总收入。

2. 与交易相关的经济利益能够流入企业。只有当与交易相关的经济利益能够流入企业时，企业才能确认收入。企业可以从接受劳务方的信誉、以往的经验以及双方就结算方式和期限达成的协议等方面进行判断。

3. 劳务的完成程序能够可靠地确定。

4. 劳务已经完成的成本可以可靠地计量。

（三）让渡资产使用权的收入

让渡资产使用权收入是企业收入的来源之一。主要包括利息收入、使用费收入、出租资产收取的租金、进行债券投资取得的利息、进行股权投资取得的现金股利收入等。

让渡资产使用权收入的确认条件包括：

1. 相关经济利益很可能流入企业；

2. 收入的金额能够可靠计量。

三、收入的核算

（一）销售商品收入

1. 一般的销售商品收入。

计算公式为：销售商品收入 = 商品销售数量 × 商品单价

【例 7 – 1】 海青公司为一般纳税人，2021 年 3 月 5 日销售商品一批，数量 15000 箱，售价 20 元/箱，海青公司据此开出的增值税专用发票，增值税税额为 39000 元；商品已经发出，货款已经收到。

海青公司销售本批商品的销售收入为：

销售收入 = 15000 × 20 = 300000（元）

2. 涉及商业折扣、现金折扣、销售折让的销售商品收入。

（1）商业折扣。商业折扣是指企业为促进商品销售而在商品标价上给予的价格扣除，是销售方视购买方数量多少而给予的价格优惠。商业折扣最常见的有以下三种：

①折扣销售。折扣销售是比较简单的一个模式，就是销售方直接给予购买方打折的方式。

②满减。满减的模式就是销售方承诺购买方每购买一定金额的商品可以减免一定额度的款项。例如，买 1000 元减 200 元，买 2000 元减 500 元的这类活动。

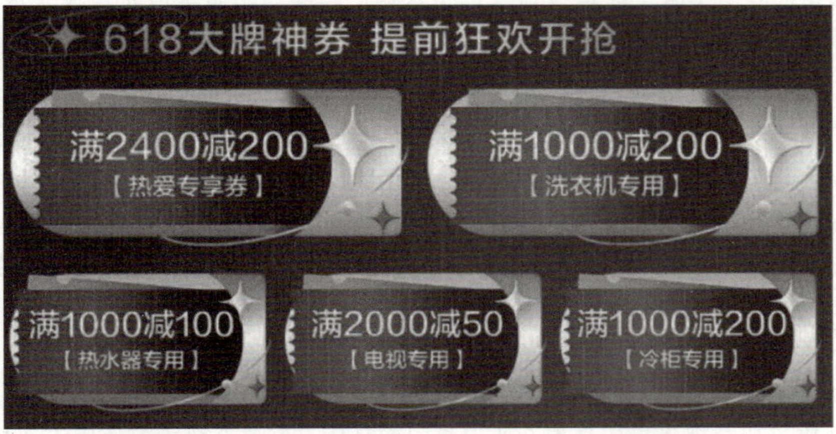

③买一送一。买一送一的销售方式是销售方承诺购买方购买商品后除获得所购商品外还可获得另外一样商品的销售活动。

【例 7 - 2】海青公司为增值税一般纳税人，2021 年 3 月 8 日，海青公司向东方公司销售商品一批，数量 2500 箱，售价 40 元/箱，海青甲公司给予东方公司 10% 的商业折扣。请计算该批商品销售收入。

销售收入 = 2500 × 40 × (1 - 10%) = 90000（元）

（2）现金折扣。现金折扣是指销货方为了鼓励购货方在一定时期内早日付款而给予的价格扣除，也就是说，如果购买方愿意提前付款，则可以比合同约定的总价款“少”付一些。现金折扣一般用符号“折扣率/付款期限”表示，例如，“2/10，1/20，N/30”表示为：销售方允许购买方最长的付款期限为 30 天，如果购买方在 10 天内付款，销售方可按商品售价给予购买方 2% 的折扣；如果购买方在 11—20 天内付款，销售方可按商品售价给予购买方 1% 的折扣；如果购买方在 21—30 天内付款，将不能享受现金折扣。

现金折扣发生在商品销售之后，是否发生以及发生多少要视客户的付款情况而定，企业在确认销售商品收入时不能确定现金折扣金额。因此，企业销售商品涉及现金折扣的，应当按照扣除现金折扣前的金额确定销售商品收入金额。现金折扣实际上是企业为了尽快回笼资金而发生的理财费用。

会计核算上对于现金折扣有两种处理方式：一是按合同总价款扣除最大现金折扣后的净额计量收入的净价法；二是按合同总价全额计量收入的总价法。我国的会计准则采用的是第二种方法。

【例 7－3】 海青公司为增值税一般纳税人，2021 年 3 月 8 日，海青公司向东方公司销售商品一批，数量 2500 箱，售价 40 元/箱，海青公司为了鼓励东方公司及早付款，承诺给予东方公司“2/10，1/20，N/30”的现金折扣。请计算该批商品销售收入。

销售收入＝2500×40＝100000（元）

（3）销售折让。销售折让是指企业因售出商品质量不符合要求等原因而在售价上给予的减让。例如，销售方售出商品，在购买方过程中购买方发现商品有瑕疵，双方约定销售方给予购买方 10% 的价格折让。

【例 7－4】 2021 年 5 月 6 日，海青公司向维欧公司销售商品，销售数量 100 箱，每箱售价 850 元，海青公司确认销售收入，但货款没有收到。因销售运输途中商品的外观有磨损，导致客户不满意，双方协商预定海青公司给予维欧公司价格折让 10%。请计算该批商品销售收入。

销售收入＝100×850×（1－10%）＝76500（元）

（二）提供劳务收入

1. 对于一次能够完成的劳务，或在同一会计年度内开始并完成的劳务，应在劳务完成时确认收入，确认的金额为合同或协议总金额，确认方法可参照商品销售收入的确认原则。

【例 7－5】 2021 年 10 月 15 日，利发公司与宏泰公司签订一项设备安装合同。该合同规定，设备安装总价款为 30 万元（不含增值税），于安装任务完成并验收合格后一次结清。10 月 30 日，该设备安装任务完成并经宏泰公司验收合格，则利发公司收到的安装劳务收入为 30 万元。

2. 劳务的开始和完成分属不同的会计期间，则需要判断劳务完工比例从而确认劳务收入。

本期确认的收入＝劳务总收入×本期末止劳务的完成程度－以前期间已确认的收入

【例 7－6】 2021 年 9 月 1 日，东方公司与金光公司签订劳务合同，东方公司向金光公司提供劳务，合同规定总收入 100000 元，2021 年 12 月 5 日，该劳务尚未完成，至年底，该劳务的未完工程度为 30%，请计算劳务收入。

劳务收入＝100000×（1－30%）＝100000×70%＝70000（元）

（三）让渡资产使用权的收入

让渡资产使用权收入常见的包括主要包括利息收入、使用费收入、出租资产收取的租金、进行债券投资取得的利息、进行股权投资取得的现金股利收入等。利息收入的计算在第十章中详细介绍，本章不再赘述。

债券利息收入应在债券实际持有期内按期计提，并按债券票面价值与票面利率计算利息。

债券利息 = 债券票面价值 × 票面利率 × 期限

【例 7－7】 海青公司 2021 年 1 月 1 日购入冬青公司 1 日发行的 5 年期债券，债券票面利率 5%，债券面值 1000 元，海青公司按面值购入 100 张债券，该债券每半年支付利息一次。请计算海青公司每半年可获得的债券利息。

债券利息 = 1000 × 100 × 5% × 6/12 = 2500（元）

第二节 费 用

☞ 引导案例

高原铁路人：零部件“变废为宝”实现节支降耗

“这是我们车间自主探索发明的一款制氧机试验台，列车上的制氧机出现故障，在试验台上即可完成检修，大大节约了时间和资金成本。”在中国铁路青藏集团有限公司格尔木机务段检修车间内，内燃机车钳工、高级技师宋继伟一边调试车间自制的制氧机试验台，一边介绍。

2006 年实现了全线通车试运营的青藏铁路，是世界上海拔最高和线路最长的高原铁路。海拔在 4000 米以上的线路有 965 公里，最高点唐古拉山口为 5072 米，而高原缺氧问题是修建青藏铁路的三大难题之一。

缺氧和低气压，会使人的肌体发生一系列复杂的适应性或代偿性变化，对人的身心健康、劳动能力造成一定影响。为保障列车旅客及乘务员生命健康安全，进藏列车上都加装了制氧机，通过制氧系统导流，及时将浓度高、新鲜的氧气供给列车上的人，确保机班能够安全驾驶。特别是当制氧机故障时，司机室内就没有了足够的氧气，会直接影响机车乘务员的身体健康，进而影响行车安全。“以前制氧机故障时，我们只能送厂家进行检修，耗时长，最短需要 1 个月时间，现在研制了制氧机试验台，只要发现问题，就可以针对性检测出故障所在部位，第一时间自主检修，只需要 3 天。”宋继伟说。

2022 年，格尔木机务段全面推行自主维修、循环使用、机车交路科学调配和罐底扫残措施，修订完善了机车检修工艺范围流程，大力推广自主维修，根据生产实际和日常动态监测结果，将部分辅助部件调整为状态更换、循环使用；科学调配，减少机车中途经停时间和车站、库内空载等待时间；还对接卸的1162个柴油罐车进行了罐底扫残。

截至2022年10月底，格尔木机务段在电力机车微油过滤器滤芯、内燃机车制氧机氧浓度传感器、中冷器、散热单节及柴油机各传感器等部件的自主维修、循环使用上节约检修成本42.5万余元，在“低烧”燃油方面节约成本2474.2万元，通过罐底扫残，节约燃油支出30.62万元。

（资料来源：《高原铁路人：零部件“变废为宝”实现节支降耗》，中国新闻网，2022年10月31日。）

【案例思考】

1. 结合案例思考企业降低成本费用的途径有哪些？
2. 结合案例思考倡导企业节支降耗、变废为宝的社会意义。

知识讲解

一、费用概述

（一）费用的定义

《企业会计准则—基本准则》规定：费用是指企业为销售商品、提供劳务等在日常活动中发生的、会导致所有者权益减少的、与向所有者分配利润无关的经济利益的总流出。

费用的确认除了符合定义外，还应当同时严格满足的三个条件：

1. 与费用相关的经济利益很可能流出企业。
2. 经济利益流出企业的结果会导致企业资产的减少或者负债的增加。
3. 经济利益的流出额能够可靠地计量。

（二）费用的特征

费用具有如下特征：

1. 费用应当是企业在日常活动中发生的。日常活动中所产生的费用通常包括销售成本、职工薪酬、折旧费、无形资产摊销费等，企业非日常活动所形成的经济利益的流出不能确认为费用，应当计入损失。
2. 费用应当会导致经济利益的流出，该流出不包括向所有者分配的利润。
3. 费用最终会导致所有者权益的减少。

二、费用的分类

为正确进行成本和费用的核算，必须对各种费用进行合理的分类。费用按照经济用途的不同，可以分成生产成本（或劳务成本）和期间费用。

（一）生产成本

生产成本主要是指与生产产品有关的费用，是以产品为成本对象归集的费用。即直接材料、直接人工和制造费用等产品成本项目。

1. 直接材料：是指直接用于产品生产、构成产品实体的原材料、辅助材料、外购半成品、燃料、动力包装物以及其他直接材料；

2. 直接人工：是指直接参加产品生产的工人工资以及按生产工人工资总额和规定的比例计算提取的职工福利费等职工薪酬；

3. 制造费用：是指企业各生产单位（如生产车间）为组织和管理生产而发生的各项间接费用。

（二）期间费用

期间费用指企业当期发生的必须从当期收入中得到补偿的费用。由于它仅与当期实现的收入相关，必须计入当期损益，所以称为当期期间费用。企业的期间费用包括销售费用、管理费用和财务费用。

1. 销售费用：是企业为销售商品和材料、提供劳务的过程中发生的各种费用，包括保险费、包装费、展览费和广告费、商品维修费、预计产品质量保证损失、运输费、装卸费等。

2. 管理费用：是企业的行政管理部门等为管理组织经营活动而发生的费用，包括差旅费、办公费、工会经费、职工教育经费、业务招待费、低值易耗品摊销、咨询费、诉讼费、技术转让费、生产车间发生的固定资产修理费等。

3. 财务费用：是企业为筹集生产经营所需资金而发生的筹资费用，包括利息支出、汇兑损益以及相关的手续费、企业发生或收到的现金折扣等。

三、费用的核算

（一）生产成本

生产成本的核算是对生产费用支出和产品成本形成情况的核算。在我国，国家会依据企业生产经营过程中所发生费用的不同性质，根据成本的内容和加强经济核算的要求，对计入产品成本的各项支出的内容做出统一的规定。

要正确核算产品成本就一定要争取划分各项费用界限：

1. 正确划分计入产品成本与不计入产品成本的界限。企业发生的耗费和支出很多，但并不是所有的都计入产品成本，只有与生产经营活动有关的才能计入生产成本。否则，就不能计入生产成本，如支付的各种滞纳金、赔款、捐赠、赞助款等应计入营业外支出。

管理费用、财务费用等均不应计入生产成本，而应计入期间费用。

2. 正确划分产品成本和期间费用的界限。在企业发生的各种费用支出中，凡应该计入本月由当月负担的费用，应进一步区分产品成本和期间费用的界限。凡在产品生产中发生的费用，属于产品成本，应该计入生产成本；凡是发生的期间费用则都应在计算利润时计入当期损益而不计入产品成本。

3. 正确划分各个月份的费用界限。应计入生产成本的费用，还应在各个月份之间进行划分，以便分月计算产品成本。应由本月产品负担的生产费用，应全部计入本月产品成本中；不应由本月负担的则不应计入本月的生产成本中。

4. 正确划分不同产品的成本界限。如果企业只是生产一种产品，那么全部生产成本就是这种产品的成本。但一般的企业都不止生产一种产品，这就需要把全部生产成本在几种产品之间进行分配，凡能分清应由哪种产品负担的费用，应直接计入该种产品的成本。凡由几种产品共同负担的费用，则要采用恰当的标准进行分配，最终把各种产品的成本计算出来。

5. 正确划分完工产品与在产品成本的界限。月末计算产品成本时，如果某产品已经全部完工，则其成本全部为完工产品成本；如果这种产品全部未完工，则其成本全部为在产品成本。但通常情况下，往往是既有产成品，又有在产品，这就需要把本月发生的生产费用在完工成品和在产品之间进行分配。

【例 7－8】 胜利公司只生产一种产品，月初无在产品，当月生产车间领用原材料成本 205 万元，生产车间生产工人工资 80 万元，车间管理人员工资 15 万元，行政管理部门人员工资 120 万元，车间机器设备折旧费 54.96 万元，当月投产 1200 件产品全部完工，请计算月末完工产品的单位成本。

完工产品成本 = 205 + 80 + 15 + 54.96 = 354.96（万元）

完工产品单位成本 = 354.96 ÷ 1200 = 0.2958（万元）

（二）期间费用

期间费用包括管理费用、销售费用和财务费用三项，因此要计算本期的期间费用只需要把本期发生的三项费用求和即可。

本期发生的期间费用 = 本期发生的销售费用 + 本期发生的管理费用 + 本期发生的财务费用

【例 7－9】 海青公司 2021 年 11 月发生的有关支出如下：计提车间固定资产折旧 10 万元，发生车间管理人员工资 40 万元，发生行政管理部门人员工资 50 万元，支付广告费用 30 万元，预提短期借款利息 20 万元，支付车间固定资产日常修理费用 10 万元，支付销售机构固定资产日常修理费用 5 万元。请计算海青公司 11 月的期间费用。

11 月期间费用 = 50 + 30 + 20 + 10 + 5 = 115（万元）

▶财经阅读：

费用与支出

支出与费用都会使经济利益流出企业，但二者不尽相同。费用和支出是两个不同的概念，支出概念比费用概念范围大。企业的支出是指企业在生产经营过程中为获得另一项资产、为清偿债务、为补偿耗费等所发生的资产流出，具体包括资本性支出、收益性支出、所得税支出、营业外支出、利润分配性支出等。

企业购买固定资产、购买股票、债券所进行的投资属于资本性支出；营与企业的日常生产经营活动无关的支出即非日常活动发生的则是营业外支出，例如企业违规排放污水而交纳的罚款、企业支付的赔偿金、企业对外捐赠的款项、自然灾害损失等等都属于营业外支出；收益性支出是指企业支出的效益只与本会计年度有关的支出，如企业生产经营过程中采购原材料的支出、给企业员工发放的职工薪酬的工资支出、企业日常生产经营过程中支付的水电费、办公费等支出，收益性支出为企业日常活动所形成的，也就是费用。

费用通常分为生产成本和期间费用。生产成本即产品生产成本，由直接材料、直接人工和制造费用三个成本项目组成；期间费用包括管理费用、营业费用和财务费用。

也就是说费用一定是支出，而支出不一定是费用。两者之间的关系可以通过图 7－1 来加以理解。

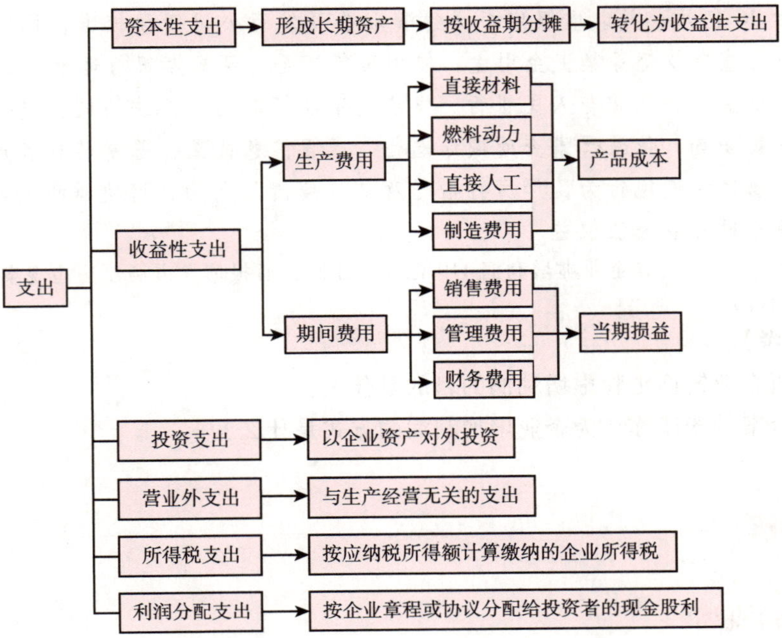

图 7－1　费用支出关系

（资料来源：整理自编。）

第三节 利 润

☞ 引导案例

企业虚增利润119亿元！

证监会2021年9月17日通报债券市场违法违规案件查处情况，A集团、B集团、C公司、D证券、E会计师事务所等多家公司、中介机构被点名。其中，A集团连续五年将亏损披露为盈利，累计虚增利润总额119亿元。

近年来，证监会按照“零容忍”工作方针，依托债券市场统一执法工作机制，坚决打击债券市场违法违规行为。2019年以来，证监会累计采取相关行政监管措施152家次，查处债券市场违法违规案件19件，其中涉及交易所债券市场14件，银行间债券市场6件。

相关违法违规行为主要表现为：通过篡改报表、虚构业务等财务造假手段粉饰公司业绩；对于影响公司偿债能力的重大信息披露存在虚假记载、重大遗漏；中介机构未勤勉尽责，风险识别、评估及应对程序不到位；未按规定使用募集资金、公司内控失范等。

通报称，A集团通过制作虚假的财务账套、直接修改审计后的合并报表等方式连续五年将亏损披露为盈利，累计虚增利润总额119亿元；B集团通过出售股权的方式累计虚增归母净利润近26亿元，并以虚假申报文件骗取公开发行公司债券核准，同时披露存在重大遗漏；C公司擅自改变募集资金用途，使用募集资金购买短期银行理财产品。

下一步，证监会将深化与人民银行、发展改革委等部门的执法协同，进一步聚焦执法重点，坚持一案多查，依法严肃查处欺诈发行、虚假信息披露、恶意转移资产、挪用发行资金等债券市场违法违规行为，严厉打击恶意“逃废债”行为，坚决维护债券市场公平和秩序，保护债券投资者合法权益。

（资料来源：王震：《有企业虚增利润119亿元！证监会通报债券市场违法违规案例》，人民网，2021年9月17日。）

【案例思考】

1. 请分析企业铤而走险虚增利润的目的是什么？
2. 请结合案例谈谈你认为企业增加利润的方式是什么？

知识讲解

一、利润概述

（一）利润的定义

利润是指企业在一定会计期间的经营成果。通常情况下，如果企业实现了利润，表明企业是一种权益增加，业绩得到了提升；反之，如果企业发生了亏损（利润为负数），表明企业所有者权益减少，业绩下滑。利润是反映企业的经营业绩情况的一个重要标志，也是业绩考核的一项重要指标，还是投资者等财务会计报告使用者进行决策时的主要参考依据。利润包括收入减去费用后的净额、直接计入当期利润的利得和损失。用公式可以表示为：

利润 = 收入 - 费用 + 直接计入当期利润的利得和损失

▶财经阅读：

利得与收入、损失与费用的区别

利得与收入虽然都会导致所有者权益的增加的、都是与所有者投入资本无关的经济利益的总流入，但利得是由企业非日常活动所形成的，而收入是在企业日常活动中形成的。

损失与费用虽然都会导致所在权益减少的、都是与向所有者分配利润无关的经济利益的总流出。但损失是由企业非日常活动发生的，而费用是企业日常活动中发生的。

（二）利润的确认条件

利润反映收入减去费用、直接计入当期利润的利得减去损失后的净额。利润的确认主要依赖于收入和费用以及利得和损失的确认，其金额的确定也主要取决于收入、费用、利得、损失金额的计量。

二、利润的核算

利润由营业利润、利润总额和净利润三部分构成。

1. 营业利润。其计算公式为

营业利润 = 营业收入 - 营业成本 - 税金及附加 - 销售费用 - 管理费用 - 研发费用 - 财务费用 - 信用减值损失 - 资产减值损失 + 公允价值变动收益（ - 公允价值变动损失）+ 资产处置收益（ - 资产处置损失）+ 投资收益（ - 投资损失）+ 其他收益等

其中：

营业收入是指企业经营业务所确认的收入总额，包括主营业务收入和其他业务收入。第一节收入部分所学的销售商品收入和提供劳务收入大多为主营业务收入而让渡资产使用权收入大多为其他业务收入，例如租金收入。

营业成本是指企业经营业务所发生的实际成本总额，包括主营业务成本和其他业务成本。

资产减值损失是指企业计提各项资产减值准备所形成的损失。

公允价值变动收益（或损失）是指企业交易性金融资产等公允价值变动形成的应计入当期损益的利得（或损失）。

投资收益（或损失）是指企业以各种方式对外投资所取得的收益（或发生的损失）。

其他收益主要是指与日常活动相关，除冲减相关成本费用以外的政府补助。

2. 利润总额。其计算公式为

利润总额 = 营业利润 + 营业外收入 - 营业外支出

（1）营业外收入。营业外收入是指企业发生的与其日常生产经营活动无关的各项利得。营业外收入并不是企业经营资金耗费所产生的，实际上使经济利益的净流入，不需要与有关的费用进行配比。常见的营业外收入包括固定资产、无形资产毁损报废产生的净收益、接受其他单位或个人的捐赠等。

（2）营业外支出。营业外支出是指企业发生的与其日常生产经营活动无关的各项损失。营业外支出包括处置固定资产、无形资产毁损报废产生的净损失、非常损失、公益性捐赠支出、罚款支出等。

3. 净利润。其计算公式为

净利润 = 利润总额 - 所得税费用

所得税费用是指企业确认的应从当期利润总额中扣除的所得税费用。

根据《中华人民共和国企业所得税暂行条例》的规定，一般企业所得税的税率为25%，其他具体情况将在第八章详细介绍。

【例 7－10】 海青公司 2021 年度与利润相关的各损益类账户余额如表 7－1 所示。

表 7－1　　海青公司 2021 年度损益类账户年末余额　　单位：万元

账户名称	年末余额	账户名称	年末余额
主营业务收入	240	税金及附加	3.2
其他业务收入	28	销售费用	20
公允价值变动损益（收益）	6	管理费用	30.8
投资收益	24	财务费用	8
营业外收入	2	资产减值损失	4
主营业务成本	160	营业外支出	10
其他业务成本	16		

假设海青公司 2021 年度不存在所得税纳税调整因素，请计算海青公司 2021 年度净利润。

营业收入 = 240 + 28 + 6 + 24 - 160 - 16 - 3.2 - 20 - 30.8 - 8 - 4 = 56（万元）

利润总额 = 56 + 2 - 10 = 48（万元）

所得税费用 = 48 × 25% = 12（万元）

净利润 = 48 - 12 = 36（万元）

本章小结

- 企业收入、费用与利润
  - 收入
    - 收入概述
      - 收入的定义
      - 收入的特征
    - 收入的分类
      - 销售商品收入
      - 提供劳务收入
      - 让渡资产使用权收入
    - 收入的核算
  - 费用
    - 费用概述
      - 费用的定义
      - 费用的特征
    - 费用的分类
      - 生产成本
      - 期间费用
    - 费用的核算
  - 利润
    - 利润概述
      - 利润的定义
      - 利润的确认条件
    - 利润的核算
      - 营业利润
      - 利润总额
      - 净利润

思政小课堂

诚信经营方能行稳致远

任何时候，依法诚信经营都是企业安身立命之本。“诚招天下客，誉从信中来”，以诚信擦亮品牌，企业才能立得住、行得稳。

最近，纳斯达克上市公司××咖啡自曝财务造假事件引起市场关注。2020年4月2日，××咖啡发布声明称，董事会成立特别委员会调查发现，公司虚报去年第二至第四季度销售额约22亿元人民币。消息一出，××咖啡当日股价暴跌约八成，市值大幅蒸发。从成立仅10多个月即在美国上市，到上市不到一年就曝出财务造假事件，××咖啡由风光无限到跌入谷底的历程，让人有颇多感慨，也给人以启示。

对于企业来说，应当扎扎实实做好主业，盲目追求快速扩张这条路往往走不远。近年来，有的初创企业被包装成“蓝海”中的“珍珠”，在获取资金热捧后，短时间内靠“烧钱”铺店面、靠低价推产品，快速抢占市场份额。然而，无论其产品还是盈利模式都尚未成熟，更多依靠低价营销吸引眼球，光鲜背后往往埋下了风险隐患。

显然，不管企业采取什么样的商业模式，产品精、服务优才是兴业的不二选择。企业只有拿出品质优良、产销对路的产品和服务，才能真正赢得消费者青睐，实现长期稳健的发展。可以说，会给资本“画大饼”的企业不算真英雄，用心做出色香味俱佳的真大饼、好大饼，赢得市场认可，这样的企业才能有长远发展。归根结底，企业要提升核心竞争力和稳定盈利能力，才能行稳致远、基业长青。

当经营状况不甚理想时，采取造假的方式谎报业绩，就更不可取。“人无信不立”，对企业而言亦是如此，任何时候，依法诚信经营都是企业安身立命之本。作为上市公司，更应当严格遵守相关市场的法律和规则，真实准确完整地履行信息披露义务，这既是对市场、对股东负责，也是对自己负责。“诚招天下客，誉从信中来”，以诚信擦亮品牌，企业才能立得住、行得稳。

对于资本市场来说，上市公司充分而真实的信息披露，是市场健康发展的关键一环。尤其是在注册制条件下，企业信息披露显得尤为重要。注册制的一个基本特点，是以信息披露为中心，通过要求证券发行人真实、准确、完整地披露，使投资者获得必要信息，对证券价值进行判断并做出是否投资的决策。真实、准确、完整、及时的信息披露，是市场健康运行的重要基础。正因如此，2020 年 3 月起正式实施的新证券法，就设了专章系统完善了信息披露制度，包括扩大信息披露义务人的范围、完善信息披露的内容、强调应当充分披露投资者做出价值判断和投资决策所必需的信息等等。

当然，要让上市公司真实披露信息，不仅需要企业的自觉，外部环境约束也不可少。只有监管部门、中介机构、投资者等各方共同努力，才能形成更好的市场环境。国务院金融委日前召开会议强调，发挥好资本市场的枢纽作用，不断强化基础性制度建设，坚决打击各种造假和欺诈行为。可以预期，未来随着监管力度的加强，将进一步强化信息披露要求，提高上市公司财务造假等行为违法成本，提升上市公司诚实守信经营水平，并进一步压实中介机构责任，进而更好地维护投资者合法权益。投资者也要擦亮眼睛，提高“用脚投票”能力，把资金投向那些有前景、讲诚信的企业，与优质上市公司一起成长。

（资料来源：《诚信经营方能行稳致远》，《人民日报》，2020 年 4 月 22 日）

【思考】

1. 结合 × × 咖啡经营过程中出现的问题，请谈一谈诚信经营对企业发展的重要性。
2. 分析 × × 咖啡虚构利润的目的。

单元检测

一、单项选择题

1. 下列事项中不属于企业收入的是（　　）。

A. 销售商品所取得的收入　　B. 提供劳务所取得的收入

C. 出售无形资产的经济利益流入　　D. 出租机器设备取得的收入

2. 计算利润总额的正确公式是（　　）。

A. 营业利润 − 销售费用 − 管理费用 − 财务费用

B. 营业利润 + 投资收益 + 营业外收入 - 营业外支出

C. 营业利润 + 营业外收入 - 营业外支出

D. 营业利润 - 资产减值损失 + 营业外收入 - 营业外支出

3. 下列各项，可以计入管理费用的是（　　）。

A. 无形资产的摊销　　B. 银行贷款利息

C. 企业购买股票获得的投资收益　　D. 为抗震救灾捐的款项

4. 支付产品广告费时属于（　　）。

A. 管理费用　　B. 财务费用　　C. 营业外支出　　D. 销售费用

5. 下列属于其他业务收入的有（　　）。

A. 出售固定资产收入　　B. 出租固定资产收入

C. 罚款收入　　D. 销售商品收入

6. 产品生产成本不包括（　　）。

A. 生产产品过程中耗用的原材料费用　　B. 车间管理人员的职工薪酬

C. 生产车间生产工人的职工薪酬　　D. 行政管理部门人员的职工薪酬

7. 下列会计事项中，构成并影响当期营业利润的是（　　）。

A. 企业购置价值 300000 元的设备一台　　B. 公司为希望工程捐款 200000 元

C. 公司办公室发生差旅费 3000 元　　D. 产品由于保管不善被盗损失 30000 元

8. 营业利润不包括下列项目中的（　　）。

A. 主营业务收入　　B. 主营业务成本　　C. 期间费用　　D. 所得税费用

9. 某企业本月出售商品取得收入 25 万元，出售原材料取得收入 2 万元，处置固定资产获利 8 万元，为某福利院捐款 10 万元。该企业本期营业利润为（　　）万元。

A. 45　　B. 35　　C. 27　　D. 25

10. 下列哪项不属于期间费用（　　）。

A. 制造费用　　B. 管理费用　　C. 销售费用　　D. 财务费用

二、判断题

1. 企业取得的各项罚款收入属于其他业务收入。（　　）

2. 商业折扣和现金折扣都不影响企业收入。（　　）

3. 利润是企业在日常活动中取得的经营成果，因此它不应包括企业非日常活动产生的利得和损失。（　　）

4. 所得税是企业的一项费用支出。（　　）

5. 企业销售原材料的收入属于营业外收入。（　　）

6. 期间费用会影响本期利润。（　　）

7. 企业只要有经济利益的流入就可以认定为收入。（　　）

8. 收入既包括日常经营活动产生的收入，也包括偶发活动产生的收入。（　　）

9. 费用的发生最终会导致企业资源或所有者权益的减少。（　　）

10. 管理费用、财务费用、销售费用、制造费用都是企业的期间费用。（　　）

三、多项选择题

1. 下列各项属于其他业务收入的有（　　）。

A. 出售自用包装物的收入　　B. 接受投资者投资

C. 出售股票的收益
D. 出租固定资产的租金收入

2. 以下属于收入特征的有（　　）。

A. 收入是从企业日常经营活动中产生的

B. 收入可能表现为企业资产的增加

C. 收入能引起企业所有者权益的增加

D. 收入只包括本企业经济利益的流入

3. 下列各项中，属于其他业务收入的有（　　）。

A. 出租包装物收入
B. 销售商品取得的收入

C. 出售无形资产取得的收入
D. 销售材料取得的收入

4. 下列项目中，不应计入产品成本的有（　　）。

A. 利息费用
B. 生产工人职工薪酬

C. 生产产品耗用的原材料费用
D. 行政办公室发生的办公室

5. 以下事项会影响本期利润的有（　　）。

A. 销售产品获得收入 20 万元
B. 采购部本期发生办公费 1 万元

C. 向红十字会捐款 20 万元
D. 购入一台设备 50 万元

四、实践应用

某咖啡的“金标准”缘何败给了“潜规则”

近日，有媒体记者卧底调查发现，江苏无锡两家某咖啡门店频繁触碰食品安全的红线。12 月 13 日，某咖啡中国官方微博发文回应称，“对于报道中所涉及的食品安全问题，我们深感震惊”，第一时间关闭了这两家门店，并立刻启动深入调查。目前，市场监管部门已赴现场调查。

坊间曾传言，“90% 以上的餐厅，经不起卧底”。如今，某咖啡成了反面典型：食材过期后仍继续用，做成多款畅销饮品售卖；主管、店员“言传身教”篡改保质期，有的食材被人为“延保”一周；承诺“开封后不过夜”的糕点，第二天偷偷上架……涉事两家某咖啡门店的后厨乱象令人触目惊心。

如此践踏食品安全底线，某咖啡与“三无”小作坊有何区别？记者调查还显示，上述乱象并非偶发，在利益驱使和监管疏漏下，有些门店奉行着食品安全的“潜规则”。颇具讽刺意味的是，乱象被曝光后，涉事门店相关工作人员还嘴硬称，“门店肯定不存在过期食材继续卖的情况”。

虽然类似丑闻屡见不鲜，但发生在某咖啡身上还是让人感到惊讶。一方面，作为全球知名咖啡品牌，某咖啡在其官网郑重承诺：“以行业最高标准为基础，制定并严格执行某咖啡食品安全金标准。”另一方面，某咖啡在国内的 5100 多家门店均是公司直营，不对外开放加盟。“金标准” + “直营”，却在底线问题上“栽跟头”，实在不应该。难道某咖啡也在搞“双标”？

事实上，某咖啡“翻车”并不奇怪。这并不是某咖啡首次被曝出食品安全问题。天眼查显示，某咖啡部分门店曾因食品问题被处罚。在互联网投诉平台上，也有多名消费者曾投诉称食用某咖啡产品出现不适症状。问题早已出现，警钟频频敲响，只是某咖啡未引起重视，或者重视了但无力解决。

某咖啡的“金标准”缘何败给了“潜规则”？归根结底，是利益驱使。食材过期继续用、报废糕点再上架、保质期标签随意篡改……涉事门店种种触碰底线的行为，都是为了降低成本、提高利润。因为某咖啡要考核门店的营业额和利润率，门店就处心积虑地美化数据，为此不惜践踏承诺。

在利益驱使下，监管出现疏漏是大概率事件，原本严格的管理制度也可能被架空。比如，在门店主管、店员的“默契配合”下，某咖啡的相关制度和标准形同虚设，上级检查人员根本发现不了实际问题。“金标准”落实不到位，“潜规则”就会变得明目张胆。

俗话说，“站得越高，摔得越痛”。缔造一个品牌可能需要数年苦心经营，毁掉一个品牌则简单多了，一次这样的丑闻足够。一边标榜自己的“金标准”和直营模式，一边频繁践踏食品安全底线，这无异于自砸招牌。公众有理由怀疑，类似乱象并非个别门店独有。

如何把制度和标准真正落实到位，是某咖啡等知名餐饮品牌面临的共性课题。近年来，知名餐饮品牌因底线问题“翻车”的案例不胜枚举。除了商家自律，他律也不可或缺，监管部门应创新监管模式，比如健全食品安全黑名单制度，让践踏底线者付出更大代价。

从长远看，大数据赋能食品安全管理是大势所趋。无论餐饮企业还是监管部门，应充分利用大数据技术，比如实施“互联网＋明厨亮灶”工程、推广“中央厨房＋N”模式等，堵住那些人为的漏洞。

（资料来源：陈广江：《某咖啡的“金标准”缘何败给了“潜规则”》，《北京青年报》，2021 年 12 月 14 日。）

结合案例分析企业如何在诚信经营的前提下减低产品成本和费用。

第八章　企业主要税种

学习目标

【知识目标】

1. 了解企业经营所涉及的税收种类；
2. 掌握企业主要税种——增值税、企业所得税法律制度；
3. 了解企业税收筹划的简单原理。

【技能目标】

1. 具备识别并合理处理自己岗位业务中所涉及的税收知识的能力；
2. 具备利用税收知识配合企业财务人员合理安排企业经营活动的能力。

【思政目标】

1. 遵纪守法，树立依法纳税的法律意识；
2. 诚实守信，具备自觉纳税的专业素养。

【凡人名句】

饮水思源，纳税恩泽黎民百姓；聚沙成塔，征税保障民生社稷。

——文成县　郑珊珊

引导案例

新华社记者从国家税务总局获悉，2021 年全国纳税信用评价结果显示，我国企业整体纳税信用状况继续保持稳中向好态势，A 级企业数量和占比明显上升。

国家税务总局纳税服务司纳税信用管理处处长耿铁鹏介绍，此次共有 3300 多万户企业纳入评价，评价结果显示，A 级企业 275 万户，占评价总户数的 8.28%，较去年提高 2.4 个百分点；B 级和 M 级企业共 2747 万户，增加 258 万户；C 级和 D 级企业共 304 万户，占评价总户数的 9.14%，占比较去年降低 0.34 个百分点。

据了解，税务部门每年依据企业日常税收遵从记录，通过诚信意识、遵从能力、实际结果和失信程度 4 个维度、近 100 项评价指标，对企业上一年度纳税信用状况进行评价，评价结果分为 A、B、M、C、D 五级。其中，A 级为年度评价指标得分 90 分及以上的；B 级为得分 70 分及以上、不满 90 分的；M 级为新设立企业、评价年度内无生产经营业务收入且年度评价指标得分 70 分以上的；C 级为得分 40 分及以上、不满 70 分的；D 级为得分不满 40 分的或者直接判级确定。

耿铁鹏提醒，纳税信用评价结果发布后，对2020年发生的逾期申报缴税等四类失信情形，纳税人能够主动纠正且符合有关条件的，仍可在2021年底前向主管税务机关提出纳税信用修复申请，改善自身纳税信用状况。

（资料来源：王雨萧：《我国纳税信用评价A级企业数量明显上升》，新华网，2021年5月15日。）

【案例思考】

1. 企业经营中主要的税种有哪些？
2. 解析企业纳税信用等级以及对企业经营的影响；
3. 思考企业纳税与信用等级之间的关系。

知识讲解

第一节　增值税税收法律制度

☞ 引导案例

王梦、袁浩两位大学生2017年毕业后，各出资25万元，共同创建铭佳贸易有限公司，主营服装的设计、生产、销售。2022年第一季度各月实现销售收入分别为112000元、70000元、98000元，第一季度实现利润总额80000元。

【案例思考】

1. 分析铭佳贸易有限公司经营过程中所涉及的税种有哪些？
2. 分析目前铭佳贸易有限公司可以享受到哪些税收优惠？
3. 如果你也有创业的想法，分析如何最大限度地利用税收优惠政策。

知识讲解

一、增值税含义

增值税是对销售货物或者提供加工、修理修配劳务以及进口货物的单位和个人就其实现的增值额征收的一个税种。增值税已经成为中国最主要的税种之一，增值税的收入占中国全部税收的60%以上。2016年5月1日起，中国全面推开“营改增”试点，将建筑业、房地产业、金融业、生活服务业全部纳入“营改增”试点，至此，营业税退出历史舞台，增值税制度将更加规范。这是自1994年分税制改革以来，财税体制的又一次深刻变革。

二、增值税的纳税人

（一）增值税纳税人

增值税的纳税人是指在中华人民共和国境内销售货物或提供加工、修理修配劳务，销售服务、无形资产、不动产以及进口货物的单位和个人。单位是指企业、行政单位、事业单位、军事单位、社会团体以及其他单位，个人是指个体工商户和其他个人。

（二）增值税纳税人的分类

以纳税人的生产经营规模以及会计核算是否健全为标准，增值税纳税人可以划分为小规模纳税人和一般纳税人。

1. 小规模纳税人。

小规模纳税人标准为年应征增值税销售额 500 万元及以下。年应税销售额超过规定标准的其他个人不得申请为一般纳税人。小规模纳税人会计核算健全，能够提供准确税务资料，可以向税务机关申请登记为一般纳税人，不再作为小规模纳税人。会计核算健全是指能够按照国家统一的会计制度规定设置账簿，根据合法、有效凭证核算。

小规模纳税人实行简易征税办法，一般不使用增值税专用发票。但是基于小规模纳税人和一般纳税人之间的经济业务，如需开具增值税专用发票，可以找税务机关代开发票或者在国家规定的范围内自行开具增值税专用发票。2020 年 2 月 1 日起，扩大小规模纳税人自行开具增值税专用发票试点范围。将小规模纳税人自行开具增值税专用发票试点范围由住宿业、鉴证咨询业、建筑业、工业、信息传输、软件和信息技术服务业，扩大至租赁和商务服务业，科学研究和技术服务业，居民服务、修理和其他服务业。上述 8 个行业小规模纳税人发生增值税应税行为，需要开具增值税专用发票的，可以自愿使用增值税发票管理系统自行开具。试点纳税人销售其取得的不动产，需要开具增值税专用发票的，应当按照有关规定向税务机关申请代开。

2. 一般纳税人。

一般纳税人是指年应征增值税销售额超过小规模纳税人标准的企业和企业性单位。不经常发生应税行为的企业和非企业性单位，可选择小规模纳税人。除另有规定外，一般纳税人应向税务机关办理登记手续。详见表 8－1。

表 8－1　　增值税纳税人的划分

纳税人	年销售额	会计核算	其他
一般纳税人	年应征增值税销售额 500 万元以上	健全	
	年应征增值税销售额 500 万元以下	健全	可向税务机关申请为一般纳税人
小规模纳税人	年应征增值税销售额 500 万元以上		①其他个人； ②不经常发生应税行为的企业和非企业性单位可选择小规模纳税人
	年应征增值税销售额 500 万元以下		

三、增值税的征税范围

《增值税暂行条例》及其实施细则规定了增值税的征税范围，包括销售或者进口货物、销售劳务、销售服务、销售无形资产、销售不动产。详见图 8－1。

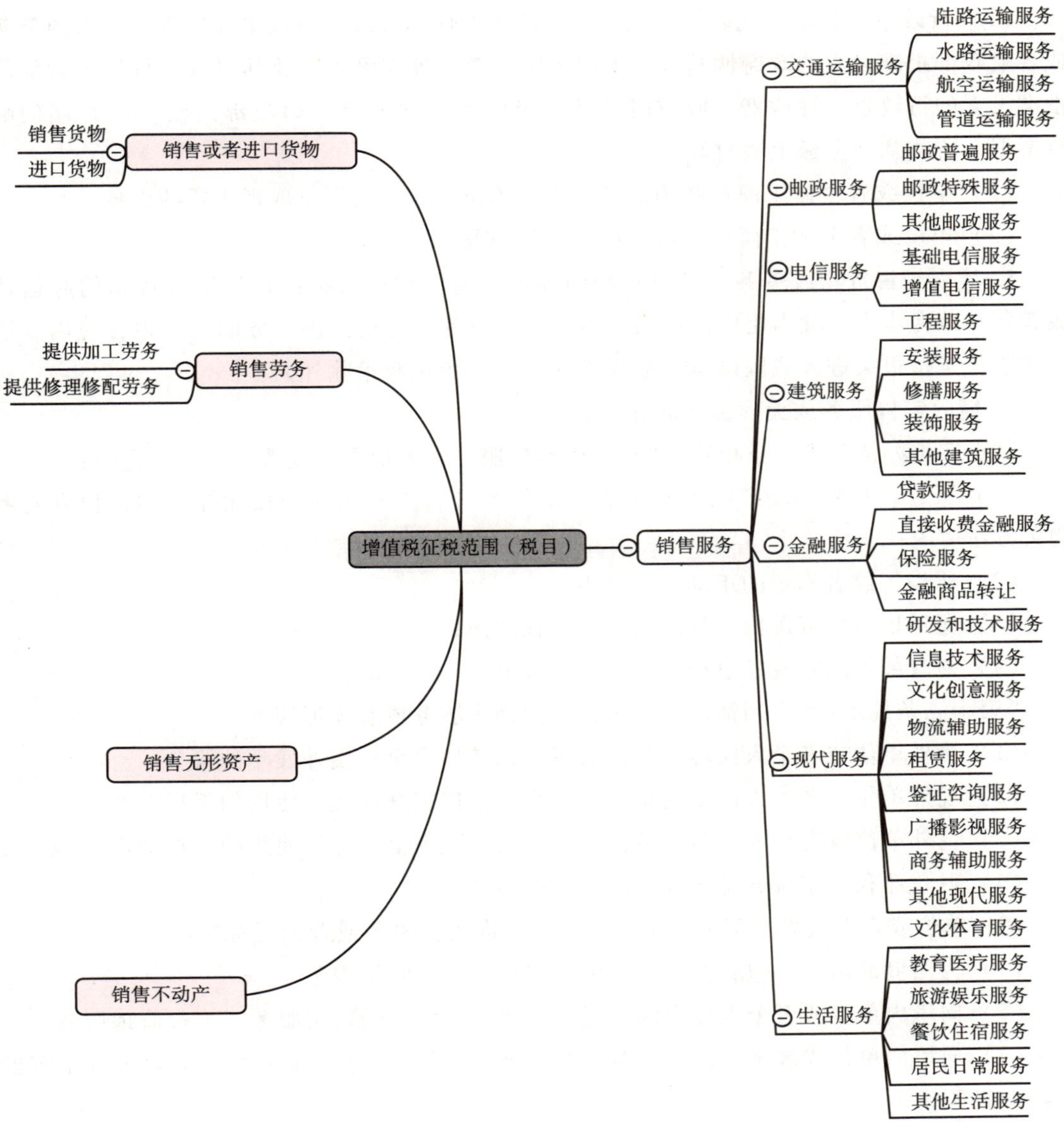

图 8－1　思维导图——增值税征税范围

对于增值税的征税范围做以下几点说明：

1. 销售或者进口货物：包括电力、热力、气体在内有形动产；

2. 提供应税劳务：是指加工和修理修配劳务。

（1）加工劳务：严格限制在委托方提供原料及主要材料。

（2）修理修配劳务：注意修理修配的对象必须是动产，如果修理的对象是不动产，则属于提供建筑服务应税行为。

3. 发生应税行为是指销售应税服务、销售无形资产和销售不动产。

4. 属于下列情形非经营活动不征增值税。

（1）行政单位收取的同时满足以下条件的政府性基金或者行政事业性收费。由国务院或者财政部批准设立的政府性基金，由国务院或者省级人民政府及其财政、价格主管部门批准设立的行政事业性收费。收取时开具省级以上（含省级）财政部门监（印）制的财政票据。所收款项全额上缴财政。

（2）单位或者个体工商户聘用的员工为本单位或者雇主提供取得工资的服务。

（3）单位或者个体工商户为员工提供应税服务。

5. 境内销售货物或劳务、进口货物的界定：境内销售货物：是指销售货物的起运地或者所在地在境内。境内指中国境内。境内销售劳务：是指提供劳务的发生地在境内。进口货物：是指报关进入我国国境的应税货物（享受免税政策除外）。

6. 境内销售服务或无形资产的界定。

试点实施办法第十二条规定："在境内销售服务、无形资产或者不动产，是指：

（1）服务（租赁不动产除外）或者无形资产（自然资源使用权除外）的销售方或者购买方在境内；

（2）所销售或者租赁的不动产在境内；

（3）所销售自然资源使用权的自然资源在境内；

（4）财政部和国家税务总局规定的其他情形。

"第十三条规定："下列情形不属于在境内销售服务或者无形资产：

（1）境外单位或者个人向境内单位或者个人销售完全在境外发生的服务。

（2）境外单位或者个人向境内单位或者个人销售完全在境外使用的无形资产。

（3）境外单位或者个人向境内单位或者个人出租完全在境外使用的有形动产。

（4）财政部和国家税务总局规定的其他情形。"

境外单位或者个人发生下列行为不属于在境内销售服务或者无形资产：

（1）为出境的函件、包裹在境外提供的邮政服务、收派服务。

（2）向境内单位或者个人提供的工程施工地点在境外的建筑服务、工程监理服务。

（3）向境内单位或者个人向境内单位或者个人提供的工程、矿产资源在境外的工程勘察勘探服务。

（4）向境内单位或者个人提供的会议展览地点在境外的会议展览服务。部分服务适用税目的规定。

四、征税范围的特殊规定

（一）视同销售货物行为

1. 将货物交付其他单位或者个人代销。

2. 销售代销货物。

3. 设有两个以上机构并实行统一核算的纳税人，将货物从一个机构移送其他机构用于销售，但相关机构设在同一县（市）的除外。用于销售，是指受货机构发生以下情形之一经营行为：（1）向购货方开票；（2）向购货方收取货款。

4. 将自产或委托加工的货物用于非增值税应税项目。

5. 将自产、委托加工的货物用于集体福利或个人消费。

6. 将自产、委托加工或购进的货物作为投资，提供给其他单位或个体工商户。

7. 将自产、委托加工或购进的货物分配给股东或投资者。

8. 将自产、委托加工或购进的货物无偿赠送给其他单位或个人。

9. 财政部和国家税务总局规定的其他情形。

视同销售服务、无形资产或者不动产：

1. 单位或者个体工商户向其他单位或者个人无偿提供服务，但用于公益事业或者以社会公众为对象的除外。

2. 单位或者个人向其他单位或者个人无偿转让无形资产或者不动产，但用于公益事业或者以社会公众为对象的除外。

3. 财政部和国家税务总局规定的其他情形。

（二）混合销售

一项销售行为如果既涉及货物又涉及服务，为混合销售。从事货物的生产、批发或者零售的单位和个体工商户的混合销售行为，按照销售货物缴纳增值税；其他单位和个体工商户的混合销售行为，按照销售服务缴纳增值税。

上述从事货物的生产、批发或者零售的单位和个体工商户，包括以从事货物的生产、批发或者零售为主，并兼营销售服务的单位和个体工商户在内。

（三）兼营行为

兼营的征税规定兼营非应税项目，是指纳税人的经营范围包括销售货物和加工修理修配劳务，又包括销售服务、无形资产或者不动产。但是，销售货物、加工修理修配劳务、服务、无形资产或者不动产不同时发生在同一项销售行为中。根据《增值税暂行条例实施细则》和《营业税改征增值税试点有关事项的规定》（财税〔2016〕36 号），纳税人销售货物、加工修理修配劳务、服务、无形资产或者不动产适用不同税率或者征收率的，应当分别核算适用不同税率或者征收率的销售额，未分别核算销售额的，按照以下方法适用税率或者征收率：

（1）兼有不同税率的销售货物、加工修理修配劳务、服务、无形资产或者不动产，从高适用税率。

（2）兼有不同征收率的销售货物、加工修理修配劳务、服务、无形资产或者不动产，从高适用征收率。

（3）兼有不同税率和征收率的销售货物、加工修理修配劳务、服务、无形资产或者不动产，从高适用税率。

五、增值税税率或征收率

增值税税率就是增值税税额占货物或应税劳务销售额的比率，是计算货物或应税劳务增值税税额的尺度。我国现行增值税属于比例税率，根据应税行为一共分为13%，9%，6%三档税率及5%，3%，1%，0.5%四档征收率。

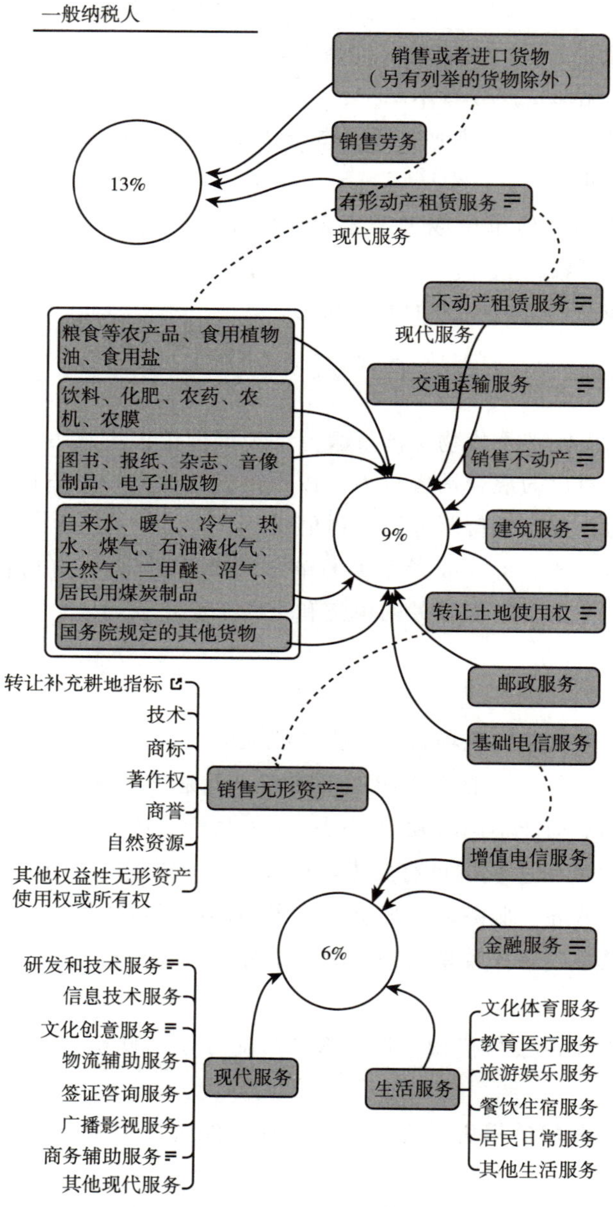

图8－2 思维导图——一般纳税人适用税率

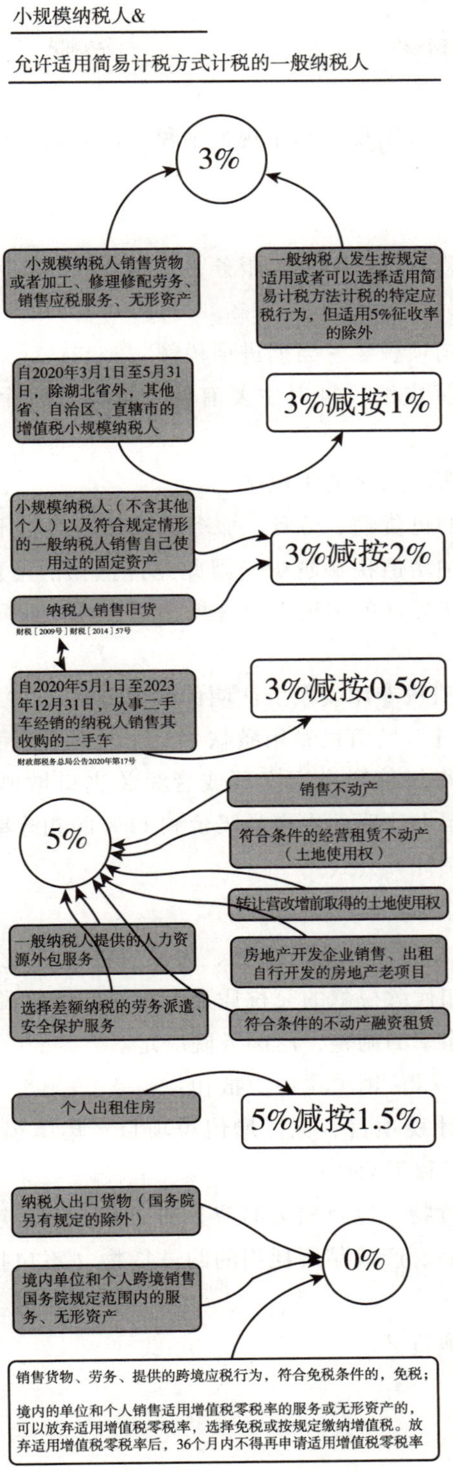

图 8－3　小规模纳税人征收率

六、增值税的计算

增值税的纳税人分为一般纳税人和小规模纳税，两者的主要区别就是计税方法不同。

（一）一般纳税人

增值税一般纳税人销售货物、劳务、服务、无形资产、不动产采用一般税款抵扣的方法计算应纳增值税额。其计算公式如下：

应纳增值税额 = 当期销项税额 – 当期进项税额

可见，一般纳税人计算应纳税额时主要有两个因素，一个是销项税额，一个是进项税额。

销项税额 = 不含税销售收入 × 适用税率

进项税额是指纳税人购进货物、劳务、服务、无形资产、不动产，支付或者负担的增值税。进项税额越多，应纳增值税额越少，因此允许抵扣的增值税税法中有严格的规定。一般情况下，取得以下合法凭证的纳税人允许抵扣增值税。下列进项税额准予从销项税额中抵扣：

1. 从销售方取得的增值税专用发票上注明的增值税额。

2. 从海关取得的海关进口增值税专用缴款书上注明的增值税额。

3. 购进农产品，除取得增值税专用发票或者海关进口增值税专用缴款书外，按照农产品收购发票或者销售发票上注明的农产品买价和11%的扣除率计算的进项税额，国务院另有规定的除外。进项税额计算公式：

进项税额 = 买价 × 扣除率

4. 自境外单位或者个人购进劳务、服务、无形资产或者境内的不动产，从税务机关或者扣缴义务人取得的代扣代缴税款的完税凭证上注明的增值税额。

准予抵扣的项目和扣除率的调整，由国务院决定。

下列项目的进项税额不得从销项税额中抵扣：

1. 用于简易计税方法计税项目、免征增值税项目、集体福利或者个人消费的购进货物、劳务、服务、无形资产和不动产；

2. 非正常损失的购进货物，以及相关的劳务和交通运输服务；

3. 非正常损失的在产品、产成品所耗用的购进货物（不包括固定资产）、劳务和交通运输服务；

4. 国务院规定的其他项目。”

（二）小规模纳税人

其计算公式如下：

当期应缴纳的增值税税额 = 当期不含税销售收入总额 ×3%（增值税征收率）

▶引导案例分析：

1. “引导案例”中铭佳贸易有限公司若为增值税一般纳税人，2022 年 3 月销售货物取得收入 98000 元，购进货物本月认证的增值税专用发票上的税额为 9800 元。计算本月铭佳贸易有限公司应该缴纳的增值税。

铭佳贸易有限公司为增值税一般纳税人，从其经营范围看，销售货物适应的税率为 13%，其税款计算采用一般计税方法，即：

应纳税额 = 当期销项税额 − 当期进项税额

当期销项税额 = 98000 × 13% = 12740（元）

应纳税额 = 12740 − 9800 = 2940（元）

2. “引导案例”中铭佳贸易有限公司若为增值税小规模纳税人，按照季度申报增值税。2020 年第一季度的销售额为 28 万元，请计算本季度应缴纳的增值税。

增值税小规模纳税人实行简易征税方式，即：

应缴纳增值税 = 280000 × 1% = 2800（元）

国家税务总局公告 2019 年第 4 号《国家税务总局关于小规模纳税人免征增值税政策有关征管问题的公告》中规定，对月销售额 10 万元以下（季度缴纳的企业为 30 万元以下）的增值税小规模纳税人，免征增值税。依据此规定，铭佳贸易有限公司 2020 年第一季度的销售额为 280000 元，不足 30 万元，因此本季度不缴纳增值税。

七、增值税发票

发票，是指在购销商品，提供或者接受服务以及从事其他经营活动中，开具、收取的收付款项凭证。增值税纳税人发生应税销售行为，应使用增值税发票管理新系统，分别开

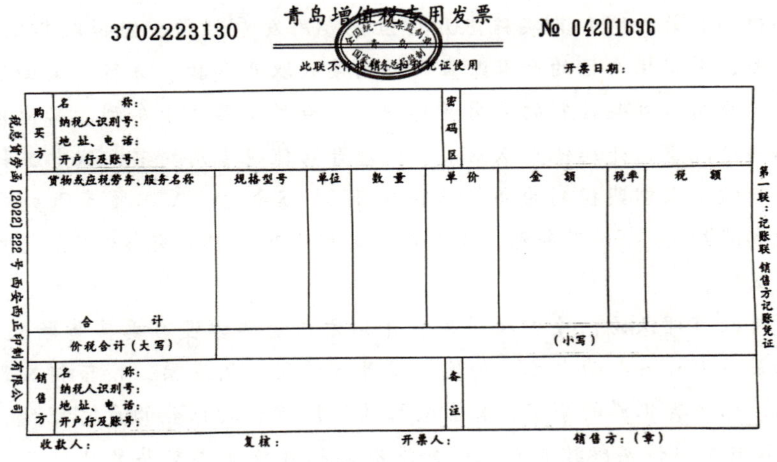
3702223130　青岛增值税专用发票　№ 04201696

此联不作报销、扣税凭证使用　开票日期：

购买方：名称：纳税人识别号：地址、电话：开户行及账号：　密码区

货物或应税劳务、服务名称　规格型号　单位　数量　单价　金额　税率　税额

合计

价税合计（大写）　（小写）

销售方：名称：纳税人识别号：地址、电话：开户行及账号：　备注

收款人：　复核：　开票人：　销售方：（章）

第一联：记账联　销售方记账凭证

税总函〔2022〕222 号 西安西正印制有限公司

图 8－4　增值税发票常见种类—增值税专用发票

具增值税专用发票、增值税普通发票、机动车销售统一发票、电子增值税普通发票。

（一）增值税专用发票

增值税专用发票是增值税一般纳税人领购使用的，既是纳税人反映经济活动的重要会计凭证，又是兼记销货方纳税义务和购货方进项税额的合法证明。

增值税专用发票由三联组成，发票联、记账联和抵扣联样式详见图 8－4。发票三联是具有复写功能的，一次开具，三联的内容一致。第一联：记账联，是销货方发票联，是销货方的记账凭证，即是销货方作为销售货物的原始凭证，在票面上的“税额”指的是“销项税额”，“金额”指的是销售货物的“不含税金额价格”；第二联是抵扣联（购货方用来扣税）；第三联是发票联（购货方用来记账）。

►财经阅读：

“虚开发票”被判无期，二审高院维持原判

2020 年 4 月 14 日，宁夏回族自治区高级人民法院对刘某等虚开增值税专用发票案做出终审裁定，依法驳回刘某等 7 人的上诉，维持石嘴山市中级人民法院的一审判决。此案为石嘴山建市以来数额最大的虚开增值税专用发票案。

2016 年 7 月至 2017 年 3 月，被告人刘某利用他人身份信息先后注册成立 5 家公司。2016 年 9 月至 2017 年 7 月，刘某在无真实货物交易的情况下，虚构经营业务，以支付开票费、虚假资金支付、资金回流等方式，先后接受北京、西藏等 16 家公司虚开增值税专用发票 1159 份，价税合计金额 5 亿余元，税额 7605 万余元；并以同样手段向区内外 63 家公司虚开增值税专用发票 4449 份，价税合计 5 亿余元，税额 7474 万余元，给国家造成巨额税款流失。其中 A 工贸有限公司及其分公司等 4 家被告单位的实际控制人肖某琴、肖某玲等在明知没有真实货物交易的情况下，先后从刘某控制公司取得虚开增值税专用发票共计 1699 份，价税合计近 2 亿元，税额 2875 万余元，均已认证抵扣税款。被告人张某作为刘某所控制公司的会计，明知其实施虚开增值税专用发票犯罪，仍帮助其编造虚假账目、伪造购销合同等，并提供自己的个人账户帮助刘某收取开票款、进行资金回流走账，主动介绍他人和其他公司从刘某控制的公司开具增值税专用发票从中牟利。其他被告人在明知刘某实施犯罪的情况下，介绍他人从刘某公司虚开增值税专用发票，从中赚取好处费。

案发后，除被告人刘某控制的公司补缴税款 23 万余元、A 工贸有限公司及其分公司补缴增值税款和滞纳金 1496 万余元，B 工贸公司用进项留抵税额 13 万余元外，剩余巨额税款至今未退缴。

石嘴山中院经审理认为，被告人刘某在开票方与受票方没有真实货物交易的情况下，伙同被告人张某多次让他人为自己、为他人虚开增值税专用发票，情节特别严重，在共同犯罪中系主犯，综合其犯罪的事实、犯罪的性质、情节和对社会的危害程度，对其不足以从轻处罚；4 家被告单位实际控制人在明知没有实际货物业务交易的情况下，接受被告人刘某虚开的增值税专用发票，数额特别巨大，情节特别严重；其余被告人介绍他人从刘某处虚开增值税专用发票牟利；各被告人、被告单位的行为给国家税收造成特别严重损失，严重破坏国家税收征管秩序，应依法予以惩处。法院认定 13 名被告人和 4 家被告单位构成虚开增值税专用发票罪，涉票面金额 10 亿余元，涉税额达 1.5 亿余元，判处被告人刘某无期徒刑，剥夺政治权利终身，并处罚金 50 万元。其余被告人分别被判处有期徒刑十年六个月至拘役、并处罚金不等的刑罚，4 家被告单位分别被判处罚金 30 万元。

一审宣判后，刘某等 7 名被告人不服，提出上诉。宁夏高院经二审审理认为，原判认定事实清楚，证据确实、充分，定罪准确，量刑适当，审判程序合法。据此，依法做出维持原判的裁定。

（资料来源：赵霞：《宁夏石嘴山特大虚开增值税发票案二审维持原判》，《检察日报》，2020 年 5 月 6 日。）

（二）增值税普通发票

增值税普通发票（样式详见图 8－5），是将除商业零售以外的增值税一般纳税人纳入增值税防伪税控系统开具和管理，也就是说一般纳税人可以使用同一套增值税防伪税控系统开具增值税专用发票、增值税普通发票等，俗称“一机多票”。

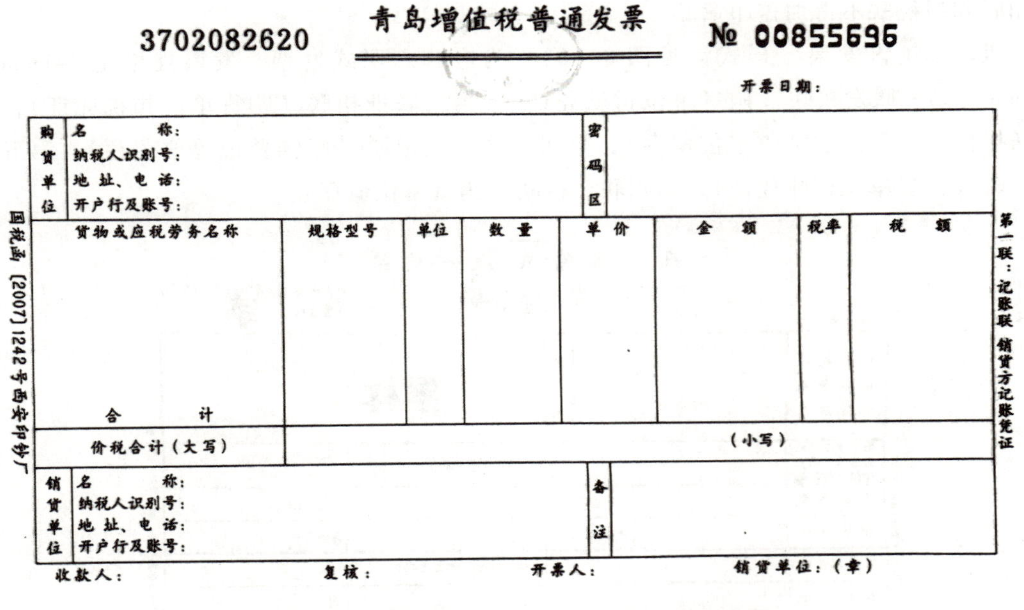
3702082620　青岛增值税普通发票　№ 00855696

开票日期：

购货单位	名称： 纳税人识别号： 地址、电话： 开户行及账号：	密码区					
货物或应税劳务名称	规格型号	单位	数量	单价	金额	税率	税额
合　计							
价税合计（大写）				（小写）			
销货单位	名称： 纳税人识别号： 地址、电话： 开户行及账号：	备注					

收款人：　复核：　开票人：　销货单位：（章）

国税函〔2007〕1242 号西安印钞厂

第一联：记账联　销货方记账凭证

图 8－5　增值税发票常见种类—增值税普通发票

增值税普通发票的格式、字体、栏次、内容与增值税专用发票完全一致，按发票联次分为两联票和五联票两种，基本联次为两联，第一联为记账联，销货方用作记账凭证；第二联为发票联，购货方用作记账凭证。此外为满足部分纳税人的需要，在基本联次后添加了三联的附加联次，即五联票，供企业选择使用。

（三）增值税电子发票

增值税电子发票，电子发票的一种，自 2015 年 8 月 1 日起，在北京、上海、浙江和深圳开展增值税电子发票试运行工作；非试点地区，2016 年 1 月 1 日起使用增值税电子发票系统开具增值税电子普通发票。

自 2020 年 12 月 21 日起，在天津、河北、上海、江苏、浙江、安徽、广东、重庆、四川、宁波和深圳等 11 个地区的新办纳税人中实行专票电子化，这些地区开出的增值税电子专用发票，全国范围内皆可接收使用。2021 年 1 月 21 日起，在其余地区的新办纳税人中实行专票电子化。

（四）机动车销售统一发票

《国家税务总局关于使用新版机动车销售统一发票有关问题的通知》（国税函〔2006〕479 号）规定："凡从事机动车零售业务的单位和个人，从 2006 年 8 月 1 日起，在销售机动车（不包括销售旧机动车）收取款项时，必须开具税务机关统一印制的新版《机动车销售统一发票》（以下简称《机动车发票》），并在发票联加盖财务专用章或发票专用章，抵扣联和报税联不得加盖印章。"

机动车销售发票（样式详见图 8－6），为电脑六联式发票。发票规格是 241mm × 177mm。第一联发票联（购货单位付款凭证），第二联抵扣联（购货单位扣税凭证），第三联报税联（车购税征收单位留存），第四联注册登记联（车辆登记单位留存），第五联记账联（销货单位记账凭证），第六联存根联（销货单位留存）。

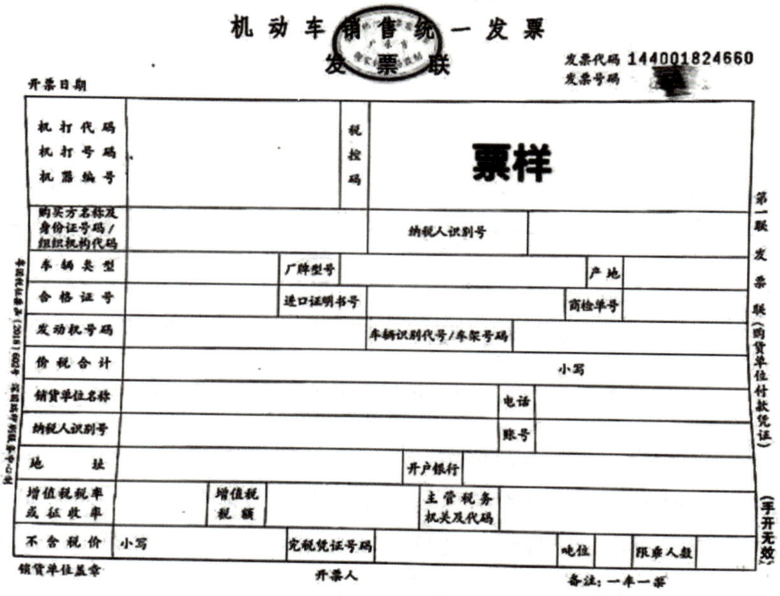
机动车销售统一发票
发票联
发票代码 144001824660
发票号码 [redacted]
开票日期
机打代码
机打号码
机器编号
税控码
票样
购买方名称及身份证号码/组织机构代码
纳税人识别号
车辆类型
厂牌型号
产地
合格证号
进口证明书号
商检单号
发动机号码
车辆识别代号/车架号码
价税合计
小写
销货单位名称
电话
纳税人识别号
账号
地址
开户银行
增值税税率或征收率
增值税税额
主管税务机关及代码
不含税价
小写
完税凭证号码
吨位
限乘人数
销货单位盖章
开票人
备注：一车一票
第一联 发票联（购货单位付款凭证）
（手开无效）

图 8－6 机动车销售统一发票

第二节 企业所得税法律制度

☞ 引导案例

税费添力——企业拓展海外市场有动力

作为全国专精特新“小巨人”企业，巨隆机械不断加大智能制造研发投入，拥有多个自主品牌、上千种产品、70多项自主专利，产品布局全球100多个国家和地区，覆盖率达到98%以上。

全碳脚踏板是公司最畅销的自行车部件之一，科技人员对其轴承部分进行了技术革新，接到的订单源源不断，目前车间全部满负荷生产，自行车零部件订单已经排到了几个月后。

企业取得这些成绩，离不开税惠政策的支持，税务人员主动联系企业了解情况，宣传税收优惠。从2021年至2022年第三季度，企业享受高新技术企业所得税优惠710万元，研发费用扣除额超3600万元。税费优惠缓解了企业资金压力，为企业发展增添了动力。目前公司把减税降费的资金全部用在了产品的创新研发上，使得产品竞争力大幅提升，为拓展海外市场提供了有力支持，让中国研发、制造的“小踏板”走向世界。

（资料来源：依据国税局网站资料改编。）

【案例思考】

1. 了解企业所得税法律制度中研发费用的税收优惠内容，结合案例谈谈这一优惠对企业的发展的作用。

2. 结合案例谈谈税收对企业发展的影响。

知识讲解

在中华人民共和国境内，企业和其他取得收入的组织为企业所得税的纳税人，依照税法规定缴纳企业所得税。个人独资企业、合伙企业不缴纳企业所得税。

一、纳税义务人及征税范围

企业所得税的纳税人分为居民企业和非居民企业。他们在征税范围上有一定差异（详见表8－2）。

表 8－2 所得税纳税人及征税范围

纳税人	判定标准	征收范围
居民企业	(1) 依照中国法律、法规在中国境内成立的企业；(2) 依照外国（地区）法律成立但实际管理机构在中国境内的企业	来源于中国境内、境外的所得（全面纳税义务）
非居民企业	(1) 依照外国（地区）法律、法规成立且实际管理机构不在中国境内，但在中国境内设立机构、场所的企业；(2) 在中国境内未设立机构、场所，但有来源于中国境内所得的企业	来源于中国境内的所得

二、企业所得税的税率

（一）一般规定

在《中华人民共和国企业所得税法》中有规定：居民企业以及在中国境内设有机构、场所且所得与机构、场所有实际联系的非居民企业，应当就其来源于中国境内、境外的所得缴纳企业所得税，适用税率为 25%。

在中国境内未设有机构、场所或者虽设立机构、场所，但取得的所得与机构、场所没有实际联系的非居民企业应当就其来源于中国境内的所得缴纳企业所得税，适用税率为 20%。

（二）优惠税率

1. 自 2019 年 1 月 1 日到 2021 年 12 月 31 日，对小型微利企业每年应缴纳税所得额不超过 100 万元的部分，应当按减 25% 的税率计入应纳税所得额，按 20% 的税率缴纳企业所得税；对年应纳税所得额超过 100 万元但不超过 300 万元的部分，减按 50% 计入应纳税所得额，按 20% 的税率缴纳企业所得税。小型微利企业是指从事国家非限制和禁止行业，且同时符合年度应纳税所得额不超过 300 万元、从业人数不超过 300 人、资产总额不超过 5000 万元三个条件的企业。

【例 8－1】 甲企业为符合条件的小型微利企业。2020 年甲企业的应纳税所得额为 250 万元。计算甲企业当年应缴纳的企业所得税税额。

【解析】甲企业 2020 年应缴纳的企业所得税税额为：

$100 \times 25\% \times 20\% + 150 \times 50\% \times 20\% = 20$（万元）

自 2021 年 1 月 1 日至 2022 年 12 月 31 日，小微企业和个体户所得税年应纳税所得额不到 100 万元部分，在现行小微企业优惠政策基础上，再减半征收。

【例 8－2】 甲企业为符合条件的小型微利企业。2021 年甲企业的应纳税所得额为 250 万元。计算甲企业当年应缴纳的企业所得税税额。

【解析】甲企业 2021 年应缴纳的企业所得税税额为：

$100 \times 25\% \times 20\% \times 50\% + 150 \times 50\% \times 20\% = 17.5$（万元）

2. 对国家需要重点扶持的高新技术企业，减按 15% 的税率征收企业所得税。自 2018 年 1 月日起，对经认定的技术先进型服务企业（服务贸易类），减按 15% 的税率征收企业所得税。企业所得税税率见图 8 – 7。

企业所得税税率	25%
符合条件的小型微利企业（自2019年1月1日至2021年12月31日，应缴纳所得额不超过100万元的部分，减按25%计入应纳税所得额，超过100万元但不超过300万元的部分，减按50%计入应纳税所得额）	20%
国家需要重点扶持的高新技术企业	15%
技术先进型服务企业（中国服务外包示范城市）	15%

图 8 – 7　思维导图——企业所得税税率

三、企业所得税的计算

企业所得税法规定，企业（居民企业以及在中国境内有机构场所的非居民企业）应纳税所得额的确定，是企业的收入总额减去成本、费用、税金、损失以及准予扣除项目的金额。

应纳税额 = 应纳税所得额 × 税率 – 减免税额 – 抵免税额

应纳税所得额 = 收入总额 – 不征税收入 – 免税收入 – 扣除额 – 弥补亏损

成本是纳税人为生产、经营商品和提供劳务等所发生的各项直接耗费和各项间接费用。

费用是指纳税人为生产经营商品和提供劳务等所发生的销售费用、管理费用和财务费用。

税金是指纳税人为生产经营商品和提供劳务等所发生的各种税金。例如在会计核算中计入“管理费用”——印花税、房产税、车船税和土地使用税；计入“营业税金及附加”——营业税、消费税、城建税、教育费附加、关税、土地增值税、资源税（不包括增值税）；计入资产或货物的成本——契税、车辆购置税、进口关税、不得抵扣增值税和耕地占用税。

损失是指纳税人生产经营过程中的各项营业外支出、经营亏损和投资损失等。除此以外，在计算企业应纳税所得额时，对纳税人的财务会计处理和税收规定不一致的，应按照税收规定予以调整。企业所得税法定扣除项目除成本、费用和损失外，税收有关规定中还明确了一些需按税收规定进行纳税调整的扣除项目。

▶财经阅读：

2021年度企业所得税税收优惠集锦

支持小型微利企业发展

财政部、税务总局发布《关于实施小微企业和个体工商户所得税优惠政策的公告》（2021年第12号），对小型微利企业年应纳税所得额不超过100万元的部分，在《财政部 税务总局关于实施小微企业普惠性税收减免政策的通知》（财税〔2019〕13号）第二条规定的优惠政策基础上，再减半征收企业所得税。

激励企业加大研发投入

一是财政部、税务总局发布《关于进一步完善研发费用税前加计扣除政策的公告》（2021年第13号），制造业企业开展研发活动中实际发生的研发费用，未形成无形资产计入当期损益的，在按规定据实扣除的基础上，自2021年1月1日起，再按照实际发生额的100%在税前加计扣除；形成无形资产的，自2021年1月1日起，按照无形资产成本的200%在税前摊销。

二是税务总局发布《关于进一步落实研发费用加计扣除政策有关问题的公告》（2021年第28号），增设简化版研发支出辅助账和研发支出辅助账汇总表样式。

支持集成电路企业、软件企业高质量发展

国家发展改革委、工业和信息化部、财政部、海关总署、税务总局联合制发《关于做好享受税收优惠政策的集成电路企业或项目、软件企业清单制定工作有关要求的通知》（发改高技〔2021〕413号），明确享受税收优惠政策的集成电路企业或项目、软件企业清单制定工作有关程序，以及享受税收优惠政策的企业条件和项目标准。

推动创业投资发展

财政部、税务总局、发展改革委、证监会联合制发《关于上海市浦东新区特定区域公司型创业投资企业有关企业所得税试点政策的通知》（财税〔2021〕53号），对上海市浦东新区特定区域内公司型创业投资企业，转让持有3年以上股权的所得占年度股权转让所得总额的比例超过50%的，按照年末个人股东持股比例减半征收当年企业所得税;转让持有5年以上股权的所得占年度股权转让所得总额的比例超过50%的，按照年末个人股东持股比例免征当年企业所得税。

完善企业所得税优惠目录

财政部、税务总局、国家发展改革委、生态环境部联合制发《关于公布〈环境保护、节能节水项目企业所得税优惠目录（2021年版）〉以及〈资源综合利用企业所得税优惠目录（2021年版）〉的公告》（2021年第36号），更新适用企业所得税优惠政策的环境保护、节能节水项目目录及综合利用的资源、产品、技术标准等。

本章小结

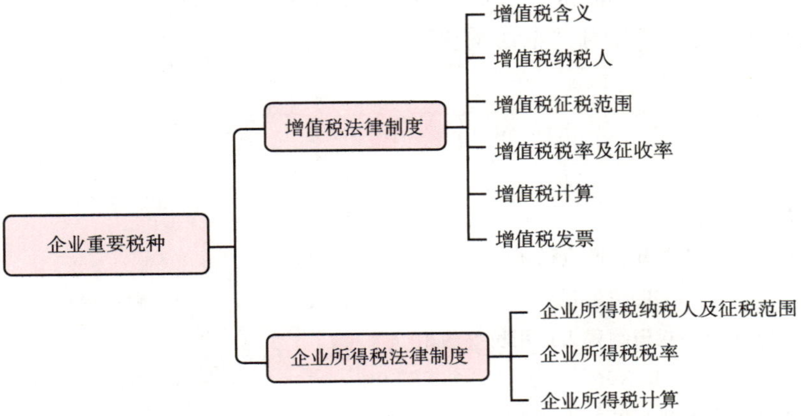

思政小课堂

3 年缴税 20 亿!

在互联网上,某辣酱品牌创始人被“90 后”称为“国民女神”。留学生群体在国外超市花高价买走该品牌辣酱,从豆豉和辣椒的香气中吃出“家乡的味道”。该品牌一直以来都非常受大家的喜爱,独特的味道不但吸引了国人,也吸引了很多外国食客,许多外国人在中国品尝过该品牌辣酱之后,便再也不能自拔了。

该品牌的“牛”在于在过去 20 年间,从未拖欠一分钱税收,自创业之初,首要原则就是诚信纳税,不按时交税睡不着觉,它支撑了中国一个身处贫困省行列的省份名列全国前茅的经济增速。

该品牌辣酱,15 年中纳税额增长了 155 倍;在贵州 7 个县,该品牌建起了 28 万亩无公害辣椒基地,直接间接带动 800 万农民致富……

因为纳税,该创始人还跟税务部门的人打过架,有一次,她主动去税务局纳税,工作人员不给上,说要去送孩子到学校,让她改天再来,该创始人怒了,上去跟他干了一架,“我主动来纳税,他还刁难我!”

该创始人说:早交晚交都要交,从来不拖欠国家一分一厘,这才是做企业,也是我们的能力,拖欠或者偷漏税是很不好的。

我们没有国债,不欠国家税收,也没有贷款,干干净净,一身清白,该赚的钱我就赚,不干净的钱我不要。

不偷税、不贷款、不欠账、不上市、也不做广告,金杯银杯不如口碑,这样的企业家不要说买劳斯莱斯,就是买飞机也不过分!

(资料来源:依据网络资料整理。)

【案例思考】

1. 评价分析案例中该创始人的行为。
2. 如果你未来管理一个企业,应该如何对待企业产生的税收?
3. 结合身边案例谈谈你对“依法纳税”的理解。

单元检测

一、单项选择题

1. 以课税对象为标准划分,增值税属于(　　)。

A. 所得税　　B. 流转税　　C. 行为税　　D. 财产税

2. 下列属于增值税小规模纳税人适用税率的是(　　)。

A. 17%　　B. 13%　　C. 9%　　D. 3%

3. 依据增值税法律制度,年应纳增值税的销售额超过(　　)为一般纳税人。

A. 80 万元　　B. 100 万元　　C. 300 万元　　D. 500 万元

4. 根据增值税法律制度的规定，下列服务中，应按照“金融服务——贷款服务”税目计缴增值税的是（ ）。

A. 资金结算　　B. 金融商品转让

C. 信用卡透支利息收入　　D. 货币兑换

5. 纳税人以货币投资收取固定利润或保底利润按照（ ）征收增值税。

A. 贷款服务　　B. 直接收费金融服务

C. 保险服务　　D. 金融商品转让

6. 一般纳税人销售下列货物，增值税税率为13%的是（ ）。

A. 农产品　　B. 图书　　C. 暖气　　D. 电力

7. 根据企业所得税法律制度的规定，下列各项中，属于不征税收入的是（ ）。

A. 接受捐赠收入　　B. 国债利息收入

C. 销售货物收入　　D. 财政拨款

8. 根据企业所得税法律制度的规定，下列各项中，不属于财产转让所得的是（ ）。

A. 转让房屋所有权　　B. 转让土地使用权

C. 转让专利技术所有权　　D. 转让商标使用权

9. 根据企业所得税法律制度的规定，下列各项中，不属于企业所得税纳税人的是（ ）。

A. 外商独资企业　　B. 一人有限责任公司

C. 个人独资企业　　D. 社会团体

10. 居民企业，应当就其来源于中国境内、境外的所得缴纳企业所得税，其适用税率为（ ）。

A. 20%　　B. 13%　　C. 25%　　D. 15%

二、判断题

1. 个体工商户不能成为一般纳税人。（ ）

2. 小规模纳税人不得自行开具增值税专用发票。（ ）

3. 增值税属于流转税，可以通过价格转嫁给购买方。（ ）

4. 一般纳税人应该按照季度缴纳增值税。（ ）

5. 纳税人本月或者本季度未发生业务，则不需要申报增值税。（ ）

6. 征税对象的数额未达到起征点的不征税，达到或超过起征点的就其全部数额征税。（ ）

7. 纳税人转让不动产时一并转让其所占土地的使用权的，按照“销售不动产”缴纳增值税。（ ）

8. 甲航空公司为地震灾区无偿提供救灾物资运输，其行为应视同销售征收增值税。（ ）

9. 对国家需要重点扶持的高新技术企业，减按20%的税率征收企业所得税。（ ）

10. 年度应纳税所得额不超过300万元的纳税人为企业所得税的小型微利企业。（ ）

三、多项选择题

1. 下列关于增值税征税范围的说法中正确的有（ ）。

A. 邮政储蓄服务按“邮政服务”征收增值税

B. 基础电信服务按“电信服务”征收增值税

C. 增值电信服务按“电信服务”征收增值税

D. 鉴证咨询服务按“现代服务”征收增值税

2. 下列各项中，按照“生活服务”缴纳增值税的有（ ）。

A. 市容市政管理服务

B. 物业管理服务

C. 文化创意服务

D. 家政服务

3. 根据增值税法律制度的规定，纳税人销售货物向购买方收取的下列款项中，属于价外费用的有（　　）。

A. 包装物租金　　B. 手续费　　C. 违约金　　D. 增值税

4. 下列计入“税金及附加”的税金是（　　）。

A. 增值税　　B. 消费税　　C. 印花税　　D. 城市维护建设税

5. 下列属于增值税合法发票的是（　　）。

A. 增值税电子普通发票

B. 增值税专用发票

C. 增值税普通发票

D. 机动车销售统一发票

四、实践应用

青岛市甲工程机器租赁公司为增值税一般纳税人，2021 年 11 月，向本市某建筑公司出租工程用设备 1 台（经营性租赁），取得不含税租金收入 100 万元，并按规定开具增值税专用发票，当月购入出租用工程车一辆，取得增值税专用发票 1 份注明不含税价款 80 万元，经过税务机关认证。请判断，甲公司当月发生的业务属于增值税哪个税目以及当月应缴纳的增值税税额。

第三篇

个人素养

第九章　个人日常收支

学习目标

【知识目标】

1. 明确个人收入的含义、特点和来源途径；
2. 明确个人消费的含义、特点和支出的途径；
3. 掌握常见个人所得税税额的计算方法与缴纳程序；
4. 了解个人所得税收筹划的简单原理。

【技能目标】

1. 具备分析个人收入来源途径的能力；
2. 具备判断合理个人消费的能力；
3. 具备独立申报个人所得税款的能力；
4. 具备合理规划个人税收的能力。

【思政目标】

1. 遵纪守法，坚持生财有道的信念；
2. 勤俭节约，培养适度合理的消费观念；
3. 遵纪守法，树立依法纳税的法律意识。

【名人名言】

节俭朴素，力戒奢靡，是我们党的传家宝。现在，我们生活条件好了，但艰苦奋斗的精神一点都不能少，必须坚持以俭修身、以俭兴业，坚持厉行节约、勤俭办一切事情。

——2021 年 3 月 1 日，习近平在中央党校中青年干部培训班开班式上的讲话

第一节　个人收入

☞ 引导案例

调查称白领对副业需求加大，主要为增加收入

“当主业面对风险因素增多时，白领们对副业的需求被进一步加大。”智联招聘发布《2020 年白领生活状况调研报告》显示，疫情期间，32.5% 的受访白领表示有从事过灵活

就业或兼职，而就职于100人以下小微企业白领更多体验了斜杠生活，占比达到36.61%。

从数据上看，文化/传媒/娱乐/体育和文体教育/工艺美术行业的灵活就业渗透率较高，分别达到47.53%和41.55%。文化传媒行业以“网络主播”为首的灵活就业机会较多，带动了整个行业的灵活就业渗透度；在线教育的兴起让文体教育领域生长出更多的灵活就业机会；生活服务、商业服务这种本身具有跨平台变现灵活基因，灵活就业人员占比也较高。

“白领灵活就业与兼职多是出于现实目的。”报告指出，在从事灵活就业的白领中，77.26%主要是为了增加收入，与第二顺位的“发挥自己的专长和能力”拉开较大差距。具体看，不同年龄层的白领对灵活就业的认知不同，年轻白领多求收入补充，而年长白领把“第二职业”当作自己发挥余热的场所。

报告还指出，近年来，生活服务业领域不断拓宽，新兴就业形态也使得许多白领怦然心动。智联招聘调研显示，51.19%的白领表示会根据具体的条件而思考加入生活服务业，而40.3%的白领则明确给出了肯定的回答。41.86%的“70后”和46.46%的“80后”对生活服务业表示认可，而更多“90后”“95后”表示会根据具体情况进行判断，可以看到代际间的行业认知差异。

面对就业新趋势，40.24%的受访白领表示依然会在当前领域深耕，并不会跟风跳槽，然而，想加入新零售、在线教育、直播行业的受访白领分别占比21.82%、19.57%和9.73%。

同时，新兴就业方式面前，性别差异凸显。48.33%的男性受访白领表示不会跟风转行，高于女性13.51个百分点，更显坚定。在细分领域上，22.88%的男性和21.12%的女性想加入新零售行业；而在线教育和主播职位共吸引了33.8%的女性白领，这一比例在男性群体中为22.58%，可以看出女性白领更希望借力数字化风口，在镜头前、屏幕后寻找另一种职场体验。

（资料来源：于晓：《调查称白领对副业需求加大，主要为增加收入》，中国新闻网，2020年6月4日，https://www.chinanews.com.cn/cj/2020/06-04/9203161.shtml。）

【案例思考】

1. 结合案例谈谈你对“收入”的理解。
2. 结合自己的专业以及兴趣爱好，规划一下你的收入来源。

知识讲解

一、个人收入概述

（一）个人收入的含义

日常生活中我们经常会用到“收入”一词，上到“国家财政收入”下到“企业销售收入”，再到我们个体的“个人收入”，收入影响着每一个人。通俗点说“收入”就是收进来的款项。个人收入指一年内个人可以得到的全部收入，即个人从各种途径所获得的收入的总和，包括工资、租金收入、股利股息及社会福利等所收取得来的收入。

（二）个人收入指标

个人收入（Personal Income，PI）反映了个人的实际购买力水平，预示了未来消费者对于商品、服务等需求的变化。个人收入指标是预测个人的消费能力、未来消费者的购买动向及评估经济情况好坏的一个有效指标。个人收入提升代表经济情况好转或经济景气，相应的，个人消费支出就有可能增加；下降当然是放缓、衰退的征兆，对货币汇率走势的影响是不言而喻的。

二、个人收入来源

个人收入来源主要包括工资、租金收入、劳务报酬所得、股利股息等所收取得来的收入。

（一）工资

工资，指个人提供劳务，由雇主或者用人单位依据法律规定或行业规定以货币形式对其劳动所支付的报酬。工资是各单位在一定时期内直接支付给全体职工的劳动报酬总额，称为工资总额。其内容包括以下六个部分。

1. 计时工资。计时工资是指按计时工资标准和工作时间支付给职工的劳动报酬，包括对已做工作按计时工资标准支付的工资；实行结构工资制的单位支付给职工的基础工资和职务工资；新录用职工的见习工资等。

计时工资是指按规定的计时工资标准，根据考勤记录计算支付给职工个人的劳动报酬。企业在具体计算计时工资时，可采用月薪制和日薪制两种形式。

采用月薪制计算计时工资，不考虑当月的实际日历天数，职工只要出全勤，就可以得到固定的月标准工资。如有缺勤，按规定标准扣薪。故称为“扣缺勤法”，又叫“倒扣法”。其计算公式如下：

$$\text{应付计时工资} = \text{月标准工资} - \text{缺勤应扣工资}$$

$$\text{缺勤应扣工资} = \text{缺勤天数} \times \text{日工资} \times \text{应扣比例}$$

$$\text{日工资} = \frac{\text{月工资标准}}{\text{月工作天数}}$$

月工作天数通常有两种确定方法：

（1）按月平均日历天数计算，即每月 30 天。按月工作日 30 天计算日工资时，对出勤期间的双休日和节假日均作出勤处理；对缺勤期间的双休日和节假日均作缺勤处理。

（2）按月平均实际工作日数计算。按国家法定工作时间，每月工作时间为 20.83 天

［(365－104－11)÷12＝20.83］天。但是按《中华人民共和国劳动法》规定，在法定节假日用人单位应当依法支付工资，则每月工作天数按21.75天［(365－104)÷12＝21.75］天计算日工资。这样，月内的休息日不付工资，缺勤期间的休息日也不扣工资。

【例9－1】振华机械制造有限公司生产车间工人吕志伟的月工资标准是4350元。10月31天，吕某请病假3天，事假2天，星期休假9天，出勤17天。根据吕志伟的工龄，其病假工资按工资标准的90%计算。在病假和事假期间没有节假日。根据有关规定计算吕志伟本月的计时工资总额。

日工资率＝4350÷21.75＝200

按缺勤日数扣月工资：

应扣缺勤病假工资＝200×3×(100%－90%)＝60（元）

应扣缺勤事假工资＝200×2＝400（元）

应付计时工资额＝4350－60－400＝3915（元）

2. 计件工资。计件工资是指按职工所完成的工作量和计件单价计算支付的劳动报酬，包括在实行超额累进计件、直接无限计件、限额计件和超定额计件等计件工资形式下，按有关计算规定和计件单价支付给职工的工资；按工作任务包干方法支付给职工的工资；按营业额提成或利润提成办法支付给个人的工资。

$$个人计件工资 = \sum[(合格品数量 + 料废品数量) \times 单位计件工资]$$

▶财经阅读：

料废品和工废品

料废品，是指职工生产的由于材料质量不符合要求而产生的废品。与料废品相对应的还有工废品。工废品是指材料合格但因工人操作不熟练、疏忽大意、没有按照工艺要求和生产流程加工等原因而产生的废品。生产工废品，不计算支付工资，有的企业还会要求责任人赔偿损失。

【例9－2】鸿志电器制造有限公司车间工人王陆加工A、B两种产品。A产品的计件单价为15元，B产品的计件单价为21元。王某11月加工A产品300件，B产品120件，验收时发现A产品料废3个，工废5个，其余合格。计算王陆本月应得的计件工资薪酬。

该工人的计件工资＝15×(300－5)＋21×120＝6945（元）

3. 奖金。奖金是指支付给职工的超额劳动的报酬和增收节支的劳动报酬，包括生产奖、节约奖、劳动竞赛奖等。

4. 津贴和补贴。津贴和补贴是指为补偿职工特殊或额外劳动消耗和因其他特殊原因支付给职工的津贴，以及为了保证职工工资水平不受物价上升影响而支付给职工的物价补贴。

▶财经阅读：

津贴和补贴

津贴和补贴是指基本工资外，为了补偿职工特殊或额外的劳动消耗和因其他特殊原因支付给职工的津贴、补贴。简单地说，津贴与补贴都包含在工资当中。津贴和补贴本质上没有区别，但是补贴是对日常生活费用开支的补助，侧重于生活性；而津贴是对额外和特殊劳动消耗的补偿，侧重于生产性。

津贴包括：

（1）补偿职工特殊或额外劳动消耗的津贴，如高空津贴、井下津贴、野外津贴、中班和夜班津贴等；

（2）保健性津贴，如卫生防疫津贴；

（3）技术性津贴，如特级技师津贴；

（4）年功性津贴，如工龄津贴；

（5）其他津贴，如冬煤津贴、书报费等。

补贴包括为保证职工工资水平不受物价上升影响而支付给职工的物价补贴，例如，物价补贴。

5. 加班加点工资。加班加点工资是指按职工加班加点的时间和加班加点的工资标准支付给职工的劳动报酬。

6. 特殊情况下支付的工资。特殊情况下支付的工资包括：

（1）根据国家法律、法规和政策规定在某些非工作时间内支付的工资，如病、伤、产假工资等；

（2）附加工资和保留工资。

工资总额不包括以下的内容：

（1）根据国家有关规定颁发的创造发明奖；

（2）有关劳动保险和职工福利方面的各项费用；

（3）有关离休、退休人员待遇的各项支出；

（4）出差伙食补助；

（5）支付给承租人的风险性补偿收入；

（6）购买本企业股票和债券所得到的股息收入和利息收入等。

（二）财产租赁收入

财产租赁收入是指个人出租建筑物、土地使用权、机器设备、车船以及其他财产取得的收入。出租人可通过租赁合同与承租人确定租赁期限，租金、租金结算时间、结算方式、违约条款等。

（三）劳务报酬所得

劳务报酬所得是指个人独立从事各种非雇佣的各种劳务所取得的所得，例如个人从事设计、装潢、安装、制图、化验、测试、医疗、法律、会计、咨询、讲学、新闻、广播、翻译、审稿、书画、雕刻、影视、录音、录像、演出、表演、广告、展览、技术服务、介绍服务、经纪服务、代办服务、其他劳务等项劳务的所得。另外，对非雇员免收差旅费、旅游费的营销业绩奖励属于变相的劳务报酬。

（四）股利股息收入

股利股息收入是指个人拥有债权、股权而取得的利息（包括存款利息、贷款利息等）、股息、红利。

股利股息收入的具体计算等内容将在第十章介绍。

（五）生产、经营所得和对企事业单位的承包、承租经营收入

生产、经营所得和对企事业单位的承包、承租经营所得是指个人承包经营、承租经营以及转包、转租取得的所得，还包括个人按月或者按次取得的工资、薪金性质的所得。

（六）稿酬收入

稿酬收入是指个人作品以图书、报刊形式出版、发表取得的所得。不以图书、报刊形式出版、发表的翻译、审稿、书画所得归为劳务报酬所得。

（七）特许权使用费收入

特许权使用费收入是指我国个人收入调节税的一项应税收入。即指个人因提供或转让各种专利权、专有技术、版权、商标权等给他人使用所取得的收入。个人所拥有的特许权未经许可，任何单位和个人都不得用以为自己服务谋取利益，只有当特许权所有者同意转让或允许使用，并在支付一定使用费后，才能使用。

（八）财产转让收入

财产转让收入，是指个人有偿转让各类财产取得的收入，包括有价证券、股权、建筑物、土地使用权、机器设备、车船以及其他财产取得的收入。

（九）个人偶然收入

个人偶然收入是指个人得奖、中奖、中彩以及其他偶然性质所得。例如企业对累积消费达到一定额度的顾客给予的额外抽奖。

（十）其他所得

除上述个人收入以外的其他所得。

三、个人收入的影响因素

个人收入的高低能够体现出一个国家经济发展水平和该国个人的实际购买力水平，影响个人收入的因素主要包括以下几个方面：

（一）国家经济发展状况

个人收入首先受制于整个国家经济发展水平，每个人都是国家的一员，只有国家经济发展了，人民收入才会不断增加，人民的生活水平才会不断提升。建党百年，中国实现了人民生活从温饱不足到总体小康、奔向全面小康的历史性跨越，推进了中华民族从站起来到富起来的伟大飞跃；中华民族迎来了从站起来、富起来到强起来的伟大飞跃。“国富才能民富，国强才能民安”。国家富强了，人民的收入也增多了。

（二）消费者物价指数

消费者物价指数（CPI）是反映居民一般所购买的消费价格水平变动情况的宏观经济指标。如果消费者物价指数不断增长，一定的居民工资收入的购买力度就会不断下降，居民的实际工资收入就会不断下降，影响居民的实际消费和生活水平。反之，居民的工资收入就会不断增长。所以，消费者物价指数成为影响个人收入的重要因素。

（三）国家相关政策

国家为保护劳动者的基本生活，在劳动者提供正常劳动的情况下，而强制规定用人单位必须支付给劳动者的最低工资报酬。最低工资保障制度是我国的一项劳动和社会保障制度。最低工资标准每年会随着生活费用水平、职工平均工资水平、经济发展水平的变化而由当地政府进行调整。

▶财经阅读：

多地密集上调最低工资标准，将如何影响个人收入和劳动力市场？

2021年以来，各地最低工资标准密集上调。江西、黑龙江、新疆、陕西、天津、西藏、北京等地近日陆续宣布上调的消息。此外，广东等省份也正在酝酿政策出台。这一政策将使哪些人受益？对企业有何影响？

“双赢”举措　　新华社发　刘道伟　作

最高每月涨200元，还有一波在路上

因为最近当地上调最低工资标准，江西赣州澳丽尔化妆品有限公司的保洁员夏先梅每个月的底薪涨了140元。加上绩效工资、加班费，4月共计涨了近500元，工资到手2929元。

夏先梅告诉记者，虽然钱并不算多，但毕竟在涨，很开心。

“最低工资标准，主要用于确保用人单位应当支付劳动者的最低劳动报酬能够满足劳动者个人及家庭基本生活。根据经济社会发展、物价水平合理调整这个标准，对于加强保障低收入者的生活、缓解收入差距、促进分配公平，都具有重要意义。”江西省人社厅劳动关系处处长林祖平说。

今年二季度以来，多地上调了最低工资标准。江西、黑龙江、新疆、陕西第一档最低工资分别上调至每月1850元、1860元、1900元、1950元。

还有一波调整在路上。7月1日起，天津、西藏最低工资标准将上调至每月2180元、1850元。8月1日起，北京市将调至每月2320元的新标准。

总体看，各地涨幅在每月80元至200元不等。此外，安徽、吉林、广东也明确表示今年将上调。

为什么近期多地密集调整最低工资标准？

“各地调整最低工资，既有经济复苏的支撑，也遵循了相关政策要求，更是提高低收入劳动者工资的现实需要。”中国劳动学会特约研究员苏海南说。

按照《最低工资规定》，除月最低工资标准外，还设有小时最低工资标准。前者适用于全日制就业劳动者，后者适用于非全日制就业劳动者。2015年末，人力资源和社会保障部下发通知，要求在今后一段时间内，最低工资标准每两年至三年至少调整一次。

根据人社部发布的情况，全国约 20 个省份 2021 年前最后一次上调最低工资标准是在 2017 年或 2018 年。2020 年，多地宣布因疫情影响、为支持企业复工复产暂缓了调整。

一系列托底保障随最低工资提高，受益群体不止低收入劳动者

多位专家表示，上调最低工资标准将直接拉动各用人单位最低岗位的工资水平，使得工资等于或者略高于最低工资的劳动者，收入能有所提高。但政策调整实际受益的不止低收入劳动者。

“虽然大部分企业员工的基本工资都高于最低工资标准，但企业在计算员工加班费、社保缴纳基数等方面，会参照最低工资标准予以提高。”广州海鸥住宅工业股份有限公司副总经理陈巍认为，因此许多员工都会受惠，特别是一线工人，待遇和养老等社保保障水平都会提高。

“最低工资标准在我国薪酬体系中主要发挥托底作用。通常企业分档发放工资，最低档工资提高后，会对有些企业的其他档工资起到一定撬动作用。当然这不是说每家企业、每个岗位都会涨工资。”苏海南表示，最低工资标准同时还是其他一系列托底保障和待遇的基准线，能对它们发挥“带动效应”。

今年 6 月，北京在发布最低工资标准调整的同期，宣布失业保险金标准和工伤人员伤残津贴也相应上调。

据记者了解，我国大部分地区规定，失业保险金标准为最低工资标准的 90%，用人单位支付劳动者病假工资不得低于最低工资标准的 80%。此外，单位停工停业等情况下职工的基本生活费等参照最低工资确定，因此都将随最低工资标准上调而有所提高。

天津的李女士最近就赶上了这一红利。45 岁的她在一家国有企业服务中心工作，包吃住月收入 4100 元。因最近查出疾病，7 月马上做手术，她一度担心治病和术后恢复期间没有收入来源。

公司负责人告诉她，根据相关规定，7 月 1 日起天津最低工资标准上涨为 2180 元/月，所以将给李女士治疗期间每月发放 1800 元，确保最基本的生活有保障。

此外，还有不少“无底薪 + 高提成”来获得收入的劳动者，他们全年收入可能不低，但个别月份收入可能很低。调整最低工资标准，可以提高他们在业绩困难时期的薪酬保障。

（资料来源：姜琳、黄浩苑、邬慧颖：《多地密集上调最低工资标准，将如何影响个人收入和劳动力市场?》，新华社，2021 年 6 月 22 日，https：//baijiahao. baidu. com/s? id = 1703272083027524656&wfr = spider&for = pc。）

（四）企业相关情况

员工个人收入与企业是息息相关的。首先，企业的经济效益情况是影响员工个人收入的首要因素。企业只有持续、稳定经营，不断在激烈的市场竞争中求得生存和发展，才能够获得更大的经济效益，员工的利益才能够得以保障。其次，企业的薪酬制度也是影响员工个人收入的因素。很多企业会通过良好薪酬制度激励员工工作积极性，不断提高员工个人收入使员工提升工作热情，不断为企业创造价值。

（五）职业的选择

美国社会学家塞尔兹说：“职业是一个人为了不断地取得收入而连续从事的具有市场价值的特殊活动，这种活动决定着从事它的那个人的社会地位。”《中华人民共和国职业分类大典》则指出：职业是指从业人员为获取主要生活来源所从事的社会工作类别。不同的职业入职条件不同，胜任工作的能力要求不同，从而个人通过工作所获得的个人收入也不尽相同。

（六）受教育程度

工资收入是很多人收入的主要来源，每个人所受教育程度的不同及学历水平的不同得到的工作机会也不尽相同。虽然，高学历不代表就一定有高收入，但是，高学历使人具备更好的为企业、为社会创造效益的能力，从而会影响个人收入。

影响个人收入的因素还有很多，如个人能力、个人兴趣爱好、个人对待生活的态度等，这些都影响着个人收入。现在很多年轻人都在利用个人兴趣爱好积极探索除工作以外的副业，不断丰富自己的生活，获得更多发展机会，不断增加自己的个人收入。

第二节　个人消费支出

☞ 引导案例

大学生应树立正确消费观

为保护大学生的财产安全，避免其跌入形形色色的“校园贷”陷阱，中国消费者协会日前向青年学生发出消费警示。

一要警惕“注销校园贷”骗局，不向陌生账户转账。相关部门、业内并没有推出所谓的“注销校园贷”操作，个人征信信息也无法人为修改，只要大学生借款后能够按时还清贷款，就不会影响个人征信。大学生如果对个人征信存在疑问的，可通过当地人民银行征信部门、中国人民银行征信中心信息服务平台或是拨打征信中心客服电话等官方渠道进行咨询。

二要树立正确消费观念，办理贷款务必做好前期工作。大学生应理性认识自己的消费能力，根据自身经济条件制订消费计划，合理安排生活支出，避免过度消费和超前消费。如果确需申请贷款的，一定先和父母沟通，认真评估自己的还款能力，并向正规的银行等金融机构办理贷款业务。贷款前还应仔细阅读合同内容，明确贷款的额度、利率、还款方式、违约责任等重要信息，确保合同条款合法、合理。

三要主动学习金融消费知识，保管好个人信息。大学生应了解金融服务方面的法律法规以及国家在大学生贷款方面的政策，对借贷机构广告宣传中的“免费”“优惠”“打折”等内容要多留个心眼，增强防范意识。同时，大学生还应保管好自己的身份证号、银行卡号、手机号以及验证码等重要信息，不扫描不明来源的二维码，也不轻易向他人透露家庭住址、宿舍地址、父母联系电话等信息，以免被骗子所利用。

四要留存有关凭证，积极向有关部门举报。如不慎踏入不良“校园贷”陷阱或者遇到疑似不良“校园贷”诈骗的情形，应当积极收集并留存有关证据，可通过教育部全国学生资助管理中心开发的“中国学生资助”微信公众号里面的“举报通道”栏目如实进行登记举报、提供线索，或是直接拨打110报警求助。

（资料来源：阎密：《中消协：大学生应树立正确消费观》，中国商务新闻网，2020年10月29日，https：//epaper. comnews. cn/xpaper/news/443/4921/24526－1. shtml。）

【案例思考】

1. 结合案例，谈谈如何合理维护自己的消费权益。

2. 谈谈如何才能理性消费。

知识讲解

一、个人消费支出概述

个人消费支出是指个人和家庭为了满足自己生活需要而支付的费用。包括个人购买商品和劳务两方面的支出，是衡量居民消费支出的重要指标。个人消费支出是指包括我们日常衣食住行各个方面的消费性支出，个人消费支出的大小取决于个人可支配收入的大小，如个人可支配收入高则个人消费支出相应金额就大。

二、个人消费支出分类

（一）按个人消费支出组成分类

个人消费支出分为三个部分，即耐用消费品、非耐用消费品和劳务。

1. 耐用消费品。耐用消费品是指那些使用寿命较长，一般可多次使用的消费品。耐用消费品由于购买次数少，因而消费者的购买行为和决策较慎重。常见的耐用消费品如家用电器、家具、汽车等。

2. 非耐用消费品。非耐用品是指在正常情况下一次或几次使用就被消费掉的有形物品。例如文具、手纸、糖果、牙膏等。这类产品单位价值较低，消耗快，消费者往往经常购买、反复购买，大量使用，绝大多数的日常生活用品都属于此类。

3. 劳务。劳务是以劳动形式为他人提供某种特殊使用价值的劳动。这里指的是指直接为人们生活提供的服务。例如饮食、理发、洗浴、旅店、影院、剧院等，这些劳务通常与消费同时发生。

（二）按日常生活需求分类

一般来说，日常的消费支出可以分为以下八大类的支出，分别是食品烟酒、衣着、居住、生活用品及服务、交通通信、教育文化娱乐、医疗保健、其他商品及服务。

个人消费支出可以有很多种分类，但由于每个人的经济条件、生活习惯、兴趣爱好不同的消费支出的也会有一定的差异。通过调查发现，在校大学生的日常消费基本包括伙食费、购物、通信、旅游、社交等项支出。

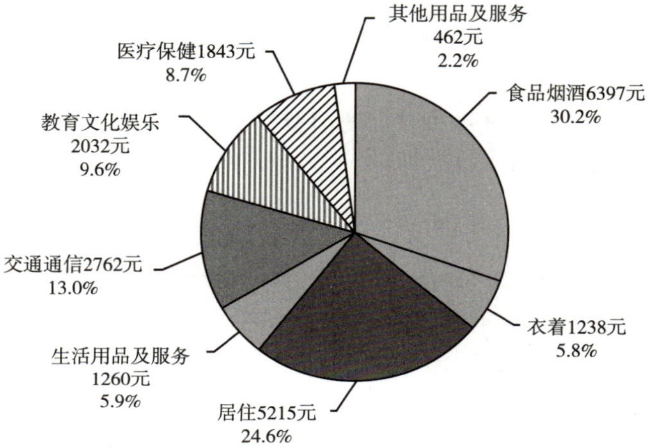

图 9－1　2020 年全国居民人均消费支出及构成

▶财经阅读：

调查显示超半数大学生月均花销在 1001—2000 元

近年来，大学生消费问题频发。大学生每月花销几何？钱不够用时会如何处理？他们又是如何看待校园贷的？2020 年末，腾讯教育联合麦可思开展了大学生消费情况研究，本文将对上述问题进行解答。

超半数大学生月均花销在 1001—2000 元

近七成女生日常主要开销为形象消费

腾讯教育—麦可思大学生消费情况研究数据显示，在校大学生每月平均花销（不含学费、家庭与学校间往返交通费）在 1001—1500 元的占比最高，为 33%；花销为 1501—2000 元的大学生比例也较高，为 24%。有 18% 的大学生每月花销在 1000 元及以下。父母和亲戚提供是大学生生活费主要来源。

大学生的钱都花在哪儿了？具体分析来看，除基本伙食费外，包括零食、饮料、营养品等在内的其他食品消费是大学生每月消费占比最高的一项（57. 3%），其次为包括鞋服、首饰、化妆品、美容美发等在内的形象消费（48.6%），第三位是恋爱、聚会等在内的社交活动（39.9%）。

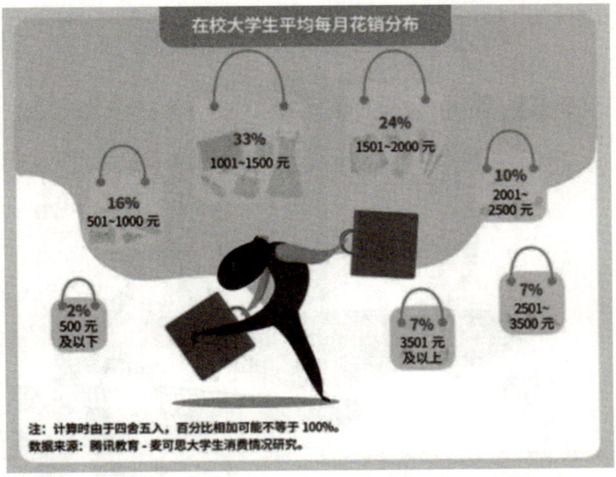

不同性别大学生每月主要花销存在差异，男生在个人娱乐活动、购买数码电子产品、通信/上网费方面的花销占比明显高于女生，而女生投入形象消费、购买零食的消费占比明显高于男生。54.2%的大学生偏好网购。

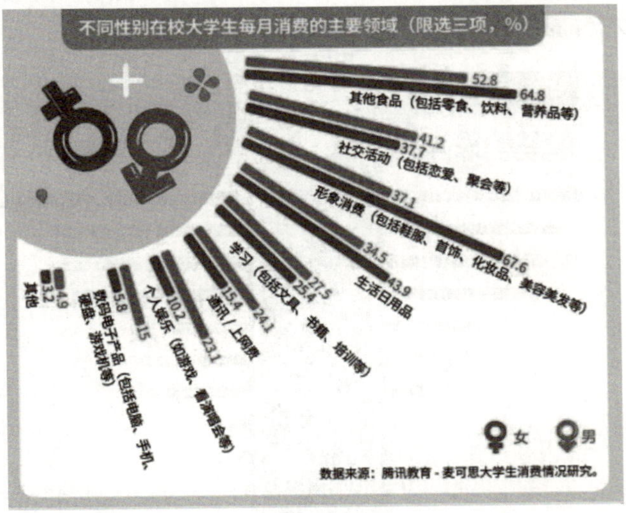

购物主要看三要素：价格、质量、个人喜好

互联网的发展使电商网站迅速发展起来，网络购物成风潮。作为互联网“原住民”的“00后”大学生更偏好哪种购物方式呢？

腾讯教育—麦可思2020年大学生消费情况研究数据显示，54.2%的在校大学生更偏爱网络购物，也有42.2%的大学生认为需看具体商品决定，网络和实体店购物均有。

从不同地域来看，越是经济发达地区，偏好网络购物的大学生比例越高。在“北上广深”就读的大学生，有56.7%更偏好网络购物，但在地级城市及以下地区，这个比例为51.7%。

从购物时主要考虑的因素来看，大学生购物最关注价格因素。数据显示，76.4%的大学生在购物时主要考虑价格，其后为质量（68.3%）、个人喜好（60%）和功能（59%）。

从性别看，男生购物更看重品牌（39%），女生主要考虑他人推荐或评价（30.9%）、个人喜好（65%）及颜值（27.1%）的比例相对男生更高。

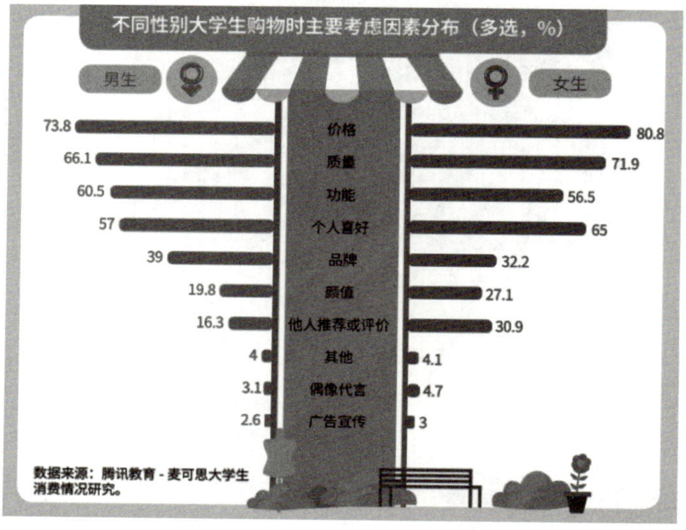

当物品超过预算时，超九成会理性判断或放弃购买

研究同时发现，大学生消费更趋理性。当计划购买的物品超出预算较多时，68.3%的大学生会判断家庭和个人接受程度决定是否购买，24.8%的人会直接放弃消费，仅有6.9%的人表示不管价格多少一定想办法购买。

一定要购买超过预算物品的大学生，主要会向父母求助（46.5%）、想办法挣钱后购买（33.7%）。37.2%的大学生表示会采取提前消费的形式（购物平台发起的分期付款：19.8%，贷款：17.4%）。建议大学生在信用消费或分期付款时充分考虑自己的还款能力，评估平台的可靠性和可信性，避免陷入消费贷陷阱。

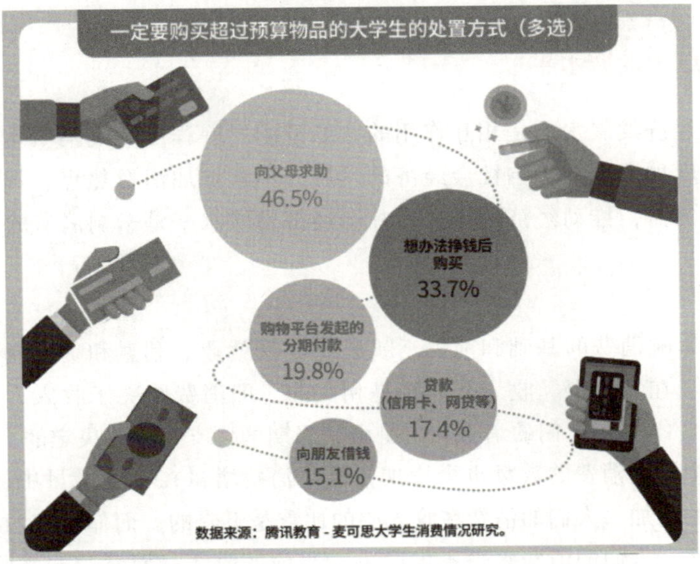

33.5%大学生不了解如何区分校园贷渠道是否正规

近年来，为大学生提供的贷款形式层出不穷。贷款为大学生创业或其他事项的应急处置提供了帮助，但一些违规校园贷也混迹其中，使大学生难以区分和选择。

33.5%的大学生表示完全不了解如何区分校园贷的渠道是否正规，36.1%的大学生表示"了解一些"区分方法。这或许也是近年来一些大学生遭遇非法校园贷的原因，加强大学生经济安全教育成为当务之急。

从在校大学生的反馈来看，目前高校提供的个人财产安全方面的帮助主要为"辅导员、班主任等会给予提醒"（61.6%），以及通过学校官网、官微等平台发布提醒（45%）。还有11.9%的大学生表示所在大学未给学生提供个人财产安全方面的帮助。

帮助大学生树立科学合理的消费观、保障大学生个人财产安全需要高校给予充分支持，建议高校丰富相关课程、活动，提升大学生的消费安全和经济安全意识。

数据说明：

为了了解在校大学生的消费情况和经济安全意识，腾讯教育联合麦可思通过挂网形式开展大学生消费情况研究，旨在对在校大学生的平均消费水平、消费观和经济安全教育情况进行了解，使学校能更有依据地采取措施引导大学生合理消费并对资金进行管理。

（资料来源：麦可思研究院：《超半数大学生月均花销在1001~2000元》，人民政协网，2021年1月12日，http：//www.rmzxb.com.cn/c/2021-01-12/2759025.shtml。）

三、个人消费支出的影响因素

不同的消费者有不同的购物需求和消费习惯，影响消费的因素有许多，主要表现在以下几点：

（一）社会经济发展水平

消费水平跟经济发展水平是相互作用的，经济的发展程度影响消费水平；反之消费水平提高，消费力度加大也会影响社会经济的发展，不断增加消费热点，提高人们消费的积极性，从而扩大内需，推动经济的增长。社会经济发展水平是影响消费的根本因素。

（二）收入水平

收入水平是影响消费的基础和前提。凯恩斯在《就业、利息和货币通论》中提出的绝对收入假说认为，在短期中，收入与消费是相关的，即消费取决于收入，消费与收入之间的关系也就是消费倾向。人们的消费支出是由其当期的可支配收入决定的。但人们的可支配收入增加时，其中用于消费的数额也会增加，但是消费增量在收入增量中的比重是下降的，因此，随着收入的增加，人们的消费在收入中的比重是下降的，而储蓄在收入中所占的比重则是上升的。当然，人们的消费水平不仅取决于当前的收入，而且受未来收入预期的影响。对于未来收入，如果人们有非常乐观的预期，那么预支将来收入的可能性就会加大。

（三）物价总体水平

物价总体水平是影响消费水平的重要因素。物价的涨跌变动会影响人们的消费能力。一般说来，物价上涨人们就会减少消费；物价下跌，则可能导致购买力普遍提高，会增加消费。

但还需注意，物价变动对不同消费群体影响是不同的。对高收入群体来说，物价上涨虽然会增加他们的消费开支，但对其消费水平影响不大；对中低收入群体来说，生活必需品的支出在其消费总支出中会占据较大的比重，相比之下高档品在总消费支出中所占据的比重较小，物价上涨对其消费水平影响较大。

（四）个人经济状况

个人的经济状况即个人的收入、存款、资产等情况会强烈影响他的消费水平和消费范围，并决定着他的需求层次和购买能力。经济状况较好的人，就可能产生较高层次的需求，购买较高档次的商品，享受较为高级的消费。相反，经济状况较差的人，通常只能优先满足衣食住行等基本生活需求。

（五）个人职业

从事不同职业的人，对于商品的需求与爱好往往是不尽一致的，一个人的职业会影响他所购买的产品和服务。商业人士购买的服装多为西装和领带，IT 理工男的“标配”则是格子衬衫，教师一般会较多地购买书报杂志等文化商品，而对于一些时尚博主而言，漂亮的服饰和高雅的化妆品则更为需要。

（六）年龄结构和性别

不同年龄和性别的人消费支出情况也不尽相同，年轻人的消费支出会包括买车、买房、电子产品等价值较高的产品，也会对新鲜事物产生强烈的消费欲望，而年老的人随着年龄的增长，更多的消费支出是医疗保健类支出。

（七）其他因素

除了上述几点影响个人消费支出的因素以外，消费观念、消费心理、突发事件等均会影响个人的消费支出。例如，2020 年突如其来的疫情让很多人改变了自己的消费习惯。

▶财经阅读：

“直播带货”创新消费方式

线上新型消费方式不断涌现，在一定程度上弥补了线下消费的不足，起到了扩内需、促消费的作用。

把复工复产与扩大内需结合起来，把被抑制、被冻结的消费释放出来，把在疫情防控中催生的新型消费、升级消费培育壮大起来，使实物消费和服务消费得到回补。

这段时间，“直播带货”成为消费热词。4 月 15 日，湖北省 30 个县的县长在直播间“为湖北拼个单”；山东烟台海阳市副市长发起“博士市长助力农产品”，视频播放量突破 200 万；同时，一些公众人物“直播带货”的交易额不断刷新纪录。“直播带货”作为一种线上新型消费，在新冠肺炎疫情防控大背景下正受到越来越多的青睐。

最近，中央政治局召开会议强调，“保持线上新型消费热度不减”。“直播带货”、线上团购、在线教育……疫情防控期间，线上新型消费方式不断涌现，在一定程度上弥补了线下消费的不足，起到了扩内需、促消费的作用，并展现出强大的生命力。随着“直播带货”开始流行，更多用户涌入直播间，尝鲜直播购物；更多企业家与创业者也开始捕捉新的消费热点和商机。

除了营销技巧之外，“直播带货”的流行也有着深层次原因。直播经济蓄力已久，已有成熟的商业模式；再加上受疫情影响，消费者足不出户推动“宅经济”发展，线下客源稀少促进企业商家转向电子商务谋生存。从直播助农到直播售楼，从直播卖车到直播卖飞机，直播销售的边界不断扩大。直播经济的火热，可谓顺势而成。

当然，“直播带货”能量巨大是一回事，做好直播销售、打造直播生态则是另外一回事。对于消费者而言，“直播带货”在方便购物的同时，也存在虚假宣传、货不对板、假冒伪劣、售后维权等问题。这启示直播电商，不讲诚信可能一时走得快，但绝对走不远。解决诚信问题、涵养行业生态才是制胜之道。此外，中国消费者协会前不久发布报告显示，37.3%的受访消费者在直播购物中遇到过消费问题，但仅有13.6%的消费者进行投诉。网络直播并非法律盲区，市场监管者需尽早完善制度，畅通维权渠道，更好地呵护直播经济的良好生态。

放在疫情防控大背景下来看，推动线上新型消费发展，实现线上线下相融合，对提振经济动能具有非常重要的意义。随着国外疫情持续扩散蔓延，世界经济贸易增长受到严重冲击，我们必须立足于扩大内需、促进消费来应对外部环境变化、稳定经济增长。这就要求把复工复产与扩大内需结合起来，把被抑制、被冻结的消费释放出来，把在疫情防控中催生的新型消费、升级消费培育壮大起来，使实物消费和服务消费得到回补。在这方面，培育以“直播带货”为代表的线上新型消费发挥着重要作用，需要政府部门与电商平台共同为直播经济涵养良好生态，以“直播带货”为突破口带动更多消费。

顺应网络化、数字化、智能化的趋势，不仅能用“直播带货”等方式激活消费一池春水，还能化危为机，实现经济转型升级。

（资料来源：孔方斌：《“直播带货”创新消费方式》，《人民日报》，2020年4月22日。）

四、树立正确的消费观

（一）消费观定义

消费观是指人们对消费水平、消费方式等问题的总的态度和总的看法，它是经济伦理的重要组成部分。作为一种观念，消费观是社会经济现实在人们头脑中的反映，但它一旦形成又会反作用于社会经济，并对其产生深刻而重大的影响。

（二）三种消费观念

中外经济思想史上存在三种消费观——节俭消费观、奢靡消费观和适度消费观。

1. 节俭消费观。节俭消费观就是主张人们在消费时应最大限度地节约物质财富，减少甚至杜绝浪费的一种消费观。这是人类历史上形成最早、影响最深、历时最长的一种消费观。可以说，自人类产生到时至今日，这种消费观都或多或少、或强或弱地影响着人们的消费行为和消费方式。

2. 奢靡消费观。奢靡消费观这是一种与节俭消费观完全对立的消费观，它主张消费者大量地、无节制地占有和消耗物质财富，以满足自身的需求和欲望。从短期看，在社会总需求小于社会总供给，矛盾的主要方面不是生产而是消费的条件下，奢侈消费对经济发展，尤其是对扩大就业不无益处，但从长期看，它所产生的弊端相当巨大，后果不堪设想。因此，奢靡消费观是一种既有积极因素又有消极因素的消费观，是一种消极因素大于积极因素的消费观，因而它不可能成为我们信奉的消费观。

3. 适度消费观。适度消费观是一种既吸收了上述两种消费观的合理因素，又摒弃了它们的消极因素的消费观；是一种既不主张对物质财富一味节约吝惜，又不赞成对物质财富毫无节制地消耗滥用的消费观；是一种使消费者既不为清贫所迫，又不为物质所累的消费观。这种消费观认为，消费者在消费时不仅要考虑自身效用的最大化，而且要考虑他人利益乃至社会的利益；不仅要考虑当代人的利益而且要考虑子孙后代的利益。总之，这种消费观克服了前两种消费观的偏颇，体现了人类的理性精神和道德自律，符合现代社会经济发展的要求，是一种理想的消费观。

节俭消费观和奢靡消费观具有合理因素和积极作用，也存在消极因素和负面影响。适度消费观既汲取了前两种消费观的合理营养，又摒弃了其中的不合理因素，是我们应该坚持奉行的消费观。

▶财经阅读：

"平替热"是消费观念上的进步

《消费日报》公布了2021年消费领域的五大热词，"平替"一词入选。攒钱、理性、国潮、断舍离等其他入选热词也与之密切相关。

平替，顾名思义就是一种推崇平价替代品的消费现象。一项调查显示，近六成年轻人表示只把钱花在刚需上。从买东西"只买贵的"，到开始理性思考"2000块的手机和5000块的手机到底有什么差别"；从一味追求"昂贵的完美"，到发现"用3块钱一个的香皂就能代替美妆蛋清洗液"；从宁可透支消费也要保持"伪精致"，到越来越在乎产品的性价比……一些年轻人不再轻易为品牌溢价买单，不再一味追求奢侈品、网红产品，转而推崇平价替代品，更倾向于只买确实需要的，这种"平替热"无疑是一种消费观念上可喜的进步。

一段时期以来，消费主义逐渐抬头，把很多年轻人裹挟其中。包括在校大学生在内的很多年轻人买鞋买包，非国际大牌不买；手机等电子产品非新款、爆款不用；吃个饭、喝杯奶茶也非网红餐厅不去。殊不知类似的消费行为看起来"有范儿"，实际上不仅没有意义，相反还会养成骄奢之风，把人引入"拜物教"的泥潭。

君不见，为了买一部名牌手机，湖南一名17岁少年竟不惜"卖肾"；一些女大学生为买名牌包、名牌鞋，不惜拍裸照借网贷，越陷越深；为了得到最新款的名牌电子产品，有年轻女性不惜找黑中介卖卵子……类似事件固然是极端个例，但它们的惊世骇俗，何尝不是对极端消费主义危害的一种控诉？至于一些寒门大学生不顾父母在工地上"啃馒头就榨菜"的现实，也跟风追求近千元一双的鞋子，则无疑是一种令人痛心的社会病。正如著名学者让·鲍德里亚在《消费社会》一书中批判的那样，人们购买物品不只是"当作工具来使用"，同时也是"当作舒适和优越等要素来耍弄"。消费主义之下，商品的价格被虚荣心大大拉高，造成了一种"争相买贵"的群体无意识，对此我们应该高度警惕。

一个社会的发展当然不会反对消费，年轻人适当追求自己喜欢的东西本身也是社会进步的表现。只是，所有消费都应该建立在已有的经济基础之上，量入为出、理性选择、适度消费、有所节制。与其被"花钱一时爽，还债三年光"的"伪精致"所累，真不如根据实际情况合理规划开支，务实购买必需品，细水长流把日子过好。

更何况，一个人真正的富有和精致，物质只占一部分，更大部分还来自精神的富有，以及认真生活的态度和对社会的贡献。不论时代怎样变迁，厉行勤俭节约、反对铺张浪费都是不能丢掉的良俗。“平替热”在年轻人中趋于流行，就是一种以俭代奢、量入为出朴素消费观的回归，对此人们当然乐见其成。

同时，社会各方面也应在此基础上再做一些努力，促进理性消费回归。理性消费不是抑制消费、不会影响经济，相反它将促成一种更加务实、健康、文明的消费文化，反作用于经济结构的优化。

（资料来源：刘大正、曲明：《“平替热”是消费观念上的进步》，《光明日报》，2021 年 12 月 30 日。）

（三）正确消费的四个原则

什么样的消费是合理的，什么样的消费是不合理，我们应该树立正确的消费观，并用它来指导我们的消费行为。正确的消费有四个原则：

1. 量入为出，适度消费。消费支出应该与自己的收入相适应，自己的收入既包括当前的收入水平，也包括对未来收入的预期，也就是要考虑收入能力这个动态因素。“量入为出，适度消费”也就是要求我们把自己的消费支出控制在自己的经济承受能力之内。

2. 避免盲从，理性消费。在消费过程中我们要尽量避免一些不健康的消费心理的影响，坚持从个人实际需求出发，避免盲目跟风，情绪化消费，不依赖任何惯性或心理上的因素，不形成攀比消费等盲目行为，对消费过程能够准确认知和预测，做到理性消费。

3. 保护环境，绿色消费。绿色消费就是指以保护消费者健康和节约资源为主旨，符合人的健康和环境保护标准的各种消费行为的总称，核心是可持续性消费。绿色消费倡导的重点是“绿色生活，环保选购”。具体而言，它有三层含义：一是倡导消费时选择未被污染或有助于公众健康的绿色产品。二是在消费者转变消费观念，崇尚自然、追求健康，追求生活舒适的同时，注重环保，节约资源和能源，实现可持续消费。三是在消费过程中，注重对垃圾的处置，不造成环境污染。

4. 勤俭节约、艰苦奋斗。勤俭节约、艰苦奋斗是我国的传统美德，是一种民族精神，而不是一种具体的消费行为。作为精神，它是永远不过时的。艰苦奋斗、勤俭节约，不仅是我们国家发展壮大的重要保证，也是继往开来、再创辉煌的重要保证。不论我们国家发展到什么水平、人民生活改善到什么地步，艰苦奋斗、勤俭节约的传统美德永远不能丢。

正确的认识消费的四个原则，并理解和掌握这些原则，用它们指导自己的消费行为，既有益于我们个人，也有益于社会，将促进个人的健康发展和社会的可持续发展。

第三节　个人所得税

☞ 引导案例

王梦：独生子女，父母年过 60 周岁，无住房，在青岛租房居住；袁浩：有一姐姐，父母年过 60 周岁，首次贷款购房一套。2020 年各月收入情况见表 9－1。

表 9－1　　王梦、袁浩 2020 年 1—12 月工资表

月份	人员	本月工资	三险一金
1	王梦	9000	2000
	袁浩	13000	2000
2	王梦	13000	2000
	袁浩	14000	2000
3	王梦	13000	2000
	袁浩	14000	2000
4	王梦	13000	2000
	袁浩	14000	2000
5	王梦	15000	2000
	袁浩	15000	2000
6	王梦	15000	2000
	袁浩	15000	2000
7	王梦	15000	2000
	袁浩	15000	2000
8	王梦	15000	2000
	袁浩	15000	2000
9	王梦	15000	2000
	袁浩	15000	2000
10	王梦	15000	2000
	袁浩	15000	2000
11	王梦	15000	2000
	袁浩	15000	2000
12	王梦	15000	2000
	袁浩	15000	2000

【案例要求】

请为王梦和袁浩进行 2020 年度的个人所得税汇算清缴。

知识讲解

个人所得税是国家对个人（即自然人）取得的各项所得征收的一种所得税。

在我国，1980 年 9 月 10 日，第五届全国人民代表大会第三次会议通过并公布了《中华人民共和国个人所得税法》。2018 年 8 月 31 日，关于第七次修改个人所得税法的

决定经十三届全国人大常委会第五次会议表决通过，新个税法拟于2019年1月1日起全面施行。

一、纳税人

个人所得税的纳税人包括中国国内公民（含在华取得所得的外籍人员和港、澳、台同胞）、个体工商户、个人独资企业和合伙企业等。

个人所得税纳税人依据住所和居住时间两个标准将纳税人划分为居民纳税人和非居民纳税人。

1. 在中国境内有住所，或者无住所而一个纳税年度内在中国境内居住累计满一百八十三天的个人，为居民个人。居民个人从中国境内和境外取得的所得，应缴纳个人所得税。

2. 在中国境内无住所又不居住，或者无住所而一个纳税年度内在中国境内居住累计不满一百八十三天的个人，为非居民个人。非居民个人从中国境内取得的所得，应缴纳个人所得税。

二、个人所得税应税所得项目

依据应纳税所得来源划分，现行个人所得税共分为9个应税项目。

1. 工资、薪金所得；
2. 劳务报酬所得；
3. 稿酬所得；
4. 特许权使用费所得；
5. 经营所得；
6. 利息、股息、红利所得；
7. 财产租赁所得；
8. 财产转让所得；
9. 偶然所得。

居民个人取得第一项至第四项所得称为综合所得，按纳税年度合并计算个人所得税；非居民个人取得第一项至第四项所得，按月或者按次分项计算个人所得税。纳税人取得第五项至第九项所得，分别计算个人所得税。

三、税率

1. 综合所得，适用3%至45%的超额累进税率；
2. 经营所得，适用5%至35%的超额累进税率；

3. 利息、股息、红利所得，财产租赁所得，财产转让所得和偶然所得，适用比例税率，税率为20%。

表9－2　　个人所得税税率表一（综合所得适用）

级数	全年应纳税所得额	税率（%）
1	不超过36000元的部分	3
2	超过36000元至144000元的部分	10
3	超过144000元至300000元的部分	20
4	超过300000元至420000元的部分	25
5	超过420000元至660000元的部分	30
6	超过660000元至960000元的部分	35
7	超过960000元的部分	45

表9－3　　个人所得税税率表二（经营所得适用）

级数	全年应纳税所得额	税率（%）
1	不超过30000元的部分	5
2	超过30000元至90000元的部分	10
3	超过90000元至30000元的部分	20
4	超过300000元至500000元的部分	30
5	超过50000元的部分	35

四、个人所得税的计算

（一）工资薪金

居民纳税人的综合所得按“年”计征，分月或分次预缴，年终汇算清缴。

个人每月工资预缴时：

本期应预缴税额＝（累计预缴应纳税所得额×税率－速算扣除数）－累计已预缴税额

累计预缴应纳税所得额＝累计收入－累计免税收入－累计减除费用－累计专项扣除－累计专项附加扣除－累计依法确定的其他扣除

公式中的累计减除费用＝员工当年在职月数×5000；专项扣除包括居民个人按照国家规定的范围和标准缴纳的基本养老保险、基本医疗保险、失业保险等社会保险费和住房公积金等；专项附加扣除包括子女教育、继续教育、大病医疗、住房贷款利息或者住房租金、赡养老人等支出。

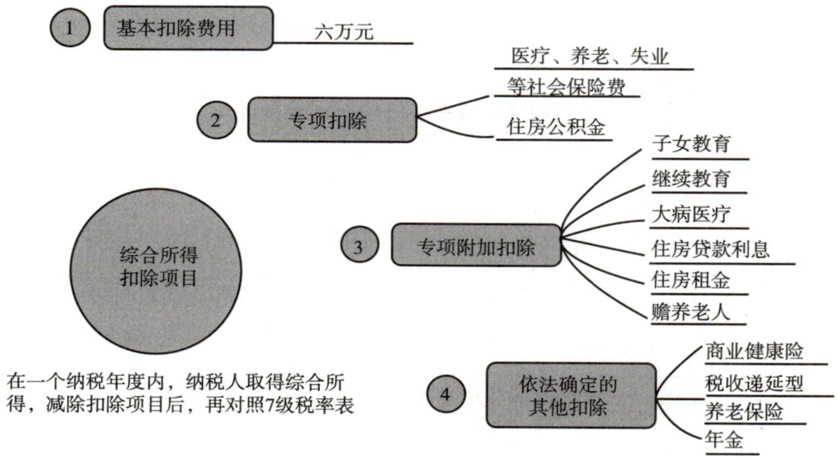

图 9－2 综合所得扣除项目示意图

▶财经阅读：

图解专项附加扣除

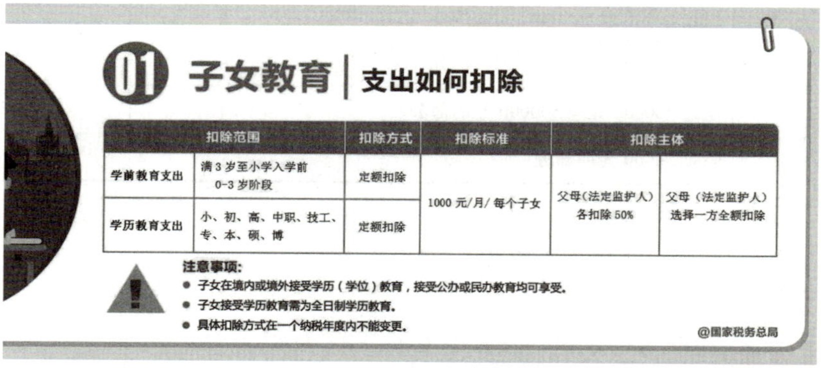

01 子女教育 | 支出如何扣除

扣除范围		扣除方式	扣除标准	扣除主体	
学前教育支出	满3岁至小学入学前 0-3岁阶段	定额扣除	1000元/月/每个子女	父母（法定监护人）各扣除50%	父母（法定监护人）选择一方全额扣除
学历教育支出	小、初、高、中职、技工、专、本、硕、博	定额扣除			

注意事项：
- 子女在境内或境外接受学历（学位）教育，接受公办或民办教育均可享受。
- 子女接受学历教育需为全日制学历教育。
- 具体扣除方式在一个纳税年度内不能变更。

@国家税务总局

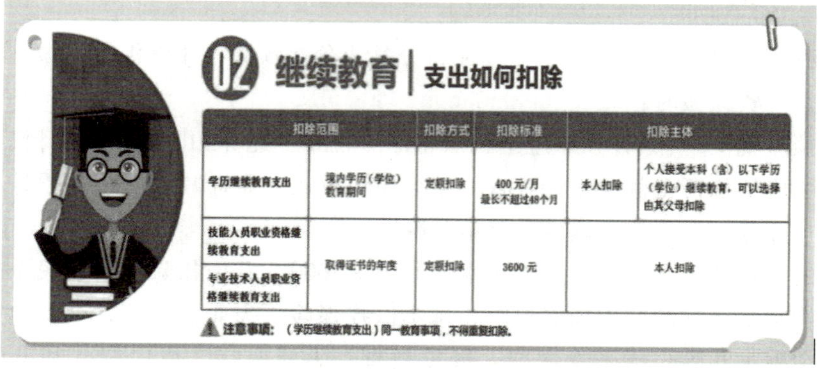

02 继续教育 | 支出如何扣除

扣除范围		扣除方式	扣除标准	扣除主体	
学历继续教育支出	境内学历（学位）教育期间	定额扣除	400元/月 最长不超过48个月	本人扣除	个人接受本科（含）以下学历（学位）继续教育，可以选择由其父母扣除
技能人员职业资格继续教育支出	取得证书的年度	定额扣除	3600元	本人扣除	
专业技术人员职业资格继续教育支出					

注意事项：（学历继续教育支出）同一教育事项，不得重复扣除。

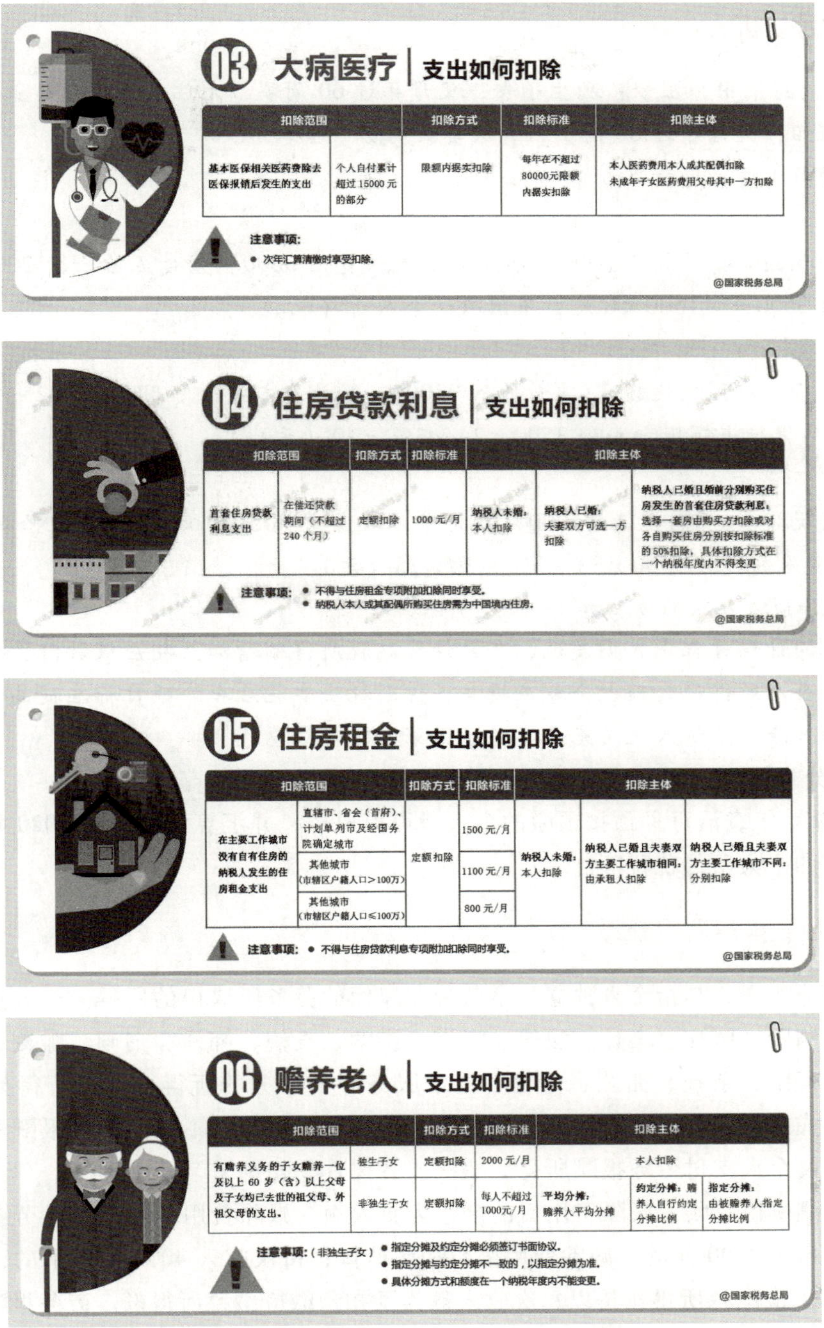

图 9－3　专项附加扣除

（图片来源：国家税务总局微信公众号。）

▶引导案例分析：

“引导案例”中，王梦：独生子女，父母年过60周岁，无住房，在青岛租房居住；袁浩：有一姐姐，父母年过60周岁，首次贷款购房一套。

王梦每月工资预缴情况：

1月：

应预缴税额＝累计收入9000－累计基本减除费用5000－累计五险一金2000－累计专项附加扣除3500＝－1500＜0元，不用缴纳个人所得税。

2月：

涨工资后，应预缴税额＝(累计收入22000－累计基本减除费用5000×2－累计五险一金2000×2－累计专项附加扣除3500×2)×3%＝30（元）

3月：

应预缴税额＝(累计收入35000－累计基本减除费用5000×3－累计五险一金2000×3－累计专项附加扣除3500×3)×3%－30＝75（元）

4—12月预缴税款的方法和1—3月一样。

从全年的计税过程中我们发现，当累计应纳税所得额增加至相应级数时，对应税率将跳档提高，个人所得税金额也会相应提高，但新税法实施后扣除项目标准提高，而且增加了专项附加扣除，纳税人还是充分享受了国家的减负红包。

【案例分析】

分析2020年袁洁每月预扣预缴的个人所得税税额，并汇算清缴袁洁2020年度全年综合所得项目的个人所得税税额。

（二）劳务报酬所得预缴

劳务报酬所得，是指个人独立从事各种非雇佣的劳务所取得的所得。个人独立从事设计、安装、制图、医疗、会计、法律、咨询、讲学、投稿、翻译、书画、雕刻、电影、戏剧、音乐、舞蹈、杂技、曲艺、体育、技术服务等项劳务的所得。这些所得如果是以工资、薪金形式从其工作单位领取的，则属于工资、薪金所得，不属于劳务报酬所得。扣缴义务人向居民个人支付劳务报酬所得，按次或者按月预扣预缴个人所得税。

劳务报酬所得以收入减除费用后的余额为收入额。减除费用的标准为，劳务报酬所得每次收入不超过4000元的，减除费用按800元计算；每次收入4000元以上的，减除费用按20%计算。应纳税所得额是以每次收入额为预扣预缴应纳税所得额。劳务报酬所得适用20%—40%的超额累进预扣率。

劳务报酬所得应预扣预缴税额＝预扣预缴应纳税所得额×预扣率－速算扣除数

表 9－4　　个人所得税预扣率表二

（居民个人劳务报酬所得预扣预缴适用）

级数	预扣预缴应纳税所得额	预扣率（%）	速算扣除数（元）
1	不超过 20000 元的部分	20	0
2	超过 20000 元至 50000 元的部分	30	2000
3	超过 50000 元的部分	40	7000

▶引导案例分析：

2020 年 1 月 5 日，王梦从长恒公司取得专题讲座课酬 3800.00 元；袁洁 4 月 20 日从诚实公司取得设计费 90000.00 元。计算长恒公司和诚实公司应预扣预缴个人所得税。

（1）王梦专题讲座课酬：

预扣预缴应纳税所得额＝3800－800＝3000（元）

应预扣预缴税额＝3000×20%＝600（元）

长恒公司应于 2020 年 1 月预扣预缴王梦的讲座课酬个人所得税为 600 元。

（2）袁洁诚实公司设计收入：

预扣预缴应纳税所得额＝90000×（1－20%）＝72000（元）

适用预扣率 40%，速算扣除数 7000（元）。

应预扣预缴税额＝72000×40%－7000＝21800（元）

诚实公司应于 2020 年 11 月预扣预缴王小二内控制度设计收入个人所得税 21800 元。

袁洁 2020 年 4 月应缴纳劳务报酬所得预扣预缴个人所得税 22400 元。

两人除在取得月份预缴税款外，应在 2021 年 3 月 1 日到 6 月 30 日，按规定将劳务报酬所得并入 2020 年综合所得，办理 2020 年度个人所得税汇算清缴。

（三）稿酬所得预扣预缴

稿酬所得，是指个人因其作品以图书、报刊形式出版、发表而取得的所得。稿酬所得，属于一次性收入的，以取得该项收入为一次；

预扣预缴税款：

（1）每次收入不超过 4000 元的：

应纳税额＝(每次收入额－800)×70%×20%

（2）每次收入在 4000 元以上的：应纳税额＝每次收入额×(1－20%)×70%×20%

稿酬所得以收入减除费用后的余额为收入额；其中，稿酬所得的收入额减按 70% 计算。减除费用：预扣预缴税款时，稿酬所得每次收入不超过 4000 元的，减除费用按 800 元计算；每次收入 4000 元以上的，减除费用按收入的 20% 计算。应纳税所得额：稿酬所得，以每次收入额为预扣预缴应纳税所得额，计算应预扣预缴税额。稿酬所得适用 20% 的比例预扣率。

▶引导案例分析：

王梦2月在某杂志发表文章取得稿酬900元，则该杂志社应预扣预缴的税额＝(900－800)×70%×20%＝14（元）

（四）特许权使用费所得

特许权使用费所得是指以专利权、版权及其他特许权利提供他人使用或转让所取得的收入。

扣缴义务人向居民个人支付特许权使用费所得时，应当按照以下方法按次或者按月预扣预缴税款：

（1）每次收入不超过4000元的：

应纳税额＝(每次收入额－800)×20%

（2）每次收入在4000元以上的：

应纳税额＝每次收入额×(1－20%)×20%

（五）“综合所得”年终汇算清缴

个税汇算清缴是指个人所得税平常每月按预扣预缴税率表计算，而年终按“综合税率表”计算个税，多退少补。新个税法规定有下列情形之一的，纳税人应当依法办理纳税申报：

一是取得综合所得（工资薪金、劳务报酬、稿酬和特许权使用费）需要办理汇算清缴；

二是取得应税所得没有扣缴义务人；

三是取得应税所得，扣缴义务人未扣缴税款；

四是取得境外所得；

五是因移居境外注销中国户籍；

六是非居民个人在中国境内从两处以上取得工资、薪金所得；

七是国务院规定的其他情形。

年度汇算应退或应补税额＝[(综合所得收入额－60000元－专项扣除－专项附加扣除－依法确定的其他扣除)×适用税率－速算扣除数]－本年度已预缴税额

▶引导案例分析：

计算“引导案例”中王梦2020年的个税汇算清缴

年度汇算应退或应补税额＝[(综合所得收入额－60000－专项扣除－专项附加扣除－依法确定的其他扣除)×适用税率－速算扣除数]－本年度已预缴税额＝(16800＋3800＋900－60000－24000－42000)×10%－2520－1680＝470（元）

（六）财产租赁所得

1. 基本规定。财产租赁所得是指个人出租建筑物、土地使用权、机器设备、车船以及其他财产取得的所得。

财产租赁所得一般以个人每次取得的收入，定额或定率减除规定费用后的余额为应纳税所得额。每次收入不超过4000元，定额减除费用800元；每次收入在4000元以上，定率减除20%的费用。财产租赁所得以一个月内取得的收入为一次。自2008年3月1日起，对个人出租住房取得的所得暂减按10%的税率征收个人所得税。

2. 税额计算。个人出租财产取得的财产租赁收入，在计算缴纳个人所得税时，应依次扣除以下费用：

（1）财产租赁过程中缴纳的税费；

（2）由纳税人负担的该出租财产实际开支的修缮费用（最高以800元为限/月）；

（3）税法规定的费用扣除标准。

应纳税额的计算公式为：

（1）每次（月）收入不超过4000元的应纳税额：

应纳税额 = [每次(月)收入额 - 财产租赁过程中缴纳的税费 - 修缮费用(800元为限) - 800] ×20%

（2）每次（月）收入4000元以上的应纳税额：

应纳税额 = [每次(月)收入额 - 财产租赁过程中缴纳的税费 - 修缮费用(800元为限)] ×(1 -20%) ×20%

【例9-3】2021年9月王某出租自有住房取得租金收入160000元，房屋租赁过程中缴纳的税费2400元，支付该房屋的修缮费5000元，已知个人出租住房个人所得税税费暂减按10%，每次收入4000元以上的减除20%的费用。计算王某9月出租住房应缴纳个人所得税税额。

【解析】王某2021年9月出租房屋应缴纳的个人所得税为：

(160000 -2400 -800) ×(1 -20%) ×10% =1（元）

（七）财产转让所得

1. 基本规定。财产转让所得是指个人转让有价证券、股权、建筑物、土地使用权、机器设备、车船以及其他财产取得的所得。财产转让所得的计征方法为按次计征。对个人转让自用“5年以上”并且是家庭“唯一”“生活用房”取得的所得，暂免征个人所得税。除“北上广深非普通住房”外，个人将购买“2年以上”房屋对外销售的，免征“增值税”。

2. 税额计算。财产转让所得以转让财产取得的收入额减除财产原值和合理费用后的余额，为应纳税所得额。

财产转让所得的应纳税额 =(收入总额 - 财产原值 - 合理费用) ×20%

【例9-4】2021年11月，林某将一套三年前购入的普通住房出售，取得收入160万元，原值120万元，售房中发生合理费用0.5万元。已知财产转让所得个人所得税税率为20%，计算林某出售该住房应缴纳个人所得税税额。

【解析】林某出售个人住房应缴纳的个人所得税为：

(160-120-0.5)×20%=7.9（万元）

（八）利息、股息、红利所得

1. 基本规定。利息、股息、红利收入是指单位和个人因进行存款、贷款、购买各种债券和投资等活动而取得的利息收入、股息收入和红利收入。利息一般是指存款利息、贷款利息、各种债券利息以及垫付款、延期付款等项利息。股息、红利系公司、企业的分红。按照一定的比率对每股金额发给的息金称“股息”；根据公司、企业应分配的利润按股份分配的称“红利”。

2. 税额计算。利息、股息、红利所得，以每次收入额为应纳税所得额，不扣除费用，适用20%的税率。其计算公式为：

应纳所得税额=每次所得收入×20%

（九）偶然所得

1. 基本规定。偶然所得是指个人得奖、中奖、中彩以及其他偶然性质的所得。依照税法规定，应当缴纳个人偶然所得税。偶然所得，适用20%的比例税率。以每次收入额为应纳税所得额。

偶然所得应纳税额的计算公式为：

应纳税额=应纳税所得额×适用税率=每次收入额×20%

2. 特别规定。

(1) 企业促销所得。

①企业对累积消费达到一定额度的顾客，给予额外“抽奖机会”，个人的获奖所得，按照“偶然所得”项目，缴纳个人所得税。

②企业通过价格折扣、折让方式向个人销售商品和提供服务，不征收个人所得税。

③企业向个人销售商品和提供服务的同时给予“赠品”，不征收个人所得税。

④企业对累积消费达到一定额度的个人按消费积分反馈的“礼品”，不征收个人所得税。

(2) 担保所得。个人提供“担保”获得收入，按照“偶然所得”项目，缴纳个人所得税。

(3) 受赠所得。

①受赠人因无偿“受赠房屋”取得的受赠收入，按照“偶然所得”项目，缴纳个人所得税。

②企业在业务宣传、广告等活动中，随机向本单位以外的个人赠送礼品（包括网络红

包，下同)，以及企业在年会、座谈会、庆典以及其他活动中向本单位以外的个人赠送礼品，个人取得的“礼品”收入，按照“偶然所得”项目，缴纳个人所得税。

(4) 发票和彩票中奖所得的“起征点”。

①彩票，一次中奖收入“在1万元以下”的暂免征收个人所得税；超过1万元的，全额征收个人所得税。

②个人取得单张有奖发票奖金所得“不超过800元”的，暂免征收个人所得税；超过800元的，全额征收个人所得税。

【例9-5】 2021年10月，李某购买福利彩票，取得一次中奖收入3万元，购买彩票支出400元，已知偶然所得个人所得税税率为20%，计算李某中奖收入应缴纳个人所得税税额。

【解析】 李某中奖收入应缴纳个人所得税税额为：

(30000－400)×20%＝5920（元）

五、公益性捐赠

(一) 一般规定

个人通过中华人民共和国境内公益性社会组织、县级以上人民政府及其部门等国家机关，向教育、扶贫、济困等公益慈善事业的捐赠（以下简称公益捐赠）可以抵扣。其中公益性社会组织是指依法设立或登记并按规定条件和程序取得公益性捐赠税前扣除资格的慈善组织、其他社会组织和群众团体。

个人通过扣缴义务人享受公益捐赠扣除政策，应当告知扣缴义务人符合条件可扣除的公益捐赠支出金额，并提供捐赠票据的复印件，其中捐赠股权、房产的还应出示财产原值证明。扣缴义务人应当按照规定在预扣预缴、代扣代缴税款时予以扣除，并将公益捐赠扣除金额告知纳税人。

个人自行办理或扣缴义务人为个人办理公益捐赠扣除的，应当在申报时一并报送《个人所得税公益慈善事业捐赠扣除明细表》。个人应留存捐赠票据，留存期限为五年。

(二) 扣除准则

1. 准予30%扣除情形。2019年12月30日，财政部、税务总局发布《关于公益慈善事业捐赠个人所得税政策的公告》(以下简称《公告》)。《公告》明确，个人的公益捐赠支出，可以按照国家《个人所得税法》有关规定在计算应纳税所得额时扣除。扣除限额为应纳税额30%。国务院规定对公益捐赠全额税前扣除的，按照规定执行。个人同时发生按30%扣除和全额扣除的公益捐赠支出，自行选择扣除次序。

2. 准予100%扣除情形。

(1) 向“红十字事业”的捐赠；

（2）向“教育事业”的捐赠；

（3）向“农村义务教育”的捐赠；

（4）向“公益性青少年活动场所”的捐赠；

（5）向“福利性、非营利性老年服务机构”的捐赠；

（6）“通过特定基金会，用于公益救济”的捐赠。

【例 9－6】2021 年 5 月，李某花费 500 元购买体育彩票，一次中奖 30000 元，将其中 10000 元通过公益性社会团体捐赠给贫困地区，已知偶然所得个人所得税税率为 20%，李某彩票中奖收入应缴纳个人所得税税额。

【解析】李某彩票中奖收入应缴纳个人所得税税额为：

30000×（1－30%）×20%＝4200（元）

本章小结

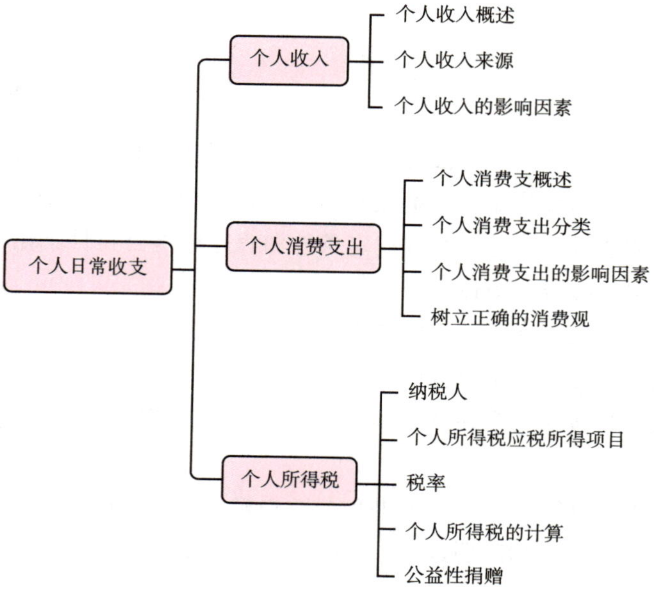

思政小课堂

税收筹划是“爱”还是“害”

在某生物股份有限公司首次公开的预披露资料发现，该公司存在体外代垫费用情况，在报告期内，为支付部分无票费用，并降低部分员工所得激励的税收负担，公司通过由公司实际控制人本人或其控制的关联自然人账户或通过实际控制人控制的公司账户支付无票费用及发放少数核心员工薪酬。具体情况如下表：

单位：万元

款项性质	费用归属期间	2021 年 1—6 月	2020 年度	2019 年度		2018 年度	
	资金流期间	2021 年 1—6 月	2020 年度	2020 年度	2019 年度	2019 年度	2018 年度
职工薪酬		—	—	251.42	247.21	364.94	462.28
无票费用		—	71.59	125.19	77.50	70.52	141.51
合计		—	71.59	376.61	324.71	435.46	603.79

问题出现后，某公司进行了如下整改：

1. 除一家已注销子公司员工（不含实际控制人、董监高）因体外发放薪酬涉及个人所得税 2.93 万元尚未缴纳外，某生物报告期内其他由体外发放薪酬所产生的需要代扣代缴的个人所得税和滞纳金均已完成补缴，并已取得税务部门出具的完税证明。

2. 截至招股说明书签署日，相关个人卡已注销，部分银行账户尽管尚未注销，但某生物及实际控制人均已出具承诺，不再通过其他账户为公司垫付成本、费用。同时，某生物已按照企业会计核算的要求将上述代垫费用纳入公司合并报表。

3. 某生物已于 IPO 申报前归还全部代垫费用 3658.82 万元（含 2016—2017 年部分代垫费用），并结清了相关关联方往来款。

4. 除清理前述资金往来外，公司还完善了关联交易、资金收付管理和费用归集等相关内控制度，并承诺严格遵照执行。

除此之外，某生物的实际控制人、控股股东及其一致行动人亦承诺今后不通过本人个人名下或本人能够控制的银行账户代某生物向某生物或其下属企业员工发放奖金或薪酬，也不直接或间接以任何形式代收某生物货款。

【思考】

1. 某生物为员工着想，在体外代垫费用为何不合法？

2. 你认为抱着侥幸心理去做激进的税务筹划是否可取？税收筹划的目标是什么？

单元检测

一、单项选择题

1. （　　）是个人作品以图书、报刊形式出版、发表取得的所得。

A. 股利收入　　B. 工资　　C. 承租经营收入　　D. 稿酬收入

2. （　　）是个人可用于最终消费支出和储蓄的总和。

A. 工资性收入　　B. 实物收入　　C. 可支配收入　　D. 财产净收入

3. 按计时工资标准和工作时间支付给职工的劳动报酬被称作（　　）。

A. 计时工资　　B. 计件工资　　C. 加班加点工资　　D. 津贴

4. 根据个人所得税法律制度的规定，下列各项中，不属于个人所得税纳税人的是（　　）。

A. 个人独资企业的投资者个人　　B. 一人有限责任公司

C. 个体工商户　　D. 合伙企业中的自然人合伙人

5. 根据个人所得税法律制度的规定，在中国境内无住所但取得所得的下列外籍个人中，不属于居民个人的是（　　）。

A. 怀特，2019 年 3 月 1 日入境，12 月 31 日离境，期间三次临时离境，每次 20 天

B. 汤姆，2019 年 9 月 1 日入境，次年 3 月 1 日离境

C. 海南维，2019 年 6 月 1 日入境，12 月 31 离境

D. 麦克，2019 年 6 月 1 日入境，12 月 31 离境，期间临时离境 25 天

6. 根据个人所得税法律制度的规定，在中国境内有住所的居民取得的下列所得中，属于综合所得的是（　　）。

A. 经营所得　　B. 劳务报酬

C. 利息、股息、红利所得　　D. 财产租赁所得

7. 根据个人所得税法律制度的规定，个人购买符合规定的商业健康保险产品的支出，允许在当年计算工资、薪金所得应纳税所得额时在一定限额内予以税前扣除，该限额为（　　）。

A. 3600 元/年　　B. 2400 元/年　　C. 3200 元/年　　D. 2800 元/年

8.（　　）既不主张对物质财富一味节约吝惜，又不赞成对物质财富毫无节制的消耗滥用的消费观。

A. 平衡消费观　　B. 节俭消费观　　C. 奢靡消费观　　D. 适度消费观

9. “双 11 购物狂欢节”那天，不少商家推出购 500 元商品返还 280 元购物券的活动，很多消费者为了获得购物券而凑足购买 500 元的商品。狂欢之后，一些消费者发现“凑单”购买的许多商品是自己不需要的。这些消费者的购买行为（　　）。

A. 是求异心理引发的，不值得提倡　　B. 是攀比心理引发的，并不可取

C. 违背了理性消费的原则　　D. 违背了适度消费的原则

10. 信用卡的透支功能，给人们消费带来很多便利，但透支消费后，有人感慨：“透支时很轻松，还款时压力重啊！”这告诉我们要坚持（　　）。

A. 量入为出，适度消费　　B. 避免盲从，抑制消费

C. 保护环境，绿色消费　　D. 勤俭节约，艰苦奋斗

二、判断题

1. “量入为出，适度消费”也就是要求我们把自己的消费支出控制在自己的经济承受能力之内。（　　）

2. 绿色消费倡导的重点是“绿色生活，环保选购”。（　　）

3. 个人收入反映了该国个人的实际购买力水平，预示了未来消费者对于商品、服务等需求的变化。（　　）

4. 工资只包括计时工资和计件工资。（　　）

5. 职业也是影响个人消费支出的因素之一。（　　）

6. 中国居民张某，在境外工作，只就来源于中国境外的所得征收个人所得税。（　　）

7. 合伙企业的自然人合伙人，为个人所得税纳税人。（　　）

8. 个人综合所得中专项扣除、专项附加扣除和依法确定的其他扣除一个纳税年度扣除不完的，可以结转以后年度扣除。（　　）

9. 赵某在中国移动参与存话费送手机活动，缴费 1000 元，获赠四星手机一部，其获得的手机应缴纳个人所得税。（　　）

10. 赵某将一栋房屋，无偿赠送给自己的儿子小赵，小赵的该项所得应当按照“偶然所得”项目缴纳个人所得税。（　　）

三、多项选择题

1. 当下，有些同学存在着饮食消费向广告看齐，服装消费向名牌看齐、娱乐消费向流行看齐、人情消费向成人看齐的消费现象。要改变这些现象，要求我们做到（　　）。

A. 量入为出，适度消费　　B. 避免盲从，抑制消费

C. 保护环境，绿色消费　　D. 勤俭节约，理性消费

2. 如今，高端数码产品受到众多青少年的追捧，手机、平板电脑等必不可少。不少大学生更是将高端数码产品列为学习和生活必备产品，甚至有人认为没有就会丢脸。这一现象旨在提醒我们（　　）。

A. 要跟上时代潮流　　B. 要坚持适度消费

C. 要反对盲目攀比　　D. 要避免消费滞后

3. 根据个人所得税法律制度的规定，个人取得的下列收入中，应按照“劳务报酬所得”税目计缴个人所得税的有（　　）。

A. 某经济学家从非雇佣企业取得的讲学收入

B. 某职员取得的本单位优秀员工奖金

C. 某工程师从非雇佣企业取得的咨询收入

D. 某高校教师从任职学校领取的工资

4. 根据个人所得税法律制度的规定，下列各项中，可以作为个人专项附加扣除的有（　　）。

A. 子女抚养　　B. 继续教育　　C. 赡养老人　　D. 子女教育

5. 根据个人所得税法律制度的规定，下列情形中，纳税人应当按照规定办理个人所得税自行纳税申报的有（　　）。

A. 非居民个人从中国境内两处或者两处以上取得工资、薪金所得的

B. 在两处或者两处以上取得综合所得，且综合所得年收入额减去专项扣除的余额超过6万元

C. 从中国境外取得所得的

D. 取得应纳税所得，没有扣缴义务人的

四、实践应用

1. 年轻人超前消费需谨慎

用花呗、打白条、刷信用卡……对当下许多年轻人来说，“花明天的钱，圆今天的梦”已经是一种生活方式。伴随着消费观念转变及支付手段革新，超前消费大行其道，形形色色的互联网消费贷款产品更是令人眼花缭乱。

超前消费使人们在购买力不足的情况下，通过预支收入、分期付款等方式，满足消费需求，能够降低一次性支付资金的经济压力。在经济能力许可的条件下，适度的超前消费本无可厚非。

然而，凡事过犹不及。当前，过度超前消费正透支着一些年轻人的钱包和未来。他们对“这月买，下月还”的消费方式表现出过多的依赖性，甚至产生了“月欠族”“负翁”“账单式脱贫”的调侃，这更像是一种无奈的自嘲。当超前消费突破自身支付能力时，沉重的债务负担便如影随形。戳破光鲜的消费状态，是个人越发脆弱的经济状况。“花明天的钱”难圆“今天的梦”，盲目负债会影响年轻人正确人生观、价值观的形成，也不符合勤劳节俭的优良传统。

与此同时，为了满足年轻人迅速增长的消费愿望，迎合超前消费的火热市场，一些鱼目混珠的借贷产品出现在市面上。越来越低的借钱门槛、充满诱惑的营销方式、层出不穷的贷款陷阱，对公众尤其是

涉世未深的年轻人有消极影响。

量力而行方能细水长流。在进行超前消费时，年轻人应充分考虑自身实际需要、当下经济状况及未来还款能力，避免冲动消费造成“无底洞”般的账户赤字。保持理性谨慎的态度，才能让超前消费这一支付方式真正为己所用。另外，有关各方要加强对年轻人消费观的教育和引导，取缔某些非法借贷平台，禁止商家过度营销借贷产品。创造风朗气清的消费环境，是我国由生产型社会向消费型社会转变的应有之义。

超前消费并非洪水猛兽，过度消费实不可取。年轻人要“在乎现在拥有”，更要“在乎天长地久”。从长远计，别让超前消费“绑架”个人生活，才是真正的理财智慧。

（资料来源：李嘉宝：《年轻人超前消费需谨慎（云中漫笔）》，《人民日报·海外版》，2019 年 2 月 27 日。）

请结合案例谈谈你对超前消费的理解并对自己的日常消费支出进行总结评价。

2. 自然人甲某，2021 年 12 月税前工资收入扣除“三险一金”专项扣除、附加扣除后应纳税所得额为 4.5 万元，甲想在本月向贫困地区捐赠 1 万元。假如你是一名税务师，请为甲如何捐赠提出合理化的建议，并计算甲应该缴纳的个人所得税。

第十章　财富管理

学习目标

【知识目标】

1. 明确储蓄的用途和风险；
2. 理解投资的含义、特点与类型；
3. 掌握利息的计算方法；
4. 理解金融产品及金融衍生产品的含义及其类别；
5. 明确借贷存在的风险；
6. 了解财富价值观的含义及其重要性；
7. 掌握制订个人财务规划的意义、方法。

【技能目标】

1. 做好理财储蓄规划；
2. 具备金融产品选择判断的能力；
3. 具备判断借贷风险的能力；
4. 具备合理制订自己、家庭消费计划的能力；
5. 具备制订自己的长期财务规划的能力。

【思政目标】

1. 谨慎投资，树立正确的财富观念；
2. 规避风险，培养理性借贷的理念；
3. 合理规划，培养做好个人规划的战略意识。

【名人名言】

富与贵，是人之所欲也；不以其道得之，不处也。

——孔子

第一节 储 蓄

☞ 引导案例

中国人更爱存钱了？上半年人均同比多存约2040元

人民银行公布的2022年上半年金融统计数据显示，上半年住户存款增加10.33万亿元，同比多增2.88万亿元。按照第七次全国人口普查结果公布的全国人口14.1亿为基数计算，相当于人均多存了约2040元。

央行近日公布的数据显示，2021年上半年人民币存款增加14.05万亿元，住户存款增加7.45万亿元。2022年上半年人民币存款增加18.82万亿元，住户存款增加10.33万亿元，同比多增2.88万亿元。

这一数据也与储户问卷调查结果一致。此前人民银行发布的2022年第二季度城镇储户问卷调查报告显示，倾向于“更多储蓄”的居民占58.3%，比上季增加3.6个百分点；倾向于“更多消费”的居民占23.8%，比上季增加0.1个百分点；倾向于“更多投资”的居民占17.9%，比上季减少3.7个百分点。

由此可见，倾向于“更多储蓄”的居民在增加，而倾向于“更多投资”的居民在减少。

“近年来我国居民存款增长较快，尤其是2022年居民存款增速显著加快，在人民币存款中的占比持续提升。居民存款大幅度增长、储蓄意愿增强的原因是多方面的，既有短期影响也有长期因素。”招联金融首席研究员董希淼向人民网财经表示。

他分析表示，从短期因素看，主要是新冠肺炎疫情带来的冲击。从长期因素看，居民对未来收入和支出的不确定性预期提高，使得居民预防意识和储蓄意愿明显增强。

“居民存款持续增加提高我国经济发展韧性，增强居民部门抵御风险能力，但也反映出居民对未来预期转弱、消费需求不足、投资意愿下降等问题。”董希淼表示，下一步，应采取针对性的措施，稳住居民预期和信心，进一步提振居民消费和投资。

（资料来源：罗知之、吕骞：《中国人更爱存钱了？上半年人均同比多存约2040元》，人民网，2022年7月13日，http://finance.people.com.cn/n1/2022/0713/c1004－32474140.html。）

【案例思考】

1. 结合案例谈谈储蓄的重要性。
2. 请谈谈你了解的储蓄有哪些类型。

知识讲解

一、储蓄的定义

储蓄是指个人或家庭暂时不用或结余的货币收入存入银行或其他金融机构的一种存款

活动，又称储蓄存款。个人或单位可以依据储蓄凭证支取存款的本金和利息，储蓄机构则要依照规定支付存款本金和利息。储蓄存款是信用机构的一项重要资金来源。发展储蓄业务，在一定程度上可以促进国民经济比例和结构的调整，可以聚集经济建设资金，稳定市场物价，调节货币流通，引导消费，帮助群众安排生活。

二、储蓄的种类

目前我国储蓄的种类主要有以下几种：

1. 活期储蓄。1 元起存，多存不限，由储蓄机构发给存折，凭折存取，定期结算利息，开户后可以随时存取。这种方式最为方便，只要手中有零钱，就可以及时存入银行。活期储蓄适合于个人生活待用款和闲置现金款，以及商业运营周转资金的存储。

2. 定期储蓄。定期储蓄即事先约定存入时间，存入后，期满方可提取本息的一种储蓄。它的积蓄性较高，是一项比较稳定的信贷资金来源。定期储蓄的开户起点、存期长短、存取时间和次数、利率高低等均因储蓄种类不同而有所区别。中国各大银行的定期储蓄主要包括：整存整取定期储蓄存款、零存整取定期储蓄存款、存本取息定期储蓄存款、定活两便储蓄存款、通知存款、教育储蓄存款。

（1）整存整取定期储蓄存款。一般 50 元起存，存款分三个月、半年、一年、二年、三年、五年和八年。本金一次存入，由储蓄机构发给存单，到期凭存单支取本息。这种储蓄最适合手中有一笔钱准备用来实现购物计划或是长远安排。要注意安排好存款的长短期限，避免因计划不当提前支取而造成的利息损失，因为提前支取，银行按活期存款利率付息。

（2）零存整取定期储蓄存款。一般 5 元起存，存期分一年、三年、五年，存款金额每月由储户自定固定存额，每月存入一次，中途如有漏存，应在次月补存，未补存者，到期支取时按实存金额和实际存期计算利息。这种方式对每月一定固定收的人来说，无疑是一种最好的积累财富的方法。

（3）存本取息定期储蓄存款。一般 5000 元起存。存款分一年、三年、五年，到期一次支取本金，利息凭存单分期支取，可以一个月或几个月取息一次。如到期取息日未取息，以后可随时取息。如果储户需要提前支取本金，则要不按定期存款提前支取的规定计算存期内利息，并扣回多支付的利息。

（4）定活两便储蓄存款。一般 50 元起存，由储蓄机构发给存单，存单分记名、不记名两种，记名式可挂失，不记名式不挂失。存期一般有四个档次：一是不满三个月，二是三个月以上不满半年，三是半年以上不满一年，四是一年以上。各个存款的利息均不同。它兼有定期和活期储蓄之长，即有活期的方便，灵活，定期的利率。一般为定额存单式，存单的面额一般有 20 元，50 元，100 元和 500 元等几种，储户存储时，银行按其存款金额开给相应面额的存单。

（5）通知存款。通知存款是一种不约定存期、支取时需提前通知银行、约定支取日期和金额方能支取的存款。兼有活期存款与定期存款的性质，利率视通知期限的长短而定，一般较活期存款高，但又比定期存款低。详见图 10－1。

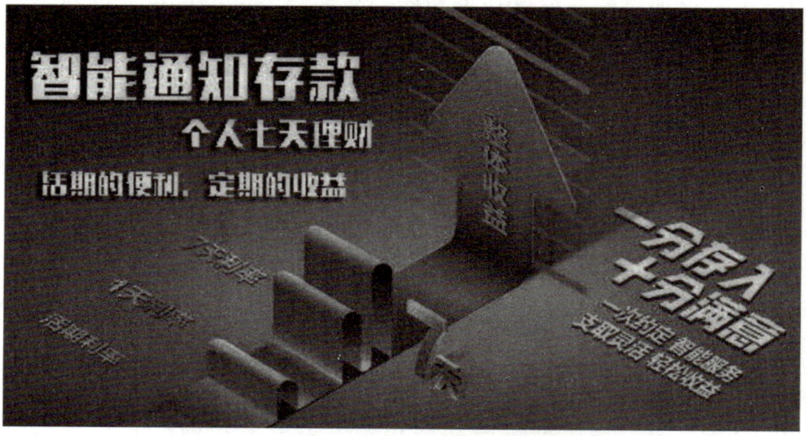

图 10－1　通知存款网络广告

（6）教育储蓄存款。教育储蓄存款是指个人按国家有关规定在指定银行开户、存入规定数额资金、用于教育目的的专项储蓄，是一种专门为学生支付非义务教育所需教育金的专项储蓄。教育储蓄采用实名制，开户时，储户要持本人（学生）户口簿或身份证，到银行以储户本人（学生）的姓名开立存款账户。

（7）整存零取定期储蓄存款。一般 1000 元起存，本金一次存入，存期分一年、三年、五年。支取期分为一个月、三个月、半年一次，利息于期满结清时支取。

3. 华侨（人民币）定期储蓄。华侨、港澳台同胞由国外或港澳地区汇入或携入的外币、外汇（包括黄金、白银）售给中国人民银行和在各专业银行兑换所得人民币存储本金存款。该存款为定期整存整取一种。存期分为一年、三年、五年。存款利息按规定的优惠利率计算。该种储蓄支取时只能支取人民币，不能支取外币，不能汇往港澳台地区或国外。存款到期后可以办理转期手续，支付的利息亦可加入本金一并存储。

4. 外汇储蓄。外汇储蓄是指根据《中华人民共和国外汇管理条例》《个人外汇管理办法》和《个人外汇管理办法实施细则》等相关法规，境内个人和境外个人，持本人有效身份证件，均可在中国银行办理外币储蓄存款业务。

每个人的经济状况不同、喜好不同、对未来的规划不同，选择的储蓄类型也不尽相同。如果每个月收入较为稳定又要筹谋未来生活，可以选择零存整取的定期储蓄，这样每月存入固定数额，未来某一时日就会得到一笔充足的储蓄；如果你手头有一笔没有明确用途的资金，可以选择合适的期限和较高的收益的整存整取定期储蓄；如果有一笔资金你每天都需要用，那可以选择活期存款，随时交易支付；如果你有一笔资金短期内没有明确用途但未来不久就会使用，那么可以选择通知存款或定活两便存款，这样既能保证随时使用资金还能保证收益。

三、储蓄的用途

存款储蓄，作为一种投资行为，在国家经济活动和人民生活中起着重大作用，利国利民。储蓄的用途有以下几点：

1. 能够为国家积累资金，支援国家建设。银行通过吸收存款，可以“变小钱为大钱，变死钱为活钱”，有利于国家资金的积累，支援国家现代化建设。

2. 能够调节市场货币流，维护物价稳定。一方面，国家通过开展储蓄业务，可以把市场上多余的一部分纸币采用信用回笼的方式吸收过来，可以有效地减少需求压力，使货币购买力和商品供应量平衡，保持物价稳定。另一方面，银行吸收人们的个人储蓄存款，转化为生产投资，为市场提供更多的消费品，从而增加货币回笼，保持正常的货币流通和物价稳定。

3. 能够培养科学的生活习惯，养成健康的生活方式。人们的储蓄不仅是一种投资行为，而且是计划消费行为。通过储蓄有计划地安排生活，有利于培养勤俭节约的社会风尚，是科学文明的消费习惯和文明健康的生活方式的体现。

四、储蓄的风险

储蓄对于我们来讲是最安全、最稳健的理财方式，但安全不等于没有风险。其实，储蓄的风险和我们所知道的其他投资风险并不同，储蓄的风险主要在于无法获得预期的储蓄利息收入，或者由于通货膨胀而引起的储蓄本金的损失。

1. 通货膨胀的风险。世界上许多国家在多数时期都存在通货膨胀的情况。通货膨胀是经济体在经济运行中最基本的一个特征。一般而言，银行的利息率都会低于通货膨胀率，因而人们的存款实际上是处于负利率的状态。

2. 相对难积累。除非特别喜爱储蓄并且很有定力，否则一般人很难有较多的积累。很多人把钱存在银行，一方面觉得方便，另一方面又比较难以做到自律和不随便取用。通常人们会一边积累一边花钱，结果，许多年过去了，所积累的资金量并不是很多。尤其加上通货膨胀所造成的物价上涨，更可能觉得手头积累的钱不够多。再者，银行的利息回报率通常也是较低的。

3. 银行也会倒闭。在中国，几乎没有人会怀疑银行也会倒闭。确实，银行比其他一般企业或公司较少出现问题，且通常由于银行关系到国家的经济和民生，因此，国家也会对重要的银行给予某种程度的支持。不过这并不是说，所有的银行都不会出问题和倒闭。尤其在国际化、市场化的银行业竞争中，银行经营有风险，存款也会有风险，优胜劣汰是正常的。在国外，有较多存款的人都非常重视和关注银行的财力和管理水平以及一系列评估形成的银行等级信誉。

第二节 投 资

☞ 引导案例

我国银行理财产品投资者数量超 6000 万

银行业理财登记托管中心发布的报告显示，截至 2021 年 6 月底，持有理财产品的投资者数量达 6137.73 万个，同比增长 137.71%。

《中国银行业理财市场半年报告（2021 年上）》显示，截至 6 月底，持有理财产品的个人投资者达 6114.09 万人，较年初增加 1965.99 万人；机构投资者 23.64 万家，较年初增加 9.26 万家。

投资者队伍壮大的同时，银行理财产品的收益率保持稳定。今年 1 至 6 月，理财产品累计兑付客户收益 4137.51 亿元。

（资料来源：李延霞：《我国银行理财产品投资者数量超 6000 万》，《人民日报海外版》，2021 年 8 月 13 日。）

【案例思考】

1. 结合案例谈谈你理解的理财与投资？
2. 结合案例思考如何做到“明辨风险、谨慎投资，坚守合格投资者底线”？

知识讲解

一、投资概述

（一）投资的含义

投资是社会经济活动的重要的内容之一，随着经济生活内容的不断发展和丰富，投资已经成为一个多层次、多侧面的经济概念。我们分别从广义和狭义来介绍投资。

广义的投资，是指国家或企业以及个人，为了特定目的与对方签订协议，促进社会发展，实现互惠互利，输送资金的过程。又指特定经济主体为了在未来可预见的时期内获得收益或是资金增值，在一定时期内向特定领域投放足够数额的资金或实物的货币等价物的经济行为。投资过程包括资金投入、资产增值、收回资金三个阶段。对任何经济社会和经济人而言，持续不断地进行投资是保持经济利益持续增长必不可少的前提条件。

美国著名投资学家威廉·夏普认为：投资就是为了获得可能的和不确定的未来值而做出的现在值的牺牲。例如，一个投资者购买了 1000 元股票，一年后得到了 2000 元的投资收益，则这 2000 元就是一年前所减少消费的 1000 元资金所获得的风险补偿。

广义的投资概念中，投资者包括经济法人和自然人，在现代社会经济生活中，他们表现为各种类型的企事业单位、个人、政府以及外国厂商等。预期收益不仅包含着投资的动机与目的，也体现着一定的经济关系，包括可计算的微观经济收益，还包括不可直接计算的社会效益和环境效益等。投入的经济要素，是指从事建设和经营活动所必需的物质条件和生产要素。它可以是现金、机器设备、房屋、运输工具、通信、土地等有形资产，也可以是劳务，还可以是专利权、商标、工艺资料、技术秘诀、经济信息等无形资产投入的事业或领域。可以是建设领域、生产领域，也可以是流通领域、服务领域；可以是固定资产，也可以是流动资产；可以是物质产品的生产，也可以是精神产品的生产。

上述概念是一个广义的概念，这一概念更多地偏重于理论概括。但在实际管理工作和日常生活中，人们谈及投资时，在不同的场合、不同的讨论范围，总是给投资限定了一个较之广义的概念要小的范围。经济学家们一般是从“经济”和“金融”两层含义上来概括和认识投资的。

美国著名经济学家保罗·A. 萨缪尔森在其《经济学》一书中这样定义投资：对于经济学者而言，投资的意义是实际的资本形成——增加存货的生产，或新工厂、房屋和工具的生产。对于一般人而言，投资的意义仅仅是购买几张某汽车公司的股票，购买街角的地基或开立储蓄存款的户头。必须弄清这种混淆之处：如果以我的保险柜中取出 1000 元把它存于银行，或用来从一个经纪人那里购买普通股票，仅就这一行动而论，经济学者认为投资和储蓄都没有增长。只有当物质资本形成产生时，才有投资；只有当社会的消费少于它的收入，把资源用于资本形成时才有储蓄。

美国斯坦福大学财政金融学教授赫伯特·E. 杜格尔与圣克拉拉大学财政金融学教授弗朗西斯·J. 科里根 1920 年合著的《投资学》一书对投资的金融和经济概念作了如下描述：

“从投资者或资本供给者的观点来看，投资是投入现在的资金以便用利息、股息、租金或退休金等形式取得将来的收入，或者使本金增值。”

“从这种金融的立场出发，储蓄和投资是否用于经济意义上的‘生产性’用途是无关紧要的。”“无论是投资者从别人那里买进证券，还是把资金用于新的资产，都没有关系……实际上，一般意义上讲，大多数投资都是金融资产在其所有者之间的转让。”

“关于投资本质在金融意义上或是在一般意义上的这些意见，明显地不同于经济上的含义。后者有这样的意思，即它是以新的建筑、新的生产者的耐用设备，或追加存货等形式构成新的生产性资本。”

在我国，“投资”的内涵和外延，是随着实际经济生活内容的不断变化，随着这一领域的理论发展而不断变化发展的。

新中国成立初期，我们在经济管理体制上比较多地借鉴了苏联模式，同时引进了“基本建设”的概念和管理体制。在高度集中的统收统支的财政体制下，企事业单位的一切收入要上缴财政，一切扩大再生产的支出和流动资金都由财政统一拨付，也就是说，国营企事业单位的资本金都是国家的，国家是唯一的投资主体。在那时，“基本建设”这一概念基本上可以满足当时的实际管理工作及理论研究的需要。进入20世纪80年代以后，企业的技术改造开始迅速推进，为适应当时管理更新改造资金的需要，理论界提出了固定资产投资的概念，固定资产投资包括基本建设投资和更新改造投资两部分内容。与固定资产投资相对应的，是流动资金投资。之后，随着证券市场和房地产市场的兴起，又出现了证券投资、房地产投资的概念。可以说，在我国理论界对“投资”这一概念的概括和理解，也并未达成共识，但这并不妨碍我们使用这一概念。因为，在特定的环境和背景下，我们所谈的投资对象是一定的。在本书中，我们使用的是投资的广义概念，即包含经济意义上的投资和金融意义上的投资两方面的内容。

（二）投资的特点

投资的特点包括：

1. 投资是一项现在支出一定价值的经济活动。投资要在现在支付一定数额的资金或实物资产等以便在未来某一时日获得报酬或收益而在现在采取的付出资金的经济行为。

2. 投资具有时间性。投资不像采购行为，一手交钱一手见货，投资是现在付出的价值在未来的时间才能收回，而且未来的时间越长，未来收益的不确定性就越大，从而风险就越大。

3. 投资具有风险性。投资并不意味着未来一定会获得收益，虽然当前投入的资金价值是确定的，但是，受某些因素的影响，投资未来的收益具有不确定性，这种不确定性就是投资的风险。

二、投资的分类

（一）按投资的方向划分，可分为实物投资和金融投资

实物投资是指投资者将资金用于建造购置固定资产和流动资产，直接用于生产经营，并以此获得未来收益的投资行为。实物投资与证券投资的根本区别在于前者是社会积累的直接实现者，即通过实物投资最终完成和实现社会的积累，而后者只是一种间接的过程，投资者以最终获得金融资产为目的，至于这些资金怎样转化成实物形态则与证券投资者没有关系。

金融投资，也叫证券投资，是指投资者以获得未来收益为目的，预先垫付一定的资金并获得金融资产。投资者用自己的货币购买股票、公司债券或国债券等有价证券，然后凭有价证券获取收益，由有价证券的发行者去进行实物投资。由于投资者主要在金融市场上购买有价证券。又是以金融的方式进行的，所以称为金融投资。个人在银行储蓄的行为严格讲也是一种金融投资，其获得的存款凭证也是一种有价证券。

实物投资与金融投资对宏观经济的各个范畴，例如国民收入、储蓄、分配等的影响是不同的。

（二）按投资的地域划分，可分为国际投资和国内投资

国际投资亦称“对外投资”或“海外投资”。指一个国家向国外进行经营资本的输出。这种输出可以是私人资本也可以是国家资本，但不包括政府及其所属机构对外的赠予、赔偿以及纯属借贷资本输出范围的各种贷款活动。国际投资可分为直接投资和间接投资两种基本形式。随着世界经济的发展，国际投资出现了一些新的特征：跨国公司迅速发展，直接投资在国际投资中占有越来越大的比重；投资方向不局限于经济落后地区，各发达国家的私人资本也要互相渗透，甚至还出现了发展中国家向发达国家投资的现象，从本质上说，国际投资是为过剩资本找出路，利用国外某些有利条件获取高额利润。但同时，国际投资也会给发展中国家带来先进技术，并促进提高管理水平。

国内投资，是指国家、企业单位、个人在本国境内所进行的投资国内投资的总量，代表了一个国家经济发展水平的高低、积累能力的大小和经济实力的强弱。

（三）按是否具有参与投资企业的经营管理权划分，可分为直接投资和间接投资

直接投资是指投资者直接将资本用于购买生产资料、劳动力或其他企业一定比例的股份，通过一定的经营组织形式进行生产、管理、销售活动以实现预期收益。直接投资可分为国内直接投资与国外直接投资。直接投资的方式主要有：（1）加入资本，不参与经营，必要时可派出技术人员和顾问，给予指导；（2）开办独资企业，即由一个国家的一个公司独立投资建立企业，独自经营，企业归投资者一家所有；（3）设立合资企业，由合作各方共同投资，并指派拥有代表权的人员参与经营；（4）买入现有企业股票，通过股权取得全部或大部分经营支配权。

间接投资通常是指投资者以购买他国或本国债券、股票的方式所进行的投资。间接投资者按规定收取利息或红利，但无权干预投资的具体运用，也不享有任何特权。

（四）按投资资金周转方式的不同，分为固定资产投资和流动资产投资

固定资产投资包括基本建设投资和更新改造投资两部分。基本建设投资是指以扩大生产能力或工程效益为主要目的的新建、扩建、改建工程及相关投资。主要包括工厂、矿山、铁路、桥梁、港门、农田水利、商店、住宅、学校、医院等工程的建造和机器设备、车辆、船舶、飞机等的购置。基本建设投资的经济实质是进行固定资产的外延扩大再生产。更新改造投资是指以设备更新、企业技术改造为主要形式的固定资产投资。更新改造投资的经济实质是进行内含扩大再生产。

流动资产投资是相对于固定资产投资而言的，是对企业生产经营中所需劳动对象、工资和其他费用方面的货币的预先支付。对于流动资金是否属于投资范畴，在我国理论界和实际工作部门中尚存在分歧。一种认识是流动资金是一种短期垫支行为，流动资金投入以后，经过生产和流通，产品销售出去，流动资金就收回了，所以，它并不符合投资是价值垫支的定义。不能作为投资另一种意见认为，流动资金的投入是投资行为，其主要理由

是，流动资金不是一种短期垫支，尽管流动资金周转要比固定资金周转快，但由流动资金在循环周转中的继起性和并存性的决定，企业生产中所需的流动资金中有一个最低稳定额，这一部分流动资金只要生产经营持续进行，实际上是无法收回的，它是属于长期资金的性质。

（五）按投资在扩大再生产中所起作用的方式不同，可以分为外延性投资和内含性投资

外延性投资，是指用于扩大生产经营场所，增加生产要素数量的投资，它代表投入生产的资本不断增长。其投资形式如直接开厂设店中的新建、改建、扩建等建设形式。外延性投资的实质，是从投资要素量的增加上来扩大投资规模以促进社会扩大再生产的进行。

内含性投资，是指用于提高生产要素的质量，改善劳动经营组织的投资，它代表资本使用的效率不断提高。其投资形式如挖潜、革新、技术改造等。内含性投资的实质，是从提高投资要素的使用效率、加强劳动过程的组织管理、提高劳动效率上来促进社会扩大再生产的进行。

（六）按经营目标的不同，可以分为经营性投资和政策性投资

经营性投资又称营利性投资，西方国家中也常称为商业投资，是指为了获取盈利而进行的投资，项目建成以后，以经营方式使用。在商品经济条件下，绝大多数的项目投资都属于经营性投资范围。

政策性投资又称非营利性投资，是指用于保证社会发展和群众生活需要而不能或允许不能带来经济盈利的投资。政策性投资虽然不能带来经济盈利，但却能带来社会效益。政策性投资分两种类型：一类是本身就不属于生产经营，因而不存在盈利可言的项目投资；另一类本身是生产经营性支出，存在着潜在的营利性。由于价格不合理及某些客观条件的制约必然发生亏损，这是国家允许的并有相应的政策规定。政策性项目社会效益显著，是社会经济发展及人民生活水平不断提高所必不可少的物质基础设施，其投资水平高低和投资规模的大小对全社会经济的繁荣和发展及人民生活水平的不断提高具有全面而又深远的促进或制约作用，但由于它的非营利性，很难将诸如企业和个人等以盈利为直接目标的投资者的资金用于这些项目上，所以，必须有政府的参与，由政府利用财政资金从事这些项目的投资，或利用财政资金作为经济杠杆，吸引其他投资主体的投入。

（七）按照投资的经济用途划分，可以分为生产性投资和非生产性投资

生产性投资是指直接用于物质生产或直接为物质生产服务的投资。在我国，它是按投资项目中单项工程的直接用途来确定的。如在新建工厂投资中，用于生产车间、实验室、办公室、其他生产用建筑物以及生产用机械设备等固定资产的购置和安装的投资。生产性建设投资。能直接增加国民经济各部门的生产能力，加快商品流通速度，提高国民经济技术水平，也是进行非生产性建设投资，提高人民生活水平的重要物质基础。

非生产性投资是指在一定时期内用于满足人民物质和文化生活需要以及其他非物质生产的投资。按现行统计制度规定，包括住宅建设的投资；公用事业、居民服务和咨询服务建设的投资；卫生、体育和社会福利方面建设的投资；教育、文化、艺术和广播电影电视事业建设的投资；科学研究建设的投资；金融、保险业建设的投资；国家机关、党政机关和社会团体建设及不属于上述各类的其他非生产性建设的投资。非生产性建设投资是在一定时期内直接用于改善人民生活状况和发展教育、科研事业的投资规模，在社会经济发展过程中，在有计划地扩大生产性建设投资的同时，要保证非生产性建设投资的相应增长，使人民生活在生产发展的基础上逐步得到改善，这对于促进生产发展具有重要作用。但非生产性建设增长过快、比重过高，也是不正常的，会造成国民经济的发展缺乏后劲，反过来又影响人民生活水平进一步提高。

（八）按投资是否纳入国家财政预算，可划分为预算内投资和预算外投资

预算内投资是指纳入国家预算安排的投资。其中，预算内基本建设投资包括中央财政直接安排的基本建设基金和地方财政中由国家统筹安排的基本建设投资，以及中央财政中的其他专项建设援款完成的投资；预算内更新改造投资包括中央财政和地方财政预算内更新改造投资。

预算外投资是指各地区、各部门和企事业单位，运用自行支配的物力财力、各种专项资金和其他自有资金以及向国内外金融机构借款所安排的投资。

（九）其他分类

按其他一些标志，还可以将投资做另外一些分类。例如，按投资主体划分，可分为国家投资、企业单位投资、个人投资；按资金来源划分，可分为财政投资、银行信贷投资、企业自筹投资、证券投资；按企业性质划分，可分为全民所有制单位投资、集体所有制单位投资、乡镇企业投资、中外合资、外商独资；按项目是否纳入国家计划，可分为计划内投资、计划外投资等。

三、利率、汇率与经济发展

利息是与信用相伴随出现的一个经济范畴。随着社会经济的发展，商品交换多为物物交换，借贷活动也以实物形式进行，信用活动也随之产生和发展起来。利息是与信用相联系的经济范畴，信用活动产生后，利息也随之产生。要了解利息，需要先理解利率。

（一）利率与利息

1. 利率。

（1）利率的定义。利率就是利息率，是指借款、存入或借入金额（称为本金总额）中每个期间到期的利息金额与票面价值的比率。借出或借入金额的总利息取决于本金总

额、利率、复利频率、借出、存入或借入的时间长度。利率是借款人需向其所借金钱所支付的代价，也是放款人延迟其消费，借给借款人所获得的回报。利率通常以一年期利息与本金的百分比计算。

各个国家的利率有着不同的内涵。在中国，通常说的利率指的都是银行利率，进一步更是指向中国人民银行规定的存贷款基准利率。在美国，则主要指的是债券市场利率，所谓美联储调整的基准利率，也并不是具有强制性的行政性的基准利率，而是通过公开市场操作后确定的银行间隔夜拆借利率。

之所以内涵不同差异很大，是因为两国的基本国情和经济制度有着根本差异。计划经济、计划经济转入市场经济，这些阶段因为传统的经济和金融结构模式影响，命令性的指令性的行政规定直接有效、快速精准，再加上央行的市场化操作能力有限、经验匮乏，基准利率才得以时至如今依旧成为社会的普遍利率判定标准。而美联储的市场化程度很高，其每一次的“联邦基金利率”调整均为公开市场操作后得到的市场结果。

从广义的角度讲，利率并不局限于银行利息本身，还包括债券市场，甚至还可以纳入股票分红，作为股息的另一种表述方式。事实上，在美国，直接融资的比例远远大于间接融资，企业债、金融债和股票公开上市交易是非常重要的融资手段，此时均可以用利率的概念来进行分析。

理解利率的不同内涵，有助于我们对于利率的金融概念有一个更加深刻的认识，特别是其形成、变化和衍生都需要由市场来决定，这是非常关键的要素。

（2）利率的表示方法。利率通常用年利率来表示，除此之外还有月利率、日利率。它们之间的关系可以用公式表示为：

月利率 = 年利率/12 = 日利率 × 30

日利率 = 年利率/360 = 月利率/30

2. 利息。

（1）利息的定义。利息是指资金所有者由于借出资金而取得的报酬，它来自生产者使用该笔资金发挥营运职能而形成的利润的一部分。利息是资金时间价值的表现形式之一，从其形式上看，是货币所有者因为发出货币资金而从借款者手中获得的报酬；从另一方面看，它是借贷者使用货币资金必须支付的代价。实质上是利润的一部分，是利润的特殊转化形式。

（2）利息的计算。上面刚刚介绍了利率，有了利率就可以计算利息了。利息的计算方式分为单利计息和复利计息。

①单利计息。单利就是只计算本金在投资期限内的利息，而不计算利息所产生的利息。这是计算利息最简单的一种方法。其公式为：

单利息 = 本金 × 利率 × 期数

假设下列符号 S 表示终值（本利和）、P 表示现值（本金）、i 表示利率、I 表示利息、n 表示期数（若 i 为年利率则 n 为年数，若 i 为月利率则 n 为月数）。

则利息计算公式：

$I = P \cdot i \cdot n$

第 n 期的终值（本利和）：

$S_n = P + P \cdot i \cdot n = P(1 + in)$

公式 $S = P(1 + in)$ 称为单利终值公式（或本利和公式）。

【例 10－1】 王娜准备将自己的5000元奖学金存入银行，假设银行存款年利率为3%，请计算三年后王娜可以从银行取回多少钱？

$p = 5000 \qquad i = 3\% \qquad n = 3$

则一年后的本利和为：

$S = 5000 + 5000 \times 3\% \times 3 = 5000 + 450 = 5450$（元）

②复利计算。复利不同于单利，它不仅要计算本金上的利息，也要计算利息所产生的利息，即所谓“利滚利”。按这种计算方法计息，每期末结息一次，然后将利息加入本金作为下一次计息的基础，复利终值的计算公式推导如下：

$S_1 = P + P \cdot i = P(1 + i)$

$S_2 = S_1 + S_1 \cdot i = S_i(1 + i) = P(1 + i)^2$

$S_2 = S_1 + S_1 \cdot i = S_1(1 + i) = P(1 + i)^2$

⋮

$S_n = S_{n-1} + S_{n-1} \cdot i = S_{n-1}(1 + i) = P(1 + i)^n$

所以，n 期复利终值公式为：

$S = P\ (1 + i)^n$

其中，$(1 + i)^n$ 表示 n 期后1元的复利终值，称为复利终值系数，记作 $F_{i,n}$，$F_{i,n}$ 的值可以查用复利终值系数表，因此复利终值公式也可以写成：

$S = P \cdot F_{1,n}$

【例 10－2】 王娜准备将自己的5000元奖学金存入银行，假设银行存款年利率为3%，如果采用复利计算方式，请计算三年后王娜可以从银行取回多少钱？

$S = 5000 \times (1 + 3\%)^3 = 5000 \times 1.093 = 5465$（元）

从以上两种利息计算方法可以看出，用单利计算法计算利息，计算简便，手续简单，易于计算借款的利息，有利于减少借款者的负担，它主要用于短期信用；而用复利计息法计算利息，有利于提高借贷资金的使用效益，主要用于长期借款。

（二）汇率

1. 汇率的定义。汇率（又称外汇利率，外汇汇率或外汇行市）两种货币之间兑换的比率，亦可视为一个国家的货币对另一种货币的价值。汇率又是各个国家为了达到其政治目的的金融手段。汇率会因为利率，通货膨胀，国家的政治和每个国家的经济等原因而变动。而汇率是由外汇市场决定。一国外汇行市的升降，对进出口贸易和经济结构、生产布局等会产生影响。汇率是国际贸易中最重要的调节杠杆，汇率下降，能起到促进出口、抑制进口的作用。

2. 汇率的种类。

（1）按国际货币制度的演变划分，有固定汇率和浮动汇率。

①固定汇率。是指由政府制定和公布，并只能在一定幅度内波动的汇率。

②浮动汇率。是指由市场供求关系决定的汇率。其涨落基本自由，一国货币市场原则上没有维持汇率水平的义务，但必要时可进行干预。

（2）按制订汇率的方法划分，有基本汇率和套算汇率。

①基本汇率。各国在制定汇率时必须选择某一国货币作为主要对比对象，这种货币称之为关键货币。根据本国货币与关键货币实际价值的对比，制订出对它的汇率，这个汇率就是基本汇率。一般美元是国际支付中使用较多的货币，各国都把美元当作制定汇率的主要货币，常把对美元的汇率作为基本汇率。

②套算汇率。是指各国按照对美元的基本汇率套算出的直接反映其他货币之间价值比率的汇率。

（3）按银行买卖外汇的角度划分，有买入汇率、卖出汇率、中间汇率和现钞汇率。

①买入汇率。也称买入价，即银行向同业或客户买入外汇时所使用的汇率。采用直接标价法时，外币折合本币数较少的那个汇率是买入价，采用间接标价法时则相反。

②卖出汇率。也称卖出价，即银行向同业或客户卖出外汇时所使用的汇率。采用直接标价法时，外币折合本币数较多的那个汇率是卖出价，采用间接标价法时则相反。

买入卖出之间有个差价，这个差价是银行买卖外汇的收益，一般为1‰—5‰。银行同业之间买卖外汇时使用的买入汇率和卖出汇率也称同业买卖汇率，实际上就是外汇市场买卖价。

③中间汇率。是买入价与卖出价的平均数。西方报刊报导汇率消息时常用中间汇率，套算汇率也用有关货币的中间汇率套算得出。

④现钞汇率。一般国家都规定，不允许外国货币在本国流通，只有将外币兑换成本国货币，才能够购买本国的商品和劳务，因此产生了买卖外汇现钞的兑换率，即现钞汇率。按理现钞汇率应与外汇汇率相同，但因需要把外币现钞运到各发行国去，由于运送外币现钞要花费一定的运费和保险费，因此，银行在收兑外币现钞时的汇率通常要低于外汇买入汇率；而银行卖出外币现钞时使用的汇率则高于其他外汇卖出汇率。

（4）按银行外汇付汇方式划分有电汇汇率、信汇汇率和票汇汇率。

①电汇汇率。电汇汇率是经营外汇业务的本国银行在卖出外汇后，即以电报委托其国外分支机构或代理行付款给收款人所使用的一种汇率。由于电汇付款快，银行无法占用客户资金头寸，同时，国际电报费用较高，所以电汇汇率较一般汇率高。但是电汇调拨资金速度快，有利于加速国际资金周转，因此电汇在外汇交易中占有绝大的比重。

②信汇汇率。信汇汇率是银行开具付款委托书，用信函方式通过邮局寄给付款地银行转付收款人所使用的一种汇率。由于付款委托书的邮递需要一定的时间，银行在这段时间内可以占用客户的资金，因此，信汇汇率比电汇汇率低。

③票汇汇率。票汇汇率是指银行在卖出外汇时，开立一张由其国外分支机构或代理行

付款的汇票交给汇款人，由其自带或寄往国外取款所使用的汇率。由于票汇从卖出外汇到支付外汇有一段间隔时间，银行可以在这段时间内占用客户的头寸，所以票汇汇率一般比电汇汇率低。票汇有短期票汇和长期票汇之分，其汇率也不同。由于银行能更长时间运用客户资金，所以长期票汇汇率较短期票汇汇率低。

（5）按外汇交易交割期限划分有即期汇率和远期汇率。

①即期汇率。也叫现汇汇率，是指买卖外汇双方成交当天或两天以内进行交割的汇率。

②远期汇率。远期汇率是在未来一定时期进行交割，而事先由买卖双方签订合同、达成协议的汇率。到了交割日期，由协议双方按预订的汇率、金额进行钱汇两清。远期外汇买卖是一种预约性交易，是由于外汇购买者对外汇资金需要的时间不同，以及为了避免外汇汇率变动风险而引起的。远期外汇的汇率与即期汇率相比是有差额的。这种差额叫远期差价，有升水、贴水、平价三种情况，升水是表示远期汇率比即期汇率贵，贴水则表示远期汇率比即期汇率便宜，平价表示两者相等。

（6）按对外汇管理的宽严区分，有官方汇率和市场汇率。

①官方汇率。是指国家机构（财政部、中央银行或外汇管理当局）公布的汇率。官方汇率又可分为单一汇率和多重汇率。多重汇率是一国政府对本国货币规定的一种以上的对外汇率，是外汇管制的一种特殊形式。其目的在于奖励出口限制进口，限制资本的流入或流出，以改善国际收支状况。

②市场汇率。是指在自由外汇市场上买卖外汇的实际汇率。在外汇管理较松的国家，官方宣布的汇率往往只起中心汇率作用，实际外汇交易则按市场汇率进行。

（7）按银行营业时间划分，有开盘汇率和收盘汇率。

①开盘汇率。又叫开盘价，是外汇银行在一个营业日刚开始营业时进行外汇买卖使用的汇率。

②收盘汇率。又称收盘价，是外汇银行在一个营业日的外汇交易终了时使用的汇率。

（三）利率、汇率与经济发展

利率与汇率都是重要的经济杠杆，对宏观经济和微观经济活动都有着极其重要的调节作用。

1. 利率的变动对经济生活的影响主要表现在：

（1）存款利率调整的影响。存款利率上调，通常会吸引居民储蓄，使流通中货币量减少，从而使生活消费支出相对下降；存款利率下调通常会使储蓄下降，流通中货币量增大，从而使生活消费支出相对增加。同时，存款利率调整还会改变居民的投资方向，如转向股票和债券等。可见，存款利率的调整主要是通过调节存款量来控制流通中的货币量和社会对生活资料的需求量。另外，存款利率上调，可增加居民储蓄利息收入，但在通货膨胀的情况下，如果存款利率上调幅度小于通货膨胀率，则居民的实际收入下降。

（2）贷款利率变动的影响。贷款利率上调会增加贷款成本，抑制贷款，从而抑制银行贷款规模，减少流通中货币量，并使投资需求相对下降；利率下调会减少企业贷款成本，刺激贷款，使银行贷款规模扩大，流通中货币量增加，并使投资需求增长。可见，贷款利率的调整主要是通过调节贷款量来控制货币和社会对投资的需求量。

2. 汇率变化对经济的影响主要表现在进出口产品贸易（服务）。

（1）对货币升值的具体分析。货币升值后，出口商品价格随之提高，进口商品价格相应降低，这会导致出口减少，进口增加，对国际收支产生不利影响。货币升值，使一国的对外贸易环境恶化，造成国内生产下降，失业增加，国内矛盾加剧。本国货币的升值，使这个国家的外汇储备或从国外调回的资金，折成本国的货币计算，也相应减少。

（2）对货币贬值的具体分析。有利于增加本国出口，减少进口；有利于吸引国外游客，扩大旅游业的发展，有利于本国企业“走出去”。主要工业国的货币贬值会影响其他国家的贸易收支，由此可引起贸易战和汇率战。主要工业国的汇率变化还会引起国际金融领域的动荡。

（3）保持人民币汇率稳定的意义。保持人民币汇率稳定有利于中国经济和金融持续稳定发展，有利于周边国家和地区的经济和金融稳定发展，从根本上说，有利于世界经济和金融的稳定发展。

四、金融产品及其衍生产品

（一）金融产品

1. 金融产品的定义。金融产品也称为金融工具，指资金融通过程的各种载体，它包括货币、黄金、外汇、有价证券等。就是说，这些金融产品是金融市场的买卖对象，供求双方通过市场竞争原则形成金融产品价格，如利率或收益率，最终完成交易，达到融通资金的目的。

2. 金融产品的特点。

（1）收益性。金融产品能定期或者不定期地给金融产品的持有者带来收益的特点。投资者购买或持有金融产品，在产品被处置或到期时，投资者可以收回投资的本金还有可能获得收益，但金融资产的收益性的大小具有不确定性。

（2）偿还性。金融产品大部分都有一定的期限或到期日，金融产品的发行主体要按照购买协议或合同约定按期还本付息。金融产品大多有明确的偿还期限，但偿还期有两个极端，即零期限和无期限。零期限的金融产品的债权人可以要求发行主体随时还本付息，例如活期存款；无期限的金融产品是指金融产品规定明确的到期日，例如公司债券，或者无限长的到期日，例如股票。

（3）风险性。金融产品的投资风险是指由于对未来的不确定性而产生的预期收益损失的可能。对于投资者来说，要获取高的收益，就必须承受高的风险，高收益必然伴随有高风险。但反过来，若投资者承担了高风险，却不一定能确保高收益，因为高风险的含意本身就是不确定。高风险的结果可能是高收益，也可能是低收益，甚至可能是高损失。收益显然是以风险作为代价的。

（4）流动性。金融产品的流动性是指金融产品由一种资产转换为货币的能力，某种金融资产一经需要可随即转换为货币，交易费用很低，且不承担本金的损失，该金融产品就具有较高的流动性；反之，金融产品的流动性就较低。

（5）流通性。绝大多数的金融产品都可以在次级市场上自由流通，如私人持有的普通股票、债券等。但也有一部分金融产品不可以流通，或者在流通时要满足特定的条件，如平常的定期存折不能流通，用作抵押担保的金融产品以及所有在发行时规定不可流通的产品。还有一些金融产品只在某些特定的情况下才能流通。流通性是金融产品的一大质量指标，那些不可流通的金融产品在市场上只能以较低的价格发行。同理，即使是可以流通的金融产品，如果其流通条件很差（如日成交量特别小），也只能以较低的价格流通。

3. 金融产品的种类。金融产品按照不同的标准可以有很多分类：

（1）按照金融产品的形态不同可分为货币、有形金融产品和无形金融产品。

随着货币制度的变化，货币的形态也在不断发生变化，从实物货币如贝壳、布帛等发展到金属货币如金、银、铜，最后出现了代用货币即纸币。有形金融产品的种类繁多，包括公司债券、短期国库券、流通存单、银行承兑汇票、商业票据、本票、预填日期支票、以实物偿还的债券、有奖债券、股票、支票、保险单、储蓄等。无形金融产品即金融服务，大体分为放款、存款、国外服务、转账储蓄、地点或时间性服务、信用服务等。

（2）按照金融产品发行者的性质不同可分为直接金融产品和间接金融产品。直接金融产品是指最后贷款人与最后借款人之间直接进行融资活动所使用的工具，由公司、企业、政府机构等非金融机构发行或签署。主要有：公司债、股票、抵押契约，公债券、国库券。间接金融产品是指金融机构在最后贷款人与最后借款人之间充当媒介，进行间接融资活动所使用的工具。主要有银行券、银行票据、可转让存款单、人寿保险、金融债券、各种借据等。

（3）按照金融产品信用关系存续时间的长短可分为短期金融产品和长期金融产品。短期金融产品一般是指偿还期限在一年以内的货币市场的信用工具。主要有以下几类：各种票据、可转让存款单、国库券。长期金融产品则是指偿还期限在一年以上的资本市场的信用工具。主要有股票、债券、各种基金等。

（二）金融衍生产品

1. 金融衍生产品定义。金融衍生工具又称为金融衍生产品，是与基础金融产品相对应的一个概念，指建立在基础产品或基础变量之上，其价格取决于基础金融产品价格（或数值）变动的派生金融产品。

这里所说的基础产品是一个相对的概念，不仅包括现货金融产品（如债券、股票、银行定期存款单等），也包括金融衍生工具。作为金融衍生工具基础的变量则包括利率、各类价格指数甚至天气（温度）指数。

1998 年，美国财务会计准则委员会（FASB）所发布的第 133 号会计准则——《衍生工具与避险业务会计准则》是首个具有重要影响的文件，该准则将金融衍生工具划分为独立衍生工具和嵌入式衍生工具两大类。独立衍生工具包括远期合同、期货合同、互换和期权，以及具有远期合同、期货合同、互换和期权中一种或一种以上特征的工具。嵌入式衍生工具是指嵌入非衍生工具（即主合同）中，使混合工具的全部或部分现金流量随特定利率、金融工具价格、商品价格、汇率、价格指数、费率指数、信用等级、信用指数或其他类似变量的变动而变动的衍生工具，如可转换公司债券等。

2. 金融衍生产品的特征。金融行生工具具有下列4个显著特征：

（1）跨期性。金融衍生工具是交易双方通过对利率、汇率、股价等因素变动趋势的预测，约定在未来某一时间按照一定条件进行交易或选择是否交易的合约。无论是哪一种金融衍生工具都会影响交易者在未来一段时间内或未来某时点上的现金流，跨期交易的特点十分突出。

（2）杠杆性。衍生工具交易一般只需要支付少量的保证金或权利金就可以签订远期大额合约或互换不同的金融工具。例如，若期货交易保证金为合约金额的5%，则期货交易者可以控制20倍于所投资金额的合约资产，实现以小搏大的效果。在收益可能成倍放大的同时，投资者所承担的风险与损失也会成倍放大。金融衍生工具的杠杆效应一定程度上决定了它的高投机性和高风险性。

（3）联动性。这是指金融衍生工具的价值与基础产品或基础变量紧密联系、规则变动。通常，金融衍生工具与基础变量相联系的支付特征由衍生工具合约规定，其联动关系既可以是简单的线性关系，也可以表达为非线性函数或者分段函数。

（4）不确定性或高风险性。金融衍生工具的交易后果取决于交易者对基础工具（变量）未来价格（数值）的预测和判断的准确程度。基础工具价格的变幻莫测决定了金融衍生工具交易盈亏的不稳定性，这是金融衍生工具高风险性的重要诱因。

3. 金融衍生工具的分类。

（1）按产品形态和交易场所不同，金融衍生工具可分为内置型衍生工具、场内交易衍生工具和场外交易衍生工具。

内置型衍生工具，指嵌入非衍生合同—主合同中的金融衍生工具，该衍生工具使主合同的部分或全部现金流量将按照特定利率、金融工具价格、汇率、价格指数或利率指数、信用等级或信用指数，或类似变量的变动发生调整。场内交易衍生工具，指在制定统一规则的交易所上市交易的衍生工具。在期货（权）交易所交易的各类期货（权）合约均属此列。一般来说，以集中竞价的方式买卖交易所事先制定的具有统一标准、格式的合约。场外交易衍生工具，指不在集中的交易所，而是通过各种通信方式，实行分散的、一对一的大宗买卖金融工具的行为。OTC（柜台交易市场）衍生工具交易主要以金融远期和金融互换为代表。

（2）按照金融衍生工具自身的交易方法可分为金融远期、金融期货、金融期权和金融互换。

金融远期指合约双方同意在未来日期按照固定价格交换金融资产的合约。金融远期合约规定了将来交换的资产、交换的日期、交换的价格和数量，合约条款因合约双方的需要各有不同。金融远期合约主要有远期利率协议、远期股票合约、远期外汇合约等。金融期货指买卖双方在有组织的交易所内以公开竞价的形式达成的，在将来某一特定时间交割标准数量特定金融工具的协议。主要包括外汇期货、利率期货和股指期货、股票期货等。金融期权指合约双方按约定价格、在约定日期内就是否买卖某种金融工具所达成的契约。包括现货期权、期货期权等。金融互换指两个或两个以上的当事人按共同商定的条件，在约定的时间内，交换不同金融工具的一系列支付款项或收入款项的合约。主要有货币互换、利率互换等。

（3）按照金融衍生工具交易性质的不同可分为远期类工具和选择权类工具。

远期类工具是指交易双方均负有在未来某一日期按一定条件进行交易的权利与义务，双方的风险与收益是对称的。主要有远期合约、期货合约、互换合约等。选择权类工具是指合约的买方获得根据市场情况选择的权利，即买方拥有不执行的权利，而合约的卖方则负有在买方履行合约时执行合约的义务，双方的权利义务以及风险收益是不对称的。主要有期权合约，另有期权的变通形式，如认股权证、可转换债券等。

（4）按照基础工具种类的不同可分为股权式衍生工具、货币衍生工具、利率衍生工具、信用衍生工具和其他衍生工具。

股权式衍生工具指以股票或股票价格指数为基础工具的金融衍生工具，主要包括股票期货、股票期权、股指期货、股指期权以及上述合约的混合交易合约。货币衍生工具是指以各种货币作为基础工具的金融衍生工具，主要包括远期外汇合约、外汇期货、外汇期权、货币互换以及上述合约的混合交易合约。利率衍生工具是指以利率或利率的载体—有息资产为基础工具的金融衍生工具，主要包括远期利率协议、利率期货、利率期权、利率互换以及以上合约的混合交易合约。信用衍生工具是指以基础产品所蕴含的信用风险或违约风险为基础变量的金融衍生工具，用于转移或防范信用风险，是 20 世纪 90 年代以来发展最为迅速的一类衍生产品，主要包括信用互换、信用联结票据等。

除以上四类金融衍生工具之外，还有相当数量的金融衍生工具是在非金融变量的基础上开发的，如用于管理气温变化风险的天气期货、管理政治风险的政治期货、管理巨灾风险的巨灾衍生产品等。随着金融衍生工具的日益发展，金融衍生工具经过变化、组合以及合成创造出来的再衍生工具和合成衍生工具正在出现，使衍生工具的传统分类模糊难辨。如由期货和期权合约组成的期货期权、由期权和互换合成的互换期权、由远期和互换合成的远期互换等。

▶财经阅读：

@年轻人，合格的“养基人”要闪“坑”

2021 年开始，年轻人买基金的现象火了。浏览年轻人聚集的理财平台、网络社区不难发现，很多“90 后”“95 后”当起了“养基人”。

涨也热搜、跌也热搜……在年轻人极高关注度的推动下，相关话题频繁登上网络平台热搜，甚至有基金经理因此拥有了自己的“粉丝后援会”。

然而，受市场结构分化、行情起伏等因素的影响，不少冲进基金市场的年轻人发现“养基”体验和想象并不一样，甚至一些陷阱在对自己的“小金库”虎视眈眈。

那么，一名合格的“养基人”要避免哪些坑呢？

“理财课程”套路你没商量

年轻“养基人”初来乍到，发现很多关于基金的基础知识自己都不懂，急需科普。殊不知，一些所谓的“理财课程”正是打起了针对年轻人求知欲的歪主意。北京“90后”小肖告诉记者，自己近期开始进行基金投资。不久发现，手机上的视频APP开始接二连三推送××商学院、××训练营的“理财课程”广告，声称专门为理财小白打造，并且“12节课12块钱”，甚至“收费0元”。抱着十几块钱“买不了吃亏、买不了上当”的心态，小肖加入了某“理财课程”的聊天群。所谓培训老师把基础课程的素材发到群里后，就开始不遗余力推销进阶课程，并且宣称很多学员在买了进阶课程之后，实现了好几倍收益。而这些课程的标价都超过千元，有的甚至高达万元。业内人士指出，对于专业的基金经理来说，短时间实现几倍收益的投资都是不可能完成的任务。所以这种课程从一开始就是一种套路，通过低价策略来引诱投资者“入坑”，然后再通过虚假宣传收割年轻人的“钱袋子”。

记者调查发现，在年轻人频繁使用的很多网络平台上，甚至有美妆、美食、母婴类博主都开始涉足基金话题，推出一些看似科普投资知识、实则推广“理财课程”的视频和文章。在某消费者投诉平台，涉及“理财课程”的投诉超过300条，几乎都涉及虚假宣传、诱导消费、退款困难等问题。

跟风“投资大V”风险难估量

相比上一代基民，年轻人的“养基”之旅带着很多鲜明特征：更多从社交平台获取基金知识、投资行为与社交需求互动、像追星一样追捧基金经理，甚至有人在互联网平台的基金讨论区亮出相亲信息。“产品选择一般都是看自己关注的几个‘大V’推荐，或者是朋友买了不错，我也跟着一起买”“身边小伙伴都在买基金，不买都没法加入聊天”……很多年轻人被去年以来的“基金热”裹挟着冲向市场。但值得警惕的是，这样“抄作业”背后其实酝酿着不少风险。记者调查发现，很多社交平台上的“投资大V”本身投资经验其实很少，没有经历过完整的市场周期，推荐产品的套路也往往是市场上什么最热门就“无脑推”，很少提示市场风险。在很多市场人士看来，盲目跟风可以说是投资的大忌，这种“哪里人多去哪”的羊群效应很容易让年轻人被“割韭菜”。

专家提示，目前各种网络平台上科普理财知识的视频层出不穷，各大基金公司也铆足了劲儿通过各种平台进行理财直播，年轻人可以通过这些渠道进行学习，但要提高自己的理财能力，在进行投资决策时必须加入自己的判断和思考。

借钱“养基”的雷区不可蹚

年轻人“养基”背后，还隐藏着一个令人担忧的现象：部分年轻人从网络借贷平台借钱用于“养基”。这种现象不仅造成了借贷资金“借基入市”，还助长了年轻人借钱投资的不良之风。一些社交平台、视频网站、原创内容平台上，还有网友“手把手”教人怎么在没钱的情况下投资基金。用“借钱买基金”“套现买基金”等关键词搜索，也有很多网友分享自己操作的“攻略”。实际上，借贷资金入市长久以来都是被明令禁止的，也是监管部门关注的重点。每当乱象苗头出现，监管部门都会三令五申严厉打击。

银保监会、央行于去年11月发布了《网络小额贷款业务管理暂行办法（征求意见稿）》，再次强化要求：网络小额贷款不得用于债券、股票、金融衍生品、资产管理产品等投资。

理财有风险，投资需谨慎。对于年轻人来说，在自己的能力范围内进行理财本是一件好事，但切不可盲目“加杠杆”，无视风险。

（资料来源：刘慧：《@年轻人，合格的“养基人”要闪“坑”》，新华网，2021年2月26日，http：//www.xinhuanet.com/2021－02/26/c_1127144177.htm。）

第三节 借 贷

☞ 引导案例

借贷消费上瘾 部分大学生成“吃土”族

在西南某高校读大三的秦歌，每月生活费只有800元，去年却在网购上花了近1.23万元。当他在朋友圈里晒出支付宝账单时，下面的评论排起了整齐的队伍，“土豪哥”“土豪哥”“土豪哥”。

“我哪里是土豪，每月10日还得往蚂蚁的窟窿里填土呢。”秦歌回复。

秦歌口中“蚂蚁的窟窿”，指的是由蚂蚁微贷依托支付宝平台提供给消费者的网购服务——蚂蚁花呗，消费者可通过蚂蚁花呗采取“这月买、下月还”的形式进行购物，这种消费方式吸引了一大批没有收入来源的在校大学生。

据秦歌介绍，自从去年3月经室友介绍使用蚂蚁花呗以来，他就陷入了分期消费的死循环中。“过去买不起的东西现在都可以买了，只要是商家可以提供蚂蚁花呗服务的，我在付款的时候都会不自觉地去点击花呗分期的选项”。

从秦歌的支付宝账单中可以看出，他平均每月在网上购买1000元左右的商品，但真正立即支付的金额只有300元左右，剩余的，他会推到下个月还，或者分为几个月还。

去年“双11”，秦歌在网上购买了1500元左右的商品，到12月还款时，由于拿不出那么多钱，他又通过借贷的方式，套取现金来还钱。

但窟窿还是越来越大，最终秦歌只好告诉父母自己分期消费欠钱无力偿还的事。

今年1月底，在乡下务农的父母卖猪卖粮帮秦歌还了在借贷平台欠下的债。秦歌的妈妈告诉记者：“孩子捅出来的篓子，只能我们来补啊。”

（资料来源：蒋欣、王芬：《借贷消费上瘾 部分大学生成“吃土”族》，《中国青年报》，2016年3月21日。）

【案例思考】

1. 结合案例谈谈借贷的风险。
2. 结合案例谈谈你对“借贷”的理解。

知识讲解

一、借贷的定义

借贷是一种随着社会经济发展而产生和发展的经济活动。“借贷”一词中“借”意为“向人借用钱物”，“贷”意为“将钱物借给他人”。我们日常生活中涉及的借贷可以简单理解为一种贷款行为。贷款是指银行或其他金融机构按一定利率和必须归还等条件出借货币资金的一种信用活动形式。广义的贷款指贷款、贴现、透支等出贷资金的总称。银行通过贷款的方式将所集中的货币和货币资金投放出去，可以满足社会扩大再生产对补充资金的需要，促进经济的发展；同时，银行也可以由此取得贷款利息收入，增加银行自身的积累。

二、借贷的种类

根据借贷主体的不同，可以把借贷分为金融机构贷款、担保贷款以及民间借贷。

（一）金融机构贷款

金融机构贷款是指企业或个人向商业银行或非银行金融机构借入资金，其中商业银行是国家金融市场的主体，资金雄厚可向企业或个人提供长期贷款和短期贷款，因此商业银行贷款是企业或个人借贷时采用的主要筹资方式。我国的商业银行是指依照《中华人民共和国商业银行法》和《中华人民共和国公司法》设立的吸收公众存款、发放贷款，办理结算等业务的企业法人。中国非银行金融机构的形式主要有信托投资公司、租赁公司和保险公司等。

金融机构贷款细则透明公开，贷款利率规范，是所有人第一个所想到的借贷机构，但这种借贷方式也有其缺点，例如贷款条件苛刻、限制性条款较多、借款期限较短、借款额度有限等。

（二）担保贷款

担保贷款，是指由借款人或第三方依法提供担保而发放的贷款。担保贷款包括保证贷款（在所签订的保证文件中，若无按时还款则履行相应保证）、抵押贷款（以资本作为抵押物获得贷款，通常为商品房、车、股票、基金等保值较高物品）、质押贷款（以质押物品的形式给予贷款，多以典当行所发生的形式，如古董字画等物品质押）。对于很多需求大额资金的企业或个人来说，找贷款公司采用担保贷款筹集资金是一种较为普遍的现象，因为这种方式使得其资金周转门槛大大降低。

担保贷款因其门槛低，其借贷额度高，资金来源明确等特点深得中高档借贷客户的青睐，但同时由于担保方的资质能力及其透明度以及较之宽松的审核机制使得市场投资出现更多的泡沫。

（三）民间借贷

民间借贷，是指自然人、法人、其他组织之间及其相互之间，而非经金融监管部门批准设立的从事贷款业务的金融机构及其分支机构进行资金融通的行为。民间借贷以方便、简单、快捷著称，额度不高，成为民间资本主要的可流通方式。其作为一种资源丰富、操作简捷灵便的融资手段，在一定程度上缓解了银行信贷资金不足的矛盾，促进了经济的发展。但这种方式存在一个较大的弊端，那就是其流程范围不在“法律监管”之内，也就是说其安全性还有待加强。

三、借贷的用途

借贷随着社会的发展越来越被大众所了解和选择，借贷具有以下的用途：

（一）用于缓解资金问题

不论个人还是企业，有借贷行为不一定是坏事，个人和企业可以通过到正规的金融机构借款的方式帮助企业或个人解决生产经营或个人生活中遇到的资金短缺问题。

（二）用于购车、置房等

现在大多数人购房、购车时都会选择先付首付，后通过房贷、车贷进行分期付款，以减少当前经济压力。

（三）用于个人其他消费

现在很多年轻人使用信用卡、蚂蚁花呗或京东白条等，用于购物、旅游、餐饮等其他消费，从而解决货币收入不足与高品质生活享受之间的矛盾。

四、借贷的风险

（一）促成超前消费观念的形成

当前社会，越来越多的人特别是在校大学生开始逐渐接受高档消费、借款消费、提前消费的新理念，以满足自身生活方面的所谓品质追求。大学生作为新兴产品消费的主力军，这种超前消费的方式，在某种程度上拉动了消费，扩展了大学生的消费领域。

（二）易造成非理性消费

最近几年兴起的网络贷款平台更是给人们提供了超前消费的便捷性。但是对于高档品甚至奢侈品的盲目追求，在小额贷款的支撑下，似乎成了一个无底洞。借贷行为如果没有偿还能力，更多的是盲目、跟风、攀比，这样一来，借贷行为无疑会助长这种非理性消费的风气。

（三）造成信用危机

借贷行为，不论金额大小，都存在逾期不能偿还的可能性。如果逾期未偿还就会影响企业或个人的征信，并且，一旦有了个人信用污点，未来不管是办理信用卡还是申请贷款，都要比别人支付更大的成本甚至可能因此被拒。

五、信用制度

（一）信用定义和特点

1. 信用的定义。所谓信用，是指依附在人之间、单位之间和商品交易之间形成的一种相互信任的生产关系和社会关系。从经济学层面来看，信用是指在商品交换或者其他经济活动中授信人在充分信任受信人能够实现其承诺的基础上，用契约关系向受信人放贷，并保障自己的本金能够回流和增值的价值运动。

2. 信用的特点。经济学中信用具有以下特点：

（1）信用具有偿还性。信用是一种有条件的借贷行为，这个条件是指受信人的还本和付息。当商品或货币的所有者把一定数量的商品或货币让渡给受信人使用时，在约定还款期限到来时，受信人不仅要将这些一定数量的商品或者货币“原物返还”给授信人，而且还要在此基础上为自己使用这些货币或商品而额外付出。这些被“原物返还”的货币或者商品就是受信人的“还本”，而这些额外付出的就是受信人支付的“利息”。

（2）信用具有社会性。信用的社会性主要体现为以下几点：

首先，信用的社会性体现在社会心理因素上。信用是以信任为前提和基础的，它是一种社会心理因素，因为安全感并非凭空产生，而是依赖于受信人的资信，取决于授信人的理性判断，因此，它是一种特殊的社会心理现象。

其次，信用体现一种社会关系。信用不仅是个体行为，而是发生在授信人和受信人之间的社会关系。成千上万的授信人和受信人发生信用关系，行为主体时而是授信人，时而是受信人，身份在不断变换。如银行在吸收存款时，是受信人，与存款客户发生信用联系；银行在发放贷款时，则为授信人，与贷款客户发生信用联系。这充分体现信用错综复杂的社会关系。随着信用的发展，信用内涵及其表现形式愈加丰富，信用作为一种社会关系也愈加复杂。在现代社会，信用关系逐步深入社会生活每一个角落，尤其是经济领域。可以说，现代市场经济实质上是由错综复杂的信用关系编织而成的巨大社会关系网络。

最后，信用的社会性对经济发展和社会生活的影响越来越大。随着时代的发展，信用始终处于发展变化之中。不同的时代，信用有不同的表现形式，人们对信用有着不同看法。在当今社会，传统的信用观念发生了急剧变化，人们对信用的理解不断深化。信用前所未有地影响着经济发展和社会生活，成为一种越来越重要的社会关系。

(3) 信用具有伦理性和文化性。信用属于伦理学范畴，体现为一种约束人们行为的道德准则。信用不仅是一种社会关系，也不仅是一种交易方式，它更是人类社会的一种价值观。诚实守信得到社会的推崇和信任，失信则将受到谴责和孤立。当人们都认同并遵守这种价值观和道德准则的时候，社会信用环境就会优化，失信的行为就会减少。

就信用的文化特征来看，不同的文化背景对信用具有不同的理解。在中国传统文化背景下，借债始终被认为是在不得已的情况下做出的选择。人们常常将债务称为“饥荒”，即只有到了饥荒的时候才可以借债。在消费上，将“寅吃卯粮”视为“恶习”，主张禁欲节俭和量入为出。在西方文化背景下，情况则大为不同，人们对透支习以为常，超前消费成为普遍现象。尽管信用的产生是人类社会发展的共同规律，“诚实守信”是人类普遍认同的美德，但是，不同的文化对信用的理解存在差异，体现出信用的文化特征。

(二) 信用制度

信用制度是指关于信用及信用关系的“制度安排”，是对信用行为及关系的规范和保证，即约束人们信用活动和关系的行为规则。既包括正式的，又包括非正式的。前者如有关信用的法律（如契约法）、信用管理制度等，后者如信用观念、信用习惯等。其中信用管理制度是国家为确保信用活动的正常进行而制定的有关法律法规，如信用征集、信用调查、信用评估、信用保证等信用活动中的工具采纳、机构设置、法律责任、监督管理运行机制等。

(三) 信用形式

信用形式是信用关系的类型。按行为主体划分，信用有商业信用、银行信用、国家信用等形式；按行为的时间跨度划分，信用有短期信用、中期信用和长期信用三种形式；按行为目的或功能划分，信用有生产信用、流通信用、消费信用等形式；还有其他的划分标准和相应的信用形式。我们重点介绍一下商业信用和银行信用。

1. 商业信用。商业信用是指在商品交易中由于延期付款或预收货款所形成的企业间的借贷关系。具体形式包括应付账款、应付票据、预收账款等。

(1) 商业信用的特点。商业信用的特点包括：

第一，商业信用发生在生产流通过程中，直接服务于商品生产和流通。在商品生产和流通过程中，常常会出现上游企业拥有商品等待出售，下游企业急需商品却无力购买的情况，此时如果上游企业对下游企业采用赊销的方式销售商品或下游企业通过赊购的方式向上游企业购买商品，就可以使得上游企业实现销售，收回货款及相应的利息；而下游企业能及时购进商品，实现企业的正常生产经营，取得相应的营业利润。因此赊购赊销能够防止资金原因造成的商品生产、流通的障碍，促进社会再生产的顺利进行。

第二，商业信用是企业之间用商品形态提供的信用。商业信用同时包含着买卖和借贷两种经济行为。当一个企业把自己的商品赊销给另外一个企业时，商品的买卖行为就完成了，商品的所有权已经由卖方转移到买方，而此时的买方并没有支付相应的货款所以买方和卖方之间还存在借贷关系，买方就是债务人，卖方就是债权人。换句话说，买方和卖方的借贷行为是建立在二者的买卖关系之上的，没有商品的买卖也就没有买卖双方间的借贷关系，商业信用是与商品的买卖紧密联系的。

第三，商业信用的供求与经济周期相一致。在经济繁荣的时期，商品的生产与需求都很旺盛，此时的商业信用发生的机会也会很多，因此商业信用规模大；当经济萧条的时候，生产和需求会很疲软，商品销售不佳，此时商业信用发生的机会减少，因此商业信用规模小。

第四，商业信用的债权人和债务人都是企业。商业信用主要是以商品形式提供的信用，因此债权人债务人都是从事生产或流通活动的生产经营者。也就是说，只有发生在企业之间的赊购赊销等行为才是商业信用，其他经济主体之间的赊购赊销等行为不是商业信用。

商业信用的主要特征决定了它在提高资金使用效益、节约交易费用、调节企业之间资金余缺、加速商品流通、扩大销售等方面具有重要作用。

（2）商业信用的局限性。商业信用具有一定的局限性，表现为：

第一，商业信用的规模有限。商业信用是在企业之间进行的，而企业所能提供的商业信用的数量受其准备金数量和资本周转的限制。一般来说，产业资本的规模越大，商业信用的规模也就越大；反之，规模也就越小。

第二，商业信用的方向局限性。商业信用是以商品的形式提供的信用，只能向需要该商品的企业提供信用。如机器制造商可向造纸商赊销生产纸张的机器设备，但后者不能向前者赊销自己的产品，因为纸张不是机器制造商所需要的材料。

第三，商业信用的范围局限性。商业信用是企业之间用商品形态提供的信用，往往只能适用于那些有经济业务交往的企业之间。对于相互不了解也没有经济业务联系的企业之间是很难形成商业信用的。

第四，商业信用期限上的局限性。商业信用所贷出的资本是商品资本，是社会再生产过程的一部分，如果这些商品资本不能很快地以货币资本回收的话，就会影响到社会再生产的进程，因此商业信用只能以短期信用形式实现，而不能用于长期的信用方式。

2. 银行信用。银行信用是银行或其他金融机构以货币形态提供的信用。银行信用是伴随着现代银行产生，在商业信用的基础上发展起来的。银行信用与商业信用一起构成现代经济社会信用关系的主体。

（1）银行信用的特点。银行信用的特点包括：

第一，银行信用是一种间接信用。在银行信用中，银行和其他金融机构是信用活动的中间环节，起到一个“中介”的职能作用。一方面，银行把社会闲散资金集聚起来，银行是存款人的债务人；另一方面，银行通过贷款的方式把存放在银行的资金贷放出去，银行是借款人的债权人。在这里，银行存款人和借款人是没有直接发生资金联系的，银行在二者之间起到一个桥梁纽带作用，因此银行信用是一种间接信用。这与商业信用的直接信用是不同的。

第二，银行信用具有广泛性。银行信用的对象是货币资本，而货币作为流通和支付的一般手段，具有普遍接受的特点，它可能来自社会的方方面面，包括来自不同领域、不同阶层的企业和个人，因此银行信用的对象来源是广泛的。同时，正是由于信贷对象货币来源的广泛和持续，决定了银行可以得到大规模的信贷资金和稳定的余额，使得银行可以长期地、大规模地发放贷款给有资金需求的企业和个人。因此银行信用是具有广泛性的，克服了商业信用在方向、规模与期限上的限制。

第三，银行信用具有综合性。银行信用作为以提供货币资本为对象的间接信用，可以充分集中社会上的闲散资金向有资金需求的企业或个人等发放。通过银行的这种信贷业务，可以反映出整个国民经济的运行情况；而通过对银行信用的流量、流向的宏观调控，可以促进经济健康有序的发展。银行信用的综合性使得银行国民经济既具有反映监督职能，又具有调节和管理职能

3. 商业信用和银行信用的关系。

（1）商业信用先于银行信用而存在。基于商业信用而产生的商业票据贴现和抵押贷款是早期商业银行发展过程中首先扩展的信用业务。银行通过办理商业票据的贴现或抵押贷款，将商业信用转变成银行信用，银行信用是在商业信用的基础上产生和发展起来的。工商企业在购销过程中，往往会借助于商业信用融通资金，银行信用是商业信用的必要补充和延伸。

（2）银行信用克服了商业信用在信用规模上和信用方向上的局限性。与商业信用由单一的企业提供信用货币相比，银行信用扩大了信用的范围、数量和期限，银行通过吸收各种客户存款活动，把社会上的闲散资金集中起来，汇集成大额货币资金用于满足各种贷款需求。而且银行信用的货币资金是没有方向限制的，这点区别于商业信用只能向需要该商品的企业提供信用。银行信用从规模、范围及期限上都超过了商业信用，是现代经济中最基本的信用形式。

（3）银行信用的发展又使商业信用得到进一步的完善。如果没有银行信用的存在，企业在决定是否提供商业信用时，必然要考虑提供商业信用是否会影响自身的正常运营，因此企业可能就会不提供该商业信用。而有了银行信用，企业之间的赊购、赊销会得到银行的支持，企业的资金链不会断掉，企业间的商业信用才可能发生，因此，商业信用的发展有赖于银行信用的支持。银行通过办理商业票据贴现、票据抵押贷款等，使商业票据及时兑现，使商业信用得到进一步发展。

总之，商业信用与银行信用相互补充，互为条件，共同服务于现代经济生活。

▶财经阅读：

堵住“偏门”管好校园贷

诱发高消费、背负高利贷、牵累身边人……前些年出现的校园贷乱象，让一些大学生

深陷其中。为防控风险，2017 年 5 月，中国银监会等三部门印发通知，暂停网贷机构开展校园网贷业务，同时提出加强引导，鼓励合规机构积极进入校园，为大学生提供合法合规的信贷服务。

随着互联网技术的深度发展和金融产品的日益丰富，一些小额贷款公司的违规校园贷产品再次现身。它们夹杂在正规的消费贷款业务中，打着“创新”的名头，通过虚假宣传诱导，给一些大学生带来“借钱容易”“还钱不难”的错觉，由此产生的过度借贷消费，让他们陷入高额负债的泥淖。

为此，银保监会办公厅等部门日前联合印发通知，进一步规范大学生互联网消费贷款监督管理工作。明确小额贷款公司不得向大学生发放互联网消费贷款，同时要求银行业金融机构审慎开展大学生互联网消费贷款业务。

具体而言，该如何在堵住违规校园贷的前提下，满足大学生在消费、创业、培训等方面合理的信贷资金和金融服务需求？通知中，监管的细节做在了前面。

近年来，随着传播手段的丰富与升级，互联网消费贷款的营销层出不穷，一些小贷公司的营销活动甚至走进了校园。为此，通知明确，小贷公司不得将大学生设定为互联网消费贷款的目标客户群体，不得针对大学生群体精准营销。通过对营销的限制，最大程度在前端净化校园金融市场环境，避免一些辨别能力不强的大学生受到诱导。

一边是针对违规校园贷营销的严管，另一边则是直指合规校园贷申请资格的严审。通知明确，要严格贷前资质审核，实质性审核识别大学生身份和真实贷款用途。通过对大学生各类信息与第二还款来源进行确认，不仅抬高了申请消费贷款的门槛，也确保了大学生的还款意愿和还款能力。

作为即将离开学校进入社会的一员，大学生的合理信贷和金融服务需求同样重要。下好先手棋，严管营销、严审资格等手段都是为了有力保护与引导。只有规范化的校园金融市场，才能为大学生群体健康、长远发展提供积极助力。

堵住“偏门”，开好“正门”，相信随着互联网消费贷款市场的持续健全，以及对年轻人消费理念的合理引导，校园贷会逐渐回归良性发展，在严控风险的前提下，不断满足大学生群体的合理需求。

（资料来源：白之羽：《堵住“偏门”管好校园贷（经济时评）》，《人民日报》，2021 年 3 月 19 日。）

第四节　树立正确的财富价值观

☞ 引导案例

中国价值观托举人间奇迹

2021 年 2 月 25 日，习近平总书记在全国脱贫攻坚总结表彰大会上庄严宣告，我国脱贫攻坚战取得了全面胜利，现行标准下 9899 万农村贫困人口全部脱贫，832 个贫困县全部摘帽，12.8 万个贫困村全部出列，区域性整体贫困得到解决，完成了消除绝对贫困的艰巨任务，创造了又一个彪炳史册的人间奇迹！

2020 年 2 月 23 日，一条“雪山顶上找网上课”的短视频被各大网络平台转载。网友们深深地被斯朗巴珍努力学习的精神所感动，也在为她疫情防控期间每天爬山上课而感到担忧。就在短视频发布的当天，中国移动西藏公司昌都分公司网络部连夜紧急组织人员和物资，为斯朗巴珍解决上网课的问题。现场查勘发现，斯朗巴珍家四周被雪山环绕，基站信号被山体遮挡了。只有在斯朗巴珍家对面的山上做一个新的基站，开通 4G，才能满足她上网课的需求。

新建一个基站的成本在 20 万—30 万元，后续的维护成本也很高，对于偏远地区来说，其通信收入或许连基站的电费都不够。为一个孩子上网课，专门架设一个基站，这显然不符合商业逻辑。西方国家有一些人，也因此对中国扶贫发出了不一样的声音。他们觉得中国扶贫代价巨大。给扶贫标“价”，把投入说成“代价”，显而易见，在一些西方人的逻辑里，扶贫是一场“买卖”，而且是“亏本买卖”。

我国宪法是以人民为中心的宪法，以人民为中心是中国的国家价值观。用国家力量消除绝对贫困，改善贫困群众的生存权、发展权，便是以人民为中心的国家价值观引领下的国家行动。

价值观催生的力量深沉、宏大、持久，价值观引领的行动理性、韧性、自觉，价值观定格的历史瞬间独一无二。

（资料来源：陈燕：《中国价值观托举人间奇迹》，《瞭望》，2021 年 3 月 16 日。）

【案例思考】

1. 从不同角度谈谈你对脱贫成本和收益的理解.
2. 结合案例谈谈在自己的工作中将树立怎样的财经价值观。

知识讲解

一、财富价值观

财富，指具有价值的东西，包括自然财富、物质财富、精神财富等。语出《史记·太史公自序》：“布衣匹夫之人，不害於政，不妨百姓，取与以时而息财富。”“财”指“储备金”“金融积蓄”“银行存款”；“富”指“家屋充实”。“财”与“富”联合起来表示“吃、用的东西多，还有多余的金钱”。对人有价值的东西就是财富，这是人们对财富的初级认识。

财富价值观是价值主体对价值对象如金钱财富的认识和看法，财经伦理观是对在财经活动所形成的对价值主体的规范和要求的认识。

二、理财价值观

（一）理财价值观的内涵

理财价值观是价值观的一种，是投资者对不同理财目标的优先顺序的主观评价，对个人理财方式的选择起着决定作用。人们的理财价值观并不是一成不变的，它会受到社会环境、家庭环境、教育水平以及个人的经历等方面的影响，逐渐形成自己独特的理财价值观。理财价值观则是对价值活动——财经活动和行为的认识和看法。

（二）理财价值观的类型

根据对义务性支出和选择性支出的不同态度，可以划分为后享受型、先享受型、购房型和以子女为中心型四种比较典型的理财价值观。

1. 后享受型。后享受型是指将大部分选择性支出投向储蓄，维持高储蓄率，迅速积累财富，期待未来生活品质能得到提高的族群。这类人在工作期间全力以赴，不注重眼前享受。他们努力工作，储蓄率相对较高。老一代的人，或者思维比较保守的人常常采用后享受型的理财方式。他们期待未来的生活品质能得到提高，最大期待是早日达到财务独立提早退休，或者在退休后享受远高于目前消费水准的生活。其特点是工作期与退休期生活形态差异明显，先牺牲后享受。

2. 先享受型。先享受型是指将大部分选择性支出用于现在的消费上，提高目前的生活水准的族群。他们注重眼前的享受，对目前消费效用的要求远大于对未来更佳生活水准的期望。持有这种价值观的人在工作期间的储蓄率较低，赚多少就花多少，因此，一旦退休，其积累的净值就不够老年生活所需，往往会降低生活水准或者靠生活救济维持生活。

3. 购房型。购房型是指将购房作为首要理财目标，房子是他们投注资金的主要方向。或为买房缩衣紧食，攒够首付开始月供；或买房后打乱了自身的生活计划，生活品质因此下降，经济也因此拮据，“结婚”“育子”等很多想办的大事都得“暂缓”。义务性支出以房贷为主，对于没有房子的他们来说，储蓄的主要目标就是购房。他们为了拥有自己的房子，不惜节衣缩食，哪怕是扣除房贷后净收入所剩无几由此造成生活水平一般也在所不惜。

4. 以子女为中心型。以子女为中心型是指现在的消费投在子女教育上的比重偏高，或储蓄的动机是以获得子女未来接受高等教育储备金为首要目标的族群。由于太多投资于儿女教育，留下不多的退休金很可能会影响到自己未来的生活水准。

以上四种价值观的理财方式的差异也是比较大的：

后享受型的投资者重退休后的生活品质，因此靠储蓄就能完成理财目标。但也不能过于保守，在理财方面，建议投资于一些收益较为稳定的基金或股票，或者购买养老保险，达到个人收益的最大化。

先享受型的投资者要注意在及时享乐的同时，不要忘了“老有所养”这件事，要有一定的储蓄投资计划及合理的保险计划，以便能够在晚年做到财务上的独立。

购房型的投资者以购买房屋作为最主要的理财目标，在这一目标上耗用太多资源，必将影响其他目标的实现以及生活水平的提高。因此，这部分人要充分考虑自己的收入水平和还贷能力，还要注意购买房屋保险的相关事项。

表 10－1　理财价值观类型比较

	后享受型	先享受型	购房型	以子女为中心型
特征	习惯于将大部分选择性支出都存起来，储蓄投资的最重要目标就是期待退休后享受更高品质的生活水平	把选择性支出大部分用在当前消费上，提升当前的生活水平	义务性支出以房贷为主，或将选择性支出都储蓄起来准备购房	当前投入子女教育经费的比重偏高，其首要储蓄动机也是筹集未来子女的高等教育经费
特点	储蓄率高	储蓄率低	购房本息支出占收入的 25% 以上，牺牲目前与未来享受换得拥有自己未来的房子	子女教育支出占一生总收入的 10% 以上，牺牲自己目前与未来的消费，将大部分资产留给子女
目标	退休规划	目前消费	购房规划	教育金规划
代价	在年轻时候过于苛待自己，想留到退休后消费，但是届时可能没有精力享受，反而会引起遗产问题	这种心态使他们在工作期储蓄偏低，赚多少花多少，一旦退休，其累积的净资产大多不够老年生活所需，必须大幅降低生活水平或靠社会救济维持生活	在工作期的收入扣除房贷支出后，既不能维持较好的生活水平，也没有多少余钱可以储蓄起来准备退休。因此会影响退休生活的质量	可能把太多资源投入到子女身上，在资源有限的情况下会妨碍自己退休目标所需的财源
投资建议	投资：收益较稳定的基金或股票，如平衡型基金投资组合； 保险：购买养老保险或投资型保单	投资：稳定型基金或股票，如单一指数型基金； 保险：基本需求养老保险	投资：中短期表现稳定基金； 保险：短期储蓄险或房贷寿险	投资：中长期比较看好的基金； 保险：子女教育基金

三、财经价值观

（一）财经价值观的含义

财经价值观是个体对其财经活动中应遵循的价值规范的认识，是影响个体对其财经活动进行认知、评价和取舍的一种价值观念体系。具体包括对从事财经活动意愿、意义和价值的认识，对如何获得财富和如何使用财富等手段性财经价值的认识，对为何获取财富即财富终极意义等目的性财经价值的认识。

个体的财经活动并不是一种纯粹的经济行为，而是一种包含了利益与道德、竞争与合作、财富与责任等矛盾冲突在内的道德伦理、价值判断紧密相关的行为（王小锡，朱金瑞，汪洁，2005）。财经价值观是财经素养的重要内容，也是公民社会主义核心价值观的重要组成部分。

（二）财经价值观的必要性

价值观之所以成为个体财经素养的必备要素，是与价值观的基本属性紧密相关的。首先，价值观是个体行为的一种动力机制。价值产生于需要，一种价值观一旦形成就会激励和驱动个体形成与这一价值观相一致的态度，进而激发与这一价值观相一致的行为实践。在当今的财经社会中，公民需要形成自己的财经价值观来激发和驱动自己的财经行为。

其次，价值观是个体行为的一种导向机制。个体的财经活动并不是一种纯粹的经济行为，而是一种包含了利益与道德、竞争与合作、财富与责任等矛盾冲突在内的与道德伦理、价值判断紧密相关的行为。在财经素养三要素中，如果说财经知识、财经能力是个体从事财经活动的手段性要素的话，那么财经价值观则是个体财经活动的导向性因素。它影响着个体财经活动的发展方向。

最后，价值观还是个体行为的一种意义解释系统，人不仅需要对外在世界做出解释，也需要对自己的行为做出解释。为什么要从事某种财经活动？从事财经活动的意义价值是什么？这些问题只能由个体的财经价值观来进行解释。由此可见，财经价值观既是财经素养的重要内容，同时也是公民社会主义核心值观的重要组成部分。

▶财经阅读：

孔子的财富观

孔子从来不反对追求财富，但强调获取财富必须通过正当的途径，拥有财富后要将其作为实现人生理想的手段而不是挥霍的工具。孔子的财富观内容丰富，至今仍闪耀着智慧的光芒，给我们以启示。

有财为美，藏富于民

对于财富，孔子并不排斥。《论语·子路》记载，卫献公的儿子公子荆善理财，在他稍有财富时，孔子评价说“苟合矣”，意思是差不多合格了；当财富增加时，孔子说“苟完矣”，意思是较为完备了；当达到富有水平时，孔子说“苟美矣”，意思是比较完美了。从中可以看出，孔子不仅不反对创造和拥有财富，而且给予赞扬。

孔子不鄙视财富，赞扬那些凭借能力取得财富的人。孔子的学生子贡善经商，曾在曹国、鲁国经商，“家累千金”。《史记·仲尼弟子列传》记载，孔子有“七十子之徒”，其中“赐最为饶益”，这里的“赐”指的是子贡的本名端木赐。司马迁在《史记·货殖列传》中记载了17个人的经商活动，将子贡列在第2位。孔子对子贡非常器重，评价也很高。子贡曾问孔子“赐何人也”，孔子说“汝器也”。子贡又问“何器也”，孔子说“瑚琏也”。“瑚琏”是宗庙里盛黍稷的器具，上至王侯下至卿大夫都将其置于高堂之上，在宗庙中则与鼎相配而用，孔子以“瑚琏之器”喻子贡，说明子贡在他的眼中并非凡夫俗子，而是治国安邦的栋梁之材。

在治国思想上，孔子主张百姓都能过上富裕生活，百姓生活如果贫困，社会就难以稳定。孔子在《论语·宪问》中提出“贫而无怨难，富而无骄易”，认为人在解决生活温饱问题后再去追求礼乐文明是不难做到的，但如果总是生活在贫困之中，那就很难保持平和心态了。鲁哀公曾向孔子问政，孔子认为最重要的事情就是让百姓富裕起来。孔子“藏富于民”的思想对弟子产生很大影响。《论语·颜渊》中记载，鲁国曾闹饥荒，国家财政困难，鲁哀公问孔子的弟子有若怎么办，有若说：“百姓足，君孰与不足？百姓不足，君孰与足？”意思是，如果百姓富裕，您怎么会不富呢？如果百姓不富裕，您怎么能富呢？

取财有道，以义为先

孔子不反对对财富的追求，但强调追求财富需要有正当的途径和手段。在《论语·里仁》中，孔子说：“富与贵，是人之所欲也；不以其道得之，不处也。贫与贱，是人之所恶也；不以其道得之，不去也。”意思是，财富是每个人都向往的，但以不正当手段得到的，君子不会享用它，贫困和卑贱是人们厌恶的，但以不正当手段摆脱它们，君子是不会做的。

孔子并非强调安贫乐道，强调的是财富如果来源不当，宁可不要。什么样的财富属于“有道”呢？孔子认为必须符合“义”，这是他强调最多的一点。在孔子看来，“义”是社会价值体系的基础，是人内在道德的根本需要。孔子在《论语·里仁》中强调“君子之于天下也，无适也，无莫也。义之于比”，还强调“君子喻于义，小人喻于利”，在《论语·阳货》中强调“君子义以为上。君子有勇而无义为乱，小人有勇而无义为盗”。所有这些，无不突出“义”的重要性。

孔子认为“礼以行义，义以生利，利以平民，政之大节也”，强调以义为先、见利思义，强调生财有道。之所以强调这些，是因为孔子意识到人们如果只追求利，只按对自己是否有利做事，会产生严重后果，即《论语·里仁》所说“放于利而行，多怨”。鲁国国卿季康子无比富有，孔子的学生冉求还在帮助季康子敛财，手段是不断增加百姓赋税，孔子对此很愤怒，声言与冉求断绝师生关系，并号召“鸣鼓而攻之可也”。

以财发身，为富且仁

对于财富，《大学》提出：“生财有大道。生之者众，食之者寡，为之者疾，用之者舒，则财恒足矣。仁者以财发身，不仁者以身发财。”一般认为《大学》为曾子所作，他是孔子的弟子，“生财有大道”的思想便是直接从孔子那里继承而来。《大学》虽不是孔子所作，但其中的财富观与孔子一脉相承。在评价财富时，孔子将“仁”作为另一个重要标尺。“仁”与“义”“礼”一样都是孔子政治伦理思想的核心概念，是孔子对各种善的品德的概括。在孔子看来，“仁”的境界非常高，甚至难以企及，君子尚须时时努力，小人就更难以达到了。

在孔子的财富观中，如果“义”强调的是如何获取财富，那么“仁”强调的便是拥有财富后的态度与做法。子贡与孔子有一段对话，记载在《论语·学而》中。子贡问：“贫而无谄，富而无骄，何如？”孔子回答：“可也，未若贫而乐，富而好礼者也。”子贡提出的人生境界本已不低，但孔子认为还可更高，那就是虽然贫穷却仍能乐道、虽然富贵却仍懂得礼法。《礼记·曲礼》根据孔子的这段论述，进一步提出“富贵而知好礼，则不骄不淫；贫贱而知好礼，则志不慑”，认为致富后要做到“不骄不淫”，不能“为富不仁”，用财富回报社会，这也是孔子财富观的重要内容。

以孔子为代表的儒家，倡导将经商与做人结合起来，由此形成了儒商文化。儒商文化认为，追求财富是应该肯定的，但必须生财有道，不发不义之财，拥有财富后更要将“德”置于“财”之前，用财富实现人生理想，用财富回报社会，而不是任意挥霍或为富不仁。儒商文化所倡导的价值观念和道德规范，体现的是圣贤风度和强者风范，深刻影响着后世的商业活动。

（资料来源：陈忠海：《孔子的财富观》，《北京日报》，2022 年月 13 日。）

第五节　个人财务规划

☞ 引导案例

71—80 年，是一个人的平均寿命。

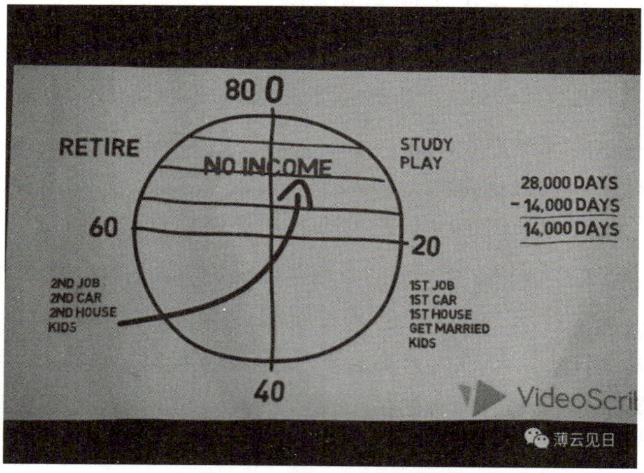

图 10－2　生命周期财务状况示意图

将这 80 年画成一个圈，每 20 年归为一个象限，这代表了我们每个人生存的四个不同阶段：

1. 学习玩耍期：没有收入，家庭教育等各种费用支出；
2. 事业成长期：第一份工作，第一套房，第一台车，结婚，生娃；
3. 事业成熟期：第二份工作，第二套房，第二台车，孩子教育；
4. 退休享受期：没有收入，昂贵的医疗费等各种开支我们来算一算。

无收入的天数：14000

有收入的天数：28000 − 14000 = 14000

【案例思考】

1. 归纳第 1、4 期和第 2、3 期在收入上的特点，比较两个阶段的差异。

2. 依据图表思考你的财务规划的时点。

知识讲解

一、个人财务规划的内容

个人财务规划（Personal Financial Planning）是以个人（家庭）需要为出发点，使财务从健康到安全，从安全到自主，从自主到自由的过程，并在此过程中实现现金流的顺畅、创造财富能力的提升。具体来说，财务规划是了解和控制自己的财务状况，合理安排资产和负债，是一个订立、规划、实行和检查人生财务目标的财务管理过程。

一个全面的财务规划应该涵盖生活的不同层面，它不仅涉及财富增值和适当负债，也涉及日常消费、抚养子女费用、购置房产、退休储蓄、购买保险等。在对个人收入、资产、负债等数据进行分析整理的基础上，根据个人对风险的偏好和承受能力，结合预定目标运用诸如储蓄、保险、证券、外汇、收藏、住房投资等多种手段管理资产和负债，合理安排资金，从而在个人风险可以接受范围内实现资产增值的最大化的过程。很多人把投资股票、基金、保险、房产等同于个人（家庭）财务规划，还专注于单纯的理财产品排行的研究，如何理财直译为如何投资，有甚者还依靠理财软件完成财务规划。投资虽然可能一时会有获利的快感，但这并不是真正意义上的财务规划，也很容易成为金钱的奴隶。切记不能把个人财务规划公式化地套用现金规划、消费支出规划、教育规划、风险规划与保险规划、税收筹划、投资规划、退休养老规划、财产分配与传承规划。而是通过财务规划让个人财务状况更健康、更稳固、更安心，心理的需要逐步满足，生活更幸福。这也恰恰正好是个人财务规划的意义所在。

▶财经阅读：

不同阶段的财务规划

财务规划是持续不断、贯穿一生的课题，需根据不同的人生阶段及个人的风险承受态度和风险承受能力采取不同的财务策略。真正的财务规划并不是从金钱的角度去考量，而是通过人生不同的阶段需求来考量。

（一）青年时期

这一时期会经历求学成长、参加工作、成立家庭和抚养子女等数个不同的阶段，是财务管理的黄金时期。求学成长期，此时应多充实有关财务管理方面的知识，建立正确的消费观念。参加工作期，此时是积攒资金的好时机，应注重开源节流，适当进行投资等财务管理动作，提高资金的有效利用率。成立家庭期，在资产方面可尝试配置部分高风险高收益的投资，也可通过适当负债实现购房或买车的目标。抚养子女期，此时工作经历逐渐丰富，收入相对增加，可以采取多元化的组合投资方式，并考虑为子女储备教育费用和父母的医疗、保险费等。

（二）中年时期

这一时期家庭财富逐渐增加，应提前考虑退休后的财务安排。前期，既有接受风险的意愿又有较高风险承受能力的人可以采取“进取型”策略，投资高风险高收益的金融产品并可适度负债。反之，应采取“稳健型”的投资策略。后期，应逐渐向安全性较高的保守财务路线靠拢，并在负债方面采取谨慎态度，逐步将债务还清。

（三）老年时期

此时应是财务相对宽裕的时期，但休闲、保健、医疗费用的支出增大。享受退休生活的同时，财务上更应采取“保守型”策略，以“保本”为目的，不宜从事高风险的投资，可以投资定期存款、国债等风险较低的金融产品。同时避免负债，以免影响身体健康及生活质量。还应及早拟定财产转移的计划，考虑采取继承、赠予或者其他方式实现财产传承。

（资料来源：佚名：《山东商报》，2014 年 9 月 26 日。）

二、个人财务规划的意义

财务规划可以帮助形成自己的财务管理策略，制订切实可行的计划及评估适合自己的金融产品，以妥善规划未来，更有效地达到财务目标。审慎的财务规划有助于：

（一）满足当前的财务需要，提高生活水平

通过投资行为保值增值个人资产，积累充分的财富以供支配。

（二）平衡现在和未来的收支，达成未来财务目标

安排和管理现金流以保证满足个人的日常消费支出。

（三）储备应急资金，抵御风险和灾害

通过保险、年金等财务手段达到保障的目的，以转移风险，应对突发事件造成的财富损失。

三、个人财务规划的原则

（一）量入为出原则

个人投资资产是建立在自身财富的基础之上。如果对某一项投资项目不是特别清楚，

要结合自身实际财务状况和自己的理财知识，经过几次总结思考做出结论，量入为出方为关键。个人财务规划就是规划要综合考虑短期和长远生活安排，合理考虑现实承受能力与未来预期目标，不要盲目设定过高的财务规划。

（二）收益风险均衡原则

风险收益（风险报酬）是指投资者由于冒着风险进行投资而获得的超过货币时间价值的额外收益。风险与收益是一种对称关系，它要求等量风险带来等量收益，即风险收益均衡。

投资和风险都是相匹配的，高收益高风险，低收益低风险，一定要将风险控制在可承受的范围内，从而设定相应的收益目标。收益越高的投资理财策略对应的风险也就越大，两者之间是成正比的。任何投资理财的最终目的就是赚取收益，而他们也具有风险不一的情况，收益和风险两者之间是紧密相连的，这是投资活动中最关键的特征。

（三）安全性原则

“不要把所有的鸡蛋都放在一个篮子里面。”个人在进行财务规划时，应该将资金投放在多个项目上面，这样就算遇到风险也不会全盘皆输，还可以用其他收益来弥补相应损失，所以用合理的投资组合来降低投资风险是一种科学的做法。此外，在做财务规划时，要做足功课，不盲目投资。投资理财是非常专业的一门功课，需要花一定的时间去学习了解。天上不会掉馅饼，只有付出才会有回报。控制欲望，不可贪婪。任何时候都要设定目标和限额，既有盈利目标也有止损目标，必须坚决制定目标，避免贪婪造成的恶果。

（四）变现原则

无论手里面资金有多紧张，也都应该掌握一笔资金进行灵活运用来应付一些突发事件，这个原则讲究的不是你所拥有的实物“现金”或者活期存款有多少，而是能在最短时间内变现的投资能力。

（五）快乐法则

随着个人投资的时间和经验不断完善，应该让自己放松，享受努力过后所获得的财富。理财就是为了让生活更加富裕快乐，不仅仅是现在，以后的每一天都是，守财奴式的生活是不可取的。

四、个人财务规划的步骤

第一步，设置清晰的家庭财务规划目标，包括长期、短期目标。进行家庭的财务决策时，需确保与配偶或家庭成员分享和讨论，以保证家庭各个成员的财务需求都能得到充分的满足。

第二步，结合家庭自身的实际情况设定方案。了解家庭成员在人生各阶段的财富管理需求，并结合家庭自身的财务状况、风险承受能力来设定家庭财富管理方案。

第三步，制订一个全面的家庭财务规划。参考专业机构提供的建议，明确家庭的财务缺口，制订一个平衡、健康和稳健的家庭财富管理规划。

第四步，及时实施既定的规划。家庭的财务规划，必须尽早开始，及时行动；遵照“保障为本，投资为稳，循序渐进”的基本原则进行家庭财富管理规划。

第五步，定期检视规划并根据需要做相应的调整。依据家庭成员所处的不同人生阶段，包括结婚、生儿育女、子女成长教育、退休或亲人离世等，来定期检视规划，并针对家庭最新的财务状况和需求做好相应的调整。

本章小结

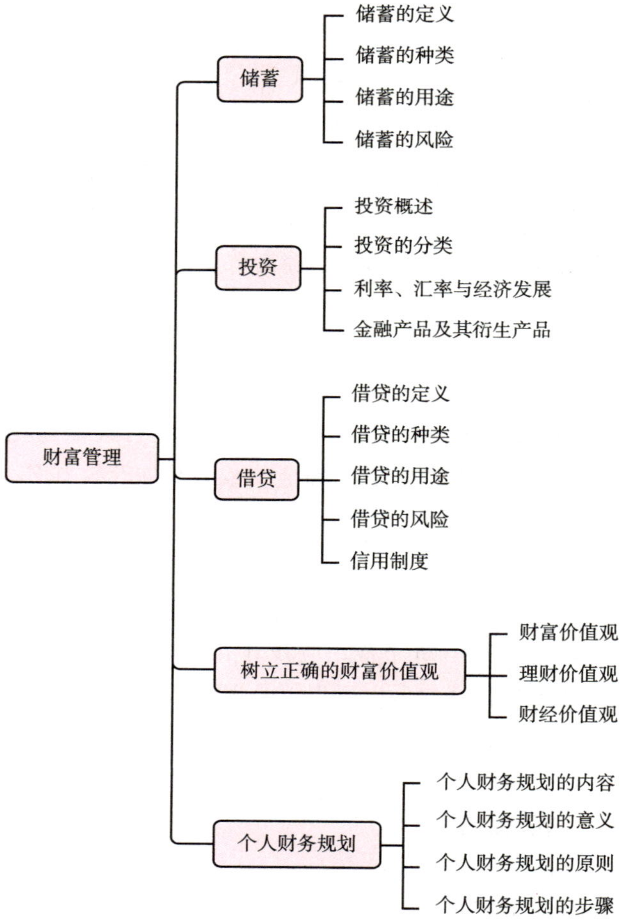

思政小课堂

进一步规范商业银行互联网贷款业务

中国银保监会近日印发《关于加强商业银行互联网贷款业务管理 提升金融服务质效的通知》（以下简称《通知》），针对商业银行在相关业务开展中风控管理不到位等问题，进一步细化明确了商业银行贷款管理和自主风控要求。

中国银保监会有关部门负责人介绍，截至2021年末，银行业金融机构互联网贷款余额5.75万亿元，同比增长21.8%。其中，用于生产经营的个人互联网贷款和企业流动资金互联网贷款同比分别增长68.1%、46.3%。“然而，商业银行仍存在履行贷款主体责任不到位，授信审批、贷款发放、资金监测等核心风控环节过度依赖合作机构等问题，与监管要求尚有一定差距，不利于业务持续发展。《通知》进一步细化明确商业银行贷款管理和自主风控要求，推动商业银行和合作机构规范开展业务合作，促进互联网贷款业务高质量发展。”该负责人说。

《通知》对商业银行提出如下要求：一是履行贷款管理主体责任，提高互联网贷款风险管控能力，防范贷款管理“空心化”。二是完整准确获取身份验证、贷前调查、风险评估和贷后管理所需要的信息数据，并采取有效措施核实其真实性。三是主动加强贷款资金管理，有效监测资金用途，确保贷款资金安全，防范合作机构截留、挪用。四是分类别签订合作协议并明确各方权责，不得在贷款出资协议中混同其他服务约定。对存在违规行为的合作机构，限制或者拒绝合作。五是切实保障消费者合法权益，充分披露各类信息，严禁不当催收等行为。此外，《通知》还要求加强对合作机构营销宣传行为的合规管理。

中国银保监会表示，《通知》的发布实施，有利于进一步完善商业银行互联网贷款监管制度，规范业务合作行为，促进平台经济规范健康发展。

（资料来源：王俊岭：《中国银保监会：进一步规范商业银行互联网贷款业务》，《人民日报·海外版》，2022年7月18日。）

【思考】

请你结合案例，谈谈对“法治兴则民族兴，法治强则国家强”的理解。

单元检测

一、单项选择题

1. （　　）是指个人按国家有关规定在指定银行开户、存入规定数额资金、用于教育目的的专项储蓄，是一种专门为学生支付非义务教育所需教育金的专项储蓄。

A. 零存整取存款　　B. 教育储蓄存款　　C. 华侨定期存款　　D. 通知存款

2. （　　）是最安全、最稳健的理财方式。

A. 购买股票　　B. 购买基金　　C. 购买债券　　D. 储蓄

3. 投资按投资方向划分，可分为（　　）。

A. 实物投资和金融投资　　B. 国际投资和国内投资

C. 固定资产投资和流动资产投资　　D. 直接投资和间接投资

4. 中间汇率是指（　　）。

A. 买入汇率　　B. 卖出汇率

C. 买入汇率与卖出汇率的平均数　　D. 买卖外汇现钞的兑换汇率

5. 贷款条件苛刻、限制性条件较多、借款期限较短等是（　　）的缺点。

A. 金融机构贷款　　B. 担保贷款　　C. 抵押贷款　　D. 民间借贷

6. 商业信用按行为主体划分可以分为（　　）。

A. 商业信用、银行信用等　　B. 短期信用、长期信用等

C. 生产信用、流通信用等　　D. 消费信用、中期信用等

7.（　　）是投资者对不同理财目标的优先顺序的主观评价，对个人理财方式的选择起着决定作用。

A. 财富价值观　　B. 理财价值观　　C. 财经价值观　　D. 消费价值观

8.（　　）指投资者将资金用于建造购置固定资产和流动资产，直接用于生产经营，并以此获得未来收益的投资行为。

A. 实物投资　　B. 金融投资　　C. 国际投资　　D. 国内投资

9. 按经营目标的不同，可以将投资分为（　　）。

A. 生产性投资和非生产性投资　　B. 外延性投资和内含性投资

C. 固定资产投资和流动资产投资　　D. 经营性投资和政策性投资。

10. 汇率的种类按国际货币制度的演变划分，有（　　）。

A. 固定汇率和浮动汇率　　B. 买入汇率、卖出汇率、中间汇率和现钞汇率

C. 基本汇率和套算汇率　　D. 电汇汇率、信汇汇率和票汇汇率

二、判断题

1. 储蓄存款是信用机构的一项重要资金来源。（　　）

2. 储蓄能够调节市场货币流，维护物价稳定。（　　）

3. 储蓄对于我们来讲是最安全、最稳健的理财方式，它没有任何风险。（　　）

4. 投资具有时间性和风险性。（　　）

5. 各个国家的利率有着不同的内涵。（　　）

6. 利息是资金时间价值的表现形式之一，从其形式上看，是货币所有者因为发出货币资金而从借款者手中获得的报酬。（　　）

7. 按照金融产品的形态不同可分为直接金融产品和间接金融产品。（　　）

8. 根据借贷主体的不同，可以把借贷分为金融机构贷款、担保贷款以及民间借贷。（　　）

9. 借贷有风险，因而我们不能通过贷款方式购物。（　　）

10. 商业信用与银行信用相互补充，互为条件，共同服务于现代经济生活。（　　）

三、多项选择题

1. 定期储蓄主要包括（　　）。

A. 整存整取定期储蓄存款　　B. 零存整取定期储蓄存款

C. 通知存款　　D. 外汇储蓄

2. 储蓄的用途包括（　　）。

A. 为国家积累资金　　B. 调节市场货币流

C. 维护物价稳定　　D. 培养科学的生活习惯

3. 下列属于金融投资的有（　　）。

A. 购买股票　　B. 购买公司债券　　C. 购买国债　　D. 购买基金

4. 信用具有以下特点（　　）。

A. 偿还性　　B. 社会性　　C. 伦理性　　D. 文化性

5. 以下说法正确的是（　　）。

A. 信用制度是约束人们信用活动和关系的行为规则

B. 信用制度只包括正式的

C. 信用制度包括信用观念和信用习惯

D. 信用制度还包括信用管理制度

四、实践应用

新冠病毒（COVID－19）的暴发使全球遭受巨变，从金融市场到日常生活，无一幸免。这场疫情带来的不仅是健康风险，也让一些个人和家庭的财务危机浮出水面。突如其来的收入变化更让许多原本没有储蓄习惯的民众雪上加霜。我们应该做出怎样的财务和保险规划，来应对未来不可知的困境，增强抗风险能力，谈谈你的看法。

第十一章　社会保险和保障

学习目标

【知识目标】

1. 了解社会保障的意义；
2. 掌握我国基本的社会保险制度；
3. 了解商业保险的意义及主要险种。

【技能目标】

1. 具备维护个人基本社会保险权利的能力；
2. 具备合理安排个人及家庭商业保险的能力。

【思政目标】

1. 忧患意识，树立完整的社会保障、保险的意识；
2. 制度自信，体会社会主义保障体系的优越性。

【名人名言】

老有所终，壮有所用，幼有所长，矜寡、孤独、废疾者皆有所养

——《史记》

第一节　社会保障

☞ 引导案例

《晋书》·第十八章

昔田子方养老马，而穷士知所归，况居天下之广居，立天下之正位，行天下之大道乎！昔明王圣主，无不养老。老人众多，未必皆贤，不可悉养。故父事三老，所以明孝；宗事五更，所以明敬。孟子曰："吾老以及人之老，吾幼以及人之幼。"今天下虽定，而华山之阳无放马之群，桃林之下未有休息之牛，故以吴人尚未臣服故也。夫饥者易为食，渴者易为饮，天下元元瞻望新政。愿陛下思子方之仁，念犬马之劳，思帷盖之报，发仁惠之诏，广开养老之制。

【案例思考】

1. 解析《晋书》第十八章内容，并简要概括其中的治国思想；

2. 社会保障制度都包含哪些内容，对社会经济发展有什么作用?

知识讲解

一、社会保障的含义与意义

社会保障（social security）一词最早出自美国1935年颁布的《社会保障法》，社会保障是以国家或政府为主体，依据法律，通过国民收入的再分配，对公民在暂时或永久丧失劳动能力以及由于各种原因而导致生活困难时给予物质帮助，以保障其基本生活的制度。社会保障制度就是取之于民用之于民，已经成为社会文明进步的重要标志之一。

早在3000多年以前，中国的社会保障制度就有了萌芽。社会保障制度是上层建筑，它的发展是随着生产力的不断发展而发展的。生产力低下时，物质财富较缺乏，社会保障制度的水平也较低。但随着历史的发展和社会的进步，社会保障的措施越来越具体，保障范围越来越全面。

新中国成立70年来，社会保障制度逐步建立和完善。经过几次变革，已经形成了集社会救助、社会保险、社会福利、优抚安置（或军人保障）四大系统及与之相关的商业保险、慈善事业等为一体的完整社会保障体系。

社会保险，是国家通过立法强制实行的，由劳动者、企业（雇主）或社区，以及国家三方共同筹资，为了给予失去劳动能力和暂时失去工作的人补助而建立的社会基金。其对象是失去劳动能力和暂时失去工作的人，政府和企业共同对这部分人群补助，保障了劳动者的基本生活、维护了社会安定和促进了经济发展，这一制度使劳动者少了一些后顾之忧，同时也是社会发展的标志，也是为了社会财富得到合理的分配。

社会救助，也称为社会救济。主要是为社会成员提供最低社会保障，救助社会脆弱群体，对象是社会的低收入人群和困难人群。社会救助的目的是切实保障人民的生存权，同时也是社会保障的最后一道防线，近年来，随着我国经济的不断发展和生活成本的不断增加对低保户的补助也不断增加，提供的补助种类也是更加多样化，这种救助制度使他们生活得更加有尊严。

社会福利，是国家依法为所有公民普遍提供旨在保证一定生活水平和尽可能提高生活质量的资金和服务的社会保险制度。社会福利的对象是所有公民，其内容是为了保持人们具有丰富的物质生活，提高生活质量。较高的生活水平要靠巨额的财政来维持，就目前而言我国在这方面同西方发达国家还有这较大的差距。这一制度的实施尤其负面效应，会出现“懒汉作风”，引起的社会动荡。我国要吸取别国的经验教训，根据中国国情开展适合本国的社会福利制度，物质文明建设和精神文明建设两手都要抓，鼓励人们用劳动创造财富，推动国家的发展。

优抚安置，是政府对军属、烈属、复员转业军人、残废军人予以优待抚恤的制度。在我国，优抚安置的对象主要是烈士军属、复员退伍军人、残疾军人及其家属；优抚安置的内容主要包括提供抚恤金、优待金、补助金，举办军人疗养院、光荣院，安置复员退伍军人等。

二、社会保障的作用

社会保障制度是社会发展的后盾，对社会发展具有重要的意义。其最直接的作用包括：

（一）建立健全同经济发展水平相适应的社会保障制度，是深化经济体制改革、完善社会主义市场经济体制的重要内容

1. 发挥政府在市场经济中的调节作用。经过 20 多年实践，我国社会主义市场经济体制已经初步建立，但仍存在不少问题，进一步处理好政府和市场关系，实际上就是要处理好在资源配置中市场起决定性作用还是政府起决定性作用这个问题。单纯依靠市场调节经济，按照市场经济中的价值分配原则势必会引起社会财富分配不公，会出现有人饿死、有人撑死的现象，这就需要社会保障制度进行调节，同时也是为了让社会资源得到更有效率的使用。社会保障可以解除劳动力流动的后顾之忧，使劳动力流动渠道通畅，有利于调节和实现人力资源的高效配置。

2. 为企业创造平等的竞争环境。在社会保障制度下，企业得到了更大的自由，负担比以前小。在以前的企业保障制度下，不同的企业承担的风险不同，导致了一些行业的包袱较大，现在，各个企业竞争更加公平。此外，竞争必然导致优胜劣汰，通过社会保障能使失业者的基本生活得到保障，从而为企业竞争和资源优化组合配置提供良好的外部环境，促进经济的发展

（二）建立健全社会保障制度是社会稳定和国家长治久安的重要保证

1. 解除了劳动者的后顾之忧，促进社会和谐。社会保障制度是保障人们最基本的生活权利，人们想要更好的生活，只有推动经济更加合理健康的发展，提供更多的就业岗位，使人们的平均工资水平得到实质性的提高。

2. 避免贫富差距，促进社会发展。通过社会保障对社会财富进行再分配，适当缩小各阶层社会成员之间的收入差距，避免贫富悬殊，使社会成员的基本生活得到保障，能促使社会关系和谐，从而维护社会稳定。

（三）社会保障制度平衡社会公平

社会保障的功能之一就是在劳动力再生产遇到障碍时给予劳动者及其家属以基本生

活、生命的必要保障，以维系劳动力再生产的需要，从而保证社会再生产的正常进行，社会保障是劳动力再生产的保护器。

1. 社会保障促进了社会稳定发展。社会保障制度在产生初期或许主要体现出稳定和与调节功能，但发展到已经明显的具备了促进发展的功能。主要表现在：一是能够促进社会成员之间及其与整个社会的协调发展，使社会生活实现良性循环：二是能够加快遭受特殊事件的社会成员重新认识发展变化中的社会环境，适应社会生活的变化；三是能够促进使社会成员的物质与精神生活水平提高；四是能够促进政府有关社会政策的实施；五是能够促进社会文明的发展。另外，在经济领域，社会保障通过营造稳定的社会环境促进着经济的发展，同时透过社会保障基金的运营直接促进着某些产业的发展。

2. 社会保障具有互助的功能。社会保障实质上体现了互惠互助以及在互惠互助中的他助与自助。社会保障采用责任分担机制，所以是一种以互助为基石并在互助中使风险得到化解的一种机制。

除以上作用外，社会保障还在防控风险、资本积累等方面发挥了重要作用。

三、我国社会保险相关政策和规定

一般来说，社会保障由社会保险、社会救济、社会福利、优抚安置等组成。其中，社会保险是社会保障的核心内容。

社会保险是社会保障体系的重要组成部分，其在整个社会保障体系中居于核心地位。社会保险，是国家通过立法强制实行的，由劳动者、企业（雇主）或社区，以及国家三方共同筹资，为了给予失去劳动能力和暂时失去工作机会的人补助而建立的社会基金，主要项目包括养老保险、医疗保险、失业保险、工伤保险、生育保险。根据国务院《关于全面推进生育保险和职工基本医疗保险合并实施的意见》，2020 年 1 月 1 日起我国职工基本医疗保险和生育保险合并，参加职工基本医疗保险的职工同步参加生育保险，统一基金征缴和管理，生育保险基金并入职工基本医疗保险基金合并编制预算并建账核算。正式将生育保险和职工基本医疗保险合并实施。

合并实施后，生育保险险种继续保留，生育保险基金并入职工基本医疗保险基金统一管理，提高共济能力。取消生育保险基金收入科目，在职工基本医疗保险基金支出科目增加生育保险支出子科目。保持原来生育保险待遇不变，同时灵活就业人员可以享受生育医疗待遇，扩大了生育保险的保障范围。

（一）基本养老保险

1. 基本养老保险的含义。基本养老保险制度，是指缴费达到法定期限并且个人达到法定退休年龄后，国家和社会提供物质帮助以保证因年老而退出劳动领域稳定、可靠的生活来源的社会保险制度。

在我国，20 世纪 90 年代之前，企业职工实行的是单一的养老保险制度。1991 年，

《国务院关于企业职工养老保险制度改革的决定》中明确提出："随着经济的发展，逐步建立起基本养老保险与企业补充养老保险和职工个人储蓄性养老保险相结合的制度"。从此，我国逐步建立起多层次的养老保险体系。在这种多层次养老保险体系中，基本养老保险可称为第一层次，也是最高层次。

2. 基本养老保险的范围。根据《保险法》的规定，基本养老保险制度由三个部分组成，职工基本养老保险制度、新型农村社会养老保险制度、城镇居民社会养老保险制度。职工基本养老保险的征纳范围包括，国有企业、城镇集体企业、外商投资企业、城镇私营企业和其他城镇企业和职工，实行企业化管理的事业单位及其职工。

无雇工的个体工商户、未在用人单位参加社保的非全日制从业人员等可以参加"基本养老保险""基本医疗保险"，由个人缴纳保险费。公务员和参照公务员管理的工作人员，其养老办法由国务院规定。

年满16周岁（不含在校学生）非国家机关和事业单位及不属于职工基本养老保险覆盖范围的城乡居民，可以在户籍地参加城乡居民养老保险。

3. 基本养老保险基金的来源。社会保险是一种缴费性的社会保障，资金主要是用人单位和劳动者本人缴纳，政府财政给予补贴并承担最终的责任。但是劳动者只有履行了法定的缴费义务，并在符合法定条件的情况下，才能享受相应的社会保险待遇。

基本养老保险实行社会统筹与个人账户相结合。基本养老保险基金由用人单位和个人缴费以及政府补贴等组成。用人单位应当按照国家规定的本单位职工工资总额的比例缴纳基本养老保险费，计入基本养老保险统筹基金。职工应当按照国家规定的本人工资的比例缴纳基本养老保险费，计入个人账户。无雇工的个体工商户、未在用人单位参加基本养老保险的非全日制从业人员以及其他灵活就业人员参加基本养老保险的，应当按照国家规定缴纳基本养老保险费，分别计入基本养老保险统筹基金和个人账户。国有企业、事业单位职工参加基本养老保险前，视同缴费年限期间应当缴纳的基本养老保险费由政府承担。

基本养老保险基金出现支付不足时，政府给予补贴。

个人账户不得提前支取，记账利率不得低于银行定期存款利率，免征利息税。个人死亡的，个人账户余额可以继承。

4. 基本养老保险的使用。基本养老金由统筹养老金和个人账户养老金组成。基本养老金根据个人累计缴费年限、缴费工资、当地职工平均工资、个人账户金额、城镇人口平均预期寿命等因素确定。参加基本养老保险的个人，达到法定退休年龄时累计缴费满十五年的，按月领取基本养老金。参加基本养老保险的个人，达到法定退休年龄时累计缴费不足十五年的，可以缴费至满十五年，按月领取基本养老金；也可以转入新型农村社会养老保险或者城镇居民社会养老保险，按照国务院规定享受相应的养老保险待遇。

参加基本养老保险的个人，因病或者非因工死亡的，其遗属可以领取丧葬补助金和抚恤金；在未达到法定退休年龄时因病或者非因工致残完全丧失劳动能力的，可以领取病残津贴。所需资金从基本养老保险基金中支付。

建立基本养老金正常调整机制。根据职工平均工资增长、物价上涨情况，适时提高基本养老保险待遇水平。个人跨统筹地区就业的，其基本养老保险关系随本人转移，缴费年限累计计算。个人达到法定退休年龄时，基本养老金分段计算、统一支付。具体办法由国务院规定。

（二）基本医疗保险

1. 基本医疗保险的含义。基本医疗保险是为补偿劳动者因疾病风险造成的经济损失而建立的一项社会保险制度。通过用人单位和个人缴费，建立医疗保险基金，参保人员患病就诊发生医疗费用后，由医疗保险经办机构给予一定的经济补偿，以避免或减轻劳动者因患病、治疗等所带来的经济风险。

1998 年 12 月，国务院发布《关于建立城镇职工基本医疗保险制度的决定》（国发〔1998〕44 号），要求在全国范围内建立以城镇职工基本医疗保险制度为核心的多层次的医疗保障体系。该《决定》指出，医疗保险制度改革的主要任务是建立城镇职工基本医疗保险制度，即适应社会主义市场经济体制，根据财政、企业和个人承受能力，建立保障职工基本医疗需求的社会医疗保险制度。建立城镇职工基本医疗保险制度的原则是：基本医疗保险的水平要与社会主义初级阶段生产力发展水平相适应；城镇所有用人单位及其职工都要参加基本医疗保险，实行属地管理；基本医疗保险费用由用人单位和职工双方共同负担；基本医疗保险基金实行社会统筹和个人账户相结合。

2. 基本医疗保险的范围。

（1）职工基本医疗保险。职工应当参加职工基本医疗保险，由用人单位和职工按照国家规定共同缴纳基本医疗保险费。职工基本医疗保险费的征缴范围：国有企业、城镇集体企业、外商投资企业、城镇私营企业和其他城镇企业及其职工，国家机关及其工作人员，事业单位及其职工，民办非企业单位及其职工、社会团体及其专职人员。

无雇工的个体工商户、未在用人单位参加职工基本医疗保险的非全日制从业人员以及其他灵活就业人员可以参加职工基本医疗保险，由个人按照国家规定缴纳基本医疗保险费。

（2）城乡居民基本医疗保险。国务院于 2016 年 1 月 3 日印发的《关于整合城乡居民基本医疗保险制度的意见》中规定：整合城镇居民基本医疗保险和新型农村合作医疗两项制度，建立统一的城乡居民基本医疗保险制度。城乡居民基本医疗保险制度覆盖范围包括现有城镇居民基本医疗保险制度和新型农村合作医疗所有应参保（合）人员，即覆盖除职工基本医疗保险应参保人员以外的其他所有城乡居民，统一保障待遇。

3. 基本医疗保险费的缴纳。基本医疗保险与基本养老保险一样分别设立社会统筹基金和个人账户基金，基本医疗基金由统筹基金和个人账户构成。

享受最低生活保障的人、丧失劳动能力的残疾人、低收入家庭六十周岁以上的老年人和未成年人等所需个人缴费部分，由政府给予补贴。

（1）单位缴费。由统筹地区统一确定适合当地经济发展水平的基本医疗保险单位缴费率，一般为职工工资总额的6%左右。用人单位缴纳的基本医疗保险费分为两部分，一部分用于建立统筹基金，另一部分划个人账户。

（2）基本医疗保险个人账户的资金来源。个人缴费部分由统筹地区统一确定适合当地职工负担水平的基本医疗保险个人缴费率，一般为本人工资收入的2%。

用人单位缴费的划入部分由统筹地区根据个人医疗账户的支付范围和职工年龄等因素确定用人单位所缴医疗保险费划入个人医疗账户的具体比例，一般为30%左右。

参加职工基本医疗保险的个人，达到法定退休年龄时累计缴费达到国家规定年限的，退休后不再缴纳基本医疗保险费，按照国家规定享受基本医疗保险待遇；未达到国家规定年限的，可以缴费至国家规定年限。

4. 基本医疗保险的待遇与结算。参保人员医疗费用中应当由基本医疗保险基金支付的部分，由社会保险经办机构与医疗机构、药品经营单位直接结算。符合基本医疗保险药品目录、诊疗项目、医疗服务设施标准以及急诊、抢救的医疗费用，按照国家规定从基本医疗保险基金中支付。社会保险行政部门和卫生行政部门应当建立异地就医医疗费用结算制度，方便参保人员享受基本医疗保险待遇。下列医疗费用不纳入基本医疗保险基金支付范围：

（1）应当从工伤保险基金中支付的；

（2）应当由第三人负担的；

（3）应当由公共卫生负担的；

（4）在境外就医的。

医疗费用依法应当由第三人负担，第三人不支付或者无法确定第三人的，由基本医疗保险基金先行支付。基本医疗保险基金先行支付后，有权向第三人追偿。

社会保险经办机构根据管理服务的需要，可以与医疗机构、药品经营单位签订服务协议，规范医疗服务行为。医疗机构应当为参保人员提供合理、必要的医疗服务。

个人跨统筹地区就业的，其基本医疗保险关系随本人转移，缴费年限累计计算。

5. 医疗期限。根据原劳动部1994年发布的《企业职工患病或非因工负伤医疗期限规定》的规定，医疗期限是指用人单位职工因患病或非因工负伤而停止工作治病休息，用人单位不能解除劳动合同的时限。

原劳动部1994年发布的《企业职工患病或非因工负伤医疗期规定》，对医疗期主要有以下几条规定：

（1）企业职工因患病或非因工负伤，需要停止工作医疗时，根据本人实际参加工作年限，给予3个月到24个月的医疗期。实际工作年限10年以下的，在本单位工作5年以下的为3个月；5年以上的为6个月。实际工作年限在10年以上的，在本单位工作5年以下的为6个月；5年以上10年以下的为9个月；10年以上15年以下的为12个月；15年以上20年以下为18个月；20年以上的为24个月。

（2）医疗期3个月的按6个月内累计病休时间计算；6个月的按12个月内累计病休时间计算；9个月的按15个月内累计病休时间计算；12个月的按18个月内累计病休时

间计算；18 个月的按 24 个月内累计病休时间计算；24 个月的按 30 个月内累计病休时间计算。

（3）企业职工在医疗期内，其病假工资、疾病救济费和医疗保险待遇按照有关部门规定执行。

（4）企业职工非因工致残和经医生或医疗机构认定患有难以治疗的疾病，在医疗期内医疗终结，不能从事原工作，也不能从事用人单位另行安排的工作的，应当由劳动鉴定委员会参照工伤与职业病致残程度鉴定标准进行劳动能力的鉴定［自 2002 年 4 月 5 日之后，按《职工非因工伤残或因病丧失劳动能力程度鉴定标准（试行）》（劳社部发〔2002〕8 号）执行］。被鉴定为一至四级的，应当退出劳动岗位，中止劳动关系，办理退休、退职手续，享受退休、退职待遇；被鉴定为五至十级的医疗期内不得解除劳动合同。

（5）企业职工非因工致残和经医生或医疗机构认定患有难以治疗的疾病，医疗期满，应当由劳动鉴定委员会参照工伤与职业病致残程度鉴定标准进行劳动能力的鉴定（自 2002 年 4 月 5 日之后，按《职工非因工伤残或因病丧失劳动能力程度鉴定标准（试行）》（劳社部发〔2002〕8 号）执行）。被鉴定为一至四级的，应当退出劳动岗位，解除劳动关系，并办理退休、退职手续，享受退休、退职待遇。

（6）医疗期满尚未痊愈者，被解除劳动合同的经济补偿问题按照有关规定执行。

（三）工伤保险

1. 工伤保险的含义。工伤保险是指劳动者在工作中或在规定的特殊情况下，遭受意外伤害或患职业病导致暂时或永久丧失劳动能力以及死亡时，劳动者或其遗属从国家和社会获得物质帮助的一种社会保险制度。工伤保险是通过社会统筹的办法，集中用人单位缴纳的工伤保险费，建立工伤保险基金，对劳动者在生产经营活动中遭受意外伤害或职业病，并由此造成死亡、暂时或永久丧失劳动能力时，给予劳动者及其实用性法定的医疗救治以及必要的经济补偿的一种社会保障制度。这种补偿既包括医疗、康复所需费用，也包括保障基本生活的费用。

2. 工伤保险费的缴纳和工伤保险基金。职工应当参加工伤保险，由用人单位缴纳工伤保险费，职工不缴纳工伤保险费。国家根据不同行业的工伤风险程度确定行业的差别费率，并根据使用工伤保险基金、工伤发生率等情况在每个行业内确定费率档次。行业差别费率和行业内费率档次由国务院社会保险行政部门制定，报国务院批准后公布施行。社会保险经办机构根据用人单位使用工伤保险基金、工伤发生率和所属行业费率档次等情况，确定用人单位缴费费率。用人单位应当按照本单位职工工资总额，根据社会保险经办机构确定的费率缴纳工伤保险费。

工伤保险基金由用人单位缴纳的工伤保险费、工伤保险基金的利息和依法纳入工伤保险基金的其他资金构成。工伤保险基金存入社会保障基金财政专户，用于《工伤保险条例》规定的工伤保险待遇，劳动能力鉴定，工伤预防的宣传、培训等费用，以及法律、法规规定的用于工伤保险的其他费用的支付。因工伤发生的下列费用，按照国家规定从工伤保险基金中支付：

（1）治疗工伤的医疗费用和康复费用；

（2）住院伙食补助费；

（3）到统筹地区以外就医的交通食宿费；

（4）安装配置伤残辅助器具所需费用；

（5）生活不能自理的，经劳动能力鉴定委员会确认的生活护理费；

（6）一次性伤残补助金和一至四级伤残职工按月领取的伤残津贴；

（7）终止或者解除劳动合同时，应当享受的一次性医疗补助金；

（8）因工死亡的，其遗属领取的丧葬补助金、供养亲属抚恤金和因工死亡补助金；

（9）劳动能力鉴定费。

因工伤发生的下列费用，按照国家规定由用人单位支付：

（1）治疗工伤期间的工资福利；

（2）五级、六级伤残职工按月领取的伤残津贴；

（3）终止或者解除劳动合同时，应当享受的一次性伤残就业补助金。

3. 工伤与职业病。职业病就是指《职业病防治法》中授权卫生部会同劳动保障部制定的职业病目录中的疾病。按照职业病防治法的规定，职业病是指企业、事业单位和个体经济组织（以下统称用人单位）的劳动者在职业活动中，因接触粉尘、放射性物质和其他有毒、有害物质等因素而引起的疾病。根据职业病防治法的这一规定，结合工伤保险条例中关于适用范围的有关规定，条例中规定的患职业病的，主要是指条例覆盖范围内的所有用人单位的劳动者在职业活动中。

工伤是指职工在工作过程中因工作原因受到事故伤害或者患职业病。根据《工伤保险条例》第十四条的规定，职工有下列情形之一的，应当认定为工伤：

（1）在工作时间和工作场所内，因工作原因受到事故伤害的；

（2）工作时间前后在工作场所内，从事与工作有关的预备性或者收尾性工作受到事故伤害的；

（3）在工作时间和工作场所内，因履行工作职责受到暴力等意外伤害的；

（4）患职业病的；

（5）因工外出期间，由于工作原因受到伤害或者发生事故下落不明的；

（6）在上下班途中，受到非本人主要责任的交通事故或者城市轨道交通、客运轮渡、火车事故伤害的；

（7）法律、行政法规规定应当认定为工伤的其他情形。

同时，根据本条例第十五条的规定，职工有下列情形之一的，视同工伤：

（1）在工作时间和工作岗位，突发疾病死亡或者在 48 小时之内经抢救无效死亡的；

（2）在抢险救灾等维护国家利益、公共利益活动中受到伤害的；

（3）职工原在军队服役，因战、因公负伤致残，已取得革命伤残军人证，到用人单位后旧伤复发的。

▶财经阅读：

全国报告新发职业病病例数降幅达 43.8%

全国报告新发职业病病例数从 2012 年的 27420 例下降至 2021 年的 15407 例，降幅达 43.8%；全国职业病及危害因素监测范围县区覆盖率达 95% 以上；我国尘肺病等重点职业病高发势头得到初步遏制……25 日，国家卫生健康委召开新闻发布会，介绍党的十八大以来我国职业健康工作主要成就。

2022 年 4 月 25 日至 5 月 1 日是全国第 20 个《职业病防治法》宣传周，今年也是《职业病防治法》颁布实施 20 周年。今年《职业病防治法》宣传周的活动主题为"一切为了劳动者健康"。

国家卫生健康委职业健康司司长吴宗之介绍，党的十八大以来，我国职业健康事业快速发展，职业病防治工作取得了显著成效，包括组织开展尘肺病防治攻坚行动，在矿山、冶金、建材等 19 个重点行业开展职业病危害专项治理；将职业病防治纳入基本公共卫生服务项目，将全部职业病病种纳入职业病及职业病危害因素监测范围等。

中国疾控中心职业卫生首席专家李涛说，针对社会反映的职业病诊断难问题，2017 年、2018 年全国人大常委会两次对职业病防治法进行修改，在职业病诊断方面建立了相应制度。"职业病诊断在医学技术方面并不难，难在对患病劳动者与用人单位的劳动关系的确认，以及接触职业病危害因素与疾病因果关系判断。"

根据《职业病防治法》的修订，国家卫生健康委组织修订了《职业病诊断与鉴定管理办法》，并于 2021 年公布实施。新办法依法明确职业病诊断证明书由取得职业病诊断资格的执业医师签署、简化劳动者要求职业病诊断的资料、首次明确职业病诊断办理的时限、界定了职业病诊断证据内涵并提出了相应落实规定……在现行法律框架下，多措并举方便病人职业病诊断与鉴定。

下一步，国家卫生健康委将进一步巩固和拓展尘肺病防治攻坚行动的成果，推动落实粉尘、毒物、噪声、辐射等危害因素的专项治理，做好职业病源头预防。

（资料来源：顾天成、李恒：《全国报告新发职业病病例数降幅达 43.8%》，中国政府网，2022 年 04 月 25 日，http：//www.gov.cn/xinwen/2022－04/25/content_5687099.htm。）

（四）失业保险

1. 失业保险的含义。失业保险是指国家通过立法强制实行的，由用人单位、职工个人缴费及国家财政补贴等渠道筹集资金建立失业保险基金，对因失业而暂时中断生活来源的劳动者提供物质帮助以保障其基本生活，并通过专业训练、职业介绍等手段为其再就业创造条件的制度。

2. 失业保险的缴纳。职工应当参加失业保险，由用人单位和职工按照国家规定共同缴纳失业保险费。职工基本医疗保险费的征缴范围：国有企业、城镇集体企业、外商投资企业、城镇私营企业和其他城镇企业及其职工，事业单位及其职工。

根据《失业保险条例》，城镇企业事业单位按照本单位工资总额的2%缴纳失业保险费。城镇企业事业单位职工按照本人工资的1%缴纳失业保险费。城镇企业事业单位招用的农民合同制工人本人不缴纳失业保险费。

3. 失业保险待遇。失业人员符合下列条件的，从失业保险基金中领取失业保险金：

（1）失业前用人单位和本人已经缴纳失业保险费满一年的；

（2）非因本人意愿中断就业的；

（3）已经进行失业登记，并有求职要求的。

城镇企业事业单位应当及时为失业人员出具终止或者解除劳动关系的证明，告知其按照规定享受失业保险待遇的权利，并将失业人员的名单自终止或者解除劳动关系之日起7日内报社会保险经办机构备案。

城镇企业事业单位职工失业后，应当持本单位为其出具的终止或者解除劳动关系的证明，及时到指定的社会保险经办机构办理失业登记。失业保险金自办理失业登记之日起计算。

失业保险金由社会保险经办机构按月发放。社会保险经办机构为失业人员开具领取失业保险金的单证，失业人员凭单证到指定银行领取失业保险金。

失业人员失业前用人单位和本人累计缴费满一年不足五年的，领取失业保险金的期限最长为十二个月；累计缴费满五年不足十年的，领取失业保险金的期限最长为十八个月；累计缴费十年以上的，领取失业保险金的期限最长为二十四个月。重新就业后，再次失业的，缴费时间重新计算，领取失业保险金的期限与前次失业应当领取而尚未领取的失业保险金的期限合并计算，最长不超过二十四个月。

失业人员在领取失业保险金期间有下列情形之一的，停止领取失业保险金，并同时停止享受其他失业保险待遇：

（1）重新就业的；

（2）应征服兵役的；

（3）移居境外的；

（4）享受基本养老保险待遇的；

（5）无正当理由，拒不接受当地人民政府指定部门或者机构介绍的适当工作或者提供的培训的。

四、社会保险的发展趋势

社会保障由社会保险、社会救济、社会福利、优抚安置等组成。其中，社会保险是社会保障的核心内容。全球的社会保障模式大致可分为国家福利、国家保险、社会共济和积累储蓄四种，分别以英国、苏联、德国、新加坡为代表。目前我国在建的社会保障制度，属于社会共济模式，即由国家、单位（企业）、个人三方共同为社会保障计划融资，而且这是未来相当长一段时期的改革趋势。个人责任的强化已经成为全球社会保障制度改革的共识。社会保障是现代工业文明的产物，是经济发展的“推进器”，是维护百姓切身利益的“托底机制”，是维护社会安全的“稳定器”。

社会主要矛盾的变化对于新时代社会保障政策有效地发挥保稳定、促发展的政策效能，对于进一步实现提高人民福祉水平的政策目标提出了新要求。

（一）中国社会保障事业的发展

自改革开放之后，伴随着国有企业改革，中国在学习和借鉴西方现代社会保障制度的基础上建立了具有中国特色的社会保障制度，建立了覆盖 14 亿人口、保障水平不断提高、社会保障服务不断改善的现代社会保障体系。

社会保障事业的健康持续发展离不开经济、政治和社会条件的支持。新时代中国经济的快速发展、植根于中国文化的制度理念和现代技术支持为中国社会保障事业的发展提供了千载难逢的机遇，使中国的社会保障事业获得了长足的发展，使公民的社会保障权利的实现与保护更加充分有效。

首先，新时代中国社会保障成就的取得得益于中国经济的快速、长足发展。经济增长为中国社会保障提供了殷实的物质基础，使中国政府和各经济主体能够从容、自信地为包括社会保障在内的民生事业进行各种制度安排。其次，新时代中国社会保障事业的发展得益于中国以包容开放的精神不断地学习发达国家的社会保障经验，并基于中国智慧的治理理念形成了具有中国特色的社会保障制度。

（二）新时代中国社会保障面临的问题与挑战

新时代民众有新需求。在这一新的社会矛盾中，中国的社会保障也面临着新问题与新挑战。新经济使劳动者的流动性进一步增加，但新经济的社会风险也进一步加剧，更需要社会保险防范与应对未来的不确定性；同时，新业态中的雇主责任无法确认，也在一定程度上颠覆着传统的三方分担责任的社会保险模式。面对这种挑战，只有不断地创新社会保险机制，才能对社会保险参与人产生激励作用，以形成对其社会保险权益的有效保护。

在中国社会保障管理体系中，民众对于社会保障服务的需求主要表现为社会保险经办服务和社会保障生活服务两个方面，随着对生活质量的不断追求，民众对社会保障服务公平的关注和需求开始显著增强。

新经济带来的新业态和日益增长的社会保障需求对社会保障制度建设和社会保障服务不断提出新要求，不平衡、不充分的制度供给和服务供给依然存在。尽管中国的社会保障制度已经实现了一定程度的制度全覆盖，但制度的精细化程度仍有优化的空间，制度全覆盖的实现与人群全覆盖的达成还有一定的距离。

在养老保险中，养老保险制度是各类养老保险责任主体，包括政府、雇主和个人之间通过责任分工形成的合作机制。在目前养老保险制度的运行中，我国养老金机制的关键要素及其平衡机制、多层次养老金体系的结构等均可更加优化。

我国社会保障服务资源众多，基于中国传统文化所形成的社会力量服务资源、基于强有力的政府所积累的财政与政策资源和日渐增长的市场经济资源等都可能成为社会保障服务的重要资源。但由于长期的体系分割，这些资源相对分散，并没有形成有效、聚集的社会保障服务。

随着中国老龄化规模和速度的加剧，养老服务需求的数量和质量呈急剧增长态势。因此，只有不断地细分养老需求，才能提高养老服务的目标瞄准率。对养老服务需求的细分必须基于老年生活的细节和基本需要。

（三）新时代中国社会保障的发展趋势

基于新时代中国社会保障面临的问题，着眼于人民群众对社会保障质量的不断追求，新时代中国社会保障的发展应当从人民群众对民生需求的层次性和差异性出发，以新时代人民群众对美好生活的向往和我国社会保障的不充分、不平衡的社会矛盾为约束条件，对社会保险、社会救助、社会福利、慈善事业等社会保障项目统筹规划，对政府责任、市场作用和个人义务整体协调组织，对社会保险与补充保险、商业保险以及基本医疗保险、大病保险、补充医疗保险、商业健康保险等全面协同推进，以全面建成多层次的社会保障体系。

中国社会保障事业发展的目标任务的实现重点在于制度优化、管理创新和质量提升三个方面。

1. 制度优化。中国社会保障制度的优化应基于社会保障制度演进的基本规律、新时代民众对社会保障的美好追求和中国社会保障发展的约束条件，以最大限度地实现不同受益主体的合作收益。

社会救助制度的优化应基于“弱有所扶”的底线原则和“就业援助”的激励原则，以优化救助对象结构、优化与相关制度协同为重点，通过对受助对象进行精准识别、精准管理、精准施助和有效激励，使扶贫与扶志有机结合。

社会保险制度的优化应基于风险责任的独担、分担和共担机制，建立激励相容的制度安排。以养老保险为例，应以全局观、系统观重构基础养老金、职业年金和私人养老金三支柱及其三者之间的关系，优化三者之间的结构，形成养老金机制中各责任主体各司其职、各尽所能的合作关系。

社会福利制度的优化应基于社会福利与经济增长良性互动的原则，充分地实现经济发展成果的社会共享。对于普惠性和兜底性的社会福利制度安排，要既能体现社会福利的公益性质又能体现区域差异因地制宜；要既能面向所有民众又能体现对特殊人群的福利关怀。

2. 管理创新。创新是社会进步的动力，通过管理创新提质增效是全面建成社会保障体系的基本路径。管理创新应紧密回应中国社会保障的现实需求，围绕资源整合、流程设计和质量控制等管理学基本问题进行。

在养老保险中，亟待解决的问题是如何尽快实现基本养老保险的全国统筹；在社会保险经办服务管理中，如何充分地利用现代信息技术建设全国统一的社会保障公共管理平台是全面建成社会保障体系的重要支撑；在社会保险关系转移接续中，如何保障参保人的社会保险权益在流动过程中不受损失使其社会保险权益具有充分的可携带性，是全面建成社会保障体系的重要内容；在社会保障生活服务管理中，如何运用现代信息技术与方法对传统的养老、医疗服务方式进行变革，从而增强公众社会保障服务的可获得感，是社会保障的基本目标。

3. 质量提升。社会保障服务质量既包括社会保障服务（供给）满足不同人群社会保障需求的程度（供求分析），也包括民众能以合理的价格和便利的方式获得社会保障服务（成本收益分析），同时，宏观上还包括社会保障服务供给与需求的均衡与匹配。

首先，要对人民群众日益增长的社会保障需求进行不断细分，对其社会保障需求进行精准识别，只有不断细分和精准识别，才能进一步实现有效供给；其次，要不断降低社会保障服务的供给成本，不断增强民众获得社会保障服务的便捷性，使民众对各类社会保障服务能够便于消费、易于消费、能够消费。

▶财经阅读：

2019 年江苏省社会保险纠纷案例大数据

规范用工管理是和谐劳资关系的关键，处理好该类案件是在促进就业、企业生存、社会稳定、经济发展之间实现多赢与平衡。朱剑、张扬、李萍在公众号“知行独角兽”上针对 2019. 1. 1—2019. 12，江苏省 1599 件社会保险纠纷进行了大数据分析。

（一）地域分析

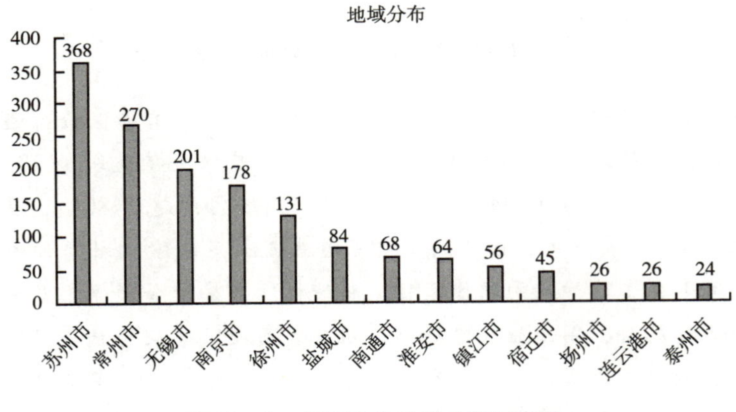

图 11－1　纠纷案件地域分布示意图

（二）案由分析

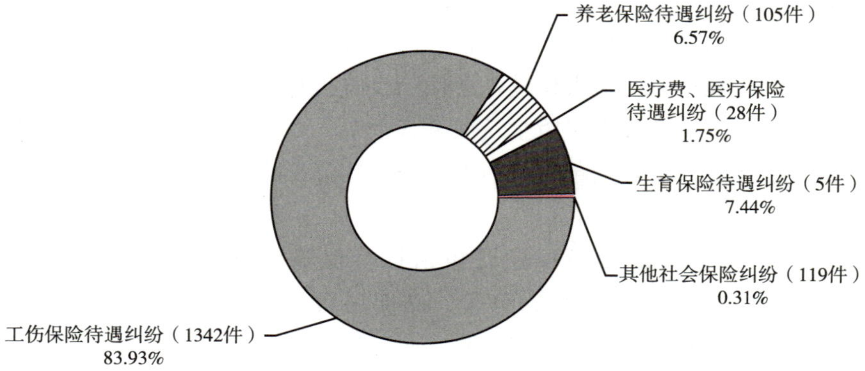

图 11－2　纠纷案件案由分布示意图

（三）行业分析

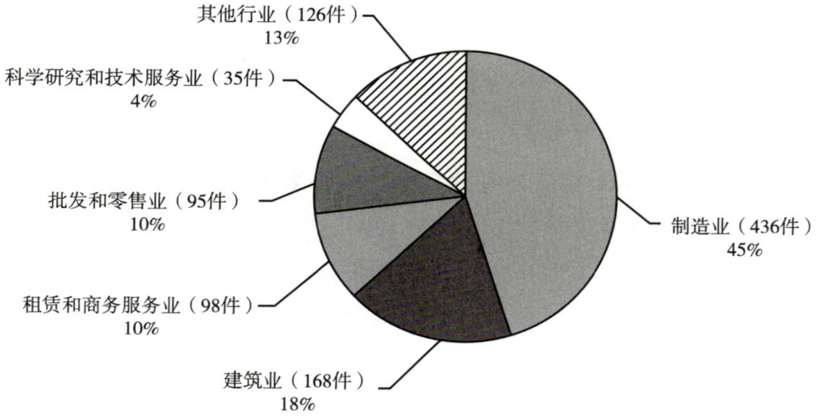

图 11－3　纠纷案件行业分布示意图

统计数据显示，在 1599 件社会保险纠纷类案件中，其中工伤保险待遇纠纷 1342 件，占 83.93%；养老保险待遇纠纷 105 件，占 6.6%；医疗保险待遇纠纷 28 件，占 1.7%；生育保险待遇纠纷 5 件，约占 0.3%。工伤保险待遇纠纷占比超过 80%，其他社会保险纠纷 119 件，占比 7.4%。实践中，未缴纳工伤保险费或未足额缴纳社保的都可能引发工伤保险待遇支付的问题，工伤涉及的赔偿项目，赔偿标准、赔偿金额等都是容易产生争议的问题。从行业分布情况看，制造业、建筑业、租赁和商业服务业为社会保险纠纷案件的高发行业，其中以制造业尤为明显。在所有的保险待遇纠纷中，工伤保险待遇纠纷是最重要的用工风险点。相比其他行业，制造业和建筑业存在劳动人口密集，事故风险高等特点，因此用人单位更应当结合自身经营特点加强保护措施规避用工风险。

（资料来源：朱剑、张扬、李萍，微信公众号知行独角兽。）

第二节　商业保险

☞ 引导案例

中央财经大学中国精算研究院陈辉博士说：疫情让每个人都深刻认识到，我们其实生活在一个超级不确定的时代。民国有句保险广告词在今天仍有意义："衣食住行既一时得以解决，又怎么可保障它永久保持着这个解决呢？"

平静的日子还能保持住一份衣食无忧的生活，突发变故的出现，又该如何维系呢？2018 年初，一篇《流感下的北京中年》刷爆了朋友圈，文章详细记录了作者岳父从染上流感到离世共 29 天的全过程，突如其来、势不可当的病魔，让有房有车的中产阶级开始纠结是否搭上两代人的积蓄并且卖房以勉强维持岳父生命。

（资源来源：自编案例。）

【案例思考】

1. 依据我国现行政策，结合人们的生活习惯分析，储蓄、基本医疗保险能否解决上述案例中的问题；

2. 规划一下，我们如何才能有风险承受能力地活着。

知识讲解

一、商业保险的含义与意义

《中华人民共和国保险法》中规定，保险是指投保人根据合同约定，向保险人支付保险费，保险人对于合同约定的可能发生的事故因其发生所造成的财产损失承担赔偿保险金责任，或者当被保险人死亡、伤残、疾病或者达到合同约定的年龄、期限时承担给付保险金责任的商业保险行为。

保险是一种合同行为。投保人购买保险、保险人出售保险实际上是双方在法律定位平等的基础上，经过要约与承诺的过程，达成一致意见并签订合同，确立保险人与投保人之间的权利义务关系。保险具有以的特征：

（一）互助性

保险具有"一人为众，众为一人"的互助特性。保险在一定条件下，分担了单位和个人所不能承担的风险，从而形成了一种经济互助关系。这种经济互助关系通过保险人用多数投保人交纳的保险费建立的保险基金对少数遭受损失的被保险人提供补偿或给付而得以体现。

（二）法律性

从法律角度看，保险又是一种合同行为，是一方同意补偿另一方损失的一种合同安排，同意提供损失赔偿的一方是保险人，接受损失赔偿的一方是投保人或被保险人。

（三）经济性

保险是通过保险补偿或给付而实现的一种经济保障活动。其保障对象财产和人身都直接或间 接属于社会再生产中的生产资料和劳动力两大经济要素；其实现保障的手段，大多最终都必须采取支付货币的形式进行补偿或给付；其保障的根本目的，无论从宏观的角度还是微观的角度，都是与社会经济发展相关的。

（四）商品性

保险体现了一种等价交换的经济关系，也就是商品经济关系。这种商品经济关系直接表现为个别保险人与个别投保人之间的交换关系，间接表现为在一定时期内全部保险人与全部投保人之间的交换关系，即保险人销售保险产品，投保人购买保险产品的关系。具体表现为，保险人通过提供保险的补偿或给付，保障社会生产的正常进行和人们生活的安定。

（五）科学性

保险是处理风险的科学有效措施。现代保险经营以概率论和大数法则等科学的数理理论为基础。保险费率的厘定、保险准备金的提存等都是以科学的数理计算为依据的。

二、保险的功能

（一）保险保障功能

保障功能是保险业的立业之基，最能体现保险业的特色和核心竞争力。保险保障功能具体表现为财产保险的补偿功能和人身保险的给付功能。

1. 财产保险的补偿。保险是在特定灾害事故发生时，在保险的有效期和保险合同约定的责任范围以及保险金额内，按其实际损失金额给予补偿。通过补偿使得已经存在的社会财富因灾害事故所致的实际损失在价值上得到了补偿，在使用价值上得以恢复，从而使社会再生产过程得以连续进行。保险的这种补偿既包括对被保险人因自然灾害或意外事故造成的经济损失的补偿，也包括对被保险人依法应对第三者承担的经济赔偿责任的经济补偿，还包括对商业信用中违约行为造成的经济损失的补偿。

2. 人身保险的给付。人身保险是与财产保险完全不同性质的两种保险。由于人的生命价值很难用货币来计价，所以，人身保险的保险金额是由投保人根据被保险人对人身保险的需要程度和投保人的交费能力，在法律允许的范围与条件下，与保险人双方协商约定后确定的。因此，在保险合同约定的保险事故发生或者约定的年龄到达或者约定的期限届满时，保险人按照约定进行保险金的给付。

（二）资金融通功能

资金融通功能是指将保险资金中闲置的部分重新投入社会再生产过程中所发挥的金融中介作用。保险人为了使保险经营稳定，必须保证保险资金的保值与增值，这也要求保险人对保险资金进行运用。保险资金的运用不仅有其必要性，而且也是可能的。一方面，由于保险保费收入与赔付支出之间存在时间滞差，为保险人进行保险资金的融通提供了可能；另一方面，保险事故的发生也不都是同时的，保险人收取的保险费不可能一次性全部赔偿出去，也就是保险人收取的保险费与赔付支出之间有时也存在着数量滞差，也为保险人进行保险资金的融通提供了可能。但是，保险资金的融通应以保证保险的赔偿或给付为前提，同时也要坚持合法性、流动性、安全性和效益性的原则。

（三）社会管理功能

一般来讲，社会管理是指对整个社会及其各个环节进行调节和控制的过程，目的在于正常发挥各系统、各部门、各环节的功能，从而实现社会关系和谐，整个社会良性运行和有效管理。保险的社会管理功能不同于国家对社会的直接管理，而是通过保险内在的特性，促进经济社会的协调以及社会各领域的正常运转和有序发展。保险的社会管理功能是在保险业逐步发展成熟并在社会发展中的地位不断提高和增强之后衍生出来的一项功能。保险的社会管理功能，主要体现在以下几个方面：

1. 社会保障管理。社会保障被誉为“社会的减震器”，是保持社会稳定的重要条件。商业保险是社会保障体系的重要组成部分，在完善社会保障体系方面发挥着重要作用。一方面，商业保险可以为城镇职工、个体工商户、农民和机关事业单位等没有参与社会基本保险制度的劳动者提供保险保障，有利于扩大社会保障的覆盖面；另一方面，商业保险具有产品灵活多样、选择范围广等特点，可以为社会提供多层次的保障服务，提高社会保障水平，减轻政府在社会保障方面的压力。此外，目前在我国保险从业人员达 150 多万人，为社会提供的就业岗位占金融业总就业人数的 44%，为缓解社会就业压力、维护社会稳定、保障人民安居乐业发挥了极大作用。

2. 社会风险管理。风险无处不在，防范控制风险和减少风险损失是全社会的共同任务。保险公司从开发产品、制定费率到承保、理赔的各个环节，都直接与灾害事故打交道，不仅具有识别、衡量和分析风险的专业知识，而且积累了大量风险损失资料，为全社会风险管理提供了有力的数据支持。同时，保险公司能够积极配合有关部门做好防灾防损，并通过采取差别费率等措施，鼓励投保人和被保险人主动做好各项预防工作，降低风险发生的概率，实现对风险的控制和管理。

3. 社会关系管理。通过保险应对灾害损失，不仅可以根据保险合同约定对损失进行合理补偿，而且可以提高事故处理的效率，减少当事人可能出现的各种纠纷。由于保险介入灾害处理的全过程，参与到社会关系的管理之中，逐步改变了社会主体的行为模式，为维护政府、企业和个人之间正常、有序的社会关系创造了有利条件，减少了社会摩擦，起到了“社会润滑器”的作用，大大提高了社会运行的效率。

（四）社会信用管理

完善的社会信用制度是建设现代市场体系的必要条件，也是规范市场经济秩序的治本之策。最大诚信原则是保险经营的基本原则，保险公司经营的产品实际上是一种以信用为基础、以法律为保障的承诺，在培养和增强社会的诚信意识方面具有潜移默化的作用。同时，保险企业在经营过程中可以收集企业和个人的履约行为记录，为社会信用体系的建立和管理提供重要的信息资料来源，实现社会信用资源的共享。

保险的三项功能是一个有机联系、相互作用的整体。经济补偿是保险最基本的功能，是保险区别于其他行业的最根本的特征。资金融通功能是在经济补偿功能基础上发展起来的，是保险金融属性的具体体现，也是实现社会管理功能的重要手段。正是由于具有资金融通功能，才使保险业成为国际资本市场的重要资产管理者，特别是通过管理养老基金，使保险成为社会保障体系的重要力量。现代保险的社会管理功能是保险业发展到一定程度并深入社会生活的诸多层面之后产生的一项重要功能。社会管理功能的发挥，在许多方面都离不开经济补偿和资金融通功能。同时，随着保险社会管理功能逐步得到发挥，将为经济补偿和资金融通功能的发挥提供更加广阔的空间。因此，保险的三大功能之间既相互独立，又相互联系、相互作用，形成了一个统一、开放的现代保险功能体系。

三、商业保险的发展趋势

（一）中国现代保险的形成

我国现代的保险是伴随着帝国主义的入侵而传人的。19 世纪初，西方列强开始了对东方的经济侵略，外商保险公司作为保险资本输出与经济侵略的工具进入中国。鸦片战争以前，广州是我国南方对外贸易的唯一口岸，是西方商品输入的前哨，因而也就成为西方保险业进入中国的桥头堡。1805 年，英商在广州设立广州保险公司（又译名“谏当保安行”“广州保险社”）。此后，怡和洋行收买了该公司，并更名为“广东保险公司”（1836 年）。这是外商在中国开设的第一家保险机构，也是近代中国出现的第一家保险公司。直到 20 世纪之前，中国保险市场一直被英国保险公司所垄断，当时所有保险条款、费率均由被英商控制的外国保险公司同业公会制定。与此同时，其他各外资列强也不甘心由英国独占中国的保险市场，20 世纪，法国、瑞士、日本等相继在中国设立了保险公司或代理机构。外国保险公司基本上控制了近代中国的保险市场。外商保险公司对中国保险市场的抢占及西方保险思想的影响，引起一些华商起而仿效。1824 年广东某富商在广州城内开设张宝顺行，兼营保险业务，这是华人经营保险的最早记载；1865年中国第一家民族保险企业上海华商义和公司保险行创立，打破了外商保险公司独占中国保险市场的垄断局面，中国近代民族保险业正式诞生；1875年保险招商局成立，中国较大规模的民族保险企业诞生；1886年，“仁和”“济和”两保险公司合并为“仁济和”水火保险公司，成为中国近代颇有影响的一家华商保险企业。以1875年保险招商局的创办为契机，中国民族保险业以后又相继成立了20多家水火险公司，并在民族资本主义工商业的大发展中得以迅速发展。

第一次世界大战开始，我国民族保险业进入发展时期。但是，1937年全面抗日战争爆发后，民族保险业的发展遭到沉重的打击。战后保险市场虽一度呈现出繁荣，但也只不过是一时的虚假景象。新中国成立后，首先是对旧中国保险市场进行管理与整顿，紧接着是创立与发展人民保险事业。1949年10月20日，中国人民保险公司正式挂牌开业，这标志着中国现代保险事业的创立，开创了中国保险的新纪元。保险市场上除传统的火险和运输险外，中国人民保险公司还积极开发新的险种，同时在全国各地建也了自己的分支机构，并逐步开展了各种财产保险和人身保险业务。由于“左”的错误思想影响，1958年10月国内保险业务被迫停办，中断20多年后，再到1980年恢复。

（二）我国保险市场的现状

1979年，随着改革开放春风到来，全国保险工作会议在北京举行，政府决定恢复保险业务，沉睡了20年的中国保险业开始进入复苏及对外开放试点阶段。在随后的十年中，中华联合保险公司前身新疆生产建设兵团农牧业保险公司、中国太保前身交通银行保险部、平安保险相继成立，打破了过去由中国人民保险公司独家经营的传统格局，开始出现多家保险公司共同经营的局面。同时，随着改革开放的实行，从1980年开始，外资保险公司纷纷到中国设立代表处。1992年，国务院批准在上海进行保险市场开放试点。同年10月，美国友邦保险获准在上海开业，成为改革开放后中国第一家外资保险公司。1999年，全国共有28家保险公司，其中国有独资公司4家、股份制保险公司9家、中外合资保险公司4家、外资保险公司分公司11家。截至1999年底，共有17个国家和地区的外资保险机构在我国设立196个代表处。保险市场初步形成了以国有商业保险公司为主体、中外保险公司并存、多家保险公司竞争发展的新格局。而从2001年12月中国正式加入世贸组织之后，中国保险业就进入了全面发展的第三阶段。2004年底保险业结束加入世贸组织的过渡期，率先在金融领域实现全面对外开放。保险业也成为我国金融体系中开放时间最早、程度最高的行业。目前，我国合资/外资保险公司共有50家左右。市场经济下，由保险公司、保险中介机构、再保险公司、保险资产管理公司等市场主体组成的统一开放、竞争有序、充满活力的保险市场体系逐步建立。2014年“新国十条”的发布更是标志着我国以“顶层设计”形式明确保险业在社会经济中的地位，明确了中国保险业要努力由保险大国向保险强国转变。进入全面发展期之后，伴随着中国经济的起飞，中国保险业的发展势头一发不可收。数据显示，中国保险业的年保费收入从复业之后1980年的4.6亿元，增加到 2017 年的 36581 亿元，年均增长速度 27.5%，这一速度无疑令人咋舌。1992 年全国只有 6 家保险公司，但截至 2018 年底，我国保险机构数量达 235 家，保费收入和总资产分别为 3.8 万亿元、18.33 万亿元，保险销售从业人员队伍超过 800 万人。保险市场规模先后超过德国、法国、英国、日本，全球排名升至第二位，在世界 500 强中有 7 家中国内地的保险公司，成为全球最重要的新兴保险市场大国。

（三）我国保险未来前景

中国已是世界第二大保险市场，近十年来超过 20% 的年均增速也使得保险业成为中国增长最快的产业之一。但放眼世界，不可否认的是，我国保险业还处在发展的初级阶段，与发达保险市场还存在不小的差距。据统计 2018 年我国保险密度 2724 元/人，保险深度 4.22%，低于全球、亚洲均值水平。2014 年国务院发布的《国务院关于加快发展现代保险服务业的若干意见》（即“新国十条”）中明确提出，到 2020 年保险深度（保费收入/国内生产总值）要达到 5%，保险密度（保费收入/总人口）要达到 3500 元/人，基本建成保障全面、功能完善、安全稳健、诚信规范，具有较强服务能力、创新能力和国际竞争力，与我国经济社会发展需求相适应的现代保险服务业，努力由保险大国向保险强国转变。从大到强，中国保险业依然任重道远。

三、商业保险的选择

2020 年 5 月 4 日，央视财经发布《2019—2020 中国青年消费报告》，数据显示：如图 11－4 所示，2020 年青年人花钱排行榜前六位是：教育培训（32.44%）、住房（31.53%）、保健养生（26.11%）、旅游（25.75%）、文化娱乐（24.85%）和保险（19.14%）。

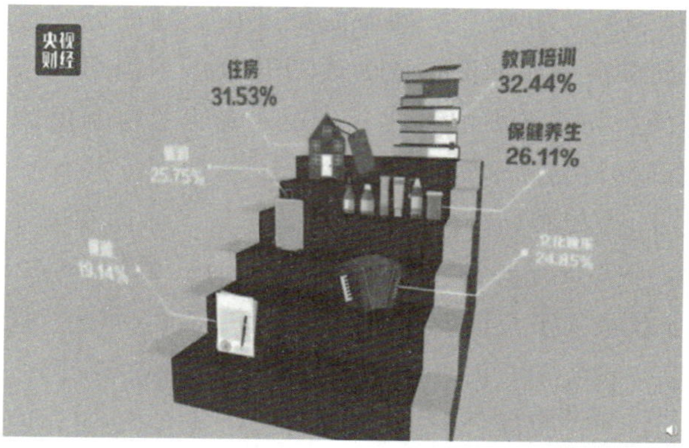

图 11－4　2020 年青年人花钱排行榜前六位

（资料来源：央视财经。）

随着社会的发展和人们经济水平的提高，保险已经成为家庭经济基本配置之一，有经济学家建议保险应该占家庭经济配置的 10% 左右。由于工作压力，生活习惯等各方面原因，以前常见的如癌症及糖尿病等老年人高发的疾病，现在趋向于年轻化。所以年轻人的保险需求越来越大，尤其是人生寿险的需求。所以从业人员的需求会越来越大，而且互联网保险也会进一步扩大。

根据艾瑞咨询的一份《2019 年中国互联网保险行业研究报告》显示，中国 2020 年网络经济市场规模将达到 73723 亿元，中国保险原保费收入将达到 46856 亿元，而中国互联网保险保费规模在 2018 年已经达到 1889 亿元。

目前，被公认为最合理稳健的家庭资产分配方式是标准普尔资产象限图（见图 11－5 至图 11－9）。在调研全球 10 万个资产稳健增长的家庭，分析总结出他们的家庭理财方式，从而得到家庭资产象限图。通过这种资产配置，能够实现财富的稳健性。

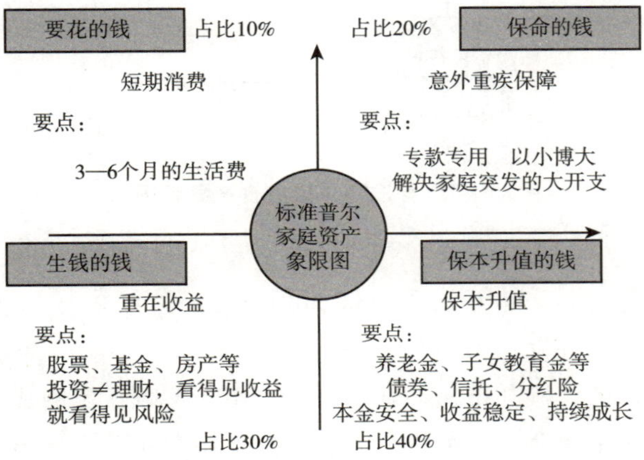

图 11－5 标准普尔家庭资产象限图 01

（资料来源：“保险一点通”。）

“标准普尔家庭资产象限图”把家庭资产分成四个账户，这四个账户作用不同，所以资金的投资渠道也各不相同。只有拥有这四个账户，并且按照固定合理的比例进行分配才能保证家庭资产长期、持续、稳健的增长。

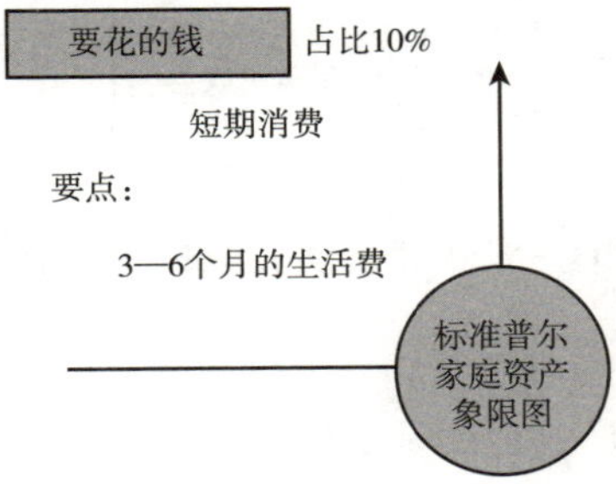

图 11－6 标准普尔家庭资产象限图 02

（资料来源：“保险一点通”。）

第一个账户是日常开销账户，也就是要花的钱，一般占家庭资产的10%，为家庭3—6个月的生活费。一般放在活期储蓄的银行卡中。这个账户保障家庭的短期开销，日常生活，买衣服、美容、旅游等都应该从这个账户中支出。这个账户您肯定有的，但是我们最容易出现的问题是占比过高，很多时候也正是因为这个账户花销过多，而没有钱准备其他账户。

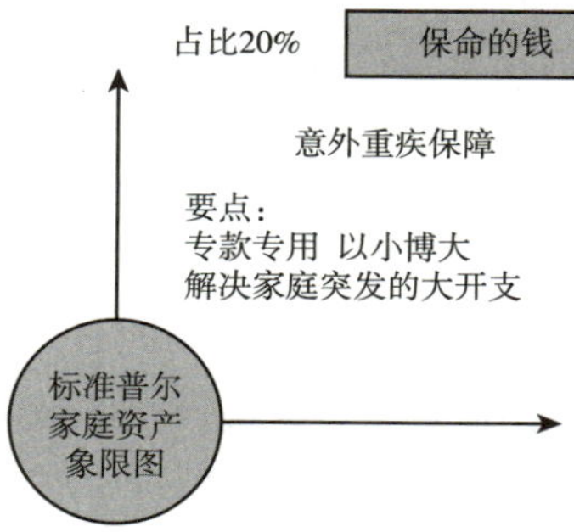

图11－7 标准普尔家庭资产象限图03

（资料来源："保险一点通"。）

第二个账户是杠杆账户，也就是保命的钱，一般占家庭资产的20%，为的是以小博大。专门解决突发的大额开支。

这个账户保障突发的大额开销，一定要专款专用，保障在家庭成员出现意外事故、重大疾病时，有足够的钱来保命。这个账户主要是意外伤害和重疾保险，因为只有保险才能以小搏大，200元换10万元，平时不占用太多钱，用时又有大笔的钱。

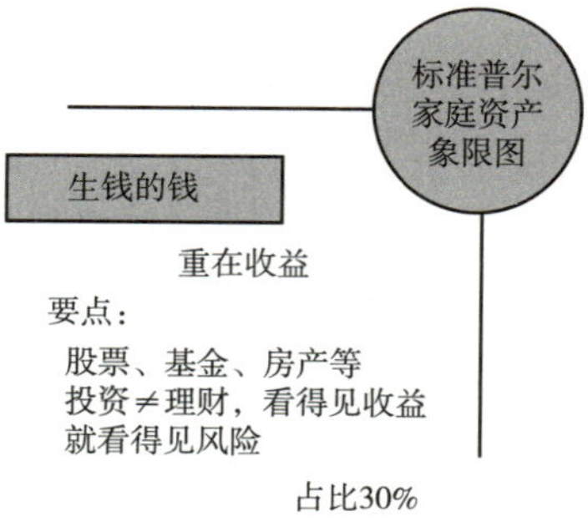

图11－8 标准普尔家庭资产象限图04

（资料来源："保险一点通"。）

第三个账户是投资收益账户，也就是生钱的钱。一般占家庭资产的30%，为家庭创造收益。

用有风险的投资创造高回报。这个账户为家庭创造高收益，用投资者最擅长的方式为家庭赚钱，包括投资的股票、基金、房产、企业等。这个账户您肯定有的，相信以您的智慧收益也很高。这个账户关键在于合理的占比，也就是要赚得起也要亏得起，无论盈亏对家庭不能有致命性的打击，这样您才能从容地抉择。

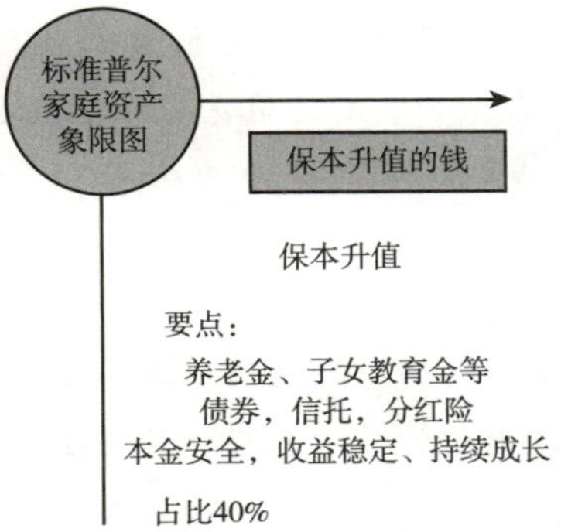

图 11－9　标准普尔家庭资产象限图 05

（资料来源："保险一点通"。）

第四个账户是长期收益账户，也就是保本升值的钱。一般占家庭资产的40%，为保障家庭成员的养老金、子女教育金、留给子女的钱等。一定要用，并需要提前准备的钱。

这个账户为保本升值的钱，一定要保证本金不能有任何损失，并要抵御通货膨胀的侵蚀，所以收益不一定高，但却是长期稳定的。这个账户最重要的是专属：

1. 不能随意取出使用。养老金说是要存，但是经常被买车或者装修用掉了。

2. 每年或每月有固定的钱进入这个账户，才能积少成多，不然就随手花掉了。

3. 要受法律保护，要和企业资产相隔离，不用于抵债。我们常听到很多人年轻时如何风光，老了却身无分文穷困潦倒，就是因为没有这个账户。

这四个账户就像桌子的四条腿，相互支撑。

▶案例分析：

商业保险能否取代社会保险？

A公司是经营五金和塑胶产品的公司，规模非常小，只有不到10个员工。公司成立后，公司虽然领取了营业执照，但并未开设公司账户。公司平时没有与员工签订劳动合同，也未购买社会保险，工资也是老板用个人账户发放。在保险公司业务员的劝说下，A公司为员工购买了一年期的意外商业保险，而且是价格比较优惠的团体险，但这种团体险必须满15个人才能购买。保险公司的业务员就给公司老板出了个主意，把其他公司（简称"B公司"）没有购买社保的员工（简称C员工）加进来一起以A公司名义购买，这部分的费用由B公司出，这样，A、B公司就都可以享受团队商业险的优惠了。

在上述商业保险尚未过期的时候，C员工上班路上发生车祸死亡了，但由于单位没有为其购买社保，无法享受工伤保险待遇。C员工的家属知道C有购买过商业险，便向保险公司主张了保险赔付。此后，C员工家属咨询律师，以A公司未为其购买社会保险导致家属无法享受工伤待遇为由，要求A公司按照工伤待遇承担赔偿责任，包括丧葬费、死亡赔偿金、被扶养人生活费等。A公司觉得很冤枉也很困惑，C员工并非A公司的员工。即使是A公司员工，A公司已花钱为其购买了意外商业险，为什么还要承担工伤待遇赔偿？

【案例分析】

第一点：商业保险是对员工自身的一种保险，与第三者责任险有本质的区别。并非商业保险费是单位出的，就可免除单位的赔偿责任。按照法律法规的规定，商业保险赔偿与工伤赔偿是可以同时主张的。员工在获得人身意外伤害保险赔偿后，仍可以主张工伤保险赔偿。用人单位不能以员工已获得人身意外伤害赔偿为由进行抗辩，员工可以同时得到两种赔偿。

第二点：虽然C员工不是A公司的员工，但由于A公司签署了为C员工购买团体商业保险的投保单，本身管理也不规范，未与员工签订合同、没有员工花名册，也没有正规的发放工资，也无法提供其他证据证明C员工是其他公司的员工，法院最终还是认定A公司要为C员工承担工伤待遇赔偿责任。

（资料来源：韩律师：《案例丨商业保险能否取代社会保险？》，法大夫公众号，2019年11月7日。）

本章小结

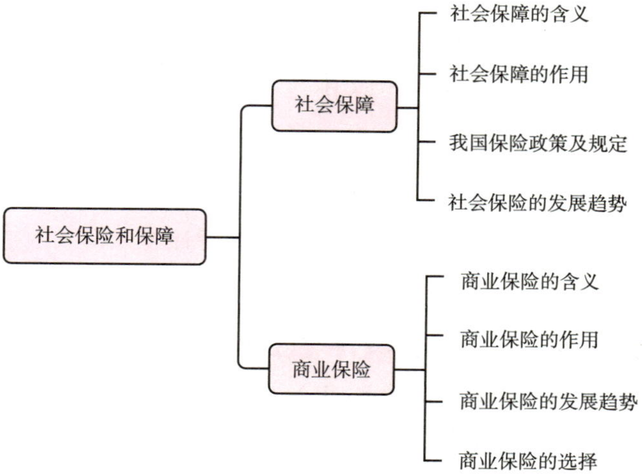

思政小课堂

全方位社会保障，西藏社会保险覆盖率达 100%

新华社拉萨7月22日电《西藏和平解放与繁荣发展》白皮书显示，如今西藏社会保险覆盖率达到100%，以养老、医疗、失业、工伤和生育五大保险为主体的覆盖城乡全体居民的社会保障体系全面建立，西藏各族人民群众生活得到有效保障。

西藏自治区拉萨市城关区的居民旦增，一年前在西藏军区总医院做了摘除左肾手术。无法继续从事重体力劳动的他，在休养了一段时间后，开起了网约车。他说："这个手术我只付了1000多元，其他费用政府给报销了，我没有因病致贫。现在出来跑网约车赚钱，时间自由，收入也过得去。"

2020年，西藏完成城乡居民基本医疗保险制度整合，年人均补助标准提高至585元，实现先诊疗后结算、保障人口全覆盖、保险基金收支平衡。城乡居民年度医疗费最高报销额度达到了14万元，是城乡居民年人均可支配收入的近7倍。大病专项救治病种扩大到38种，基本医疗保障更加有力。

西藏山南市社保工作人员在隆子县玉麦乡玉麦村村民央宗家中
进行社保信息补充登记

（图片来源：新华社记者晋美多吉摄。）

今年71岁的平措旺堆，家住在拉萨市城关区蔡公堂街道白定村，如今住在宽敞的藏式小院里，享受着农村基本养老保险和各种政府补贴。平措旺堆说："每个月养老金有大约200元，此外还有西藏自治区的老年人补贴和拉萨市的寿星补贴，每年也有几千元。这些养老金让我的生活更加富足，没有后顾之忧。"

白定村第一书记次仁维色说："我们村60岁以上的老人有283名，全部都有养老保险，他们可以按时领取到养老金，再加上医疗保险等，生活压力大大减轻，不用再害怕治不起病了。"

此外，政府兜底保障所有居住在高原的困难群众，建立全方位社会保障体系。今年33岁的其美占堆13岁时，因意外导致脑出血、脑干受损，语言功能和肢体协调功能不同程度受损。自立自强的他，目前在西藏自治区肢体残疾人协会负责信息对接工作。他目睹了许多残障人士顺利获得社会保障，还有很多人通过他找到了工作。

其美占堆正在西藏自治区肢体残疾人协会的办公室工作。

（图片来源：受访者供图。）

西藏自治区残疾人康复服务中心副主任罗布说："近年来，西藏建立全方位的社会保障体系，尤其对残疾人的保障日趋完善。2020 年，我们为 1.2 万余名有康复需求的残障人士提供了免费的康复服务，给有需要的残障人士配备了相关的辅助器具，适配服务率达到 80%。"

如今，全方位、全覆盖的社会保障体系，让雪域高原各族人民安居乐业。

（资料来源：金一清、司源：《全方位社会保障，西藏社会保险覆盖率达 100%》，发改委官方网站，2021 年 7 月 28 日，https：//www. ndrc. gov. cn/fggz/jyysr/dfjx/202107/t20210728_1291916. html？ code = &state = 123。）

【思考】

1. 结合案例，思考社会保障的作用。

2. 结合案例，思考我国的全方位社会保障体系对人民生活的影响。

单元检测

一、单项选择题

1. 甲公司职工赵某实际工作年限为 6 年，在甲公司工作年限为 2 年。赵某因患病住院治疗，其依法可享受的医疗期限为（　　）。

A. 3 个月　　B. 6 个月　　C. 9 个月　　D. 12 个月

2. 根据社会保险法律制度的规定，职工发生伤亡的下列情形中，视同工伤的是（　　）。

A. 在工作时间和工作岗位突发先天性心脏病死亡的

B. 在上班途中受到非本人主要责任的交通事故伤害的

C. 下班后在工作场所从事与工作有关的收尾性工作受到事故伤害的

D. 患职业病的

3. 下列关于失业保险待遇的表述中，正确的是（　　）。

A. 失业人员领取失业保险金期间不享受基本医疗保险待遇

B. 失业人员领取失业保险金期间重新就业的，停止领取失业保险金并同时停止享受其他失业保险待遇

C. 失业保险金的标准可以低于城市居民最低生活保障标准

D. 失业前用人单位和本人已经累计缴纳失业保险费满 6 个月的，失业人员可以申请领取失业保险金

4. 下列由用人单位缴纳的保险是（　　）。

A. 基本医疗保险　　B. 基本养老保险　　C. 失业保险　　D. 工伤保险

5. 因工伤发生的下列费用，按照国家规定应由用人单位支付的是（　　）。

A. 住院伙食补助费　　B. 劳动能力鉴定费

C. 治疗工伤期间的工资福利　　D. 治疗工伤的医疗费用

6. 下列社会保险中只由用人单位缴纳的有（　　）。

A. 基本养老保险　　B. 基本医疗保险　　C. 工伤保险　　D. 失业保险

7. 根据社会保险法律制度的规定，下列各项中，表述不正确的有（　　）。

A. 职工按照国家规定的本人工资的比例缴纳基本养老保险费，可以全额计入个人账户

B. 灵活就业人员按照国家规定缴纳基本养老保险费全部计入个人账户

C. 职工按照国家规定的本人工资的比例缴纳基本养老保险费，计入个人账户的免征利息税

D. 职工按照国家规定的本人工资的比例缴纳基本养老保险费，不得提前支取

8. 甲公司职工李某因心肌炎住院治疗。已知李某实际工作年限为 12 年，在甲公司工作年限为 3 年。则李某依法可享受的医疗期为（　　）。

A. 6 个月　　B. 12 个月　　C. 9 个月　　D. 18 个月

9. 某企业刘某的月工资为 8000 元。已知基本医疗保险单位缴费比例为 6%，个人缴费比例为 2%，划入个人医疗账户的比例为 30%。根据社会保险法的规定，当月应计入刘某个人医疗保险账户的储存额为（　　）。

A. 48 元　　B. 160 元　　C. 190 元　　D. 304 元

10. 一次性工亡补助金标准为上一年度（　　）的 20 倍。

A. 当地最低工资标准　　B. 城市居民最低生活保障标准

C. 统筹地区职工平均工资　　D. 全国城镇居民人均可支配收入

二、判断题

1. 妇女享有与男子平等的就业权利，除国家规定的不适合妇女的工种或岗位外，不得以性别为由拒绝或提高对妇女的录用标准。（　　）

2. 男性职工年满 60 周岁，达到法定的企业职工退休年龄即可领取职工基本养老保险。（　　）

3. 失业保险仅由用人单位缴纳，职工无须缴纳。（　　）

4. 根据社会保险法律制度的规定，工伤职工治疗非工伤引发的疾病，应当享受工伤医疗待遇。（　　）

5. 失业人员在领取失业保险金期间，参加职工基本医疗保险，享受基本医疗保险待遇，其中基本医疗保险的单位缴费部分从失业保险基金中支付，个人缴费部分由失业人员自行缴纳。（　　）

6. 用人单位应当自用工之日起 15 日内为其职工向社会保险经办机构申请办理社会保险登记。（　　）

7. 社会保险基金专款专用，任何组织和个人不得侵占或者挪用。（　　）

8. 应当由公共卫生负担的医疗费用，经过协商可以从基本医疗保险基金支付。（　　）

9. 参加职工基本医疗保险的个人，达到法定退休年龄时累计缴费达到国家规定年限的，退休后不再缴纳基本医疗保险费。（　　）

10. 基本医疗保险与基本养老保险一样分别设立社会统筹基金和个人账户基金。（　　）

三、多项选择题

1. 下列人员中，属于基本医疗保险覆盖范围的有（　　）。

A. 大学生　　B. 国有企业职工　　C. 城镇私营企业职工　D. 灵活就业人员

2. 参加职工基本养老保险的下列人员中，基本养老保险费全部由个人缴纳的有（　　）。

A. 城镇私营企业的职工

B. 无雇工的个体工商户

C. 未在用人单位参加基本养老保险的非全日制从业人员

D. 实行企业化管理的事业单位职工

3. 如发生以下情况，则该医疗费不由基本医疗保险基金支付的为（　　）。

A. 赵某需进行外科手术的原因是工伤

B. 钱某需进行外科手术的原因是被赵某驾驶的汽车撞伤

C. 孙某需进行外科手术的原因是非因公负伤

D. 李某需进行外科手术的原因是患病

4. 根据社会保险法律制度的规定，下列人员中，属于工伤保险覆盖范围的有（　　）。

A. 国有企业职工　　B. 民办非企业单位职工

C. 个体工商户的雇工　　D. 事业单位职工

5. 劳动者发生伤亡的下列情形中，应当认定为工伤的有（　　）。

A. 吴某在车间工作期间因醉酒导致自身受伤

B. 保安万某在工作期间因履行工作职责被打伤

C. 陈某在上班途中，受到非本人主要责任交通事故伤害的

D. 赵某在外地出差期间登山游玩时摔伤

四、实践应用

2017 年 5 月，杨某通过招聘进入贵州某公司上班，职务为财务会计，并签订三年书面劳动合同，每月工资为 5000 元。贵州某公司因故一直未为杨某交纳社会保险，杨某也未提出缴纳社会保险的要求。2019 年 5 月 3 日，贵州某公司以市场环境和业务量严重受到影响为由，决定对杨某等人进行为期 20 天的放假。杨某于 5 月 4 日立即向某地仲裁院提出，要求解除与贵州某公司的劳动关系、要求贵州某公司支付经济补偿金和补缴社会保险的请求。

（资料来源：胡兰芳：《未为职工缴纳社会保险的案例分析》，贵州锦江河律师事务所，2020 年 4 月 13 日。）

【案例思考】

1. 贵州某公司是否应向杨某支付经济补偿金？

2. 补缴社会保险是否属于仲裁受理范围？

第十二章　风险管理

学习目标

【知识目标】

1. 了解风险的内涵；
2. 掌握风险的构成要素；
3. 理解风险管理的含义及意义。

【技能目标】

1. 能够结合自身风险偏好和风险承担能力选择金融产品；
2. 熟悉风险管理的程序。

【思政目标】

1. 居安思危，有备无患，树立风险管理的意识；
2. 安全责任，安全教育人人有责，具备针对不同风险类别采取对应风险管理策略的专业素养；
3. 制度自信，熟悉政府关于风险管理的相关条例。

【名人名言】

居安思危，思则有备，有备无患。

——《春秋·左传》

☞ 引导案例

华为绝地反击　中国居安思危

美国商务部（2019年5月16日）在毫无实据的情况下，宣布将中国华为公司及其70家关联企业列入出口管制“实体名单”，禁止华为从美国企业购买技术或配件。这一极限绞杀行动意在切断华为的命脉，阻遏中国高科技的发展，维护美国的全球科技霸主地位。

然而，让华盛顿意想不到的是，华为公司迅速启用花费十余年投入研发的备用方案，从而确保了华为大部分产品的战略安全与连续供应。面对美国的极限绞杀，华为凭借长期以来居安思危、未雨绸缪的战略远见和奋斗创新精神，打了一个漂亮的绝地反击战！

作为全球最大网络设备生产商，华为公司经过20多年的国际化发展，业务已覆盖170个国家，为全球三分之一以上人口日常通信需求提供服务。但是，华为在美国的发展却异常崎岖坎坷，从多个并购项目受阻，到遭到所谓“危害美国国家安全调查”，华为始终被排除在美国主流运营商的网络基础设施门外。

即便这样，美国仍然焦虑不安，因为，目前华为5G专利数量排名全球第一。拥有更高速率和更低延迟的5G网络是业界下一个竞争点，作为全球科技霸主的美国早已扬言5G是一场美国“必须取胜”的竞赛，绝不允许有任何挑战者。为此，尽管它表面上称要靠竞争而不是靠封杀来赢得竞赛，但实际上说一套做一套，将“国家安全”概念作为推行保护主义的工具，以“莫须有”的罪名，通过“政治绑架”“关门封锁”、游说威胁盟友等多种手段，对华为发起全球“绞杀令”。

但是，美国这么做，不仅不会让自身更安全、更强大，反倒对与华为合作的美国公司造成强烈冲击，影响美国数以万计的就业岗位，同时也严重破坏了全球供应链的合作，对人类文明与科技发展进步造成巨大戕害。比如，美国高通、赛林思等公司是华为主要合作伙伴，美方出口管制“禁令”一出，这些公司的股价立即大跌，华盛顿此举可谓损人害己。法国总统马克龙、德国总理默克尔等欧洲国家领导人已经表示，不会追随美国对华为的“禁令”。这反映出，美国为维持其科技霸权而滥用国家力量打压竞争对手的蛮横做法，已经激起了全球公愤。

令人欣慰的是，面对超级大国挥出的封杀大棒，华为早在十几年前就有预判，并为如何“极限生存”作了长期艰苦和充分的准备。备用方案的启用，显示出其居安思危的战略远见、未雨绸缪的底线思维，以及坚忍不拔、攻坚克难的奋斗豪情。中国企业与中国企业家的这种精神，正是中国不断攀登科技高峰的力量所在。

中国企业如此，中国和中华民族也是如此。回望来时路，中华民族就是一个生于忧患、成长于忧患、壮大于忧患的伟大民族。新中国成立以来，来自外部世界明里暗里的打压与封锁从未间断过。从研制“两弹一星”应对大国核讹诈，到攻克芯片难关冲破高科技封锁，中国共产党带领中国人民为了实现国家繁荣、人民生活幸福，始终坚持“往最好处努力、做最坏处准备”的战略思维，一次次地化险为夷，化危为机。

当前，中国正前所未有地接近实现民族伟大复兴的目标。但是这一目标的实现，正如中国国家主席习近平所指出的，绝不是轻轻松松、敲锣打鼓就能实现的，必须付出更为艰巨、更为艰苦的努力，必须要增强忧患意识，防范风险挑战。

华为对美国打压的绝地反击，让中国人进一步认识到居安思危的战略意义，进一步坚定了攻坚克难、奋斗创新的信念。坚守底线思维、做好自己的事情，中国一定能冲破任何封锁打压，迎来风雨之后的彩虹、阴霾过后的阳光！

（资料来源：国际锐评评论员：《华为绝地反击 中国居安思危》，中央广电总台国际在线，2019年5月20日。）

【案例思考】

1. 你认为美国商务部将华为公司列入出口管制“实体名单”对华为公司属于什么风险？

2. 试分析企业经营可能会遇到哪些风险。

知识讲解

第一节　风险管理概述

一、风险管理的含义

（一）风险的内涵

你经常会听到，“投资有风险，入市需谨慎”，那么你知道什么是风险吗？大多时候，人们对于熟悉且经常用到的词，反而不会深究它的内涵。现在请思考一下，你理解的风险是什么？

有人说，风险就是损失，这不对，我们经常说到的“高风险，高回报”，换成“高损失，高回报”听上去就太奇怪了。“损失的可能性？”提到可能性，就比较接近风险的本质了。我们更愿意把风险形容为 X，X 意味着未知，意味着不确定。不确定性越大，风险就越大，不确定性越小，风险就越小，倘若没有不确定性，就可以说不存在风险。

所谓不确定性，包含四个方面的含义：一是风险是否发生不确定，二是发生的时间不确定，三是发生的空间（在什么地点发生）不确定，四是发生的过程和结果不确定。

所以，风险意味着将来既有损失的可能，也有收益的可能。至于为什么提到风险，大家脑海里最先出现的是损失二字，这是正常的心理反应，专家经过测试表明，同等程度的损失痛苦和收益快乐，痛苦更容易让人铭记在心。

（二）风险的构成要素

风险是由风险因素、风险事故和损失三者构成的统一体。

1. 风险因素。风险因素指那些会影响某一特定风险事故的发生，或发生的可能性、或损失程度的原因或条件。风险因素是导致风险事故发生的潜在原因，例如，对于建筑物而言，风险因素是指其所使用的建筑材料的质量、建筑结构的稳定性等；对于个人而言，则是指健康状况和年龄等。

2. 风险事故。风险事故是导致损失的直接的或外在的原因。在事故发生之前，风险只是一种不确定的状态，风险事故的发生最终导致损失。例如，汽车刹车失灵酿成车祸而导致车毁人亡，其中刹车失灵是风险因素，车祸是风险事故。如果仅有刹车失灵而无车祸，就不会造成人员伤亡。风险因素与风险事故有时很难区分，某一事件在一定条件下为风险因素，在另一条件下则为风险事故。风险因素和风险事故应以导致损失的效果来区分，导致损失的直接原因是风险事故，导致损失的间接原因则为风险因素。例如，因下冰雹使路滑而发生车祸造成人员伤亡，冰雹是风险因素，车祸是风险事故；如果是造成损失的直接原因，例如冰雹直接击伤行人，冰雹则是风险事故。

3. 损失。在风险管理中，损失的含义是指非故意的、非预期的、非计划的经济价值的减少，即经济损失，一般以丧失所有权、预期利益、支出费用和承担责任等形式表现，折旧等行为的结果一般不能视为损失。损失有两种形态：一是直接损失，是指由风险事故导致的财产本身损失和人身伤害，这些损失又称为实质损失，包括财产损失、收入损失、费用损失等；二是间接损失，包括商业信誉受到损害、企业形象受到破坏、业务关系受到影响、社会利益受到损害等损失，以及由直接损失导致的其他损失，包括额外费用损失、收入损失和责任损失。例如，某企业遭遇火灾，火灾造成的直接损失包括建筑物受损、机器受损、原材料及产品受损、人员伤亡；火灾发生后，企业无法正常生产，正常生产情况下所能赚取的利润就赚不到了，而假如企业不甘心停产，另租场地恢复生产，那么赚取不到的利润、新场地的租金、搬迁费用等都属于间接损失。

简单来说，风险因素、风险事故和损失之间存在一定的因果关系，风险因素引起风险事故，风险事故导致损失，它们之间的关系如图 12 - 1 所示：

图 12 - 1　风险构成要素之间的关系

（三）风险管理的概念

风险管理是对可能产生的各种风险进行识别、衡量、分析、评价，选择最经济合理的、有效的方式，主动地、有目的地、有计划地处理风险，以实现安全保障的一种科学管理方法。

（四）风险管理的流程

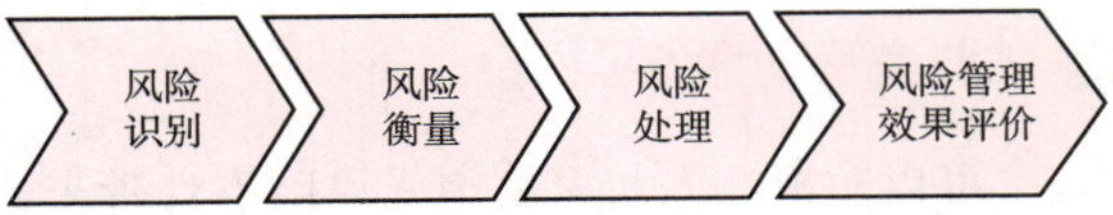

图 12 - 2　风险管理流程

风险管理包括以下几个步骤：

1. 风险识别，将不确定性转变为明确的风险陈述，可通过风险检查表完成。

2. 风险衡量，分析风险来源，预测风险的影响，对风险按照风险影响进行优先排序。

3. 风险处理，制定风险应对策略，和处理风险的行动步骤，风险跟踪，监视风险状态；启动风险应对行动计划，将风险降至可接受的程度。

4. 风险管理效果评价，对风险处理手段的适用性和效益性进行分析、检查、修正和评估。

二、风险管理的意义

风险管理的目的是以最小的成本获得最大的安全保障。事实上，有效的风险管理对于经济单位个体乃至整个社会都有十分重要的意义。

（一）风险管理对社会的意义

风险管理对于企业、个人与家庭和其他任何经济单位，都具有减少损失、降低成本、提高经济效益的作用。风险管理通过合理地分配社会资源，使社会资源得到有效利用，使风险处理的社会成本下降，稳定社会经济，减少社会资源浪费。

（二）风险管理对企业的意义

1. 风险管理能够保障企业经营目标的顺利实现。任何企业都把盈利置于首位，而实施风险管理恰恰可以使企业盈利建立在更稳固的基础上。风险管理的实施能够促使企业的风险减少到最低程度，并能在损失发生后及时合理地得到经济补偿，这就直接或间接地减少了企业的费用支出。这些都意味着企业增加了盈利，从而保障了企业经营目标的实现。

2. 风险管理能够为企业提供安全的生产经营环境。风险管理的各种措施，使企业职员的安全得到保障，从而消除了企业职员的后顾之忧，使其全身心地投入生产经营活动之中，保证了生产活动的正常进行。

3. 风险管理能够促进企业决策的科学化。风险管理利用科学系统的方法，管理和处置各种风险，有利于企业减少和消除生产风险、经营风险、决策失误风险等。这对企业科学决策、正常生产都具有重大的意义。

在经济日益全球化的今天，企业所面临的环境越来越复杂，不确定因素越来越多，科学决策的难度大大增加，企业只有建立起有效的风险管理机制，实施有效的风险管理，才能在变幻莫测的市场环境中做出正确的决策。

（三）风险管理对个人与家庭的意义

通过有效的风险管理，可以防范个人与家庭遭受风险事件带来的经济损失，使个人与家庭在意外事件之后能够继续保持原有的生活方式和生活水平。一个家庭能否有效地预防家庭成员的死亡或疾病、家庭财产的损坏或丧失、责任诉讼等风险，直接决定了此家庭的成员能否从焦虑中解脱出来。只有家庭成员所承担的经济上的压力减少了，他们才可以在工作及其他社会活动中更加投入，取得更好的成绩。

三、风险管理的策略

（一）风险管理策略的内涵

风险管理策略是指风险管理主体根据自身条件和外部环境，确定风险偏好和风险承受度，选择适合的风险管理工具，并安排风险管理所需的资源。

1. 风险偏好和风险承受度。风险偏好和风险承受度是风险管理概念的重要组成部分。风险偏好和风险承受度概念的提出是基于风险管理理念的变化。传统风险管理理念认为风险只是灾难，被动地将风险管理作为成本中心；而全面风险管理的理念认为风险具有二重性，风险总是与机遇并存。风险管理要在机遇和风险中寻求平衡点，以实现价值最大化的目标。

因此，风险偏好概念提出的意义在于研究风险和收益的关系，明确了风险偏好和风险承受度，就能够把握在风险和收益之间的平衡点如何选择。

▶财经阅读：

投资与风险偏好

人在开始投资的时候，大家要先了解自己的风险偏好，才能避免焦虑。

风险偏好，就是我们对风险的态度。根据人们对风险的态度，可以把人分成三类：风险厌恶者、风险爱好者和风险中性的人。

我们来做一个小的测试，帮助大家了解自己的风险偏好。假设时值新年，C 商场搞促销活动，活动内容是每购物满 300 元，就可返券 50 或者抽奖一次，奖金是 0—200 元，你会选择返券还是抽奖呢？倘若你选择了 50 元返券，意味着你不愿意接受不确定性，因为抽奖有可能抽到 200 元，也有可能抽到“谢谢你”，你宁可选择确定的 50 元返券，这时，你就是风险厌恶者。倘若你选择抽奖，那就意味着你愿意承担风险以博取较高的收入，也能接受抽到“谢谢你”的结果，这时，你就是风险爱好者，有的地方也称为风险偏好者。

倘若对于返券和抽奖，你都抱着无所谓，随便哪个都可以的态度，你的风险偏好就是风险中性，这并不多见。

我们把测试数据稍微变变，C 商场促销活动的内容变成每购物满 300 元，就可返券 50 或者抽奖一次，奖金是 0—500 元，你会选择返券还是抽奖呢？C 商场促销活动的内容变成每购物满 300 元，就可返券 50 或者抽奖一次，奖金是 0—10000 元，这次，你会选择返券还是抽奖呢？在以往的测试中，会有一部分人自始至终选择 50 元返券，这就真的是风险厌恶者了，还有一部分人会在第一次选择返券，第二次和第三次选择抽奖，或者在第一次、第二次选择返券，第三次选择抽奖。这说明，一个人的风险偏好并不是固定不变的，随着他（她）面临的选择条件的变化，风险偏好也会发生变化。而一个人处于不同的年龄阶段，风险偏好也会不同，比如老年人更倾向风险厌恶，而年轻人更倾向于风险爱好。在投资的时候，你要选择与自己风险偏好相匹配的产品，如果风险偏好低的你选择了风险偏高的产品，就容易把自己陷入持续的焦灼状态，身心健康也会受到影响。

投资要选择与自己风险偏好相匹配的产品，同时还要考虑自己的风险承受能力。

大家在银行或券商开通理财账户的时候，都会被要求填一份风险测试表，这张表会详细地询问你的基本信息、财富状况、对损失的态度、准备投资的时间等，就是为了测试你的风险偏好和承受能力。根据这个测评结果，银行或券商会把投资者分为保守型、稳健型和进取型。倘若投资者购买的产品不符合他（她）的风险偏好，或者超过了他（她）的风险承受能力，机构就会风险提示，让投资者谨慎决策。

很多人填这张表的时候都是比较马虎的，觉得只是个工作流程，他们没有意识到，如果我们的投资决策与自己风险承担能力不匹配的话，做出错误投资决策的概率是非常高的，甚至会把自己逼到山穷水尽的地步。所以，当有人问及现在什么产品好，收益率高，适合投资时，没人能立即给出答案。因为预期收益率越高，风险也就越大，就是我们经常听到的“高风险，高回报”，风险与报酬成正比。投资者应该追求多高的收益率，是由他（她）能接受并承担的风险大小决定的。

2. 风险与收益。在分析风险和收益的关系之前，先介绍一个词：风险溢价。听上去是一个很专业的词汇，但其实非常简单，就是在任何的投资中，因为投资者承担了更高的风险，所以相应的，他（她）就需要更多的回报来补偿。比如买国债，可能收益率就只有3%左右，因为是由国家的信用做背书，所以基本可以认为，是在不需要承担风险的情况下拿到的收益。我们来看股票投资，统计数据表明，股票的历史长期年化收益率大概在10%左右，但投资股票的人，承担的风险更大，所以相对于投资国债，那多出来的7%的收益，就是股票投资者所获得的风险溢价。如果你投资的是余额宝类产品，也不要嫌弃它的收益低，之所以只有2%—3%的收益，是因为它比较安全，所以“风险溢价”的空间很小。

风险溢价其实是基于人类的一个基本特征，即风险厌恶。在风险偏好部分我们提到，不同的人，对风险的态度并不一样，有风险厌恶，风险爱好和风险中性三种，这里怎么要说人的基本特征是风险厌恶呢？

风险意味着不确定，而不确定往往会让人感到难受和不安，试想，有朋友想找你帮忙，他告诉你，“明天我有很重要的事情找你帮忙，我一给你打电话，你5分钟内就来找我”和“明天下午两点左右我有很重要的事情找你帮忙，我一给你打电话，你5分钟内就来找我”，哪一种情况，更便于你安排自己的时间和事情呢？所以，人本质上是趋向于规避不确定性的，但为什么又会有人愿意冒风险，成为风险的爱好者呢？因为“收益”，准确地说，因为“风险溢价”。为了补偿要承担的风险，需要风险溢价，风险越高，所需要的补偿就越多，也就是风险溢价越高。

这其实就是在“替风险定价”。在替风险定价的过程中，有一个非常重要的步骤，就是将风险拆解成系统性风险和个体风险。

首先从这两个名词本身的词义来理解，所谓系统性风险就是影响全局的风险；而个体风险就是那些影响局部，或者说个体的风险。例如A公司因董事长陷入司法纠纷，公司股价下跌，A公司的这些波动或者说风险，是独立于其他公司的，用金融术语，称为个体性风险。从单个投资者的角度来看，这些风险很重要，如果你购买了A公司的股票的话，你的财富就会随着这些波动上下起伏。

但是，放在整个市场的角度来看，这些风险就没有那么重要了，它不会引起市场的整体波动。市场上存在着千千万万的公司，当A公司的股价上涨或者下跌的时候，有一些公司的股价正好在下跌或者上涨，就把A公司的这种波动给抵消掉了。所以，当你用整体的眼光来看金融市场的时候，你就会发现，这些个体性的风险或者波动被分散掉了，所以这种个体风险又被称为可分散风险。

但比如说美国总统一条加征关税的推特，A公司的股价肯定会随着变动。更重要的是，几乎全球所有的金融资产都会受到影响而波动。所以你没有办法通过持有足够多的资产来把这些风险分散掉。

这些风险就是全局性的系统性风险也称为不可分散风险。

当一个资产的波动被拆解成这两种风险以后，“对症下药”就变得非常直观了。那些可分散的个体性风险，可以直接用把鸡蛋放到不同的篮子里的方式来抵消掉，而系统风险却无法通过分散投资来抵消。风险溢价包含系统风险和个体风险。

倘若有人告诉你，有一款风险很小，收益很高的产品，请谨慎考虑！明白了天下没有免费的晚餐，就会绕过很多坑。

（二）风险管理策略工具

并不是所有的风险都需要我们采取措施进行干预，因为只要进行风险管理，必然会产生成本，能够平衡成本和风险管理的效果，才是科学的风险管理。一般来说，采取什么样的风险管理措施取决于风险可能造成的损失，也就是严重性和风险发生的可能性两个方面。

把严重性和可能性两个要素组合，可能会出现四种结果：

1. 损失大，概率小；
2. 损失大，概率大；
3. 损失小，概率大；
4. 损失小，概率小。

针对这四种结果，要用不同的风险应对策略。

风险管理策略工具共有七种：风险承担、风险规避、风险转移、风险转换、风险对冲、风险补偿和风险控制。

1. 风险承担。风险承担亦称风险保留、风险自留。风险承担是指企业对所面临的风险采取接受的态度，从而承担风险带来的后果。

对未能辨识出的风险，企业只能采用风险承担。

对于辨识出的风险，企业也可能由于以下几种原因采用风险承担：缺乏能力进行主动管理，对这部分风险只能承担；没有其他备选方案；从成本效益考虑，这一方案是最适宜的方案。

对于企业的重大风险，即影响到企业目标实现的风险，企业一般不应采用风险承担。

2. 风险规避。风险规避是指企业回避、停止或退出蕴含某一风险的商业活动或商业环境，避免成为风险的受害者。例如：

（1）退出某一市场以避免激烈竞争；

（2）拒绝与信用不好的交易对手进行交易；

（3）外包某项对工人健康安全风险较高的工作；

（4）停止生产可能有潜在客户安全隐患的产品；

（5）禁止各业务单位在金融市场进行投机；

（6）不准员工访问某些网站或下载某些内容。

3. 风险转移。风险转移是指企业通过合同将风险转移到第三方，企业对转移后的风险不再拥有所有权。转移风险不会降低其可能的严重程度，只是从一方移除后转移到另一方。例如：

（1）保险：保险合同规定保险公司为预定的损失支付补偿，作为交换，在合同开始时，投保人要向保险公司支付保险费。

（2）非保险型的风险转移：将风险可能导致的财务风险损失负担转移给非保险机构。例如，服务保证书等。

4. 风险转换。风险转换是指企业通过战略调整等手段将企业面临的风险转换成另一个风险。风险转换的手段包括战略调整和衍生产品等。

风险转换一般不会直接降低企业总的风险，其简单形式就是在减少某一风险的同时，增加另一风险。例如，企业为了多销售产品，而放宽客户信用标准，这样企业就将产品销售不出去的风险，转换成了款项收不回来的风险。

企业可以通过风险转换在两个或多个风险之间进行调整，以达到最佳效果。风险转换可以在低成本或者无成本的情况下达到目的。

5. 风险对冲。风险对冲是指采取各种手段，引入多个风险因素或承担多个风险，使得这些风险能够互相对冲，也就是，使这些风险的影响互相抵消。

常见的例子有资产组合使用、多种外币结算的使用和战略上的多种经营等。

在金融资产管理中，对冲也包括使用衍生产品，如利用期货进行套期保值。

在企业的风险中，有些风险具有自然对冲的性质，应当加以利用。例如，不同行业的经济周期风险对冲。

风险对冲必须涉及风险组合，而不是对单一风险；对于单一风险，只能进行风险规避、风险控制。

6. 风险补偿。风险补偿是指企业对风险可能造成的损失采取适当的措施进行补偿。

例如，对于那些无法通过风险转移、风险转换、风险对冲或风险控制进行管理，而且又无法规避、不得不承担的较重大风险，投资者可以采取在交易价格上附加风险溢价，即通过提高风险回报的方式，获得承担风险的价格补偿。

7. 风险控制。风险控制是指控制风险事件发生的动因、环境、条件等，来达到减轻风险事件发生时的损失或降低风险事件发生的概率的目的。

通常影响某一风险的因素有很多。风险控制可以通过控制这些因素中的一个或多个来达到目的。控制风险事件发生的概率的例子，如室内使用不易燃地毯、山上禁止吸烟等，而控制风险事件发生后的损失的例子，如修建水坝防洪、设立质量检查防止次品出厂等。

风险控制对象一般是可控风险，包括多数运营风险，如质量、安全和环境风险，以及法律风险中的合规性风险。

一般情况下，对战略、财务、运营和法律风险，可采取风险承担、风险规避、风险转换和风险控制等方法。对能够通过保险、期货、对冲等金融手段进行管理的风险，可以采用风险转移、风险对冲和风险补偿等方法。

▶财经阅读：

善用期货工具　对冲企业风险

在抗“疫”和复工复产“双线作战”中，由于一些产业“休眠”时间较长，众多实体企业背负了沉重的生产经营压力，面临着未知的价格风险。对此，期货业利用期货、期权等金融衍生工具，精准帮助实体企业解决产品库存高、原材料紧张、价格波动等痛点问题，为防疫复产纾困解难。

例如，上海纺投贸易有限公司业务主要涉及棉花等大宗商品进出口、转口贸易等。新冠肺炎疫情对涉棉产业造成了巨大冲击，但上海纺投利用期货市场，不仅保证了平稳经营，也为产业链上下游客户提供了有效解决方案。正如其总经理所说：“平时利用好期货市场，关键时刻回旋的余地就大，应对市场风险的‘武器’就更多。”

（资料节选自：祝惠春：《善用期货工具 对冲企业风险》，《经济日报》，2020 年 2 月 24 日。）

第二节　金融产品风险管理

☞ 引导案例

中行原油宝穿仓　资本市场国际化准备好了吗？

中国银行原油宝穿仓事件，又是一个成长中的故事。

2020 年 4 月 20 日晚间至 21 日凌晨美股交易时段，美原油期货 05 合约跌成负值。按照中行原油宝合约规则，4 月 20 日 22：00 启动移仓，但移仓未果，导致客户巨亏。

4月22日晚间，中国银行发布原油宝业务的情况说明，称结算价按照北京时间凌晨2点28分至2点30分的均价计算，即当日CME公布的结算价－37.63美元。这也是当日美油05合约的结算价。

“穿仓”事件导致原油宝产品投资者不但亏损本金，还倒欠中行保证金。有投资者表示将对中行“发起集体诉讼”。

事件中具体细节的“对错”还有待观察，但值得我们进行多方面思考。

其一，在金融开放大背景下，国内金融机构是否真正有所准备？

“这件事确实暴露出，我们参与国际金融市场的能力有待进一步提高。同时，这种能力的提升和培育以及机构和投资者的成长，需要在现实世界中来承载，不能因为能力不足就不参与，只有参与了才能提高。”国务院发展研究中心金融研究所副所长、研究员陈道富向《经济》杂志、经济网记者表示，国内金融机构应该根据自身能力相匹配地参与国际金融市场，在参与过程中逐步提高自己的能力。

在他看来，这种参与程度，是一个迭代的过程，不是0和1的关系。

“从目前来看，至少现有的信息表明，事件是在规则之下发生的。这个‘游戏’既然参与了，规则也是明确的，现在应该从提高自己对规则的理解和参与规则的能力的角度来思考问题。当然也会暴露出规则本身存在一些问题。”陈道富表示，我们需要思考在既定的国际金融市场规则下，如何提升能力、改善服务、建设市场。

原油宝事件反映出大家参与国际衍生品市场的需求。但是目前国内在这方面市场的发展是不成熟的。对于衍生品市场，大家的参与度和对市场的理解还有欠缺。

其二，如何回应投资者的关切？

对于投资者此次对中国银行的集体诉讼请求，陈道富表示，中国最终是要走向世界的，中国的金融体系正在跟世界加速融合，正着眼于逐步提高投资者的水平和能力，这是一个成长的过程，而成长过程其实是通过一件一件的事情在加深对于投资世界的理解和认知。

“应该允许各方表达质疑和诉求，但最终还是要以法治化、市场化为基础，通过这件事实现机构和投资者的共同成长，特别是国内资本市场要推出类似的集体诉讼制度，其实可以根据原油宝事件进行一次观察。”陈道富表示，对于投资者的诉求，应该给出响应，使大家真正理解所谓的法治化与市场化，“所有的标准和法律都是通过一件件具体的事情走入人心的”。

投资是有风险的，特别是在当前复杂的政治、经济环境下，叠加新冠肺炎疫情的影响，“灰犀牛”仍在，“黑天鹅”频出，衍生品投资对于普通投资者来说更是险上加险。

如果连什么是期货、什么是展期都不懂，就贸然去买纸原油，恐怕到时候连究竟被谁收割了都不清楚。如果知道撬动财富的高杠杆往往隐藏着高代价，那么被别人撬动时，为何要质疑风险来得如此突然、如此抽筋剥骨？

而对于国内的金融机构，特别是中国银行这样的“标杆”大行来说，此次原油宝事件，在能力检验、保护投资者等方面，是一次小考，也是一次大考。

（资料来源：陈希琳：《中行原油宝穿仓 资本市场国际化准备好了吗?》，《经济》，2020 年 4 月 23 日。）

【案例要求】

1. 结合案例资料分析投资“原油宝”产品存在哪些风险？

2. 试分析投资不熟悉的金融产品，应该如何提前规避风险。

随着金融产品类型的不断丰富，金融产品投资人的投资行为也朝着多元化的方向发展。但是经济市场的不确定性也决定了金融产品投资过程中容易出现诸多不确定因素，伴随着类型多样的风险。因此需要相关部门采取有效的风险规避措施，制定行业条例，投资者在投资之前也应该重视原则，对风险进行评估，从而提升投资决策的科学性。

一、金融产品投资过程中的风险

金融市场中的一切定律都来自金融实践，而且我国目前在市面上较活跃的金融产品类型丰富，种类齐全，特性和功能都不同，金融产品投资过程中，会存在以下风险：

1. 人为操作风险。金融产品的产生需要多道程序，而且对其进行设计和销售的环节也需要严格控制进度和规模，各个环节之间看似没有关系，但是一旦出现问题，就会牵连其他项目。以销售环节为例，大部分金融机构在金融产品推出之后，都会对其预定的风险进行分析和预测，很多投资操作人员为了短期利益，忽视了金融公司的警告，甚至一些销售人员为了绩效没有将重点向客户明示出来，在产品讲解的过程中会避免谈及风险，不仅难以保障金融投资者的权益，也会影响投资公司的信誉和绩效。

2. 由价格战引起的市场风险。不同类型的金融产品，其功能和收益结构也千差万别，因此要制定具有个性化的投资策略，才能有效规避风险。但是有些金融机构为了能够获取更多的市场份额，吸引更多的潜在用户，会利用低价竞争的形式，在收益类似的情况下，用较低的价格吸引客户。

3. 政策变动引发的风险。由于我国对于金融理财方面提出的政策都是宏观调控的手段，加上国际化水平越来越高，国际市场的经济发展速度越来越快，金融危机的影响依然存在甚至是潜伏存在，这时候国际市场上一旦发生大的政策变动，就会波及我国金融投资市场，在政策风险增加的同时，还会使投资人和金融机构等组织陷入危机。

二、金融产品风险的规避策略

1. 金融机构要强化内部管理机制。

首先，构建科学的财务管理团队，提升业务能力。就目前来讲，我国金融机构理财从业人员的业务能力还相对较弱，不仅时常会发生由于人为操作造成的损失，还会影响金融机构自身的信誉，妨碍了我国金融产业的稳定有序发展。因此，金融机构必须要从自身出发，提高财务管理人员的准入门槛，不仅要考核业务能力，还要从耐心和品质等方面入手，保证所有从业人员都能带证上岗的同时，还需要定期组织管理培训，强化其素质结构和实践能力，以提升其业务能力和水平。

其次，建立完善的风险管理系统。通过制定科学的风险管理体系，可以将不同类型的金融产品纳入系统中来，然后针对不同的产品类型拟定风险管理计划，成立风险全面管控部门，在积极转变传统管理模式的基础上，从全面风险管理的角度管理金融产品。除此之外，在管控风险的过程中，还应该对风险监测手段进行分析、预测和计量等，从而保证风险管控结果的合理性和科学性。

再次，有效地转移风险。金融机构的理财经理人一旦发现产品的销售回报率低于预期，就可以不对该产品进行销售，并随时观察金融市场的动态和政策变化。如果选择的产品类型是组合性投资，就需要对利润率进行调整和修订，如果最终的收益回报率依然小于零，就应该与客户终止合约，防止出现更大的损失。

最后，完善内部监督和信息系统管理制度。通过构建审查和监督部门，由审计管理部门对金融产品进行风险评估，并组织相关人员做出相应的评价报告，由业务管理部门进行监督和管理，最后汇总成能上报的合同材料等。需要注意的是，这些环节只有在审计部门的监督下才能进行。除此之外，由于经济的发展和技术的进步，建立信息管理系统可以大大提升风险管理的有效性。在这样的条件下，应该完善网络银行的界面和各种软件设施，利用互联网优势整合客户信息资源并做好加密处理，保障用户理财信息的安全性和有效性。

2. 监督机构要采取有效的监督措施。负责金融业务的监督机构要时刻关注金融市场的发展动向，根据实际的产品定位和价格趋势，制定与金融产品业务相关的法律文献，从而有效降低政策风险。

3. 投资者的风险规避措施。

首先，投资者要放好心态，在决策之前要对不同类型的投资金融产品有一个基本的了解，合理认识金融产品的收益和价值，同时还要懂得金融市场的规律性，选择优质的产品经理人，强化自身对金融市场和产品认识的同时，还要做好相关分析和预测工作。

其次，个人投资者还应该学会规避高风险，不要被眼前过高的收益蒙蔽双眼，做好风险规避的策略。

金融市场具有巨大的风险性，投资者在选择金融产品之前，必须要做好风险规划，防止收益损失。同时，根据不同的产品风险类型，选择合适的风险规避策略，从金融机构的管理者到监督机构，再到投资人都应该找准自己的位置，整合科学的金融产品风险应对方法，在保障投资人合法权益不受侵犯的同时，提升金融机构的服务效率，从而促进金融市场的可持续发展，推动社会的进步。

▶财经阅读：

3·15 金融消费权益保护：金融防诈骗“秘籍”

2020 年 3 月 15 日是第 37 个国际消费者权益保护日，为更好地保护金融消费者合法权益，人民银行微信公众号推出金融消费权益保护主题系列图文知识普及，帮助金融消费者防范常见的“套路”和“陷阱”，炼就“火眼金睛”。

（资料来源：王蕾：《3·15金融消费权益保护：金融防诈骗“秘籍”》，中国人民银行，2020年3月15日。）

本章小结

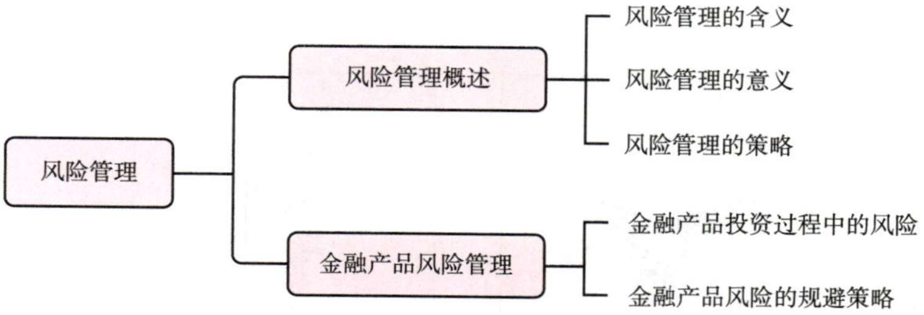

思政小课堂

加强风险管理与国家管理制度现代化

风险管理是人类文明发展的标志，是现代国家管理制度和经济社会发展的关键系统和能力。新冠肺炎疫情给中国带来重大考验，中国也因此面临进一步提升国家治理能力现代化的改革发展新机遇。正如习近平总书记指出的，要统筹推进疫情防控和经济社会发展工作，既要立足当前，科学精准打赢疫情防控阻击战，更要放眼长远，总结经验、吸取教训，针对这次疫情暴露出来的短板和不足，抓紧补短板、堵漏洞、强弱项。从而推动风险管理全面发展和国家管理制度现代化。

依法治国救灾，降低不确定性和风险。世界的发展充满了不确定性，人的想法和情绪也是不确定的，而法律和法治是确定的，法律体系可以限制不确定的人为因素，缓解不确定因素的影响。从风险管理视角看，法制思维本质上是确定性思维，以确定的规则适应和管理不确定变化的思维。当新冠肺炎疫情和人们恐慌情绪带来双重不确定性叠加之时，法律秩序和依法行政显得尤为重要，滥用行政权力只会更加恶化不确定性和风险。这就要求我们，要坚持运用法治思维和法治方式开展疫情防控工作，在法治轨道上统筹推进各项防控工作，全面提高依法防控、依法治理能力，保障疫情防控工作顺利开展，维护社会大局稳定。

发挥制度优势，打牢风险管理根基。风险治理的本质在于明确风险的责任归属及利益关系，要求合理激励，避免利益冲突，严格追责，这是有效风险管理的前提。面对新冠肺炎疫情的挑战，一方面，要发挥我国社会主义制度风险治理的特色和优势，坚持群众观点和群众路线，积极推进安全风险网格化管理，筑牢防灾减灾救灾的人民防线；另一方面，要强调各级党委和政府要切实担负起“促一方发展、保一方平安”的政治责任，严格落实责任制。

加强应急管理和日常风险管理，提升国家风险承担能力和发展竞争力。经济发展及其竞争力是与其风险承担量和管理能力相匹配的。新冠肺炎疫情凸显应急管理和日常风险管理在国家治理中的作用。要加强应急预案管理，也要健全风险防范化解机制，坚持从源头上防范化解重大安全风险。要加强风险评估和监测预警，真正把问题解决在萌芽之时、成灾之前。新冠肺炎疫情暴露出一些应急管理和日常风险管理问题和短板，也让我们认识到这些问题的重要性及未来改进方向。此次抗疫过程中，如系统性风险管理、挤兑风险管理、业务持续性管理、不确定性决策、信息披露和风险透明度管理、大数据风险分析与预警等一些社会和行业风险管理的先进理念、制度和方法，已经得到我们政府、企业和社区的重视，并加以探索性应用。这些现代风险管理技术应用无疑都将系统提升我们国家管理制度现代化水平和发展竞争力。

（资料来源：陈忠阳：《望海楼：加强风险管理与国家管理制度现代化》，《人民日报》，2020 年 3 月 21 日。）

【思考】

1. 为什么风险管理水平反映了现代国家管理制度和经济社会发展的关键能力？
2. 分析法制思维和风险管理思维的关系。

单元检测

一、单项选择题

1. 风险厌恶者，面对风险投资（　　）。

A. 觉得很危险　　B. 比较感兴趣　　C. 非常感兴趣　　D. 没感觉

2. 在替风险定价的过程中，将风险拆解成（　　）。

A. 高风险和低风险　　B. 系统性风险和个体风险

C. 潜在风险与显性风险　　D. 长期风险和短期风险

3. 对于多方案择优，决策的行动准则应是（　　）。

A. 选择高收益项目

B. 选择高风险高收益项目

C. 选择低风险低收益项目

D. 权衡期望收益与风险，而且还要视决策者对风险的态度而定

4. 对于损失小，概率大的风险，应采用（　　）的应对策略。

A. 风险承担　　B. 风险规避　　C. 风险转移　　D. 风险控制

5. 假设小胡参加一项有奖竞赛节目，面对以下三个选择：①立刻拿到 1 万元现金；②有 50% 机会赢取 5 万元现金的抽奖；③有 25% 机会赢取 10 万元现金的抽奖，小胡选择了①，此时，小胡属于（　　）。

A. 风险爱好（偏好）者　　B. 风险厌恶者

C. 风险中性　　D. 无风险偏好

6. 风险管理的步骤是：（　　）。

A. 风险识别——风险衡量——风险处理——风险管理效果评价

B. 风险识别——风险处理——风险衡量——风险管理效果评价

C. 风险识别——风险衡量——风险管理效果评价——风险处理

D. 风险衡量——风险识别——风险处理——风险管理效果评价

7. 拒绝与信用不好的交易对手进行交易，属于（　　）。

A. 风险承担　　B. 风险规避　　C. 风险转移　　D. 风险控制

8. 运用保险进行风险管理的策略属于（　　）。

A. 风险承担　　B. 风险规避　　C. 风险转移　　D. 风险控制

9. （　　）无法通过分散投资来抵消。

A. 超级风险　　B. 系统风险　　C. 个体风险　　D. 可分散风险

10. （　　）将不确定性转变为明确的风险陈述。

A. 风险识别　　B. 风险衡量　　C. 风险处理　　D. 风险描述

二、判断题

1. 风险意味着将来既有损失的可能，也有收益的可能。（　　）

2. 一个人的风险偏好是固定不变的。（　　）

3. 风险越高，所需要的补偿就越多，风险溢价就越低。（　　）

4. 个体风险没有办法通过持有足够多的资产来分散。（　　）

5. 所有的风险都需要我们采取措施进行干预。（　　）

6. 对于损失大，概率大的风险，应采用风险规避的应对策略。（　　）

7. 风险管理的目的是将风险损失降为零。（　　）

8. 风险溢价是基于人类都有冒险的倾向。（　　）

9. 对于影响企业目标实现的重大风险，企业一般不应采用风险承担。（　　）

10. 风险对冲策略主要针对的是单一风险。（　　）

三、多项选择题

1. 风险测试表可以帮助银行或券商了解投资者的（　　）。

A. 基本信息　　B. 财富状况　　C. 对损失的态度　　D. 准备投资的时间

2. 根据风险测试表的测评结果，银行或券商会把投资者分为（　　）。

A. 保守型　　B. 稳健型　　C. 进取型　　D. 混合型

3. 风险的构成要素，包括（　　）。

A. 风险因素　　B. 风险衡量　　C. 风险事故　　D. 损失

4. 金融产品投资过程中，会存在（　　）风险。

A. 人为操作风险　　B. 由价格战引起的市场风险

C. 金融诈骗　　D. 政策变动引发的风险

5. 金融机构强化内部管理机制，应该（　　）。

A. 构建科学的财务管理团队　　B. 建立完善的风险管理系统

C. 完善内部监督制度　　D. 完善内部信息系统管理制度

四、实践应用

分组调研，草拟一份“校园安全”风险管理预案。

1. 完成“校园安全”风险识别分析表；

2. 完成“校园安全”风险管理策略选择；

3. 完成“校园安全”风险管理预案。

参考文献

[1] 傅龙海．国际贸易理论与实务（第五版）[M]，北京：对外经贸大学出版社，2018.

[2] 王军旗．市场经济教程（第四版）[M]，北京：中国人民大学出版社，2017.

[3] 杨干忠．社会主义市场经济概论（第六版）[M]，北京：中国人民大学出版社，2021.

[4] 吕建军．政治经济学 [M]，广州：暨南大学出版社，2004.

[5] 侯丽艳．经济法概论 [M]，北京：中国政法大学出版社，2012.

[6] 陆雄文．管理学大辞典 [M]，上海：上海辞书出版社，2013.

[7] 黄达．金融学（第5版）[M]，北京：中国人民大学出版社，2021.

[8] 弗雷德里克．S. 米什金，货币银行学（第12版）[M]，北京：中国人民大学出版社，2021.

[9] 黄双蓉．财经法规与职业道德 [M]，北京：经济科学出版社，2014.

[10] 财政部会计资格评价中心．经济法基础 [M]，北京：经济科学出版社，2021.

[11] 陈英．企业社会责任理论和实践 [M]，北京：经济管理出版社，2009.

[12] 黎友焕．中国企业社会责任研究 [M]，广州：中山大学出版社，2015.

[13] 张永安．区域经济一体化理论与实践 [M]，上海：格致出版社，2010.

[14] 张男星．财经素养教育论纲 [M]，北京：中国财政经济出版社，2022.

[15] 王莹，柴艳萍，蔺丰奇，田克俭．现代商业之魂——商业伦理问题研究 [M]．北京：人民出版社，2006.

[16] 约瑟夫·W. 韦斯．商业伦理 [M]．3版．符彩霞，译．北京：中国人民大学出版社，2005.

[17] 叶陈刚．公司伦理与企业文化 [M]．上海：复旦大学出版社，2007.

[18] 刘刚．中国传统文化与企业管理 [M]．2版．北京：中国人民大学出版社，2015.

[19] 杨家珍，马兴波，房秀丽．新儒商精神的建构及其当代价值 [J]．中国文化与

管理，2019，(2).

[20] 高庆殿．高职院校儒商精神文化传承研究与实践［J］．中国商论，2019，(21).

[21] 陈垣．证券与投资（第1版）[M]．镇江：江苏大学出版社，2016.

[22] 企业会计准则编审委员会．企业会计准则2017年版［M］．上海：立信会计出版社，2017.

[23] 高丽萍．财务会计实务［M］．北京：高等教育出版社，2019.

[24] 王宗江．财务会计［M］．北京：高等教育出版社，2019.

[25]《公共财政概论》编写组．公共财政概论［M］．北京：高等教育出版社，2019.

[26] 邓子基．财政学［M］．北京：高等教育出版社，2020.

[27] 卢泰宏．消费者行为学：洞察中国消费者（第4版）[M]．北京：中国人民大学出版社，2021.

[28] 孙豪．中国居民消费支出不均衡研究［M］．成都：西南财经大学出版社，2020.

[29] 洪银兴，安同良，孙宁华．《创新经济学》[M]．南京：江苏人民出版社，2017.

[30] 胡振华．《创业经济学》[M]．北京：北京大学出版社，2013.

[31] 林云．《创新经济学：理论与案例》[M]．杭州：浙江大学出版社，2019.

[32] 王君．《风险管理理论与实务》[M]．北京：电子工业出版社，2019.

[33] 何文炯．《风险管理》［M］．北京：中国财政经济出版社，2005.

[34]（美）熊彼特著，王永胜译．《经济发展理论》[M]．上海：立信会计出版社 2017.